清代通史

三

萧一山 著

商務印書館
创于1897
The Commercial Press
2019年・北京

第三册目录

中卷

第一篇　乾隆之鼎盛及嘉庆之中衰

第二篇 清代前期之经济状况

中　卷

第一篇　乾隆之鼎盛及嘉庆之中衰

第一章　鼎盛时期之政治

一　弘历之即位及其政策

(一) 弘历之即位

弘历,世宗胤禛之第四子也,母钮祜禄氏,原任四品典仪官凌柱之女。钮祜禄氏家素贫,幼时常入市购物,值选秀女入宫,归于雍亲王府。府即世宗之潜邸也。世宗病疫,氏奉王妃命旦夕服侍,至五六十日,疾愈,遂侍世宗。以康熙五十年八月十三日子时生弘历(或曰:"弘历为海宁陈氏子,非世宗子也。陈氏自明季衣冠雀起,渐闻于时,至之遴始降清,位大学士。厥后陈诜、陈世倌、陈元龙父子叔侄,并位极人臣,遭际最盛。康熙间,雍王与陈氏尤相善。会两家各生子,其岁月日时皆同,王闻而喜,命抱之来。久之送归,则竟非己子,且易男为女矣。陈氏惧不敢辩,遂力密之。未几,雍正即位,特擢陈氏数人至显位。迨乾隆时,其优礼于陈氏者,尤厚:尝南巡至海宁,即日幸陈氏家,升堂垂询家世。将出至中门,命即封之,谕:'厥后非天子临幸,勿轻启此门也。'由是陈氏永键此门。盖乾隆帝实自疑,将欲亲加访问耳。"又或曰:"雍正之子实非男,入宫比视,妃窃易之,雍正实不知也。"孟森有《海宁陈家》一文,详证其谬,今注此以备异说而已)。弘历生而岐嶷,六岁就傅,受书于庶吉士福敏,课必兼治。十二岁,谒圣祖于圆明园之镂月开云,见即惊爱,命养育宫中,备荷饴顾。学射于贝勒胤禧,学火器于贝勒胤禄,肄辄精能,发多奇中。随圣祖巡幸避暑山庄,赐居万壑松风,读书其中。木兰秋狝,入永安莽喀围场,命侍卫引射熊,甫上马,熊突起,弘历控辔自若,圣祖亲殪之。归语太妃曰:"此子

(指弘历)命极贵重,福将过余。"乃益爱之。故或谓世宗之得立,即以弘历故也。雍正元年八月,世宗密书弘历名缄固,召谕诸王大臣,藏"正大光明"匾上,预立为嗣。年十七,成大婚礼于西二所,后赐名重华宫者是也。八年,汇书闱所制诗文为《乐善堂集》,时年二十耳。十一年,正月,封为和硕宝亲王。准噶尔之役,与西南苗疆之叛,弘历皆躬与军机,习知兵事。十三年,世宗崩,庄亲王胤禄,果亲王胤礼,大学士鄂尔泰、张廷玉等同受顾命,宣读诏旨曰:

宝亲王皇四子,秉性仁慈,居心孝友,圣祖仁皇帝于诸孙之中,最为钟爱,抚养宫中,恩逾常格。雍正元年八月间,朕于乾清宫召诸王满汉大臣入见,面谕以建储一事,亲书谕旨,加以密封,藏于乾清宫最高处,即立为皇太子之旨也。其仍封亲王者,盖令备位藩封,谙习政事,以增见识。今既遭大事,着继朕登基,即皇帝位。

九月,弘历即皇帝位于太和殿,以明年为乾隆元年,时年二十五岁。鄂尔泰等奏请回避御名,拟书"宏历"二字。谕言:"此乃文字之末节,无关于大义也。揆诸古人二名不遍讳之理,既不相符,且拘泥之见,亦不足以明敬悃,甚无取焉!嗣后凡遇朕名,不必讳。若臣工名字有同,心不自安者,上一字着少写一点(弘),下一字将禾字书写为木字(㽞),即可以存回避之意矣。"

(二) 执中之政策

康雍以来,清廷抚治臣民之法,宽严数变,利弊相生,难于准定:康熙六十余年,圣祖务以宽大为治,臣下奉行不善,至于人心玩愒,诸事废弛,官吏不知公事,宵小不知畏法。世宗承之以严,期于整顿积习,臣下奉行不善,至于政令繁苛,每事刻核,大为闾阎之扰累。弘历即位,深惟宽猛互济之道,既欲以宽大矫时弊,而又恐臣下误会朝旨,以纵弛为宽,复蹈康熙末年之弊。于是诏旨屡下,剀切申谕,如乾隆元年二月,谕曰:

治道贵得乎中,矫枉不可过正!……圣祖仁皇帝之时,久道化成,与民休息;而臣下奉行不善,多有宽纵之弊。世宗宪皇帝整顿积习,仁育而兼义正,臣下奉行不善,又多有严刻之弊。朕缵承统绪,继述谟烈,惟日孜孜,正欲明作有功,以几惇大成裕之治。近觇诸臣奉行,渐有错会朕旨,而趋于怠弛之意,朕滋惧焉!天下之事,有一利必有一害;凡人之情,有所矫必有所偏,是以中道最难。……必如古圣帝王,随时随事,以义理为权衡,而得其中,乃可以类万物之情,成天下之务。故宽非纵弛之谓,严非刻薄之谓。朕恶刻薄之有害于民生,亦恶纵弛之有妨于国事。尔诸臣尚其深自省察,交相劝勉,屏绝揣摩迎合之私心,庶几无旷厥职,而实有补于政教,戒之慎之!

三月,谕王大臣等曰:

天下之理,惟有一中,中者,无过不及,宽严并济之道也。人臣事君,一存揣摩迎合之见,便是私心,而事之失中者,不可胜数矣。昔我皇考临御之初,见人心玩愒,诸事废弛,官吏不知公事,宵小不知畏法,势不得不加以整顿,以除积弊。乃诸臣误以圣心在于严厉,诸凡奉行不善,以致政令繁苛,每事刻核,大为闾阎之扰累。然则皇考之意,果如是乎?朕即位以来,深知从前奉行之不善,留心经理,不过欲减去繁苛,与民休息。而诸臣又误以为朕意在宽,遂相率而趋于纵弛。如盗贼赌博之类,已露端倪。又如宽赋一事,诸臣动辄以关税为言,不知关税正额,本无害于商民,其为商民之害者,乃胥役之需索,额外之诛求耳。督抚大吏,身任地方,于此等事不能留心查禁,以苏商困,而但欲妄减惟正之供,可乎?见在各省督抚,皆昔年皇考简用之人,即朕偶有除授,亦系从前曾任封疆者。乃当年条奏,则专主严;而近日条奏,又专主于宽。以一人之身,而前后互异如此,是伊等胸中毫无定见,并不计理之是非,事之利病,而但以迎合揣摩,希冀保全禄位,固结恩眷。而不知大违乎皇考与朕之本意,适成为庸鄙之具臣而已!若循此以往,不知省改,势必至禁令废弛,奸宄复作,良善受其害，风俗渐就浇漓，将我皇考十三年教养整理之苦心，功亏一篑。此朕心所大惧者，不得不勰勰过虑，恳切告诫。冀自今务去偏私之锢习，各以大中之道，佐朕办理天下事务，永底平康之治。若因此谕，又复错会意旨，以严刻苛细相尚，则见识尤为佣劣，其咎不可逭矣！

弘历所解释之中道，无过不及，颇有宋人模棱两可之意，不如乃父雍正帝解释宽严互济之得其正。而清人入关，即以此政策统制汉人，弘历袭父祖之余业，亦不能不以宽严互剂之政策为号召，非其自得之秘也。盖既主于宽，复戒于弛，执两用中，力避"过正"、"有偏"而已。而廷臣习于揣摩迎合，窃窥弘历风怡，在矫从前苛刻繁细之弊，一时条奏，务主于宽。于是巡抚王士俊痛论其弊，谓"近日条陈，惟在翻驳前案，甚则对众扬言，有止须将世宗时事翻案，即系好条陈之说，传之天下，甚骇听闻"，弘历怒士俊悖谬，反复宣示国家因时制宜之不得已。然亦渐觉臣下希旨持禄之习，牢不可破，屡谕："今日内外臣工见朕以宽大为治，未免渐有放纵之心，若因宽成玩，故态复萌，虽姑容于此日，必总核于将来。"于是宽严调剂，用法渐衷，而群下之风气，亦缘是不同于往昔矣。

（三）宽猛之调剂

弘历虽执宽严互剂之政策，而又因时制宜，不得不以宽大矫世宗峻厉之弊，故臣下希旨承风，渐存放纵玩弛之势；民间妄冀优容，微露恣恶浇漓之端。弘历深悉其弊，既屡谕以诫臣下，复严饬以禁四恶，曰：

朕闻奸宄不锄，不可以安良善；风俗不正，不可以兴教化。闾阎之大恶有四：一曰盗贼，三代圣王所不待教而诛者也。二曰赌博，干犯功令，贻害父兄，以视《周官》之疲民，未丽于法，而系诸嘉石，收之圜土者，罪有甚矣！三曰打架，即周公所谓乱民，孟子所谓贼民也。四曰娼妓，则自周以前，人类中未尝有此：此四恶者，劫人之财，戕人之命，伤人之肢体，破人之家，败人之德，为良善之害者，莫大于此！是以我皇考爱民之深，忧民之切，严申纠禁，戒饬守土之官，法在必行,日夜捕缉,积岁月之久,然后道路少响马及老瓜贼,而商旅以宁;赌博及造赌具者,渐次改业,而家室以安;聚党打架者敛迹,而城市乡镇,鲜闻斗嚣;娼妓远藏,不敢淹留于客店;此皇考十有三年政教精神所贯注,而海内臣民,显见其功效,实享其乐利者也。朕自嗣位以来,蠲免租税,豁除赔累,裁革积弊,增广赦条,无非惠保良民,使得从容休息,衣食滋殖。而无识诸臣,诬谓朕一切宽容,不事稽察,以致大小百官,日就纵弛。民间讹言诸禁已开,风闻直省四恶,皆微露其端倪。即如天津一带,私盐横行无忌,恐其他类此者,相继而起,是守土之官,敢悖世宗宪皇帝之明旨,堕十有三年之成功,而戕贼善良,伤败风俗也!自后州县官有政令废弛,使四恶复行于境内者,诸督抚不时访察,即行严参。督抚司道郡守有不能董率州县,殚心捕治者,或被臣丁核实列奏,或朕访问得知,必以溺职治罪,与通苞苴、受赂贿者等,决不轻贷。尔诸臣慎勿泄泄沓沓,自取殃咎,戒之戒之!

宽则纠之以猛,猛则济之以宽;《记》称一张一弛,为文武之道者是也。康熙深仁厚泽,六十年休养生息,民物恬熙,而究不免过宽之弊;雍正整饬纪纲,俾吏治澄清,庶事厘正,人知畏法,而不敢萌徼幸之心,然又不免流于过严。弘历深悉历来为治之要,故首揭宽猛互剂之政策,所谓刚柔相济,不竞不绒,此所以六十年为清室极盛之时也。虽然,不有康熙之宽大,则国脉不得而培植;不有雍正之综核,则吏治不得而澄清;因时更化,势所当然。非康雍不逮于弘历,而乾隆之治,亦正两朝垦殖之结果耳。雍正以猛纠康熙之宽,乾隆以宽济雍正之猛,一张一弛,故治隆于汉唐。

二　宽严两政之实施

(一)正赋杂税之蠲免

弘历承世宗之后,以宽大为政,即位之初,即以蠲免租税,豁除赔累为怀,故于漕督顾琮之奏请免除苏松浮粮,及禁关税赢余增加也,谕旨嘉奖,敕交大臣密议,通盘计算,以为加恩赐惠之地步。既而果亲王胤礼奏免江南漕项芦课及学租杂税等银（雍正十三年十月间事），降谕裁革禁约各地横征苛索之落地税。（雍正十三年十月辛巳谕："朕闻各省地方，于关税杂税外，更有落地税之名。凡耰锄箕帚薪炭鱼虾蔬果之属，其值无几，必查明上税，方许交易。且贩自东市，既已纳课，货于西市，又复重征，至于乡村僻远之地，有司耳目所不及，或差胥役征收，或令牙行总缴，其交官者甚微，不过饱奸臣猾吏之私囊，而细民重受其扰矣！着通行内外各省，凡市集落地税，其在府州县城内人烟辏集贸易众多，且官员易于稽查者，照旧征收，但不许额外苛索，亦不许重复征收。若在乡镇村落，则全行禁革，不许贪官污吏，假借名色，巧收一文！"）又宽免芜湖杂办江夫河蓬钱粮，豁除贵州三年耗羡，泰山进香之税，（己未谕："朕闻泰山碧霞灵应宫，凡民人进香者，俱在泰安州衙门，输纳香税，每名一钱四分，通年约计万金，无力输税者，即不许登山入庙，此例起自前明，迄今未革。朕思进香祷神，应听其意，不必收税，嗣后将香税永行蠲除。"）免大同三汛（偏关、老营、水泉）兵丁徭银，除陕西火耗五分，蠲各省以前民欠。惟输纳钱粮，属于业户，则蠲免之典，只业户承受，而贫民佃户，反不得恩，殊为可惜！弘历悉知此事，令有司善为劝谕，俾以蠲税十五，分惠于佃户，致其有余以赡妻子，是以宽政被于佃农，天下廓然更始矣。后此六十余年，普免恩蠲，史不绝书，盖谓"爱民之道，以减赋蠲租为急务也"。今据诸书所载，大略表之如下：

年　　岁	蠲免地	项　　目	备　　注
乾隆二年	甘肃陕西	钱漕	陕西只免一半
乾隆二十一年	各直省	钱粮	三年之内轮免一周计为数二千八百二十四万有奇（见会典事例）
乾隆二十一年	甘肃	额赋	连年叠免
乾隆三十一年	五省	漕粮	以京通仓贮有余故次第蠲免内有例征折色者亦一律免除
乾隆三十五年	直省	钱粮	通行蠲免计二千七百九十四万有奇
乾隆三十九年	四川	税赋	因金川用兵
乾隆四十二年	各省	钱粮	因太后崩普蠲天下三年而遍计二千七百五十九万有奇

续 表

年　岁	蠲免地	项　目	备　注
乾隆四十三年	各省	漕粮	以四十五年为七旬寿普免一次七年而遍
乾隆四十四年	四川	官民赔贴军需	共三百八十万
乾隆四十八年	河南	河工征银	九百四十余万及上次未完者九十余万
乾隆四十九年	甘肃	今年租	因回人扰乱并豁历年积欠
乾隆五十二年	福建	田租	因台湾军兴
乾隆五十五年	各省	钱粮	因八旬寿轮免二千七百七十万两有奇普免至此凡四次矣
乾隆六十年	八省	漕粮	五年而遍普免漕粮至此凡三次

其他不在蠲免之条者,如:甘肃番粮草束,福建、台湾之粟米,四川之夷赋,陕西、西宁之马贡,浙江滨海之租谷租银,直隶固安、霸州之旗户屯粮,奉天之米豆,山西之本色兵饷,河南之官庄义田,广东之官租学租;遇届免之年,亦一律停其输纳。而省方所至,跸路所经,加恩赋减,尤难悉数。最著者,南巡六次,六举免除三省(浙苏赣)逋赋、钱粮,至二千余万。故皆谓弘历享国久而膏泽多云。

(二) 除开垦捐纳之弊端与特赦之宽典

开辟荒地,原以尽其遗利,俾无旷土;而游民借以得食,实为农业政策之良法。清自康雍以来,行之已久,顾地方官吏,仅事粉饰,不知力行,妄报加赋,反累农民。弘历即位,首谕:

> 各直省劝令开辟荒地,以广耕作,以俾食用,俾无旷土游民,原系良法美意。然必该督抚董率所属官吏,实力奉行,毫无粉饰,俾地方实有开垦之田,民间实受耕获之利;以此造报升科,方与国计民生,有所裨益。乃朕见各直省督抚题报开垦者,纷纷不一;至于河南一省,所报亩数尤多,而闽省继之。经朕访察,其中多有未实:或由督抚欲以广垦见长,或由地方有司官欲以升科之多,迎合上司之意;而其实全未开垦,不过将升科钱粮,飞洒于见在地亩之中,名为开荒,而实则

加赋。非徒无益于地方,而并贻害于百姓也。嗣后各督抚宜仰体皇考爱民至意,诚心办理,凡造报开垦亩数,务必详加查核,实系垦荒,然后具奏,不得丝毫假饰,以致闾阎之扰累!若不痛洗积弊,仍蹈前辙,经朕访闻,必从重处分,不稍姑贷!

既而大学士朱轼奏:"所贵开垦者,原为人无恒业,地有遗利,督令耕畲,为足民计,非为增赋起见。且区区报垦之粮,于国课无加毫末。请饬督抚,将见在报垦田地,详确查明,如系虚捏,据实题请开除。"议上准行,而开垦之弊政,至是始见肃清矣。捐纳一事,清初即行之,顺治六年,户部奏军旅繁兴,岁入不给,议开监生吏典等援纳。康熙十六年,侍郎宋德宜奏:"捐输三载,所入二百余万,知县最多,计五百余人,与吏治有碍,请停。"未几,噶尔丹战事起,又开;且加捐免保举各例。御史陈菁奏请删捐免保举一条,增捐应升先用,陆陇其亦为言,部议不允。乾隆元年正月,乃谕:

西北两路用兵以来,一应军需皆取给于公帑,不肯丝毫累民。而费用繁多,不得不借资捐纳,以补国用之不足。此中外所共知者。当日皇考圣意,原欲俟军需告竣,即行停止。今大兵渐撤,军需渐省,着将京师各省见开捐纳事例,一概停止。夫议捐纳者,未尝不出于士子之口,而留生童捐纳一款,是士子首以捐资为进身之始矣。其应停应留之处,着汉九卿翰詹科道会同确议具奏!

寻议:"生童捐监,系士子一进取之路,顺天乡试,例有南北监生,定为皿字号中式。且游学随宦在京者亦得借为应试之阶,应留户部捐监一条,各省一概停止,不令照前考职。并请以每岁捐纳之银,留为各省一时岁歉赈济之用。"从之。复次,则减赦罪犯,为帝王履新之常典,而弘历欲借此示宽大,特增广条例以行之,故在雍正时视为罪大恶极者,亦罔不遭遇殊惠,同颁恩诏。如胤禩、胤禟之黜籍异名,胤禵、胤䄉之拘禁宗府,皆以特旨宽宥,或收入于《玉牒》,或释放于狴犴。至宗室觉罗之同罹斯罪者,亦一体邀恩,而其子孙则分赐红带紫带,示不同于庶人。其因谳狱而流放者,如汪景祺、查嗣廷等之兄弟族属,亦皆赦其回籍。是亦可谓之干父之蛊矣。

(三) 大臣之惩治

弘历政主于宽,复示以严,执其两端,为所抱之惟一政策;故初年诏令,殷殷于此,非一见也。既已蠲赋豁累,增赦起废以示宽,复惩诛玩愒,汰除僧道,督饬臣工以示严。曾静之狱,刑及吕氏枯骨,而静与张熙,独邀厚幸。乃弘历即位之初,即着将两人拿解来京,杀之。亦可云幸中之不幸矣。时太监职近内廷,恃恩骄纵,每与亲王大臣,及皇子等,并坐接谈,同席饮馔,而彼等亦复结欢交纳,忝不为怪。弘历为皇子时,即习知之,既登位,乃降敕严禁,责苏培盛等以后效,凡千余言。并谓"傥仍怙恶不悛,不但重治其罪,必将众太监之官职,尽行革削。若见王公大臣,礼貌毕恭;见阿哥等,必当拜跪请安",此之谓防微杜渐也。乾隆初,李绂因保举新进士过多,交部议处,寻降补詹事;励宗万擅将监场御史咨送吏部处分,福敏办理废员,推诿迟误;皆严察议处。既而原任江西巡抚常安回京,船过仲家浅闸口,于不应放闸之时,下令开闸,闸官畏威躲避,不敢过问,常安遽越漕起行。事闻,令总河白钟山据奏属实,着拿交刑部,遂传谕曰:

> 朕御极以来,见从前内外臣工,不能仰体皇考圣意,诸凡奉行不善,遂有流于刻核之处。是以去其烦苛,与民休息,全非宽纵废弛,听诸弊之丛生,而置之于不问也。而内外臣民,不喻朕意,遂谓法令既宽,可以任意疏纵,将数年前不敢行为之事,渐次干犯。即如盐业稍宽,乃朕优恤穷民之意,而直隶、江、浙、闽、广诸省,私枭盐棍,辄敢招集无籍之徒,肆行无忌。见在查拿究处。然此不过编户小民,不能深悉朝廷德意,一时触法犯禁,犹可云愚昧无知。至于常安,乃封疆大吏,岂不知宪典之当遵,而亦为此市井跋扈之举乎?朕看此等情形,天下臣民,竟有不容朕崇尚宽大之势。《传》曰:"宽则得众。"《易》曰:"元者,善之长也。"朕以天地好生之心为心,岂肯因一二无知之

辈,即自改其初志?但治贵得中,若于玩法之徒,亦用其宽,则所谓稂莠不除,将害嘉禾。傥不速为整理,恐将来流弊,无所底止!是以近日处分臣工数案……惩一儆百,为治之道,固当如斯。朕岂忽变而为严刻者哉?……总之,治贵得中,事当求理;不当宽而宽,朕必治废弛之罪,不当严而严,朕又必治以深刻之罪。内而九卿百职,外而督抚庶司,咸当洗心涤虑,各加儆省,毋蹈前辙,自干咎戾!

乾隆四年,宗人府议奏:庄亲王等结党营私,往来诡秘,因治胤禄、弘皙、弘昇、弘昌、弘晈等革禁有差;皙党安泰并坐绞。五年,御史仲永檀奏参提督鄂善,受俞姓贿银一万两,讯实赐死。又山西学政喀尔钦以贿卖生童,纵仆营私,违禁渔色,为御史所劾,得旨正法。并谕诸大臣,嗣后当各自儆省,痛加悛改,矢公忠之心,去观望之习。故弘历政虽主宽,而于玩愒诸臣,亦不稍假借;此惩一儆百之举,欲戒臣工之流于疏弛,致乖当严不严之旨耳。

(四) 僧道之清汰

历代僧人披剃,有官府给与度牒之制,所以稽梵行重律仪也。顺治八年,度牒停其纳银。康熙初并给发度牒亦除之。盖其时僧徒尚未众多,又当玉琳国师、筑溪禅师主持法坛,相继振兴之余,犹知共循遗轨,不溢法外。乾隆初,缁流太众,品类混淆,真心出家修道者,百无一二,而无赖之人,游手聚食,且有获罪逃匿者,窜迹其中。是以佛门之人日众,而佛法日衰,不惟参求正觉,克绍宗风者寥寥希觏,即严持戒律,习学小乘之人,亦不多见。弘历恐流弊日深,清规日玷,故不得不辨其薰莸,加之甄别,于是仍颁度牒给在京及省僧纲司等,嗣后情愿出家之人,必须给度牒方准披剃。又其时僧人中有号为“应付”者,各分房头,世守田宅,饮酒食肉,并无顾忌,甚者且畜妻子;道士之“火居”者亦然。弘历以农夫作苦,肉袒深耕,而僧道坐享其成,故多一僧道,即多一分利者,于社会经济上,大有妨害也。乃令礼部详议清厘僧道之法。寻议:令顺天、奉天两府各直省督抚,转饬该地方官,于文到三月内,将各戒僧、全真道士,年貌籍贯,焚修处所,清查造册,取具印结,具送汇齐到部,发给度牒,转饬地方官当堂发给各僧道收执。遇有事故,追出汇缴。嗣后情愿出家之人,必给度牒,方许簪剃受戒;如有借名影射及私行出家者,查出治罪。至于“应付”僧人,令地方官一体给与度牒,若不愿受戒者,即行勒令还俗。其中老迈残疾既难受戒,又难还俗者,查实给与度牒,看守寺庙,以终天年。深山僻壤之僧,不能远出受戒,及俗家并无可归者,亦姑给度牒,仍另行注册,永不许招生徒。至清微正一道士,除龙虎山上清宫由真人给与印照,各直省清微灵宝道士,仍给部照,毋庸给牒外,“火居道士”俱令还俗;年老者亦暂给部照,永不许招收生徒。又僧尼亦应照僧道之例,愿还俗者,听其还俗,不能还俗者,亦暂给度牒,永不许招收年少生徒。嗣后妇女必年逾四十,方准出家,年少者严行禁止,议上,从之。此清汰僧道之法令虽严,然究能贯彻执行与否?殊大有问题也。

三　朋党及诗谳

(一)鄂尔泰、张廷玉之门户

鄂尔泰、张廷玉以雍正旧臣,同受顾命,乾隆初,诏以身后配享太庙事,缮入遗诏,蒙眷深厚,一时煊赫。且屡降明旨,盛称高才丰功,誉为不世出之名臣。惟二人权势相埒,则不免互生忌视,而其下复自立门户,倾轧不已,故卒酿党禁文字之狱。鄂既以翼戴封一等子,次年复命为军机大臣兼领侍卫内大臣。晋三等伯,赐号襄勤公。既而又兼议政大臣,充经筵讲官,加太保。廷玉初赐三等子,寻晋三等勤宣伯,加太保。军机之事,皆廷玉为之。廷玉并荐同乡汪由敦为章京属草,故其事多为廷玉所把持,而弘历依任廷玉,尤异寻常。乾隆六年十二月左都御史刘统勋奏:“大学士张廷玉,历事三朝,小心敬慎,皇上眷注优隆,久而弗替,可谓遭逢极盛!然大名之下,责备恒多;勋业之成,晚节当慎。外间舆论,动云‘桐城张姚两姓,占却半部缙绅’。此盈满之候,而倾覆之机,所易伏也。今张氏登仕版者,有张廷璐等十九人;姚氏与张氏世姻仕宦者,有姚孔振等十三人。虽二姓本系大族,得官之由,或科目荐举,袭荫议叙,日增月益,以至于今,未便遽议裁汰;惟稍抑其升迁之路,使之戒饬引嫌,即所以保全而造就之也。闻圣祖仁皇帝时,曾因廷臣有升迁太速之员,特谕停止升转,原任大学士王熙之孙王景曾,适在其内。臣愚以为宜仿此意:敕下大学士张廷玉会同吏部衙门,将张姚两姓部册有名者,详悉查明。其同姓不宗,与远房亲谊,不在此例。若系亲房近支,累世密戚,见任之员,开列奏闻,三年之内,停其升转。"弘历以其疏宣示群臣,并言:"大臣之度,当闻过而喜。张廷玉亲族人众,因而登仕籍者亦多,此固家运使然。然其亲族子弟等,或有矜肆之念;为上司者,或有瞻顾之情,非大学士所能料及也。今一经查议,人人皆知谨饬检点,转于大学士有益。"观于此,则廷玉声势之浩大,族党之强盛,盖可知矣。乾隆七年十二月,鄂尔泰以其子鄂容安曾向仲永檀私探留中密奏,为御史所劾,廷议革职拿问。弘历以遗留大臣,不忍深究,惟曾奏永檀端正,不能择门生之贤否,是其党庇之处;且不能训子谨饬,而葛藤未断,亦不能为之屡宽。遂交部议处,以示薄罚。次年谕令鄂容安闭户读书,勿预外事,鄂尔泰当严切教训之。十年正月,鄂尔泰以疾乞解任,四月卒。得旨:"鄂尔泰公忠体国,直谅持躬,久任边疆,懋著惠绩,简与机务,日思赞襄,才裕经纶,学有根底,不愧国家之柱石,允为文武之仪型!向用方殷,忽婴痰疾,竟致不起!除应得恤典外,遵皇考遗诏,配享太庙,予谥文端。"鄂尔泰既卒,廷玉信任尤专,以其年老,令不必早朝,遇炎蒸风雪,亦不必勉强内直。十三年,廷玉以老乞休,叠旨慰留,历引鞠躬尽瘁之训,并言受天下之重任,两朝眷待之隆恩,不必言去。十四年,命廷玉四五日一至内廷,备顾问,谕言:"张廷玉自皇考时简任纶扉,朕御极以来,弼亮寅工,久近一致,尤为国家祥瑞。但恭奉遗诏,配享太庙,予告归田,谊所不可!昔宋臣文彦博十日一至都堂议事,节劳优老,古有成谟。大学士绍休世绪,生长京邸,今子孙绕膝,良足娱情,原不必以林泉为乐也。"是年十一月,弘历以廷玉老态益增,优诏许原官致仕,召见时,奏身后配享事,请帝一言为券。弘历特颁谕旨,并赐诗以安其心。廷玉具折谢恩,以翼早风雪,不亲至,令仲子若澄代奏。弘历不悦,将传旨诘问。次日,廷玉早至,弘历疑军机漏泄消息,降旨切责。并解汪由敦协办内阁任,且曰:"罪固在于不亲至谢恩,尤在于面请配享,其面请之故,则由于信朕不及。”廷议以大不敬请夺爵职,廷玉乃自具疏引罪,得旨削去伯爵,以大学士原衔休致。临行,御制诗手书二卷赐之。廷玉翊赞两朝,备蒙恩眷,乃晚节不终,适如统勋所言,诚可惜也。顾亦可见专制之权威,虽视为一体之老臣,亦不能当天子之喜怒,况其他乎?廷玉登朝五十年:长词林二十七年,主撰席二十四年,军国大政,多所筹划;朝廷制作,胥出其手。至是退休,年已八十矣。

(二) 满汉两大党

廷玉之在政府也,虽恪勤慎密,曲谨无过,顾与鄂尔泰互相龃龉。而朝官依附门户者,互相攻讦,浸成仇敌。大抵满人则思附鄂尔泰,汉人则思附张廷玉,俨然政府之两大党。弘历灼知群臣迎合之病,深虑其植党营私,侵人主之大权,而事无大小,悉由独断。(十四年十二月上谕:“大臣等分别门户,衣钵相传,此岂盛世所有之事?我大清朝乾纲坐揽,朕临御十有四年,事无大小,何一不出自朕衷独断?”又谕:“张廷玉不过勤慎自将,传写谕旨,朕诗所谓‘两朝纶阁谨无过’耳。以廷玉得君之专,属意如此,其权不倾于臣下者,亦可以知矣。”)然其势已成,不得不有以消弭之,故于乾隆五年四月河南巡抚雅尔图,奏罢田文镜入贤良祠一事,乃谕曰:

> 朕观雅尔图此奏,并不从田文镜起见,伊见朕降旨令李卫入贤良祠,其意以为李卫与大学士鄂尔泰素不相合,特借田文镜之应撤,以见李卫之不应入耳。当日王士俊请将田文镜入贤良祠,系奉皇考谕旨允行者,今若又将伊撤出,是翻从前之案矣。试思田文镜留于祠中,于国计民生,有何关系,而此时必欲行此翻案之事乎?……从来臣工之弊,莫大于逢迎揣度,大学士鄂尔泰、张廷玉,乃皇考简用之大臣,为朕所依任,自当思所以保全之。伊等谅亦不敢存党援庇护之念。而无知之辈,妄行揣摩,如满洲则思依附鄂尔泰,汉人则思依附张廷玉,不独微末之员,即侍郎、尚书中,亦所不免。即如李卫身后,无一人奏请入贤良祠,惟孙嘉淦素与鄂尔泰、张廷玉不合,故能直摅己意,如此陈奏耳。朕临御以来,用人之权,从不旁落,试思数年中因

二臣之荐而用者为何人？因二臣之劾而退者为何人？若如众人揣摩之见，则是二臣为大有权势之人，可以操用舍之柄，其视朕为何如主乎？但人情好为揣摩，而反躬亦当慎密。即如持古勒德尔因坐台托故不往，朕加以处分；又刑部承审崔起潜一案，拟罪具题时，鄂尔泰曾为密奏，后朕降旨从宽，而外间即知为鄂尔泰所奏。若非鄂尔泰漏泄于人，人何由知之？是鄂尔泰慎密之处，不如张廷玉矣。……朕于大臣，视同一体，不但欲其保全始终，且于疑似之际，亦每为留意，以杜外人之议论。即如前日刑部侍郎员缺，朕原批用张照，因彼时鄂尔泰未曾入直，而张廷玉在内，朕恐人疑为张廷玉荐引，是以另用杨嗣璟。又如励宗万钻营生事，朕因其小有才具，尚可驱策，令其在武英殿行走，亦足满其分量矣；而外人以为张廷玉所劾，不得起用。其实励宗万受贿一节，果亲王曾经奏闻，并非出于张廷玉也。朕之用舍，悉秉至公；朕之继述，期于至当。若谓皇考当日所用之人，不应罢黜；所退之人，不应登进；如大学士鄂尔泰岂非告退闲居，而朕特用之大臣乎？……鄂尔泰、张廷玉乃皇考与朕久用之好大臣，众人当成全之，使之完名全节，永受国恩，岂不甚善？若必欲依附逢迎，日积月累，实所以陷害之也。朕是以将前后情节，彻底宣示，深欲保全之。二臣当更仰体朕心，益加敬谨，以成我君臣际调之美。

弘历此谕，欲破鄂、张朋党之说，以完君臣际遇之美。自是屡降明谕，引世宗《朋党论》以戒之。已而鄂尔泰卒，廷玉亦乞休。然两人门下在朝列者，尚倾轧不已，互目为宵小，浸寻至乾隆二十年，而遂有胡中藻之诗狱。

（三）胡中藻之诗狱

胡中藻者，故鄂尔泰门生，累官至内阁学士，旋罢归江西；其所著《坚磨生诗钞》中，有“记出西林（鄂尔泰字）第一门”之句；又用“谗舌青蝇”等语，（《述怀诗》有云：“琐沙偷射蜮，馋舌狠张箕。”《贤良祠》诗有云“青蝇投昊肯容辞”。）隐斥张廷玉、张照，而其他隐约诽谤之辞甚多。鄂尔泰侄甘肃巡抚鄂昌,颇援引世谊,与中藻往复唱和。弘历方怒两党门户之见,积久未除;又恐臣下之借端吟咏,讽讥朝政,欲为惩一儆百之举,乃召大学士九卿翰詹科道等谕曰:

我朝抚有方夏,于今百有余年,列祖列宗,深仁厚泽,渐洽区宇,薄海内外,共享升平。凡为臣子,自乃祖乃父以来,食毛践土,宜其胥识君亲大义,乃尚有出身科目,名列清华,而鬼蜮为心,于语言吟哦之间,肆其悖逆诋讪怨望,如胡中藻者,实非人类所应有!其所刻诗题曰《坚磨生诗钞》,坚磨出自《鲁论》,孔子所称磨涅,乃指佛肸而言,胡中藻以此自号,是诚何心?从前查嗣庭、汪景祺、吕留良等诗文日记,谤讪诪张,大逆不道,我皇考申明大意,严加惩创,以正伦纪,而维世道;数十年来,意谓中外臣民,咸知警惕,而不意尚有此等鸱张狺吠之胡中藻!即检阅查嗣廷等旧案,其悖逆之词,亦未有累牍连篇,至于如此之甚者!如其集内所云"一世无日月",又曰"又降一世夏秋冬"。三代而下,享国之久,莫如汉、唐、宋、明,皆一再传而多故,本朝定鼎以来,承平熙皞,盖远过之,乃曰"又降一世",是尚有人心者乎?又曰"一把心肠论浊清",加浊字于国号之上,是何肺腑?至《谒罗石庙诗》,则曰"天匪开清泰",又曰"斯文欲被蛮"。满洲俗称汉人曰"蛮子",汉人亦俗称满洲曰"达子",此不过如乡籍而言,即孟子所谓东夷、西夷是也。如以称蛮为斯文之辱,则汉人之称满洲曰达子,亦将有罪乎?再观其"与一世争在丑夷"之句,益可见矣。又曰"相见请看都盎背,谁知生色属裘人?"此非谓旃裘之人而何?又曰"南斗送我南,北斗送我北,南北斗中间,不能一黍阔"。又曰"再泛潇湘朝北海,细看来历是如何"。又曰"虽然北风好,难用可如何"。又曰"掀云揭北斗,怒窍生南风"。又曰"暂歇南风竞两两"。以南北分提,重言反复,意何所指?其《浯溪照景石诗》中,用周时穆天子车马走不停,及武皇为失倾城色两典故,此与照景石有何关涉?特欲借题以寓其讥刺讪谤耳。至若"老佛如今无病病,朝门闻说不开开"之句,尤为奇诞!朕每日听政,召见臣工,何乃有朝门不开之语?……

伊在鄂尔泰门下,依草附木,而诗中乃有"记出西林第一门"之句,攀援门户,恬不知耻!朕初见其进呈诗文,语多险僻,知其心术叵测;于命督学政时,曾训以论文取士,宜崇平正。今见其诗,即有"下眼训平夷"之句,"下眼"并无典据,盖以为垂照之义亦可,以为识力卑下亦可,巧用双关耳。至其所出试题内孝经义有《乾三爻不象龙说》。乾卦六爻,皆取象于龙,故象传言"时乘六龙以御天"。如伊所言,岂三爻不在六龙之内耶?乾隆乃朕年号,龙与隆同音,其诋毁之意可见。其种种悖逆,不可悉数。十余年来,在廷诸臣所和韵及进呈诗册,何止千万首,其中字句之间,亦偶有不知检点者,朕俱置而不论,从未尝以语言文字责人。若胡中藻之诗,措词用意实非言语文字之罪可比!夫谤及朕躬犹可,谤及本朝则叛逆耳……至鄂昌身为满洲世仆,历任巡抚,见此悖逆之作,不但不知愤恨,且丧心与之唱和,引为同调,其罪实不容诛,此所关于世道人心者甚大,用俾天下后世,共知炯鉴!胡中藻、鄂昌已降旨拿解来京,俟到日严审定拟具奏!

弘历所指摘中藻悖逆之词,至今观之,实属莫须有之谈;而竟构成大狱,是殆有深心耶?故《啸亭杂录》谓"胡阁学(中藻)为西林得意士,以张党为寇仇,多讥刺。上正其罪诛之,盖深恶党言,非以言语文字责人也"。弘历于定中藻罪案时。谕曰:

胡中藻系鄂尔泰门生,文辞险怪,人所共知,而鄂尔泰独加赞赏,以致肆无忌惮,悖慢诪张。且与其侄鄂昌叙门谊,论杯酒,则鄂尔泰从前标准之私,适以酿成恶逆耳。胡中藻依附师门,甘为鹰犬,其诗中"谗舌""青蝇",据供实指张廷玉、张照二人,可见其门户之见,牢不可破。即张廷玉之用人,亦未尝不以鄂尔泰、胡中藻辈为匪类也。鄂尔泰、张廷玉亦因遇皇考及朕之君,不能大有为耳,不然,何事不可为哉?大臣立朝,当以公忠体国为心,若各存意见,则依附之小人,遂至妄为揣摩,群相附和,渐至判若水火,古来朋党之弊,悉由于此。

时廷议依大逆律论中藻凌迟处死,诏改弃市。而为其诗钞作序刊刻之张泰开(由编修擢至侍郎,在上书房行走),从宽释放,其余缘坐诸人,亦皆宽免。鄂昌即以比昵标榜问罪,复以其《塞上吟》有怨望之意;且称蒙古为胡儿,实为忘本自诋,赐令自尽。鄂尔泰亦缘是撤出贤良祠,以为大臣植党之戒焉。廷玉自休致后,乾隆二十年四月,卒于家。得旨仍遵世宗遗诏,令配享太庙,予谥文和。自中藻狱起,廷玉同时逝世,所谓鄂、张之两大党,乃渐趋于泯澌矣。

四 种族之偏见与文网

(一) 满洲旧俗之维持

清廷对付汉人之政策,既叠变其态度:如顺治时则感化,康熙时则怀柔,雍正时则调和,而乾隆又一意以压制为事,前已述之详矣(见卷上第六篇第三十章一百二十节)。惟乾隆所取之政策,何以独异于三朝?盖百余年来,根基已固,虽加强力,不虞土崩瓦解之势耳。种族之见,虽圣贤亦有所不免,何况清人以异族入主?即使不虑国运之转移,亦当知同化之渐,剥床及肤。故金世宗禁习汉俗,戒部族勿忘祖制;当太宗未入关时,即仿效世宗,以饬谕诸臣。盖塞外之强,以骑射为能事,若忘其根本,渐臻懈弛,狼烟一起,武备不足以摧抑,未有不底于败亡者也。康雍沿崇德政策之旧,对于满洲旧俗,竭力保守;惟汉族同化之力甚强,在太宗时,已有不能遏止满人不为汉化之趋势,况以少数入主多数,环境之中,诸多感染,虽以法令之防闲,亦常沾濡于不自觉也。乾隆之时,满人久经升平,骄逸自安,弓马之技,即多废弛,而清语清文,转致遗忘。甚以通晓汉文,解识吟哦,自侪于士墨之林为荣,即如鄂昌,其一例也。弘历于中藻诗狱之起也,谕:

> 满洲风俗,素以尊君亲上,朴诚忠敬为根本,而骑射之外,一切玩物丧志之事,皆无所渐染。乃近来多效汉人习气,往往稍解章句,即妄为诗歌,动以浮夸相尚,遂致古风日远,语言诞谩,渐成恶习。……

夫满洲未经读书，素知尊君亲上之大义，即孔门以诗书垂教，亦必先以事君事父为重。若读书徒剽窃浮华，而不知敦本务实之道，岂孔门垂教之本意？况借以诋呵讥刺，居心日就险薄，不更为名教之罪人耶？此等弊俗，断不可长！着将此通行传谕八旗，令其务崇敦朴旧规，勿失先民矩矱，傥有托名读书，无知妄作，侈口吟咏，自蹈嚣陵恶习者，朕必重治其罪！

弘历以鄂昌事，意颇不怿，乃复降谕，训满洲以清语骑射为事，并禁满汉人以文字相往来，谕言：

近日满洲熏染汉习，每思以文墨见长，并有与汉人较论同年，行辈往来者，殊属恶习！夫弃满洲之旧业，而攻习汉文，以求附于文人学士，而不知其所学者，并未造乎汉人堂奥，而反为汉人所窃笑也。即如鄂尔泰系胡中藻素所尊重者，然其诗中，颇有戏谑鄂尔泰之句。伊侄鄂昌，见胡中藻悖逆之诗，不知愤恨，反与唱酬，实属丧心之极！又以史贻直（字儆弦，号铁崖，溧阳人，官文渊阁大学士）系伊伯父鄂尔泰同年举人，因效汉人之习，呼为伯父，卑鄙至此，尚可比于人数乎？此等习气，不可不痛加惩治！嗣后八旗满洲，须以清语骑射为务，如能学习精娴，朕自加录用，初不在其学文否也。即翰林等亦不过学习以备考试，如有与汉人互相唱和，较论同年行辈往来者，一经发觉，决不宽贷！

弘历既深悉满人渐染汉习之弊，屡降谕旨以惩创之，又制乡会试先试弓马，合格然后许入场。且王大臣会射不中法者，立加斥责，或命为贱役以辱之，此治标之法也。然其根本原因，则在于满洲文化之不逮汉人，故弘历又积极提倡清语（《清朝全史》云："在当时所增补之四体及五体《清文鉴》，虽在网罗中土及外藩之语言，实由于强其国语权威之政见而生。姑以吾人所知而言，满洲语之整顿及增加后，徒出一稀代之文人名和素者，惟翻译元明之著名小说，如《西厢记》、《金瓶梅》等，投一般之嗜好而已。")以制作满洲文化,并编纂《满洲源流考》等书,以见满洲文化之渊源已久,此所谓治本之法也。此种方法,是否有效?吾人就以后之事实观之,故不能无疑也。

(二) 满汉畛域之分

满汉一体,并无歧视,清自开国以来,即以是二语为口头禅,然其处事设心,固未尝不右满而外汉也。朝廷大吏,满汉兼用,汉人则任事而品低,满人则品高而权重。至于外省,抚司以下,间用汉人,总督则历世不多觏。盖地方之政权军柄,皆在总督一人之手,非我族类,不敢苟托。惟满人中既少治平之才,复多贪黩之辈,是以为政施治,其弊亦甚著。顺康之时,有侃侃直陈时务,以申论满汉偏见之不当者,如:马世俊殿试策,末有云:"臣尤有进者:唐贞观时,天子问山东关中之同异,而其大臣曰:'王者以天下为家,不宜示同异于天下。'裴度既平蔡,即用蔡人为牙兵,而曰:'蔡人即吾人。'今天下遐迩倾心,车书同轨,而犹分满人汉人之名,恐亦非全盛之世所宜也!"储方庆殿试策有云:"今自三公九卿,为陛下之疑丞辅弼者,莫不并列满汉之名,督抚大臣,则多寄于满人,而汉人十无二三焉,其意不过谓国家受命之地,其人皆与国休戚,非若汉人强附以取功名者,故信满人之心,常胜于信汉人。"又云:"陛下既为天下主,即当收天下才,供天下用,一有偏重于其间,臣恐汉人有所顾忌,而不敢尽忠于朝廷,满人又有所凭借,而无以取信于天下矣。"(两策语见周寿昌《思益堂日札》卷五)清廷虽不能因是以医其偏见,而固不以言者之侃直为怪,则当时之情势,盖有不可讳者已。弘历即位之初,对于汉满畛域,亦力示无芥蒂存于其心,如因正蓝旗副都统布延图,奏请福建、广东、广西、贵州、云南统兵大员,补考满洲,布告天下曰:

人主君临天下,普天率土,均属一体,无论满洲汉人,未尝分别,即远而蒙古番夷,亦并无歧视。本朝列圣以来,皇祖皇考逮于朕躬,均此公溥之心,毫无畛域,此四海臣民所共知共见者。盖满汉均为朕之臣工,则均为朕之股肱耳目,本属一体,休戚相关,至于用人之际,量能授职，惟酌其人地之相宜，更不宜存满汉之成见。边方提镇，亦惟朕所简用耳，无论满汉也。昨从尚书来保之请，议令缘边古北口一带提镇副参游守官兼用满洲者，良以满洲骑射，比汉人为纯熟，于控制北边为相宜，并非有意歧视满汉也。无知之徒，妄生揣摩，以为满洲当亲，形之奏牍，紊乱成规，甚为不合。嗣后若有分别满汉，歧视旗民者，朕必从重议处！

不过此种议论，皆属空谈，故乾隆八年御史杭世骏时务策有曰："意见不可先设，畛域不可太分。满洲贤才虽多，较之汉人，仅什之三四；天下巡抚，尚满汉参半，总督则汉人无一焉，何内满而外汉也？三江两浙，天下人才渊薮，边隅之士，间出者无几。今则果于用边省之人，不计其才，不计其操履，不计其资俸，而十年不调者，皆江浙之人，岂非有意见畛域？"观于此，则弘历畛域之见，实较顺康之时，更为显著；故其对于汉人亦务取压制之政策，而世骏竟以是革职焉。世骏之言，与马、储之试策正同，然马、储以新进草茅，尚不因是以披鳞获谴，则顺、康、雍、乾政术之不同，益足证前言之不谬矣。

（三）压制汉人之政策

弘历对于汉人即以压制为政策，故缘指摘诽谤，以兴大狱者，乃层出不穷。杭世骏以时务策而被斥，胡中藻、鄂昌以影响附会之辞而遭显戮；即曾邀特赦之曾静，亦不惜翻先朝之旧案而诛杀之，是皆雷霆之先声也。乾隆二十二年又有彭家屏、段昌绪之狱。家屏、昌绪皆河南夏邑人，家屏为李卫之党，曾官河南布政使，昌绪为县邑生员。是年弘历南巡，家屏于接驾召见时，面奏夏邑等四县被灾积歉情形，诏令同巡抚图尔炳阿往查给赈。弘历发自徐州，有夏邑民张钦遮道陈诉，谓地方官所办不实。及过邹县，复有刘元德陈诉夏邑散赈不实。高宗以二人引类越疆，连日渎诉，询系昌绪指使，令侍卫往查，即于昌绪室中，搜出吴三桂檄文，昌绪为之浓圈密点，加评赞赏。弘历以该处既有此檄，则传钞所及，恐家屏家亦难保其无有，因遣使查办，并召家屏入京面询。家屏供藏有明末野史《潞河记闻》、《日本乞师》、《豫变纪略》、《酌中志》、《南迁录》并钞本天启崇祯年间政事等书。而家屏子传笏闻风概行烧毁。昌绪之檄,钞自司存存、司淑信,司则得自郭芳寻家。家屏之书,则得自昆山徐乾学家。狱具,家屏论斩,昌绪立决,除郭、徐已故不究,淑信、存存及传笏皆应斩。乾隆三十二年,又有齐周华之狱。周华名赤若,天台人,与叔召南齐名。后为道士。年三十五,因吕留良案发生,上书为之抗辩。疏略云:"吕留良生于有明之季,延至我朝,著书立说,广播四方,其胸中胶于前代,敢妄为记撰,偏见甘效顽民,世论共推义士。又以其书能阐发圣贤精蕴,尊为理学者有之。夫曾静现在叛逆之徒,尚邀赦宥之典,岂吕留良以死后之空言,早为圣祖所赦宥者,独不可贷其一门之罪乎?"浙吏威胁言诱,令其中止,周华不允,遂下狱。濒死者数,而矢志不移。部议永远监禁。乾隆元年始得释放,修道于武当山琼台观。乾隆三十二年,因年老回家省母,往访召南,召南以礼部侍郎休致家居,写"僧道不许滥入齐府"字揭于门首。周华以为召南有意拒绝,遂作呈词自诉,浙抚熊学鹏奏闻。诏磔周华,以召南循隐近族逆词革职。周华自以为东方木星,木不斫,不成器,所以为吕晚村鸣冤,即准备受刑。此次自诉,书门联一副云:"恶劫难逃,早知不得其死;斯文未丧,庶几无忝所生。"其苦衷,盖欲激励读书人之气节,始甘就刀锯鼎镬而不辞,真异人也。

乾隆四十三年,又有徐述夔之狱。述夔字赓雅,江苏举人。所著《一柱楼诗》,多诋諆清人语。如《咏正德杯》云:"大明天子重相见,且把壶儿(取胡字之音)搁半边。"又有"明朝期振翮,一举去清都"之句。弘历以其显有兴明灭清之意,诏与其子徐怀祖并戮尸。其孙食田、食书及校对者徐首发、沈成濯等俱坐死。前礼部尚书沈德潜(字确士,号归愚,谥文悫,江苏长州人,以诗名)曾为作传,称其品行文章可法,命毁其御赐祭葬碑文,革去官爵,撤出贤良祠。野史谓德潜以诗学致卿贰,告归时,弘历以己所著诗集,委之改订,颇多删润。德潜死,调其诗集进呈,则平时为之点窜及捉刀之作,咸录焉。弘历大恚,始有革爵撤祀之令。又阅其《咏黑牡丹》诗,有"夺朱非正色,异种也称王"之句,指为逆词,令剖棺锉尸。四十四年又有冯王孙之狱、沈大绶之狱、石卓槐之狱、祝庭铮之狱。王孙所著

《五经简咏》中有“飞龙大人见，亢悔更何年”二语，谓其有复明削清之意，凌迟处死，传首本籍示众。其子生梧、生桐斩决，生棣发遣。妻及二媳二孙，俱付给功臣之家为奴。大绶湖南临湘人，刻《硕果录》、《介寿辞》二书，故后其子荣英呈首，谓有悖逆语，高宗以非出实情，不能轻纵，诏开棺戮尸，荣英及作序刊刻陈湄、江苏斩决。大绶之兄弟子侄九人一并坐斩。妻媳孙俱为奴。收藏书板之庄老满亦坐斩。分送定书之人均杖流有差。卓槐著《芥圃诗钞》内有“大道日以没，谁与相维持？”“厮养功名何足异？衣冠都作金银气”之句，诏凌迟处死。妻妾及子均付给功臣之家为奴。列名校订之蒋业晋、曹麟开发往乌鲁木齐。祝廷铮《续三字经》内有“发披左，衣冠更，难华夏，遍地僧”等语，诏开棺挫尸，其孙祝浃等五人坐斩。又查办其祠宇碑记，闻风磨去其父祖名字者，祝潆等六人杖流有差。知府朱遐龄、知县萧立选俱革职。四十五年又有戴移孝之狱，移孝所著《碧落后人诗集》有违碍语。其子昆《约亭遗诗》内又有“长明宁易得”、“短发支长恨”、“且从卜太平”等句，移孝、昆皆戮尸。曾孙世道斩决，孙用霖、曾孙世德、世法斩监候。孙媳等发为奴。作序之人皆革职。四十六年又有卓长龄之狱。长龄《高樟阁诗集》内有“可知草莽偷垂泪，尽是诗书未死心！”“楚衽乃知原尚左，剃头轻卸一层毡”等句，其子敏慎、征孙、轶群诗集俱有违碍语，被人控告，俱开棺挫尸，孙及曾孙等五人并坐斩。乾隆四十七年，又有方国泰之狱。国泰安徽歙县生员，其五祖方芬，著有《易经补义》、《涛浣亭诗》；其七世祖有《陛辞疏草》一本，国泰将《补义》、《疏草》两书，上之学政，请匾奖励。当经查出《涛浣亭诗》内有“征衣泪积燕云恨，林泉不共马蹄新”、“乱剩有身随俗隐，问谁壮志足澄清”及“蒹葭欲白露华清，梦里哀鸿听转明”等句。巡抚谭尚忠奏称语意狂悖，请锉芬尸，国泰立斩。弘历以言辞隐约，不过书生遭遇兵火，流离转徙，为不平之鸣，并无公然毁谤之处，不比于徐述夔之“一举去清都”也。诏刑部查明定拟。旋议国泰不将诗呈出，系有心藏匿，照律量减一等，杖一百，徒三年。四十八年又有李一、乔廷英之狱。李一《糊涂词》内有“天糊涂，地糊涂，帝王师相，无非糊涂”等语，被乔廷英呈首。而乔作诗稿内，亦有“千秋臣子心，一朝日月天”及“志士终当营大业”等句，二人皆凌迟处死。两家子孙五人并坐斩,妻媳俱付给功臣之家为奴。凡此皆对于汉人恢复思想,而加以摧抑压制之者也。至若明末遗老之著述,有关于前朝遗事之记载,或微吟深讽,以寄其蛮夷猾华之痛者,悉搜剔之不遗余力。如钱谦益之《初学集》、《有学集》,屈大均之《翁山诗文集》,金堡之《遍行堂集》,谢济世之《梅庄杂著》,陈建之《喜逢春传奇》等,皆于是毁板禁行。而禁书之令所罗得者,乃不下万余种(《国粹丛书》所刻《奏缴咨禁书目》内载乾隆四十一年十二月十三日上谕,据江西巡抚海成奏:将各属续获应毁书籍,前后共有八千余部之多。看来查办遗书一事,惟海成最为认真,故前后购获应毁禁书籍,较江浙两省尤多。江西一省如此,合十八省当近二万矣),检摘字句,稍有不当,即指罪而刑诛之,一时文网密布,告讦纷起。

(四) 文网之密与告讦者之纷起

是时文网严密,罗织极细,文字之间,若有择词不精,引用不当,或无意中有牢骚抑郁之辞,一经告讦,辄多获谴。如乾隆十九年,有世臣之狱。世臣盛京礼部侍郎,其诗稿中有"霜侵鬓朽叹途穷"、"秋色招人懒上朝"及"半轮明月西沉夜,应照长安尔我家"之句。弘历谓其自拟于苏轼黄州之谪,以其品学,与苏轼执鞭,将唾而箠之;且卿贰崇阶,有何途穷之叹?乃遣戍黑龙江。乾隆三十二年有蔡显《闲闲录》之狱。是狱《东华录》未载,许嗣茅《绪南笔谈》(许娄县人,自序于道光七年称七十三翁)云:"丁亥五月,吾郡《闲闲录》狱起。《闲闲录》者,举人蔡显作也。诗中多雌黄处,郡人恶之,摘其引古人紫牡丹诗句,以为狂悖。遂弃市。其门下士谴戍者:闻人卓三倓、刘素莽朝栋、吴秋渔光裕等二十四人。蔡显妾朱氏,子三人:长曰必昭,隽才也,年十七,亦遣戍。蔡显别有《宵行杂志》等书,亦无狂悖语,此事或以为冤狱。盖郡绅某嫉之,而府尊钟公,亦以蔡之狂而故杀之也。闻、刘皆遇赦归,吴殁于华州,吴集甚多,其在华州时作诗,积一千二百首,寄其弟学士树本。"又钱唐吴振棫《养吉斋丛录》云:"乾隆三十二年,举人蔡显逆书事起,内有'戴名世以《南山集》弃市'等语,意涉怨谤。又所作诗,有'风雨从所好,南北杳难分'句;又《题友袈裟照》,有'莫教行化乌肠国,风雨龙王行怒嗔'句。隐约怨诽,情罪甚重,刑臣拟以凌迟,改斩决。其子蔡必昭斩侯。作序之闻人倓戍伊犁。"按《绪南笔谈》所云古人紫牡丹诗,乃以后沈德潜之事。《养吉斋丛录》所云之罪名,乃事实也。故宫《文字狱档》第二册,有此案,其所载乾隆三十二年六月初五日上谕,蔡即因称戴名世以《南山集》弃市,钱名世以年案得罪,及风雨二诗而罹祸。诗句不过谓时多忌讳,慎勿触犯,乃竟坐斩其身,并戮其子,门人及幼子,遣戍多人,亦可谓冤且滥矣。但《绪南笔谈》谓郡绅嫉之,知府罗织故杀,亦事实也。据《文字狱档》,蔡氏因所著各书刊行,嫉之者,欲罗织其罪,乃奉书诣官自首,遂成此狱。盖蔡氏自信其决无悖逆者,乃不料竟罹大辟也。《笠夫杂录》由华亭陆明睿刊行,陆亦其弟子,可见蔡氏门下之笃念其师,不计祸福,当时风俗之厚,殊可尚矣。《杂录》中指斥邑绅甚多,如知府某也,御史某也。若王若李若莫也,又斥入乡贤祠之某绅,入节孝祠之某氏,皆《绪南笔谈》所谓多雌黄之证,其取祸之由,盖在是耳。乾隆四十二年,有王锡侯《字贯》之狱。锡侯江西新昌举人,撰《字贯》一书,诋斥《康熙字典》。《凡例》中并将圣祖世宗庙讳,及弘历御名直书不讳。经民人王泷南呈首,江西巡抚海成奏闻,命锁押解京,交刑部审讯,旋论斩。海成及藩臬各官均以失察革职,交部治罪(锡侯生平事迹,见《经史镜》自跋,《心史丛刊》载之)。侍郎李友棠以题《字贯》古诗一首而革职,钱陈群、史贻直以序《经史镜》及《王氏家谱》,以已故无庸深究,高宗尚有"不为已甚去已甚"之句。然海成因奏称《字贯》尚无悖逆之语而获罪,宁非已甚耶?自《字贯》之狱兴,清一代无敢复言字书者。桂、段诸家,以治经不能识字,则尽力于许氏《说文》,以避时忌。清中叶聪明特达之士,恒舍史而谈经,皆是此意。于是二百年中,承学之士,无不是古非今,以应用之学术文字,如市井浅俗之为,通人不屑道之矣。乾隆四十四年,有智天豹之狱。弘历谒陵回京师,天豹使其徒张九霄于道傍呈献《大清天定运数》一本,中编大清天号三十余条,而于乾隆年号,仅及五十七年而止。又于圣祖庙讳,直书不避。并谎称世祖显圣于彼,刑部拟以凌迟处死,诏命斩决,九霄监候。乾隆四十六年,有尹嘉淦之狱。嘉淦直隶博野人,官至大理寺卿。弘历自五台还至保定,嘉淦使其子赍表赴行在为其父会一(字元孚,官至工部侍郎)请谥,且乞从祠孔庙,谓其狂妄,交刑部治罪。又据部查出嘉淦所著各书中,多狂妄悖谬语,如:“朋党之说起而父师之教衰,君亦安能独尊于上哉?”又有“为帝者师”之句。其《名臣言行录》一书,将康雍以来大臣,如高士奇、高其位、蒋廷锡、鄂尔泰、张廷玉、史贻直等悉行胪列。弘历以朋党为自古大患,世宗曾撰《朋党论》以训谕群臣,而嘉淦反以朋党为是,显悖御制。且以本朝之人,标榜当代人物,私臆妄论,莠言乱政。又托言神人梦告伊系孟子后身,当传孔子之道,且称古稀老人,与御制《古稀说》相契。部议凌迟处死,得旨改绞立决。《春冰室野乘》谓嘉淦未死,被赦出,不知是否?是年又有程明禋之狱。明禋湖北孝感生员,教读河南桐柏。会富家郑友清生日,有人浼程撰寿序者,程以郑本楚人,在豫起家,又时直三月,文内有“绍芳声于湖北,创大业于河南”及“捧河中之剑,似为添筹”等句。郑疑有碍,用红纸贴去,程闻怒甚。其门人杨殿才揭贴于市,并殴郑侄以泄忿。郑持幛呈首,巡抚富勒浑奏请照大逆律凌迟处死,弟明珠坐斩。妻子给功臣为奴,门人等均杖八十,褫革衣顶。他如王尔扬为李范作墓志,于考字上用皇字,逮问,高宗以皇考之字,见于《礼经》。屈原《离骚》及欧阳修《泷冈阡表》,俱曾用之,在臣子尊敬君上之义固应避之;但迂腐无知,泥于用古,不得谓之叛逆。释弗治。赣榆县民韦玉振刻其父行述,有“于佃之贫者,赦不加息”及“赦屡年积欠”等语,经其叔韦昭禀首。高宗以擅用赦字,于理固不宜用,但此并无悖逆之迹,岂可因一赦字,遂坐以大逆重罪乎?并以巡抚杨槐所办,徒长告讦之风,交部议处。全祖望著《皇雅篇》,叙述清世祖得天下之正也,讦者谓内有“为我讨贼清乾坤”之句,冠贼字于清字之上,悖逆不道,余亦多有微辞,获谴。幸大学士某为之解释,始得免。若此之类,尚不可胜数。故当时比附妖言,告讦诗文之事,纷然而起。御史曹一士特疏论之曰:

> 古者太史采诗以观风,借以知列邦政治之得失,俗尚之美恶,即《虞书》“在治忽以出纳五言”之意,使下情之上达也。降及周季,子产犹不禁乡校之议。惟是行僻而坚,言伪而辩,虽属闻人,圣人亦必有两观之诛,诚恶其惑众也。往者造作语言,显有背逆之迹,如罪人戴名世、汪景祺等,圣祖、世宗因其自蹈大逆而诛之,非得已也!若夫

赋诗作文,语涉疑似,如陈鹏年任苏州府知府游虎丘作诗,有密奏其大逆不道者,圣祖明示九卿,以为古来诬陷善类,大率如此。如神之哲,洞察隐微,可为万世法则!比年以来,小人不知两朝所以诛殛大憝之故,往往挟睚眦之怨,借影响之词,攻讦诗书,指摘字句;有司见事生风,多方穷鞫,或致波累师生,株连亲故,破家亡命,甚可悯也!臣愚以井田封建,不过迂儒之常谈,不可以为生今反古;述怀咏史,不过词人之习态,不可以为援古刺今。即有序跋,偶遗纪年,亦或草茅一时失检,非必果怀悖逆,敢于明布篇章!使以此类,悉皆比附妖言,罪当不赦,将使天下告讦不休,士子以文为戒,殊非国家义以正法,仁以包蒙之意!伏读皇上谕旨,凡奏疏中从前避忌之事,一概扫除,仰见圣明廓然大度,即古敷奏采风之盛。臣窃谓大廷之章奏,尚捐忌讳,则在野之笔札,焉用吹求?请敕下直省大吏,查从前有无此等狱案,现在不准援赦者,条例上请,以俟明旨钦定。嗣后凡有举首文字者,苟无的确踪迹,以所告本人之罪,依律反坐,以为挟仇诬告者戒。庶文字之累可蠲,告讦之风可息矣!

观于此,而当时清廷用法之严,及官吏奉行之过当,盖可知也。顺康以来,天下初定,人心未一,故老遗臣,尚在人间,为君主者,虑死灰之复燃,而乃故施雷霆不测之威,亦或出于势之不得已也!至乾隆时,海内无事,人民无复有系恋旧君之思,而犹毛举细故,株连满庭,凡有血气,谁不自危?无惑乎举世之学者,舍句读训诂无用之学术外,不敢研究也。龚定庵尝云:“积百数十年之力,以振荡摧锄天下之廉耻,既殄、既狝、既夷;顾乃借祖父之余荫,一旦责有气于其臣,不亦暮乎?”呜呼!清之衰亡,非一朝一夕之故,履霜坚冰至,所从来渐矣。

五　文事之奖饰与书籍之编禁

(一) 博学之荐举与文艺之嗜好

乾隆之时,天下太平,故文治之粉饰,号称极盛。弘历即位之初,以国家久道化成,文人蔚起,乃雍正诏举博学鸿词,二年以来,人数寥寥。遂申谕各省督抚,速行保荐,定一年内候试京师。乾隆元年九月,试被荐者一百七十六人于保和殿,取中刘纶等十五员:授翰林院编修、检讨、庶吉士等有差(查照康熙年例:一等授编修,二等由科甲出身者授检讨,未中举者授庶吉士。一等刘纶、潘安礼、诸锦、于振、杭世骏等五人,二等由科甲者陈兆仑、刘玉麟、夏之蓉、周长发、程恂等五人,不由科甲者,杨度汪、沈廷芳、汪世锃、陈士璠、齐召南等五人)。次年,复试续到博学鸿词于体仁阁,取四人:授万松龄、张汉为翰林院检讨,朱铨、洪世泽为翰林院庶吉士(考《鹤征录》等书,此次征士之曾官翰林者,不一而足。即取中一二等中,诸锦、周长发皆庶吉士,张汉检讨,而于振且雍正元年之状元授职修撰者也。时全谢山祖望亦被征,有龁之者,谓曾入翰林,不得与试。盖以其新为词臣,而诸锦等则已改他官,不在侍从之列矣。然则当时学人之重视此科,至在殿试以上,抑何故哉?或以常试大比之不足贵,而欲于特典异数,重邀恩眷耶?学者之望希功名,亦可以概见矣)。乾隆十四年十一月以词苑中寡经术士,虽翰林以文学侍从,颇致力于诗赋,而求其沉酣六籍者,不少概见。特旨令大学士九卿督抚选举潜心经学,纯朴淹通之士,不拘资格,务精勿滥!于是十六年得顾栋高、陈祖范、吴鼒、梁锡玙等四人,并授国子监司业。而顾、陈以年老,尤受宠眷。顾于引对时,曲加恩礼,既以老辞,御制七言诗二章美之,幸江南又赐御书,加二秩为祭酒。陈虽被征而未出,即家科为司业,盖执冲慕道,清静自养者也。三十年谕曰:"儒林亦史传所必及,果经明学粹,不论韦布,岂以品位拘?如近日顾栋高辈,终使淹没无闻耶?"嗣是史馆特立《儒林传》。又凡车驾巡幸所至,辄召诸生试诗赋,与以科目出身,如巡江浙,得王昶等八十五人;巡山东,得黄道煕等十七人;巡天津,得姚文田等十六人;幸五台,得龙汝言等九人。又开阳城马周科(阳城唐进士,隐中条山,德宗召拜为谏议大夫。马周字宾王,舍中郎将常何家,为何条上二十余事,太宗怪问,何曰:"此家客马周教臣言之。"帝即召与语,大悦,拜监察御史),以征士之不得志而隐栖岩穴,或伏人门下者。前后得人之盛,视康熙时又或过之。翰林院重修工竣也,弘历亲临赐宴,送掌院学士鄂尔泰、张廷玉进院,并率儒臣饮酒赋诗,极一时之乐。御制首句曰:“重开甲子文治昌。”诸臣皆以次赓和。是时齐召南等以博学入选,常侍左右,校纂诸书,弘历优礼有加。乾隆十三年,命大考翰詹,召南第一,即擢为礼部侍郎。先是督抚参奏属员及题请改教本章,每有“书生不能胜任”、“书气未除”等语,弘历谕旨辨之;谓修己治人之道,备载于书,果足以当书生,则以易直子谅之心,行宽和惠爱之政,则邑县蒙其休矣。书气二字,尤可宝贵,人无书气,即为粗俗市井气。且自谓二十年来,讲论未尝少辍,实一书生也。其优礼学人,尊重读书也如此。而己又嗜好吟咏,性耽书画:弱冠时,即以诗文刊《乐善堂集》。其后时与群臣唱和,巡幸所至,亦到处留题。故御制诗至二三万首(《御制诗初集》四十四卷,目录四卷;《二集》九十四卷,目录六卷;《三集》一百卷,目录十二卷;共诗二万四千二百四十余首。《乐善堂集》尚不与焉。复有《御制文初集》三十卷凡五百七十余篇,其中当不免代庖改削之作),其多为陆放翁所无。每一诗成,令儒臣注释,不得原委者,许归家涉猎。然多有翻撷万卷,莫能解者,如《塞中雨腊诗》内用制字,众莫晓。弘历笑曰:“卿等一代巨儒,尚未尽读《左传》耶?”盖用“陈成子制杖以行”之意。又尝出《污卮赋》以考词林,众皆误为窳寻;弘历检出傅咸《污卮赋》。虽隐僻之典,骈切之辞,不足以见学问,其自夸渊博也,大率类此。又赏鉴书画,尝获宋刻《后汉书》,命画苑写其像于书上。岳氏五经,特建五经萃室以贮之。马和“国风图”,觅数十年始获全部,藏于学诗堂。韩滉“五牛”设春藕斋,周铸“十二钟”设景阳宫。当时名家,又时以书画进呈,皆保存珍藏之。至写字效董其昌,惟少气魄,虽书家如张得天等,亦为所倾倒,惟骨力不逮圣祖,才气不逮世宗,抑性格使然也。弘历于清语讲习颇深,惟于西洋之科学知识,则殊淡然漠视,不如康熙帝之注重历算,优待西人云。

(二) 群籍之纂修

弘历表扬文治之方法,大半摹仿康熙帝,而又思有以突过之。如康熙诏举山林隐逸,博学弘儒,乾隆则一开博学鸿词科(因避御名,改弘儒为鸿词),二开阳城马周科,三开经学科,特科屡启,颇采虚声。康熙购求遗书,编纂书籍,乾隆亦于六年正月,命直省督抚学政,采访近世著作,随时进呈。(谕:“从古右文之治,务访遗编;目今内府藏书,已称大备。但近世以来,著述日繁,如元明诸贤,以及国朝儒学,研究六经,阐明性理,潜心正学纯粹无疵者,当不乏人。虽业在名山,而未登天府。着直省督抚学政,留心采访,不拘刻本钞本,随时进呈,以广石渠天禄之储!”)而书籍之编纂,又较康熙时尤倍多焉。今依前例,列表于下:

书名	卷数	编纂年代	主撰者	内容提要
周易述义	一〇	乾隆二〇	傅恒等	本折中而推阐之大旨谓易因人事以立象故不涉虚渺之说与术数之学
诗义折中	二〇	二〇	傅恒等	依据毛郑溯孔门授受之渊源使事必有征义必有本一切虚谈咸与湔除
周官义疏	四八	一三		郑康成以下说周礼者明典制王安石以下说周礼者阐义理各有所偏是书兼赅并包集二派之成
仪礼义疏	四八	一三		仪礼一书学者多苦其难读故至宋元以来湮晦四五百年至是始就郑贾之精义群儒之异说纲举目张厘然昭晳
礼记义疏	八二	一三		自陈澔礼记集说大行于世而古义浸微是书补正澔书讹漏俾横经之士知仪礼不可以空言也
春秋直解	一六	二三	傅恒等	序谓阐尼山之本意而揭胡安国之臆断傅会以诰朝下实则亦以私意为归与从前之强经从己者同一支离故不可谓直解也
律吕正义后编	一二〇	一一		凡分十类曰祭祀乐曰朝会乐曰宴飨乐曰导迎乐曰行幸乐曰乐器考曰乐制考曰乐章考曰度量权衡考曰乐问盖律吕正义阐声气之元此编备器数之用
西域同文志	二四	二八	傅恒等	分四大纲曰地曰山曰水曰人首列清文次列汉字次列三合切音次列蒙古西番托忒回字使比类可求

续　表

书　名	卷　数	编纂年代	主撰者	内　容　提　要
清文鉴	三二	三六	傅恒等	因圣祖旧本补辑每条标清语为纲左列汉字切韵右列汉语又右音以清文复有补编四卷总纲八卷补总纲一卷
满洲蒙古汉字三合切音清文鉴	三三	四四	阿桂等	以清语蒙古语汉语通贯为一使互相音释
同文韵统	六	一五	允禄等	以印度五十字母西番三十字母参考同异而音以汉字用清语合声之法为准
叶韵汇辑	五八	一五	梁诗正等	以佩文诗韵为主而注释加详今韵虽各为部古韵相通者亦类附之
音韵述微	一〇六	三八		合声切字一本音韵阐微而体例不同字亦多所增加盖阐微重在字音此则重在字义也
明史	三六〇		张廷玉等	是书以王鸿绪明史稿为底本而鸿绪又得之于万斯同者也列正史之中始编于康熙十八年雍正二年诏诸臣续蒇其事乾隆四年始告成四十年左右又以其中考究未详者命刊正之为新本
通鉴辑览	一一六	三三	傅恒等	以李东阳所修通鉴纂要多所舛漏乃命详考史传定著此编事赅辞简条理晰然在官修书中比较有价值者也
开国方略	三二	三八		记载开国以来至顺治入关事编年分述每多饰笔
平定金川方略	三二	一三	来保等	记讨大金川之始末起于九姓之构衅讫于郎卡之归命
平定准噶尔方略	一七二	三七	刘统勋等	记西域用兵始末冠以御制纪略一篇以下三编按年月记载前编五十四卷述圣祖以来西征事正编八十五卷述削平伊犁及定回疆事续编三十三卷述善后事

续 表

书　　名	卷　数	编纂年代	主撰者	内　容　提　要
平定两金川方略	一五二	四一	阿桂等	记金川二次用兵事
临清纪略	一六	三九	舒赫德等	记戡定王伦乱事伦起事于寿张而被杀于临清故名
兰州纪略		四六		记戡定番回苏四十三始末苏倡新教于循化啸众聚党于河州其覆败之地则兰州龙尾山也故名
续通志	六四〇	三二	刘墉 稽璜等	体裁一仍郑樵二十略之旧记宋辽金元明五朝之事
续文献通考	二五〇	一二	同前	体裁一仍马端临二十四门之旧而续以宋辽金元明五朝事
续通典	一四四	三二	同前	门目体例一仍杜佑之旧惟别兵刑为二篇多取材于通志通考
皇朝通志	一二六	三二	同前	二十略之目一仍郑志惟无纪传年谱故四库著录于政书类(通志续通志皆入别史类)
皇朝文献通考	三〇〇	一二	同前	别立群庙考一门故列为二十五门初与续通考为一书嗣以体例互异奏各为编
皇朝通典	一〇〇	三二	同前	门目体例与续通典同专纪清代典章者
国子监志	六二	四三	梁国治等	就太学志删定凡一十五门
历代职官表		四五		每一曹司为一表以清朝官制为纲历代官制列于下表后详述建置凡今有古无古有今无与名同实异者并为考证
大清会典	一〇〇	二三	允裪 傅恒等	康雍二修至是三经考订踵事加详凡官制职掌无不胪载
大清会典则例	一八〇	同前	同前	旧本会典以则例散附诸条下至是分为两编观于会典可知法守之常经参以则例可知变通之大用
大清通礼	四〇	二二	傅恒等	乾隆元年敕撰越二十一年告成五礼之次悉本周官条分缕析各以类从

续 表

书名	卷数	编纂年代	主撰者	内容提要
皇朝礼器图式	二八	二四		凡六门曰祭器曰仪器曰冠服曰乐器曰卤簿曰武备并绘图于右系说于左
国朝宫史	三六	七		首训谕次典礼次宫殿次经费次官制次书籍禁闱制度一一胪载
满洲祭神祭天典礼	六	四二		录满洲旧制相沿之祀典凡祭期祭品仪注祝词一一详载
大清律例	四八	五	三泰等	凡律目一卷诸图一卷服制一卷名例三卷六曹律三十四卷总类七卷比引律条一卷盖因三朝旧本而斟酌损益增入新例一千余条
天禄琳琅书目	一〇	四〇		以经史子集为纲书则以宋金元明刊版朝代为次
经史讲义	三一	一四	蒋溥等	乾隆诏翰詹科道轮奏经史讲义日月积累简编此帙
大清一统志	五〇〇	二九		先是八年纂辑成书嗣戡定西域金川拓地甚广而州县并改亦有异同乃重修是书
满洲源流考	二〇	四二	阿桂等	凡四门一曰部族述肃慎以下源流分合二曰疆域附宫室建置古迹三曰山川四口国俗附以官制及文字
授时通考	七八	八		凡八门曰天时曰土宜曰谷种曰功作曰劝课曰畜聚曰农余曰蚕桑
医宗金鉴	九〇	四	鄂尔泰等	凡订正伤寒论注十七卷订正金匮要略注八卷删补名医方论八卷四脉要诀一卷运气要诀一卷诸科心法要诀五十一卷正骨心法要旨四卷并有图说方论及歌诀
历象考成后编	一〇	二		初世因历象考成为日躔月离二表然无说明无算法因增补成书
仪象考成	三二			凡玑抚衡辰仪二卷经纬度表三十卷皆考究岁差星阁尤备

续 表

书　　名	卷　数	编纂年代	主撰者	内　容　提　要
协纪辨方书	三六	四	允禄等	凡本原二卷义例六卷立成宜忌用事各一卷公规二卷年表六卷月表十二卷日表一卷利用二卷附录辨讹各一卷尽破术家附会拘泥之说断以五行生克之理
秘殿珠林	二四	九		始以书画品之涉于仙佛者自为一书冠以四朝宸翰次历代名迹及印本刻绣之类次臣工进本次石刻木刻经典语录科仪及供奉
石渠宝笈	四四	九		分书册画册书画合册书卷画卷书画合卷书轴画轴书画合轴九类其笺数尺寸款识题咏印记跋尾与品评皆胪载
西清古鉴	四〇	一四		就内府古器绘图列说体例虽仿考古诸图而辨别款识考证精核为近来古董家所宗
西清研谱	二四	四三		凡陶之属六卷石之属十五卷共研二百为图四百六十四附录三卷每研皆正背二图亦间及侧面
钱录	一六	一六		所列古钱前十三卷自伏羲至明崇祯十四卷为外域十五六卷为吉语异钱厌胜诸品
唐宋文醇	五〇	三		初储欣因茅坤八家文钞益以李翱孙樵定为十家至是删除芜杂定为斯编各家品评以黄红绿紫诸色别之去取颇谨严
皇清文颖	一二四	一二		康熙时陈廷敬奉敕纂辑雍正续修至是乃勒为此帙
四书文	四一	元	方苞等	以明化治为一集正嘉为一集隆万为一集启祯为一集清朝之文自为一集以清真雅正为宗盖为科举而发也
唐宋诗醇	四七	一五		于唐取李白杜甫白居易韩愈四家于宋取苏轼陆游二家大旨以李杜为正宗而白之平易近情韩之奇辟有法苏之天才超妙陆之人工精密用为羽翼

此外乾隆年间所纂诸书，尚有《石峰堡纪略》（乾隆四十九年奉敕撰），《台湾纪略》（乾隆五十三年奉敕撰），《世宗宪皇帝圣训》（三十六卷，乾隆五年编），《上谕内阁》（一百五十九卷，雍正命庄亲王允禄缮录，止至七年，自八年以后，乾隆校正续刻，补为全书，以六年告成），《钦定明臣奏议》（乾隆四十六年奉敕撰），《钦定宗室王公功绩表传》（同上），《钦定蒙古王公功绩表传》（十二卷，四十四年敕撰），《钦定八旗满洲氏族通谱》（八十卷，乾隆九年奉敕撰），《钦定胜朝殉节诸臣录》（乾隆四十一年奉敕撰），《钦定热河志》（八十卷，四十六年敕撰），《钦定日下旧闻考》（一百二十卷，乾隆三十九年敕撰），《钦定皇舆西域图志》（五十二卷，乾隆二十七年奉敕撰），《皇清职贡图》（九卷，乾隆十六年敕撰），《钦定盛京通志》（一百十二卷，乾隆四十四年敕撰），《词林典故》（八卷，乾隆九年奉敕撰），《南巡盛典》（一百二十卷，乾隆三十五年江督高晋等撰），《御制评鉴阐要》（二十卷，乾隆三十六年刘统勋等编），《御制日知荟要》（一卷，乾隆元年制），高宗《乐善堂全集》（三十卷，乾隆二十三年编），《御制文初集》（三十卷），《二集》（四十四卷），《余集》（二卷），《御制诗初集》（四十四卷），《二集》（一百卷），《三集》（一百十二卷），《四集》（同上），《五集》（一百四十卷），《余集》。《诗经乐谱全集》（三十卷），《乐律正俗》（一卷，皆乾隆五十三年定），《钦定缮译五经》（五十八卷），《四书》（二十九卷，皆乾隆二十年），《辽金元三史国语解》（四十六卷，乾隆四十六年撰），《钦定河源纪略》（三十六卷，四十七年），《钦定盘山志》（二十一卷，乾隆十九年），《钦定八旬万寿盛典》（一百二十卷，乾隆五十四年），《康济录》（六卷，乾隆四年），《钦定校正淳化阁帖释文》（十卷，乾隆三十四年），《古今储贰金鉴》（六卷，乾隆四十八年），《补绘离骚全图》（二卷，乾隆四十七年），《钦定千叟宴诗》（三十六卷，乾隆五十五年），皆《四库》著录之书，亦尚有未著录者，如《御制拟白居易乐府》（四卷），《平定廓尔喀纪略》等。

（三）书籍之颁禁

乾隆之时，既以叠命诸臣，编纂群籍，复自即位以来，屡颁殿板钦定诸书，储之学宫，俾士子就近观摩。元年三月，命颁《十三经》、《二十一史》

于各省会及府州县学;又命将圣祖御制《周易折中》、《性理精义》、《朱子全书》,《诗》、《书》、《春秋》各《传说汇纂》诸书,颁存太学,刊示诸生。四月,复以圣祖御纂诸书,前经世宗特敕直省布政司刊刻,准士子呈请刷印,顾以守候多劳,赴司刷印者寥寥,因令招募贾人,听其印卖,以广流传。乾隆九年,翰林院修成,赐《古今图书集成》一部。然当时文字之狱大兴,一言之诋触,辄至家破命亡,而清廷又方以购求遗书之名,(购求遗书之令,乾隆六年曾一颁布。三十七年正月,复谕:"古今来著作之手,无虑数千百家,或逸在名山,未登柱史,正宜及时采集,汇送京师,以彰千古同文之盛。其令直省督抚会同学政等通饬所属,加意购访。")广搜野史诗文之关于指斥者,胥销毁而焚禁之。乾隆三十九年八月谕:

明季造野史者甚多,其间毁誉任意,传闻异词,必有诋触本朝之语,正当及此一番查办,尽行销毁,杜遏邪言,以正人心而厚风俗,断不宜置之不办。此等笔墨妄议之事,大率江浙两省居多。其江西、闽、粤、湖、广亦或不免。岂可不细加查核?高晋、萨载、三宝、海成、钟音、德保皆系满洲大臣,而李侍尧、陈辉祖、裴宗锡等亦俱系世臣,若见有诋毁本朝之书,或系裨官私载,或系诗文专集,应无不共知切齿!岂尚有听其潜匿流传,贻惑后世?不知各该督抚等追缴遗书,于此等作何办理?着即行据实具奏!至各省已经进到之书,见交四库全书处检查,如有关碍者,即行撤出销毁!其各省缴到之书,督抚等或见其书有忌讳,撤留不解,亦未可知。设或未交一关碍之书,则恐其仍系匿而不献;着传谕该督抚等于已缴藏书之家,再令诚妥之员,前往明白传谕,如有不应存留之书,即速交出!与收藏之人,并无干碍。朕凡事开诚布公,既经明白宣谕,岂肯复事吹求?若此次传谕之后,复有隐讳存留,则是有心藏匿伪妄之书,日后别经发觉,其罪转不能逭。承办之督抚等亦难辞咎。

《四库全书》之开馆在高宗即有寓禁于征之意,初以人怀疑惧,应者寥寥。屡下不摘瑕疵之谕,以为诱掖。及各省进到书籍不下万余种,未见稍有忌讳者,乃谓"岂有裒集如许遗书,竟无一违碍字迹之理?"遂明白宣示访禁违碍书籍之意,其真情乃毕见矣。嗣是遵旨毁禁者,殆难胜数。乾隆四十一年据海成奏称,"各属搜买,以及民间缴呈,应毁禁书,前后共有八千余部"之多。海成系江西巡抚,仅江西一省,在二年间禁书已如此,则他省更可想而知矣!按浙江于《四库》告成之年,先后共奏缴二十四次,五百三十八种,凡一万三千八百六十二部。姚觐元《禁书总目》四种,所列军机处四库馆河南、浙江两省题奏,应毁书目共二千六百余种。陈乃乾《禁书总录》又别得江西、湖北、广东各目,删并重复,校补缺失,合计全毁、抽毁及书版石刻共二千九百二十九种。金陵大学所藏抄本《应禁书目》凡三百余叶,只江南一省,至乾隆四十三年,已约二千六百七十八部。然北平图书馆藏抄本《禁书总目》载两江奏缴二百五十余种,江苏二百六十余种,江西二百五十余种,合计已七百六十余种。安徽奏缴二三十次,其目尚不详。是诸目所列二千余种之书,盖亦少数一部分而已,其总数当更可观矣。然犹以为未足,至乾隆五十七年,尚严谕遵行,中有云:"江西、江苏、浙江等省份较大,素称人文之渊薮,民间书籍繁多,所以不能禁绝者,皆由督抚等视为等闲耳。"(民国十五年,军机处档案,由国务院移归"清室善后委员会"整理,置存大高殿内。乾隆谕旨各省奏毁书目甚多,其中有最普通之书籍,亦在奏请毁禁之列,诚非吾辈所意料。将来全目抄出,不难知其梗概矣)呜呼!弘历以稽古右文自命,既开四库以网罗群籍,而又严申文字之禁,荼毒天下之诗书,则其所谓奖励文学者果何如哉?康雍之时,虽文字之狱叠兴,然戮其人不毁其书,是则二帝所抱之政策,有非弘历所能企及者!夫以秦皇、李斯之计之流毒万世,贻讥千古,竟悍然为之而不顾者,其智谋虽非庸懦之主所能及,然秦火以后之厄运,当亦知夫责任之攸在矣。

六　《四库全书》之纂辑

(一)《四库全书》之缘起

乾隆之时,虽以毁书为世所诟病,而假朝廷之威力,萃载籍于天府,成绝大之丛书,系千古之文化者,则其功亦不可泯。此无他,即《四库全书》之编纂是也。吾国类书之辑,由来已久,如唐之《艺文类聚》、《北堂书钞》、宋之《太平御览》、《册府元龟》皆是。至清康熙之《图书集成》更巍乎成为巨观。然类书将诸书之事实,分类容纳,势难悉载原文,致阅者有不能沿流溯源之叹。明《永乐大典》虽为广义之类书,采掇搜罗,颇称浩博,而别部区函,编韵分字,意在贪多务得,亦不出类书之窠臼。是以舛驳乖离,体例未当。乾隆之时,学者对于类书之不满意,而发生一种新要求;此新要求,即间接为《四库全书》之原动力也。乾隆三十八年,安徽学政朱筠(字东美,一字竹君,号笥河。大兴人,乾隆十九年进士)条奏搜辑遗书事宜,内一条谓《永乐大典》多古学,世未见者,请开局使阅校。(《春冰室野乘》云:"乾隆朝修《四库全书》,从《永乐大典》中,辑佚书七百余种,人皆知其议之发于朱笥河,而不知徐健庵尚书已有此议,学士特因其成说耳。考健庵所为《高詹事刻编珠序》云:'皇史宬《永乐大典》,鼎革时亦有散失,往语詹事,皇上稽古右文,千古罕遘,当请命儒臣,重加讨论,以其秘本,刊录颁布,用表扬前哲之遗坠于万一。余老矣,詹事孜孜好古,幸它日勿忘此言也。'")时大学士刘统勋、于敏中在军机,统勋力沮其议,谓非为政之要;而敏中独善之,固争执。乃议上"前明《永乐大典》一书,陈编罗载,请择其中若干部分,分别缮写,以备著录。查此书原共二万二千九百余卷,一万一千九十五册,就原书目录检查,其中不恒经见之书颇有,若概不分别选择,殊非采访遗书本义。应拣派修书翰林,逐一查校,如有实无传本,而各门凑合,尚可成书者,摘开书名,伏候训示!"得旨:

军机大臣议复:朱筠条奏内:将《永乐大典》择取缮写,各自为书一节,议请分派各馆修书翰林等官前往检查,恐责成不专,徒致岁月久稽,汗青无日。盖此书移住年深,既多残缺,又原编体例,分韵类次,先已割裂,全文首尾,难期贯串。特因当时采摭甚博,其中或有古书善本,世不恒见,今就各门汇订,可以凑合成部者,亦足广名山石室之藏。着即派军机大臣为总裁官,仍令翰林等官内,选定员数,责令及时专司查校，将原书详细检阅。并将《图书集成》互为较核，择其未经采录，而实在流传已少，尚可裒辑成编者，先行摘开目录奏闻，候朕裁定！

次日又谕：

> 朕意从来四库书目，以经史子集为纲领，裒辑分储，实古今不易之法，是书既遗编渊海，若准此以采撷所登，用广石渠金匮之藏，较为有益。着再添派王际华（户部尚书）、裘曰修（工部尚书）为总裁官，即会同遴简分校各员，悉心酌定条例，将《永乐大典》分晰校核，除本系见在通行，及虽属古书而词义无关典要者，不必再行采录外，其有实在流传已少，其书足资启牖后学，广益多闻者，即将书名摘出，撮取著书大旨，条列目录进呈，候朕裁定，汇付剞劂。其中有书无可采，而其名未可尽没者，止须注出简明简略，以佐流传考订之用，不必将全部付梓，副朕裨补阙遗，嘉惠士林至意。

既而总裁议定条例上之，得旨：将来办理成编时，著名"《四库全书》"。盖是时以整理《大典》之条陈，一变而为空前之丛书编纂矣。

（二）《四库全书》之编集

《四库全书》馆既开，除宗室郡王永瑢、永璇、永瑆，大学士刘统勋、刘纶、舒赫德、阿桂、于敏中、英廉、程景伊、嵇璜及裘曰修、王际华等，被命为总裁外，复命尚侍等官为副总阅官。然实际任校纂者，则总纂官纪昀（字晓岚，直隶献县人）、陆锡熊（字健男，号耳山，江苏上海人），总校官陆费墀（桐乡人，乾隆丙戌进士。与《四库全书》相始终，总摄馆务凡十七年。著有《四库全书辨正通俗文字》及《历代帝王庙谥年讳谱》），而尤以昀之力居多。时参与馆事者，不下三百余人（总裁官十六，副总裁十，总阅官十五，总纂官三，总校官一，翰林院提调官二十二，武英殿提调官七，总目协勘官七，校勘《永乐大典》纂修兼分校官三十九，校办各省送到遗书纂修官六,黄戬考证纂修官二,天文算学纂修官三,缮书处总校官四,分校官一百七十九,篆隶分校官二,绘图分校官一,督催官三,收掌官共三十七,监造官三:共合三百六十人),大半皆海内积学之士,而分任校勘,又多著名之学者。如总目协勘有任大椿(字幼植,江苏兴化人)、李潢(字云门,湖北钟祥人)、程晋芳(字鱼门,安徽歙县人),校勘《永乐大典》有戴震(字东原,休宁人)、邵晋涵(字与桐,一字二云,浙江余姚人)、周永年(字书昌,山东历城人),校办各省遗书有姚鼐(字姬传,桐城人)、朱筠、翁方纲(字正三,号覃溪,顺天大兴人)、黄戬,考证有王太岳(字基平,又字芥子,直隶定兴人),天算纂修有陈际新(直隶宛平人),缮书处分校有金榜(字辅之,一字蕊中,又字檠斋,歙县人)、洪梧(亦歙县人)、曾燠(字庶香,号宾谷,江西南城人)、吴锡麒(字圣徽,号谷人,浙江钱塘人)、赵怀玉(字味辛,江苏阳湖人),分校篆隶有王念孙(字怀祖,高邮人),而誊录初由保举者六百余人,续行招考者二千一百余人,雇觅者千人,共三千八百二十六人。至是书搜采之方法则大概分为六种:

一、敕撰本　自清初以至乾隆,依敕旨所编纂者,如《周易折中》、《春秋传说汇纂》、《性理精义》(参看卷上第六篇第二六章,第一百二节,第四目)、《御定通鉴纲目》、《御批通鉴辑览》、《开国方略》、《平定朔漠方略》、《大清会典》、《皇朝通志》、《皇朝通考》、《唐宋诗醇》等(参看本卷第一篇,第一章,第五节,第二目)。为四部所著录者,共一百四十九种,皆列于各门类之前,以示尊重之意。

二、内府本　内廷藏书,专供御览,自明以来,弆置颇富。如皇史宬、懋勤殿、摛藻堂、昭仁殿、武英殿、景阳宫、上书房、内阁大库、含经堂等处或在宫掖,或在御园,皆所谓内府也,其取自内府藏本或刊本,由四库著录者,存书凡三百二十七种,存目凡四百二十种。

三、《永乐大典》本　《永乐大典》为明成祖时所撰之一大类书,凡二万二千九百三十七卷(见《十驾斋养新录》引明成祖御制《永乐大典序》),存藏于翰林院中。《四库》编辑之起缘,即为整理《永乐大典》而发也。时由《大典》辑出者存书三百八十五种,四千九百二十六卷。存目一百二十七种。其著名者,如《旧五代史》、《续资治通鉴长篇》、《建炎以来系年要录》、《岭外代答》、《宋朝事实》等。惟《大典》中佚书，实不止此数百种，当时馆臣搜辑，大抵取其卷帙略少者，宏编巨册，未暇甄录。亦有已经辑出，而未进呈者，如《奉天录》、《嘉泰吴兴志》、《宋元两镇志》及《九国志》等。后徐星伯所辑《宋中兴礼书》、《政和五礼新仪》、《宋会要》、《河南志》等，皆从《大典》录出。张石洲（穆）曾佐其役，谓其中秘本尚夥。案崇祯时刘若愚著《酌中志》，谓《大典》实湖广王洪等编辑，计二万二千八百七十卷，一万一千九十五本，未刊板。嘉靖四十一年，敕阁臣徐阶，令儒臣照式摹写一部，隆庆元年始成。万历间，两宫三殿灾，不知贮藏何处。然钱大昕引《明实录》谓永乐元年，谕翰林院学士解缙等所编。初名《文献大成》，五年，重修告成，更赐名《永乐大典》。《四库提要》云：嘉靖四十一年，世宗命重录正副二本，以防不虞，隆庆元年始成。仍归原本于南京，其正本储文渊阁，副本储皇史宬。明祚既倾，南京与皇史宬本俱毁。入清则文渊阁本移存翰林院，仅残缺二千四百二十二卷。而沈德符《野获编》，姜绍书《韵石斋笔谈》，全祖望《钞永乐大典记》均谓只摹钞一部，分存大内及皇史宬。《啸亭杂录》且述李穆堂言：史宬本系解缙等初修，缮写精工，非隆庆钞本所及。是至清中叶，仍有两本者。但光绪间敕查史宬并无此书。即当时翰林院藏本，亦已陆续散出。盖英法联军之役为外人所得者至夥，益以翰林出入自盗，所余仅六百余册。及庚子之乱，翰院被焚，《大典》亦随之毁散矣。（《都门识小录》云：“庚子拳乱后，《四库全书》残佚过半，都人传言：英、法、德、日四国运去者不少。又言：洋兵入城时，曾取该书之厚二寸许长尺许者以代砖，支垫军用等物，武进刘葆真太史拾得数册，阅之皆《永乐大典》也。”）近年关心文化者，复有从事搜集之议，然零篇断简，恐亦难补《四库》之阙也！

四、各省采进本　先是乾隆六年及三十七年，曾命各省购访遗书，及四库馆开，而采进之书，率命馆臣校阅。虽一方严加甄察，预备抽毁，而一方亦为全书之材料，储充四库。时采书最多者为浙江，两江、两淮次之，山东直隶又次之，广东、云南、奉天最少。甘肃、四川、贵州，则未有进书。浙江采集遗书，凡十二次，总数四千六百零一种（或言四千五百二十三种），五万六千九百五十五卷，不分卷者，约二千九十二册。据涵秋阁《进呈书目》云:“两江由总督采进者凡三次,一千三百六十二种。江苏巡抚采进者凡二次,一千二百二十六种。安徽一次,凡五百二十三种。江西凡六次,六百六十四种。合计三千七百七十五种。两淮盐政采进者,凡三次,八百九十种,商人马裕进者亦三次,六百八十五种。合计一千五百七十五种。广东则只十二种,云南四种,奉天三种。”

五、私人进献本　清初以藏书著名者,如宁波范氏之天一阁,慈溪郑氏之二老阁,杭州赵氏之小山堂,鲍氏之知不足斋、嘉兴项氏之天籁阁,秀水朱氏之曝书亭,常熟钱氏之述古堂,昆山徐氏之传是楼等。乾隆中诏搜遗书,而江浙藏书家之呈献者甚多。如浙江之范懋柱(天一阁)、鲍士恭(廷博子)、汪启淑(开万堂),两淮之马裕四家,为数多至五六七百种。清廷着各赏《图书集成》一部。其百种以上者,如江苏周厚堉、蒋曾莹,浙江吴玉墀(瓶花斋)、孙仰曾(寿松堂)、汪汝瑮(字坤伯,钱塘人,父宪,字千陂,号鱼亭,筑振绮堂藏书。同时同地有汪日桢字一枝号一之者,亦有春风堂欣托斋之藏书)等,在京之黄登贤、纪昀、励守谦、汪如藻等,各赏初印《佩文韵府》一部,以为好古之劝。其中精醇之本,并进呈乙览,弘历亲为评咏,题识简端。此种书籍,进到后,由翰林院加印钤记,约誊录后仍以原本发还,俾其子孙弆藏,世守厥业。

六、通行本　即坊间流行之书籍。如《周易》郑康成注,《通鉴纪事本末》、《新书》,山带阁注《楚辞》之属,总计著录者一百种,存目八十七种。

综上以观,则《四库全书》之编辑,在中国书籍之搜罗上,可谓为空前之伟观矣。

(三)《四库全书》之成功

时全书之编纂,分(一)应刻,(二)应钞,及(三)存目三项。应刻者,以活字板重新排印,以便于行世,即乾隆三十九年,命名为武英殿聚珍版者也。(御制《题武英殿聚珍版诗序》云:“校辑《永乐大典》内之散简零编,并搜天下遗籍,不下万余种,汇为《四库全书》,种类多则付雕非易,董武英殿事金简以活字法为请,既不滥费枣梨,又不久淹岁月,用力省而工程速,至简且捷。……兹刻单字计二十五万,虽数百十种之书,悉可取给。")但篇幅颇小,爰依《永乐大典》之例,概行抄录正本,以备天禄之储。应钞者,誊录一过,即馆臣手钞本也。存目者,只存书名,盖讹妄依托之书,鱼目混珠,猝难究诘,或其书虽历代著录而实一无可取,并斥而存目不使滥登。至其体例,分(一)经、(二)史、(三)子、(四)集四大部,斯四库之所由得名也。而部各有若干类,类之中又有类,兹仅就部类表之:

甲、〔经部〕　易类　书类　诗类　礼类　春秋类　孝经类　五经总义类　四书类　乐类　小学类

乙、〔史部〕　正史类　编年类　纪事本末类　别史类　杂史类　诏令奏议类　传记类　史钞类　载记类　时令类　地理类　职官类　政书类　目录类　史评类

丙、〔子部〕　儒家类　兵家类　法家类　农家类　医家类　天文算法类　术数类　艺术类　谱录类　杂家类　类书类　小说家类　释家类　道家类

丁、〔集部〕　楚词类　别集类　总集类　诗文评类　词曲类

是书自乾隆三十八年起编,约十年,至四十六年十二月而全书告成一分(装架在次年正月)。总计存书:三千四百七十部,七万九千一十六卷;存目六千八百一十九部,九万四千零三十四卷。《四库全书》共制七分,部数卷数册数函数,各书所记均有不同。即一阁中数目亦有异。如文渊阁为第一分书,应为其余六分之标准者也。据故宫博物院检查共三千四百五十九种,三万六千零七十八册,而文津阁本之藏于北平图书馆者则有三千四百七十种,三万六千三百册。两本成书相差不过三年,何以文津较文渊多出十一种,二百二十二册?殊可怪已。陆以湉《冷庐杂识》记文渊阁藏庋之大概,四部分记,部卷函架等数目,合计亦三千四百七十种。而《四库总目》所述依据书本,数亦相同。以理揆之,大约四阁原缮种数卷数,最初必一律,后以累次复校,抽换填补,或有遗漏,故不免差异矣。兹仍以总目完全者为准。至存目种数卷数,则依据乾隆五十八年胡虔所刻《四库全书附存目录》核算。四库卷帙浩繁,特建文渊阁于文华殿后(乾

隆三十九年十月建,四十一年完成。其制一如范氏天一阁,有御制《文渊阁记》。按文渊始于明朝,清无其处,而大学士之兼殿阁衔者,仍以为名。至是建阁以存书,始得名副其实。四十一年复仿宋时馆阁之制设领阁事、直阁事、校理等官,以司典掌之责),以为贮藏之所。并建文源阁于圆明园(以雍正为皇子时读书其地),文津阁于热河,文溯阁于奉天陪都。文溯四十七年工竣,是年书成贮阁,是为第二分。文源、文津均于四十年工竣,文源全书成于四十八年为第三分。文津全书成于四十九年为第四分。既而又以江浙为人文渊薮,其间好古力学之士,愿读其中秘书者,自不乏人,乃命于扬州大观堂之文汇阁(乾隆四十五年成),镇江金山寺之文宗阁(四十四年建),杭州圣因寺行宫之文澜阁(四十九年成)亦各藏一分(三分书续缮,始于四十七年七月,告成于五十二年六月)。俾士子就近观摩誊录,以光文治。文渊、文源、文津、文溯,即所谓"内廷四阁";文汇、文宗、文澜即所谓"江浙三阁"也。七部之书,今存四分而不全。盖文源阁毁于英法联军,文宗、文汇二阁亡于太平之乱,文澜阁亦略有散佚。后经丁甲、丁丙兄弟拾遗钞补,及乙卯(民国四年钱恂任浙江图书馆馆长时为之,历时八载,得书二百十六种)、癸亥(民国十二年,张宗祥任教育厅长,延堵福诜为之,历时三年,得书二百十七种。又重校丁氏钞本二百十三种)两次补钞,始渐复旧观。惟仍有待访书一种,待访卷二十六种。现称完整者:文渊一部(文渊阁《四库全书》原有六千一百四十四函,计三万六千二百余册。庚子之役,紫禁城为日美兵所占,尚能加以保存,未致损失。民国六年清室检查原书,计失去子部一函,内贮《天经或问前集》四卷三册,《天步真原》一卷、《天学会通》一卷,各一册;又失去经部《四库大全》十卷,子部《邓子》一卷,《公孙龙子》三卷,《鬼谷子》一卷,《关尹子》一卷,集部《李太白集补注》四卷。后经照文津阁本,从新缮补,照样装璜,放回原处。今闻清室善后委员会点查昭仁殿书籍,于西南乱堆书架上,竟发见有文渊阁《四库全书》一函,内有《天经或问前集》一册,《天学会通》一册,于是知前此所谓遗失之书在此,恐其他失本,亦仍在宫内也。惟文渊阁本尚缺去司空《诗品》一卷,世罕知者,此固当时馆臣所漏钞。其漏钞之原因,则因排架图无此书;排架图之所以无此书,则因此函"即第六千一百三十二函"志书,卷帙少而种数多,挤写不下,按图装置,遂遗此一卷,然四库子部《说郛》内固有司空《诗品》也),及文津(民国四年由内务部运平,十月拨交京师图书馆保存)、文溯(民国三年运京,存于保和殿,十四年,奉天索回保管。惟其中有残缺,补钞亦尚未齐)二部耳。七分书均经重抄,纸式皆一律,其底本原存翰林院中,以备查核,并公开任人阅览。庚申庚子二役,为外兵携取毁弃,散失无余。其大半则运陈于英法各国之图书馆矣。

〔附言〕　案吾国活字版,宋时已有。沈括《笔谈》,载宋庆历中,有毕昇为活版,以胶泥烧成;而陆深《金台纪闻》则云,昆陵人初用铅字,视版印尤巧便:斯皆活字之权舆也。清康熙时,编纂《古今图书集成》,刻铜字为活版,排用藏工,贮之武英殿。历年既久,铜字或被窃致少,司事者惧干咎戾,适乾隆初年,京师钱贵,遂请毁铜字供钱,从之。三十八年,诏求遗书,江南进《鹖冠子》,亦活字版,第字体不工。四库馆既开,应刊之书,乃锓木为活字,以其名不雅驯,令改名"聚珍"。弘历复为诗十韵以记之,有"毁铜昔悔彼,刊木此惭予"之句。盖是时始深惜前此毁化铜版之非计矣!铜、铅、木、泥为活字,吾国早已行之,而今日反仿效于人,是踵事之不臧也。"机圆省雕氏,功倍谢钞胥。"岂如剞劂之滥费枣梨哉?

(四) 书目之编纂与阅览之规例

先是朱筠之请整理《永乐大典》也,并谓:"前代校书著录如《七略》、《集贤书目》、《崇文总目》等编,俱可师法,应令儒臣于每书校其得失,撮举大旨,叙于卷首,以便观览。"军机大臣等议复:"查宋王尧臣等《崇文书目》,晁公武《读书志》,就所藏书籍编次目录,另为一书,最为简当,应仿其体例,分经史子集,详载部分,卷数,撰人姓名,垂示久远。"已而得旨,依康熙旧藏书籍,摘叙简明节略,附夹本书之例,今将书中要旨,檃括总叙厓略,黏贴开卷副叶右方,用便观览。故自四库馆开后,纪昀典书局十余年,每进一书,辄为提要冠诸卷首,多至万余种,汇为《四库全书总目提要》。乾隆三十九年七月,又以《提要》卷帙浩繁,将来钞刻成书,繙阅已颇不易,令于《提要》之外,别刊《简明目录》一编。只载某书若干卷,注某朝某人撰,则篇目不繁,而检查较易。庶学者由《书目》而寻《提要》,由《提要》而得《全书》,不难振纲挈领,考订源流矣。四库之编,非徒广金匮石室之藏,将以嘉惠艺林,启牖后学,公天下之好。惟其镌刊流传者,仅什之一,而钞录储藏,外间何由得觏?故乾隆四十一年,令大学士等会议阅览章程。寻议阁中书籍,若概许开函繙阅,不无黦损。俟全书告成后,各藏副本于翰林院,如大臣官员,欲观秘书,准其告之阁领事,赴署请阅。有愿持笔札就钞者,亦听,不许私携出院。如遇疑误须对正本者,令其识明某书某卷某叶,汇书一单,告之领阁事,酌派校理同诣阁中,请书检对。此内廷阁中观览之例也。及四十七年全书告成一份,又令再缮三份,藏于扬州、镇江、杭州。乾隆四十九年三月,并下阅览规例之谕曰:

> 前因江浙为人文渊薮,特降谕旨,发给内帑,缮写《四库全书》三分,于扬州文汇阁,镇江文宗阁,杭州文澜阁,各藏度一分,原以嘉惠士林,俾得就近钞录传观,用光文治。第恐地方大吏,过于珍护,读书稽古之士,无由得窥美富,广布流传;是千箱万帙,徒为插架之供,无裨观摩之实,殊非朕崇文举典,传示无穷之意。将来分书缮竣,分贮三阁后,如有愿读其中秘书者,许其陆续领出,广为传写,只须派委妥员,董率其事,设立收发档案,登注明晰,并晓谕借抄士子,加意珍惜,毋致遗失污损。俾艺林多士,均得殚见洽闻,以副朕乐育人材,稽古右文之至意。钦此。

《四库》之编辑也,弘历尝自述其旨趣曰:"国家荷天庥,承佑命,重熙累洽,同轨同文,所谓'礼乐百年而后兴',此其时也。而礼乐之兴,必借崇儒重道,以会其条贯。儒与道匪文莫阐,故余搜四库之书,非徒博右文之名,盖如张子所云:'为天地立心,为生民立命,为往圣继绝学,为万世开太平。'胥于是乎系,乃下明诏,敕岳牧,访名山,搜秘简,并出天禄之旧藏,以及世家之独弆;于是浩如渊海,委若邱山,而总名之曰《四库全书》。

盖以古今数千年,宇宙数万里,其间所有之书虽夥,都不出四库之目也。”(《文渊阁记》)帝之言,盖亦堂皇应有之文章耳。究其政治作用如何?大概不外两点:一、以搜毁诋斥之书,二、以牢笼读书之人。元时教授刘壎著《隐居通议》谓:“宋初削平诸僭,降臣聚朝,多怀旧者。虑其或有异心,故皆位之馆阁,厚其爵禄,使编纂诸书,如《太平御览》、《广记》、《英华》之书,迟以年月,困其心志,于是诸国之臣,俱老死于字里行间,世以此为深得老英雄法,推为长策。”(见《古今类编条》)呜呼,以此而论《四库》,则亦不过康雍以来“老英雄法”之绪余与扩大而已。

〔附言〕《四库》初纂时,高宗恐势难促成,着于全书中撷其菁华,缮为“四库全书荟要”两部,四十三年告竣,一贮大内摛藻堂,一贮长春园味腴书屋,凡一万一千二百六十六册,四百六十七部,每书前皆有提要(据刘凤诰序)。惟故宫现存书,系四百七十三种,二千零一函,一万一千二百五十一册(见摛藻堂《四库会要目》)。此书原为清帝随时流览,外间罕知之者。仅仁和吴氏《松邻丛书》甲编,曾载其目录。庚申之役味腴书屋本毁于火,庚子之役,禁城为日美兵所占,世多疑此书若存若亡矣。民国十三年清宫开放,始知是书尚尘封于御园中,箱帙完好如故也。又《四库全书考证》一书,系考核各书内容及字句之讹误者,坊间多有刊本,亦研究四库之所须备者。叶德辉《书林清话》云:“其签校各书异同之处,于乾隆四十一年九月三十日,奉上谕令该总裁另为编次,与《总目提要》一体,付聚珍版排刊流传,即今武英殿聚珍版丛书所印《四库全书考证》一百卷是也。”

(五)《四库全书》之乖漏

宇宙之书,都不出四库之目,以此巨制,诚巍乎为千古之大观矣,然处于专制淫威之下,规模取舍,一随清帝之偏见,且群力不一,众手庞杂,故其乖漏之处,亦正难免。仅就愚见所及,略述如下:

一、整理大典之忽略　《永乐大典》为吾国近世类书之大成,其孤本仅见,关系匪细,自徐乾学尚书以来,世不乏留心之者(见《高詹事刻编珠序》参看第一目小注)。朱筠乃因其成说,条而上之,既得清廷之允许,则司其事者,当如何尽力职守,以表彰前哲之遗坠于万一?不谓馆臣搜辑,大抵取其卷帙较少者,致未遑刊录之书尚夥,《书林清话》云:"当时编检诸臣,急于成功,各韵散见之古书,既采之未尽,而其与见行刻本有异者,全不知取以校勘,甚有见行者非足本,《大典》中有足本,亦遂忽略检过,不得补其佚文,可知古今官修之书,潦草大都相类。当时历城周书昌编修永年亲在馆中,独为其难,如馆臣初未采及之宋《三刘文集》,永年搜辑之,始入《四库》。自后徐星伯松辑《宋中兴礼书》、《续礼书》、《宋会要》。赵怀玉辑苏过《斜川集》,辛启泰辑《稼轩诗文词佚篇》。近则文芸阁廷式,缪艺风荃孙从残册中搜获尤多,则当时漏略,亦可概见矣!"《四库》号称大备,乃专门整理之书,尚疏漏如此,殊可惜也!(参看本节第二目)

二、遗书之毁禁　四库馆之开,一方以振兴文学名义,嘉惠艺林;一方则严加甄审,为焚禁之地步。盖明清之际,汉人之为清室所驱除,及蒙受不平等之待遇者,类借文字以发抒愤慨,且视为惟一之武器焉。清廷对于明季之野史,及稍涉嫌疑之诗文集,一经拟定,概付焚如,故当时著述之销毁者,不下数千种。致宝笈之中,减一巨观。世或比于秦皇之焚书云。章炳麟《哀焚书》一文云:"满洲乾隆三十九年,既开四库馆,下诏求书,命有触忌讳者毁之。四十一年江西巡抚海成,献应毁禁书八千余通,传旨褒美。督各省摧烧益急,自尔献媚者纷起。初下诏时,切齿于明季野史,其后四库馆议(按四库馆有查办违碍书籍条款九则,见抄本《禁书总目》),虽宋人言辽金,元明人言元,其议论偏谬尤甚者,一切议毁。及夫隆庆以后,诸将相献臣所著奏议文录,若高拱《边略》,张居正《太岳集》,申时行《纶扉简牍》,叶向高《四夷考遽编》、《苍霞草》、《苍霞余草》、《苍霞续草》、《苍霞奏章》、《苍霞尺牍》,高攀龙《高子遗书》,邹元标《邹忠介奏疏》,杨涟《杨忠烈文集》,左光斗《左忠毅集》,缪昌期《从野堂存编》,熊廷弼《按辽奏疏》、《书牍》,孙承宗《孙高阳集》,倪元璐《倪文正遗稿奏牍》,卢象昇《宣云奏议》,孙传庭《罪省录》,姚希孟《清闷全集》、《沆瀣集》、《文远集》、《公槐集》（中有《建夷授官始末》一篇），马世奇《澹然居集》，诸家丝袠寸札，靡不然爇，虽茅元仪《武备志》不免于火。厥在晚明：当弘光、隆武，则袁继咸《六柳堂集》，黄道周《广百将注》，金声《金太史集》；当永历及鲁王监国，则钱肃乐《偶吟》，张肯堂《劝农初议》，张国维《抚吴疏草》，张煌言《北征纪略》。自明之亡，一二大儒，孙氏则《夏峰集》，顾氏则《亭林集》、《日知录》，黄氏则《行朝录》、《南雷文定》，及诸文士侯、魏、邱、彭，皆以诋触见烬。其后纪昀等作提要，孙、顾诸家，稍后入录，而颇去贬文。或曰朱、邵数君子，实左右之。然隆庆以后至于晚明，将相献臣所著，靡有孑遗矣。其他遗闻遗事，皆逋臣所录，非得于口耳传述而被焚毁者，不可胜数也。由是观之，夷德之戾，甚五胡金元，抑犹可以末减者耶？”章氏所言，亦仅属大略而已。实则因书恶人，因人毁书，株连瓜蔓，爬剔惟恐不尽，非仅以其违碍与否而毁禁之也。如李清所著《诸史同异录》、《南北史合注》、《南唐书合订》、《列代不知姓名录》四种，均已收入四库，乾隆五十二年，因《诸史同异录》内称世祖与崇祯四事相同，谕旨谓妄诞不经，着掣出销毁，其余三书，亦并销毁。又如周亮工《读画录》内有“人皆汉魏上，花亦义熙余”二句，谓语涉违碍，亦签出销毁，并将亮工所撰之《闽小记》、《印人传》、《书影》、《同书》四种，一概查毁。凡此皆因一书而牵连及于他书，亦有因引用他人之言，而牵连及于本书者，如《国史考异》（按为潘柽章撰，《四库提要》云不著撰人名氏）多引钱谦益辨证，虽不著其名，亦被撤毁。其他书籍引钱撰述者，如姚之骃《元明事类考》，仇兆鳌《杜诗详注》等，亦一律删削。若诗文汇选及所作序跋，更无论矣。乾隆四十一年上谕有云：“明季诸人书集，词意抵触本朝者，自当在销毁之列。……如钱谦益……金堡、屈大均……托名胜国，妄肆狂嗜，其人实不足齿，其书岂可复存？自应逐细查明，概行毁弃。”是则以人废言，昭然若揭。最可怪者，即如焦竑之《考工纪解》，王世贞之《嘉靖以来首辅录》，顾炎武之《音学五书》，抑何关于违碍耶？乃亦须连版送销。至若《明实录》、《宝训》、《帝后纪略》以及《经世挈要》，《西台奏议》等书，更视为无可存留，直欲抹杀前朝之历史矣。然异代而后，凡所毁弃者，又皆可以陆续发现，盖秦火之余，犹有壁藏，政令虽严，不敌好古，多见其为我国典籍造一浩劫而已。孟森《心史丛刊》云:“今检清代禁书,不但明清之间著述,几遭尽毁,乃至自宋以来,皆有指摘,史乘而外,并及诗文。充其自讳为夷狄之一念,不难举全国之纪载而尽淆乱之。始皇当日焚书之厄,决不至离奇若此!盖一面毁前人之信史,一面由己伪撰以补充之,直是万古所无之文字劫也!”

三、书籍之窜乱与抽毁 且摧毁典籍,不尽在乎焚书,而抽毁与窜乱之举,更使《四库》中多出无数之残卷与伪籍。如明冯可宾《百川学海》,中有《建州考》、《夷俗考》等五种,则为之抽毁。王世贞《弇州史料》“是非不谬,证据独精”(杨鹤《序语》),亦以有“建州”、“夷狄”、“金虏”等字样而抽毁矣。又如叶隆礼《契丹国志》,乃宋人所著之书,因其称胡安国为胡文定公,又论杨承勋事谓变而不失其正,乃安国华夷之见,芥蒂于心,右逆子而乱天经,于纲目大义有乖,着依例改纂。又乾隆四十一年上谕有云:“黄道周《博物典汇》一书,不过当时经生家策科之类。然其中纪载本朝事迹一篇……可补当年纪载所未备。因命馆臣酌加节改,附载《开国方略》后。……又若汇选各家诗文,内有钱谦益、屈大均辈所作,自当删去。或明人所刻类书,其边塞兵防等门,所有违碍字样,固不可存,然止须删去数卷,或数篇,或改定字句,亦不必因一二卷帙,遂废全部。他若南宋人书之斥金,明初人书之斥元,其悖于义理者,自当从删;涉于诋詈者,自当从改。”观于此,则知宋明人书之关于塞外记述者,抽毁与窜乱多矣。又谕言:“所辑《永乐大典》散篇各书,朕详加披阅,内宋刘跂《学易集》十二卷,有青词一体,乃道流祈祷之章,非斯文正轨。前因题《胡宿集》,见其有道院青词,教坊致语之类,命删去刊行,而钞本仍存其旧。今刘跂所作,则因服药交年琐事,用青词致告,尤为不经,虽钞本不妨姑存,刊刻必不可也。再王质《雪山集》内亦有青词,并当一律从删。所有此二书,着交该总裁等重加厘订,分别削存。”又谕:“昨阅四库馆进呈书,有朱存孝《回文类聚补遗》一种,内载《美人八咏诗》,词意媟狎,有乖雅正。……朕集《四库全书》,当采诗文之有关世道人心者,若此等诗句,岂可以体近香奁,概行采录?……此外诗集内有似此者,一并撤出。”(乾隆四十年十一月上谕)观于此,则知其所谓非斯文正轨而被摈者,亦复不少也。且事涉违禁，而又以大体可取，因而重订者，尤复不少。如吴伟业《鹿樵纪闻》一书，康熙中邹流骑为之刊刻，几酿大狱。乃馆臣重加删改，著录四库，改名《绥寇纪略》，即可以知矣。

四、字句之删改 四库著录之书，清廷既抱有一种偏颇粉饰之见，故不仅对于著作之不合己意者，加以销毁厘订已矣；而字句之删润，亦复累牍皆是。吾人试一检当时对于四库馆所下之上谕，即可知之。如四十一年有云："明时直臣如杨涟、左光斗、赵南星、倪元璐等所有书集，即有一二语伤触本期，本属各为其主。亦止须酌改一二语。……近复阅江苏所进应毁书籍内，有朱东观编辑《崇祯年间诸臣奏疏》一卷，其中多指言明季秕政，亦足取为殷鉴。虽诸疏中多有乖触字句，惟当酌改数字，存其原书。"又如次年，以李鹰《济南集·咏凤凰台》一首有"汉彻方秦政，何乃误至斯"语，《北史·文苑传叙》有"颉颃汉彻，跨蹑曹丕"句。谓汉武帝乃振作有为之君，岂得直书其名，与秦政、曹丕并论？因命将《北史·文苑传叙》改为汉武，李鹰《集》亦一体更正。遇有似此者，俱加改拟。当时改易之烈，馆臣揣摩之甚，至将夷字改书为彝，狄字改书为敌或翟。虽谕旨谓夷狄两字，屡见经书，又何必改易？但以康熙年间刻书业已改易（清初民间刊刻书籍凡遇胡虏夷狄等字，每作空白，雍正十一年令改易形声，如以虏为卤以夷为彝，以狄为翟，一切忌讳之字，几早绝迹矣），则《四库》亦一体改正。不特此也，且亦有整段删去或更改文义者，近人张元济跋宋晁说之《嵩山文集》特取《负薪对》一篇为例，与《四库》本上下对举列一校勘表，凡数十条。如"金贼以我疆场之臣无状，斥堠不明，遂豕突河北，蛇结河东"改为"金人扰我疆场之地，边城斥堠不明，遂长驱河北，盘结河东"。又"褫中国之衣冠，复夷狄之态度"，改为"遂其报复之心，肆其凌侮之意"。总之，凡以往中国对于四夷丑诋之辞，以及女真建州之来历，几无一而不随意删改矣。

五、缮写之错讹 自来官修之书，率多急就敷衍之弊，故当时总裁于敏中即有"私办胜于官办"之言（见《于文襄论四库手札》）。且纂辑近八万卷之巨籍，浩如渊海，七分全用抄本，校写亦殊不易。高宗以迟暮之年，"亹愿观成"（《御制诗四集题文溯阁》有"逢会略嫌迟岁月，就将堆亹愿观成”之句),督促至再,馆臣为免谴速成计,不免草率塞责,以致舛错讹误之处,所在多有。乾隆三十八年,诏订考成条例,以为惩奖。错写一次即记过,分校覆校错二次,总裁名下错三次者,即罚俸三月、半年。处分不可谓不严,但以每日抄写《全书》四十余万字,《荟要》二十余万字,分校初仅数十人,陆续添设,亦不过二百人,尤多虚应故事。故乾隆四十三年上谕:“朕博搜载籍,特命诸臣纂辑《四库全书》……宽于限期,以期校成善本,嘉惠艺林。……惟是进呈各书,朕信手抽阅,即有讹舛,其未经指出者,尚不知凡几?既有校对专员,复有总校总裁,重重覆勘,一书经数人手眼,不为不详,何竟漫不经意,必待朕之遍览乎?若朕不加检阅,将听其讹误乎?……若如此任意疏忽,屡训不改,长此安穷?……嗣后务宜痛加猛省,悉心校勘……毋再因循干咎!”如此严厉之诘责,而此后六年间,在馆诸臣,被记过罚俸者,数不胜数。总纂纪昀、陆锡熊、孙士毅,均于四十五年冬各记过三次,纂修周永年于四十六年秋被记过五十次(周为校勘学专家,曾倡儒藏说,为四库编纂之先声,在馆搜辑《永乐大典》遗书,独任其难,丹铅标志,抉摘编摩,月尽九千余册。于敏中致陆锡熊函,谓“阅程功册散片一项,除山东周编修外,认真者极少”,他人可知矣),邵晋涵于四十五六七三年中被记过五十一次。而尤以总校官王燕绪、朱钤、何思钧、仓圣脉四人被记过次数为最多,在六年中仓一千六百八十六次,朱二千七百三十四次,王三千七百零五次,何三千七百二十八次。错误之多,有如是者。高宗随手抽查,鲁鱼亥豕,连篇累牍,乃不得不有覆校之举。乾隆五十二年帝驻跸山庄,偶阅文津阁书,发现错谬甚多,即令随从大臣详加校正,并令在京大小官员二百余人,一律出动,校阅文渊、文源二阁书,尚书侍郎事务繁多者,每日每人校一匣,余各二匣,限两月完竣。覆校结果,讹舛不一而足,纪昀、陆锡熊二人俱受处罚,分赔装挖工价。总校陆费墀始终其事,受罚独重,陆费墀郁郁而殁。犹将原籍家产抄出,作为添补江南三阁办书之用。复令纪昀率原校疏漏之员往校文津阁书。陆锡熊往校文溯阁书。次年纪昀奏云:“查出誊写错落字句偏谬各书六十一部,漏写《永乐大典》书三部,坊本抵换者一部,漏写遗书八部,缮写未全者三部,坊本抵换者四部,排架颠倒书四十六部,匣面错刻漏刻及书签误写者共三十部。”五十五年，陆锡熊奏云：“此内点画讹误随阅随改外，查出誊写错落字句偏谬书六十三部，漏写书二部，错写书三部，脱误及应删太多，须另缮书三部，匣面错刻漏刻书共五十七部。”经此次重勘之后，错讹仍未能尽除，是以高宗有“保无鲁鱼潜犹伏，譬若尘埃扫又生”（《御制诗五集题文津阁》）之咏也。

就以上五点而论，可知清廷以稽古右文为名，行芟夷窜改之实，而馆臣对于工作，又毫不忠诚，致令全书销散，或则部分抽毁，故虽以《四库》之浩如渊海，大概皆非本来面目。吾国先人之遗著，其毁于兵燹，散于离乱，误于传写，改于狂妄者，不知凡几！而以千古巨制，文化渊薮之《四库》，乃复公然删改，致使吾辈祖宗思想之实际，与夫历代圣哲之遗迹，不能真实涌现于纸上，其窜乱之罪，尚可逭哉？无怪孟轲有“不如无书”之叹也！

（六）《四库全书》之评价与影响

虽然，《四库全书》亦可谓功过参半矣，平衡论之，或竟可谓功浮于过。盖其与吾国学术之影响，有深切著明之关系，而图书之保存，亦为吾国学术上最大之事业。仅略述其优点及影响于次：

一曰学者得以参考也　“工欲善其事，必先利其器。”学者之利器，书籍而已。然搜集之力有限，抄缮之功甚难；使学者穷措而无所购置，假阅而尢从介绍；或但知其名，而难窥其书；或已知其书，而秘本不传。则学者纵有超人之资力，其成就亦必为器具所限，不能有充分之发展。故藏书富有之区，学人备出，图籍缺乏之地，陋儒难达，此一定之现象也。四库搜罗已刊未刊之书，储于内廷江浙，以供学者之抄阅，则载籍备而参考便，而士子无乏利器之虞矣。

二曰目录之完备也　目录之学，在读书上最为重要。盖一书之目录备，则览之者可以知一书之内容，与夫取裁部署之大概。四库之目录备，则览之者可以知中国文化之状况，与夫历代著作之要领。故《四库全书总目提要》与《简明目录》之编纂，实与学者以莫大之利益，固不仅由书目而寻提要，由提要而得全书也。且《提要》之中，对于某书常有精当之批评,俾学者知其书瑕瑜之所在,尤为不可多得之贡献焉(《提要》批评,主观意见太深,故常有不得其当之处,然大体上可云难得矣)。

三曰分类之正确也　四库之分类,虽不始于《全书》,然自《全书》告成以后,经史子集四大部,始常为吾国学者所称道。且分经之类为十,史之类为十五,子之类为十四,集之类为五;而类之中又有若干类。虽以近世科学之眼光观之,亦不得不谓为一种确当之类别法,况吾国自来之分类,从未有若斯之完整者乎?故吾国学术之类别,自四库成而大概乃确定焉。沿至今日,亦未能促易之者也。

四曰载籍之完整也　吾国书籍,浩如渊海,庋藏不善,易致散佚。《四库》之书,虽未必能收尽天下之载籍,而刊钞存目,亦可谓略备于斯矣。以万千之遗书而汇为一团,以多数之简册而勒成一部,不惟齐整易于保存,亦且完备易于寻觅。吾国先人宝笈得赖以不坠者,亦斯役之力也。

五曰公共阅览之规定也　四库之书,非徒广金匮石室之藏,将以嘉惠后学,供人阅览也。故内廷四阁,特备大臣官员之请阅;江浙三阁,一任士子学人之参考。此种规制,与近世之公共图书馆相似,即我国官立储藏室之权舆也。近世觇人国之文明者,每于图书馆之多寡备否窥之,盖图书馆多者,人民求学之机会多。惜吾国前此皆未能思想及此,是以天府宝笈之藏,适以为珍玩古董而已。清初私人藏书之风颇盛,然孤本秘笈,往往不肯出借。如钱牧斋之绛云楼,牙签宝轴,参差充牣,乃以不公同好之故,致招忌于造物。故此种风尚,不惟无益于一般学者,或竟足以阻一般学者深造之路,因环璧蕴于家,失观摩之效益。《四库》之书,规模既宏,检阅亦易,以故乾嘉以还,人材蔚起矣!

复次则《四库全书》对于吾国学术之影响,以言其深切著明者,即汉学之发达是也。汉学为清代学术之主体,其成绩与贡献最大,故有人喻为中国之文艺复兴(Renaissance 前卷译再生时代,参看第七篇,第三十一章)。汉学发达之原因,虽不尽由于《四库》之影响,然《全书》之编成,至少亦为其旁因之一。试观汉学之主要人物,如戴东原、王怀祖、任幼植等,不皆参与《四库》校勘之役者乎?汉学以治经为主,经者,典籍也。故汉学可谓读书之学,设使无书可读,则虽有聪明才智之士,亦必不能光大若此！且《四库》馆之整理中国书籍，与汉学者之整理古代经子，同一整理，不过一为整个的、笼统的，一为部分的、细密的而已。而二者之影响，亦从可知矣。

七　巡游之无度

（一）春游与秋狝

弘历在位，几无事不欲追踪圣祖，固不独奖励文学为然也。圣祖南巡江浙，北出塞外，弘历循其旧例，凡南巡者六，东巡者四，西巡者五；至于奠祭于曲阜，秋狝于木兰，近游京畿，告诣嵩洛，车驾时出，纪不胜纪。盖以宫廷之间，朝事綦繁，殿阁虽轩，画地自禁，迥不如山庄之旷逸，江南之风物矣。且以安富尊荣，故辉皇于盛典；春花秋月，肆游乐而无度。不知踵事增华，供驿弥奢，劳民伤财，衰弱斯兆；是以一人之遨游，实关于国家之大局与民生之盈绌。谨先表其年次而后择要述之：

（一）西巡幸五台　乾隆十一年九月　十五年二月　二十六年二月　四十六年二月　五十七年二月

（二）告祭曲阜孔庙　乾隆十三年二月　二十一年二月　三十六年四月　四十一年二月　五十五年三月

（三）东巡谒三陵　乾隆八年九月　十九年八月　四十三年七月　四十八年八月

（四）巡幸中州及近畿　乾隆十五年八月（嵩山开封）　五十一年三月（正定）　五十三年二月（天津）　五十九年三月（天津）

（五）南巡幸江浙　乾隆十六年　二十二年　二十七年　三十年　四十五年　四十九年

至木兰秋狝，山庄避暑，初举于乾隆六年，嗣乃间岁一至，十六年以后，每届夏秋，必幸其地。盖所谓习武功于边徼，盛王会于遥藩者也。（案热河避暑山庄之肇建，在康熙四十二年。庄在承德府东北，周十六里有奇,左湖右山,山势自北而西,曰梨树峪,曰松林峪,曰榛子峪,曰西峪,回抱如环,径翠晴岚,朝夕异状。湖水自东迤逦而南,至万树园之阳,净练澄空,沙堤曲径,如意洲在焉。其北为千林岛。凌空落影,望不可即,瀑源来自西峪,垂于涌翠岩之巅,玉喷珠跳,晴雷夏雪,汇注湖中。湖岸曲榭翚飞,长桥虹驾,风景宜人,自康熙以来,每狩木兰,皆驻跸于此,以避炎燠,故名避暑山庄。木兰则在承德府北四百里,辽中京,临潢府兴州旧地也。素属翁牛特,康熙中,藩王进献,以为搜猎之所。其地毗连千里,林木葱郁,水草茂盛,故群聚以孳畜。帝每岁举行秋狝之典,历朝因之。行围时有合围,有哨鹿。合围则散虞卒八旗虎枪营各部射生手出围场之后,渐提渐近,使兽不得逸,而帝于围内追逐。哨鹿,则假作鹿鸣,以诱鹿出而击之也。故《竹叶亭杂记》云:"木兰为较猎之所,又谓之哨。哨者哨鹿也。哨鹿者,着鹿皮,衣鹿角冠,夜半丁旷山中吹哨作牡鹿声,则牝鹿衔芝以哺之。盖鹿性淫,一牡能交百牝,必至于死,死则牝鹿含芝草以生之。故哨之以取芝也。每秋驾临,以举秋狝之典。")巡幸之时,蒙古诸台吉及四十八部盟长例于出哨之后,恭进筵宴,习武合欢。有所谓塞宴四事者:一曰诈马,选幼孩竞走也(选六七岁以上幼孩,文衣锦襮,衔尾腾骧,散鬣结发,不施鞍辔,而追风逐电,驰骋自如,别树大纛旗于数里外,先至者受上赏,余亦恩赉有差)。二曰什榜,番乐也(蕢桴苇籥,颇有上古遗音。酒半,名王上公,更迭献技,其声容制度,与上土之笙镛箫管绝殊。而佅韎侏僸,亦复自有音奏)。三曰布库,相扑为戏也(徒手搏击,分曹角力,伺隙蹈瑕,不专恃匹夫之勇。胜者有卮酒羊臛之赐,立饮无算)。四曰教駣,驯名马也(凡达驿之产,初入牧群,不受羁控者,番王子弟,辄执长竿,携彩索,或跃而登,或超而过,磬控酣呼,疾如风雨,必使调良训习而后已。逸群奔逸,驭之者愈众,剽悍勇武,颇称壮观)。莅围较射,虽典属于寻常,杂花置亭,乃所费亦不资。故当时内大臣博尔奔察有谲谏之事:弘历驻跸避暑山庄,因滦阳风物之美,谓奔察曰:"此地气候极清淑,大胜京师,洵无愧避暑山庄也。"奔察曰:"陛下就宫内言之耳,若外间城市狭隘,房屋低小,人民皆蜗处其中。兼之户灶衔接,炎热实甚,故民间有谚曰:'皇帝之庄真避暑,百姓仍是热河也。'"弘历怒斥之,为之不怡者累日。

然以其为满人，又系武臣，亦不之罪也。行围避暑，游乐无度；然距京师甚迩，而供奉宴赉，亦多内廷之物，于人民尚无大害。至若殚财赋而坏风俗，影响之大，及于数省者，则无过于六度之南巡！

（二）六度之南巡（附乾隆时黄河漫口次数表）

康熙之时，以黄淮泛滥为灾，故屡举南巡之典，视察堤工，指示方略。及乾隆时，亦欲循其旧例，凡南巡者六；其事始于乾隆十六年辛未。是年正月，以初次南巡，免江苏、安徽逋赋，浙江额赋，又增广三省学额。二月，奉皇太后渡河阅天妃闸高家堰，经过淮安，以城北内外皆水，命改建石工，以资保障。三月抵杭州，渡钱塘江，祭禹陵。还驻杭州，召试诸生谢墉等三人，赐以举人。既而回銮至苏州，临江宁，致祭明陵，御书禁樵采。召兵大阅，试诸生蒋雍等五人。四月，还渡河，抵泰安，祀东岳。五月，还京师。乾隆二十二年，复南巡，免江浙三省民欠，及免经过直隶、山东、江南等地方额赋十分之三。时大学士史贻直（字儆弦，溧阳人）、尚书梁诗正（字养仲，钱塘人）、侍郎钱陈群（字主敬，嘉兴人）请假在籍，均来接驾，着照其品级，在家食俸。并赐原任左都御史梅珏成食俸，珏成，天算学家梅文鼎之孙也，尝从清圣祖学于内廷。时致仕礼部侍郎沈德潜年逾八十，亦来接驾，着赏给尚书衔。及抵浙，阅兵于嘉兴石门，驻杭州十余日而返。经苏州、江宁、徐州至曲阜，释奠孔子。四月还京。乾隆二十七年正月，第三次南巡，将三省节年缓征，及未完地丁各项，概予蠲免。经过地方，蠲免什三之赋。二月，渡河阅清口、东壩、惠济闸。渡江幸焦山。三月至浙，临海宁，阅海塘。命岁修老盐仓一带柴塘，增坦水石篓，以资拥护，并命修尖山塔山间之石坝。旋幸观潮楼阅福建水师。四月，回銮至河，命庄亲王胤禄等奉皇太后由水路行程，弘历登陆由徐州阅河。以黄河淤沙渐积，辄至暴涨；而各处坝闸，宣泄无节，又常害于下流；因命详定水志，于唐家湾引河视徐城水志长水至一丈一尺五寸，方准将引河开放，俟涨漫水落，即行堵闭。洪泽湖清口并照此例行。旋阅峄山湖，诣孟子庙。五月还。乾隆三十年正月，第四次南巡，命免三省因被灾而未完之钱粮，经过地方，复蠲免如上次之例。二月抵杭州，命修筑海宁石塘。回銮，三月，幸焦山，驻跸江宁府。四月至德州驻跸,命简亲王丰讷亨等奉太后由水程回,弘历登陆还京师。乾隆四十五年正月,第五次南巡,三月,至海宁观潮,幸尖山。以石塘工有单薄者,命一律改建鱼鳞石,其柴塘四千二百余丈中,有可以改建石塘之处,一并勘估办理。回銮至江宁,招试举人汪履基诸生召光复等,赐以内阁中书举人等有差。五月,回至涿州,有僧人率一幼童接驾,云系履端郡王永珹次子,永珹弘历第四子,其侧室福晋王氏,素为珹所钟爱,有他侧室产子,以痘殇,邸中人皆言为王氏所害。事暧昧,无可究诘,弘历亦微闻之。至是乃以童子入都,命军机大臣会鞫之。军机司员保成察其伪;直前披童子颊曰:"汝何处村童,为人所绐,乃敢为灭门事耶?"童子惧,自承树村人,本刘姓,为僧人所教。狱上,斩僧于市,戍童子于伊犁。后又于伊犁冒称皇孙,为将军松筠所斩。乾隆四十九年正月,六次南巡,二月至泰安,诣岱庙,旋谒少昊陵,至曲阜,谒孔庙,释奠孔子。三月渡江幸金山焦山,旋由苏州入浙,幸海宁尖山,阅视塘工。以前命改建石塘之工程虽竣,而实多未协之处,因饬令督抚于旧有柴塘土塘后,一体添筑石塘,将沟槽填实种柳,并拨给库银五百万两,连从前所发帑银,予限五年,绩筑竣工。六度之典既成,弘历并制《南巡记》以记其事,其中有云:

南巡之事,莫大于河工,而辛未、丁丑两度,不过敕河臣慎守修防,无多指示。至于壬午,始有定清口水志之谕;丙申,乃有改迁陶庄河之为;庚子,遂有改筑浙江石塘之工;今甲辰,更有接筑石塘之谕。至于高堰之增卑易砖,徐州之接筑石堤并山,无不筹度咨诹得宜而后行,类皆迟之又迟,不敢欲速之为。

观于此,则六度南巡之事业,乃其自述也,亦不过如斯!康熙南巡,为治黄河,而乾隆南服无事,徒以数千百万之库帑,反复于海宁石塘之兴筑,于益何有?乾隆时,黄河漫口于豫苏凡二十次,未闻弘历曾亲至其地,相度形势。乃幸苏杭,观海潮,铺陈辉张,循旧踵新,是知其意不在此而在彼也。

附乾隆时黄河漫口次数

江南			河南		
年　月	漫口处	何时合龙	年　月	漫口处	何时合龙
乾隆七年七月	铜山石林口等处	本年十二月	乾隆十六年六月	阳武十三堡	十七年正月
十年七月	阜宁陈家浦	本年十月	二十六年七月	杨桥等处	本年十一月
十五年六月	清河豆班集	本年七月	四十三年七月	仪封等处	四十五年二月
十八年八月	张家马路	本年十二月	四十五年七月	考城五堡芝麻庄	本年八月
十九年八月	孙家集	二十一年十月	同年月	张家油房	本年十二月
三十一年八月	韩家堂	本年十月	四十六年七月	焦桥	本月
三十八年八月	陈家道口	本年十月	同年月	青龙岗	四十八年三月
三十九年八月	老坝口	本年九月	四十九年八月	睢州	本年十一月
四十五年六月	睢宁郭家渡	本年九月	五十二年六月	睢州十三堡	本年十月
四十六年六月	魏家庄	本年八月			
五十年七月	李家庄	本年十月			

(三) 巡游之奢靡及其影响

是时巡幸所过,官吏办差接驾,务求华美,以取容悦。虽弘历屡谕禁止:如乾隆十六年云:“向来巡幸,地方官惟修治道路,此外无一华饰。自十三年东巡,该抚等于省会城市,稍从观美,后乃踵事增华。虽谓巷舞衢歌,舆情共乐,而以旬日经营,仅供途次一览,实觉过于劳费。且耳目之娱,徒增喧聒,朕心深所不取!……至朕待督抚有司,惟因其能实心办事,令地方日有起色,方加恩奖予。而不知朕心者,未必不以办差华美,求工取悦为得计,将玩视民瘼,专务浮华,此风一开,于吏治民风,所关甚大!嗣后寻常巡幸,概不准行!”二十七年云:“增华角胜,甚非奉职之道。嗣后督抚等其实力禁止一切,屏去浮靡,以崇实政。”而铺张奢靡,所费较之康熙时代,殆十倍之。清跸所至,戏台、彩棚、龙舟、灯舫等物,沿途点缀。水行巨舟千百艘,四围皆侍卫武职,役夫乘势逞威,强向人民勒索,有不与者,以碍皇驾,立毁其宇,百姓怨声载道。运河两岸,并令打纤,谓之“龙须纤”。舟过扬州,于支港汊河,桥头村口,各设卡兵,禁民舟出入。计纤道每一里,安设站兵三名,令村镇民妇,跪伏瞻仰。于应回避时,令男子退出,不禁妇女。盖以扬州妇女,素有艳名,心时慕之,欲借是一餐秀色云尔。街道尽铺锦毡,周围百十里,所值甚巨。而露天蒙以绸帐,所费又几十万。其为薪炭商者,令加意供给,材料山积,而顷刻无余。为粪商者,令沿塘编置盆盎,上加木盖,备纤夫之溺,每县动置千万,御舟一过,即为役夫所破,鲜有完者。或御舟重经,则备列如故:二者俱名当役。至两淮盐商,本属富有,而捐赀修建行宫,一输每至数十万。故乾隆二十二年,有各加顶带一级之谕,再加恩,纲盐食盐,每引赏给十斤,以示奖励。《清史稿·食货志》云:“乘舆屡次巡游,天津为首驻跸地,芦商供亿浩繁,两淮无论矣。……盐商时邀眷顾,或召对,或赐宴,赏赉渥厚,拟于大僚,而奢侈之习,亦由此而深。”此指高宗南巡盐商供亿之事。据《扬州画舫录》及各家笔记所载,如小金山(凿湖叠土,岩石嵌空,楼台曲折,园林栉比,备一日之临幸,即为诸商家豪侈娱乐之所)、水西庄(芦商海宁查氏,声气之广,交结之豪,世称天津水西庄,所谓查三膘子,豪侈流为戏剧),皆盐商挟帝眷以挥霍而转嫁于民食者也。时有淮扬道章攀桂者,司行宫陈设,以镂银丝造吐盂。又光绪时,庚子拳乱,两宫西逃,至太原,驻跸抚署,一切供应,均系乾隆时巡幸五台旧物,收藏谨细,焕然如新。慈禧太后谓为宫中所未有(见阮梦桃《啼红惨绿轩杂识》所载王文韶家书)。夫一吐盂之细,工至镂银;馆驿行宫之陈设,至为宫中未有。无怪乎谕旨每称“地方预备一切饰具,殊觉繁俗”也!康熙时,每处所费,不过一二万金,此时每处供设,至二三十万金不止,合天下计之;所费岂何以支?况一次之不足,至再至三。官吏何由而供给?商人何得而捐输耶?劳民伤财,消耗元气,影响所及,吏治民风,同归败坏。故当时臣工亦多谏诤者;如顾栋高于引对时,弘历言:“汝年衰,是以准令回籍颐养,将来朕巡幸江南,尚可见汝。”栋高应曰:“皇上还要南巡么?”弘历默然。尹会一视学江苏,还奏言:“上两次南巡,民间疾苦,怨声载道。”弘历严诘之曰:“汝谓民间疾苦,试指出何人疾苦?怨声载道,试指出何人怨言?”因坐戍。而杭世骏疏论时事,亦曰:“巡幸所至,有司一意奉承,其流弊及于百姓。”弘历大怒,欲置之重典，赖侍郎观保谏，始赦归田。呜呼，帝固知巡幸之有关于吏治民风（见十六年上谕）奈何不听谏言，一至于此！其自以内库充溢，天下升平；而为善之念，固不敌于游幸之乐乎？弘历退位后，尝谓吴熊光曰："朕临御天下六十年，并无失德，惟六次南巡，劳民伤财，实为作无益害有益。将来皇帝（指嘉庆帝）如南巡，而汝不阻止，汝系朕特简之人，必无以对朕！"盖亦久而自知者也。

八 宰 辅

（一）总论及乾隆宰辅表

君主专制政体虽号称独裁，实则为治之责，必委之臣下。吾国官制，历来立法与行政混合，惟政权所寄，自汉迄今，其参预机密者，实秉钧衡之任，故宰辅良否，天下安危系之。丞相相国之名，秦初始著，明太祖以胡惟庸专权，诛之，废左右丞相，以其权归之六部。成祖始建内阁，而大学士遂为宰辅。清初沿袭明制，雍正以后，始设军机处，至是，内阁虽无实权，然大学士亦常入军机，固仍不失为宰辅也。乾隆之时，当国者，初叶有鄂尔泰、张廷玉，中叶有刘统勋、于敏中、傅恒等；自和珅秉政，吏治民风，遂一败而不堪问矣。今先就六十年中之满汉大学士，汇表于下，而后择其与政局较有关系者，分叙事迹于以下二目，至和珅以后之事，当另章述之，倘比较披览，可以知一朝治乱之所由矣。

乾隆宰辅表

人名	籍贯	出身	职衔	兼摄	受职年月	解职年月	卒年	谥号
张廷玉	江南桐城	翰林	初为协办四年 授文渊阁五年 晋文华殿六年 晋保和殿大学士	户部 吏部尚书	雍正三年	乾隆十四年十一月	乾隆二十年	文和
朱轼	江西高安	翰林	文华殿大学士	吏部 兵部尚书	雍正二年九月	乾隆元年九月	同上年月	文端
鄂尔泰	满洲镶蓝旗	举人	保和殿大学士	兵部尚书	雍正一〇年	乾隆一〇年三月	同年四月	文端
尹泰	满洲镶黄旗	笔帖式	东阁大学士	兵部尚书	雍正七年	乾隆三年七月	同年九月	

续 表

人名	籍 贯	出 身	职 衔	兼 摄	受职年月	解职年月	卒 年	谥号
嵇曾筠	江南无锡	翰林	文华殿大学士	南河总督 浙江总督	雍正一一年	乾隆三年十二月	同年十二月	文敏
查郎阿	满洲镶白旗	佐领	文华殿大学士	兵部尚书	雍正一三年	乾隆一二年三月	同年九月	文端
迈柱	满洲镶蓝旗	笔帖式	武英殿大学士	吏部 工部尚书	雍正一三年	乾隆二年	乾隆三年	文恭
徐本	浙江钱塘	翰林	东阁大学士	礼部尚书	乾隆元年	乾隆九年	乾隆一二年	文穆
三泰	满洲正红旗	未详	协办大学士	礼部尚书	乾隆元年	乾隆一〇年		
福敏	满洲镶白旗	庶吉士	武英殿大学士	工部尚书	乾隆三年	乾隆一〇年	乾隆二一年	文端
赵国麟	山东泰安	进士	文华殿大学士	礼部尚书	乾隆四年	乾隆六年六月	乾隆一六年	
陈世倌	浙江海宁	翰林	文渊阁大学士	工部 礼部尚书	乾隆六年 乾隆一六年	乾隆一三年 乾隆二二年	乾隆二三年	文勤
史贻直	江南溧阳	翰林	文渊阁大学士	工部 吏部尚书	乾隆九年 乾隆二二年	乾隆二〇年 乾隆二八年	乾隆二八年	文靖
刘于义	江南武进	翰林	协办大学士	吏部尚书	乾隆九年	乾隆一三年	乾隆一三年	文恪
讷亲	满洲镶黄旗	笔帖式	保和殿大学士	吏部尚书	乾隆一〇年	乾隆一三年九月	赐死	
庆复	满洲镶黄旗	?	文华殿大学士	川陕总督	乾隆一〇年	乾隆一四年	赐死	
高斌	满洲镶黄旗	主事	初期协办后晋文渊阁大学士	南河总督 吏部尚书	乾隆一〇年 乾隆一六年	乾隆一三年 乾隆一八年	乾隆二〇年	文定
来保	满洲正白旗	库使	武英殿大学士	刑部 兵部尚书 礼部	乾隆 乾隆一二年	乾隆二九年	乾隆二九年	文端
陈大受	湖南祁阳	翰林	协办大学士	吏部尚书 两广总督	乾隆一三年	乾隆一六年	乾隆一六年	文肃
傅恒	满洲镶黄旗	侍卫	保和殿大学士	领侍卫内大臣	乾隆一三年	乾隆三五年	乾隆三五年	文忠
阿克敦	满洲正蓝旗	翰林	协办大学士	刑部尚书	乾隆一三年	乾隆二〇年	乾隆二一年	文勤
汪由敦	浙江钱塘	翰林	协办大学士	刑部尚书	乾隆一四年十一月	同年十二月	乾隆二三年	文端
梁诗正	浙江钱塘	探花	协办大学士 东阁大学士	吏部尚书	乾隆一四年 乾隆二八年	乾隆一七年 乾隆二八年	乾隆二八年十一月	文庄
张允随	汉军镶黄旗	捐典簿	东阁大学士	礼部尚书	乾隆十五年正月	乾隆一六年	乾隆一六年	文和
孙嘉淦	山西兴县	翰林	协办大学士	吏部尚书	乾隆一七年	乾隆一八年	乾隆一八年	文定
黄廷桂	汉军镶红旗	监生	武英殿大学士	陕甘总督	乾隆二〇年	乾隆二四年	乾隆二四年	文襄
达勒党阿	满洲镶黄旗	侍卫	协办大学士	参赞大臣	乾隆二〇年	乾隆二二年	乾隆二五年	

续　表

人名	籍　贯	出　身	职　　衔	兼　摄	受职年月	解职年月	卒　年	谥号
鄂弥达	满洲正白旗	笔帖式	协办大学士	刑部 吏部尚书	乾隆二一年	乾隆二六年	乾隆二六年	文恭
蒋溥	江南常熟	翰林	协办大学士 东阁大学士	户部尚书	乾隆一八年 乾隆二四年	乾隆二六年	乾隆二六年	文恪
刘统勋	山东诸城	翰林	协办大学士 东阁大学士	吏部 兵部 尚书 刑部	乾隆二四年 乾隆二六年	乾隆三八年	乾隆三八年	文正
兆惠	满洲正黄旗	笔帖式	协办大学士	御前大臣 刑部尚书	乾隆二六年	乾隆二九年	乾隆二九年	文襄
杨应琚	汉军正白旗	荫生	东阁大学士	陕甘 云贵总督	乾隆二九年	乾隆三二年	赐死	
杨廷璋	汉军镶黄旗	笔帖式	体仁阁大学士	闽浙总督	乾隆二八年	乾隆二九年	乾隆三六年 十二月	勤悫
尹继善	满洲镶黄旗	翰林	文华殿大学士	户部 兵部尚书	乾隆二九年	乾隆三六年	乾隆三六年	文端
阿里衮	满洲镶黄旗	侍卫	协办大学士	户部 礼部尚书	乾隆二九年	乾隆三四年	乾隆三四年	襄壮
庄有恭	广东番禺	状元	协办大学士	刑部尚书	乾隆三〇年	乾隆三一年	乾隆三二年	
陈宏谋	广西临桂	翰林	协办大学士 东阁大学士	吏部尚书	乾隆二九年 乾隆三二年	乾隆三六年 二月	同年六月	文恭
官保	满洲正黄旗	笔帖式	协办大学士	吏部尚书	乾隆三四年	乾隆四一年 正月	乾隆四一年 三月	文勤
阿尔泰	满洲正黄旗	笔帖式	武英殿大学士	四川总督	乾隆三五年	乾隆三六年	赐死	
刘纶	江南武进	翰林	文渊阁大学士	工部尚书	乾隆三六年	乾隆三八年		文定
高晋	满洲镶黄旗	监生	文华殿大学士	两江总督	乾隆三六年	乾隆四三年	乾隆四三年	文端
温福	满洲镶红旗	笔帖式	武英殿大学士	理藩尚书	乾隆三六年	乾隆三八年	乾隆三八年	
于敏中	江南金坛	状元	文华殿大学士	户部尚书	乾隆三八年	乾隆四四年	乾隆四四年	文襄
李侍尧	汉军镶黄旗	荫生	武英殿大学士	云贵总督	乾隆三八年	乾隆四五年	乾隆五三年	恭毅
舒赫德	满洲正白旗	笔帖式	武英殿大学士	户部 刑部 尚书	乾隆三八年	乾隆四二年	乾隆四二年	文襄
阿桂	满洲正蓝旗	举人	武英殿大学士	吏部 刑部 尚书	乾隆四二年	嘉庆二年	嘉庆二年	文成
程景伊	江南武进	翰林	协办大学士 文渊阁大学士	吏部尚书	乾隆三八年 乾隆四四年	乾隆四五年	乾隆四五年	文恭
三宝	满洲正红旗	进士	东阁大学士	礼部尚书 镶蓝旗汉军都统	乾隆四四年	乾隆四九年	乾隆四九年	文敬
德福	满洲正白旗	笔帖式	协办大学士	署左都御史	乾隆四四年	乾隆四六年	乾隆四六年	

续 表

人名	籍 贯	出 身	职 衔	兼 摄	受职年月	解职年月	卒 年	谥号
英廉	汉军镶黄旗	举人	武英殿大学士	户部尚书	乾隆四五年	乾隆四八年	乾隆四八年	文肃
嵇璜	江南无锡	翰林	文渊阁大学士	工部尚书	乾隆四五年	乾隆五九年	乾隆五九年	文恭
永贵	满洲正白旗	笔帖式	协办大学士	吏部尚书	乾隆四五年	乾隆四八年	乾隆四八年	文勤
蔡新	福建漳浦	丙辰 传胪	文华殿大学士	吏部尚书	乾隆四八年	乾隆五〇年	嘉庆四年	文恭
伍弥泰	蒙古正黄旗	荫生	东阁大学士	镶白旗 蒙古都统	乾隆四九年	乾隆五一年	乾隆五一年	文端
梁国治	浙江会稽	状元	东阁大学士	户部尚书	乾隆五〇年	乾隆五一年	乾隆五一年	文定
刘墉	山东诸城	翰林	协办大学士 体仁阁大学士	吏部尚书	乾隆五〇年 嘉庆二年	乾隆五四年 嘉庆九年	嘉庆九年	文清
和珅	满洲正红旗	生员	协办大学士 文华殿大学士	吏部 户部 尚书	乾隆四九年 乾隆五一年	嘉庆四年	赐死	
王杰	陕西韩城	状元	东阁大学士	兵部尚书	乾隆五二年	嘉庆七年	嘉庆一〇年	文端
彭元瑞	江西南昌	翰林	协办大学士	吏部尚书	乾隆五五年	乾隆五六年	嘉庆八年	文勤
孙士毅	浙江仁和	进士	文渊阁大学士	吏部尚书	乾隆五七年	嘉庆元年	嘉庆元年	文靖
福康安	满洲镶黄旗	云骑尉	武英殿大学士	吏部尚书	乾隆五七年	嘉庆元年	同年	文襄

(二) 汉大学士之事略

清初以来,父子并跻相位者:常熟蒋氏(廷锡及其子溥),无锡嵇氏(曾筠及其子璜),诸城刘氏(统勋及其子墉),而嵇氏、刘氏父子,并处乾隆鼎盛之时,恩际颇属仅有。惟嵇氏以河督拜相,功在水利,又不如刘氏之身居庙堂,勋绩昭著也。统勋于乾隆六年,疏奏大学士张廷玉晚节当慎,尚书公讷亲未及强仕之年,总理两部,参赞中枢,宜行裁减。一时直声震朝野。其后廷玉以失礼被谴,讷亲以金川偾事伏法,其言若蓍蔡矣。统勋自十四年长工部,二十四年拜协办大学士,二十六年拜东阁大学士。兼管礼部、兵部,屡出勘河工事宜,皆能筹划周详,革除积弊。当出视杨桥漫工也,属吏以刍茭不给为辞,月余尚无端绪。统勋微行河干,见大小车载刍茭凡数百辆,皆弛装困卧,有泣者。询之,云奉示运楷料赴工,县丞某索贿乃收,贫不能具,遂弛置,欲归不能也。统勋回邸,令巡抚缚县丞至,数其罪,将斩之。巡抚力请,乃杖而荷校以徇。薪刍数百车,一夕收立尽,欢声如雷;逾月工遂竟。其在政府也,强直清节,遇事敢谏,料事识人,能洞鉴其将来。故服官五十余年,居相位十余年,朝廷依赖之如肱股。乾隆三十八年卒,谥文正,时年七十有五。弘历亲临哭之,御制怀旧诗,有“遇事既神敏,秉性复刚劲,得古大臣风,终身不失正”之句。子墉(字崇如,号石庵)娴政术,继正揆席,天下呼为“小诸城”。所学贯串经史,诗遒炼清雄,尤以书法重于时。嘉庆九年卒,年已八十有五矣,谥文清。先是墉尝语英煦斋曰:“子他日为予作传,当云以贵公子,为名翰林,书名满天下,而自问则小就不可,大成不能,年八十五,不知所终。”及是果端坐而逝。与统勋共赞阁务,相得益彰者,有刘纶(字春涵,号绳庵,江苏武进人)所谓北刘南刘者也。纶初以博学鸿词科第一,弘历嘉其才,滋颂向用,累迁兵部尚书。乾隆二十八年,管理户部,协办大学士。三十六年,拜文渊阁大学士,三十八年卒,谥文定。纶学行端醇,器量凝重,清俭自持,与统勋皆室无长物也。屡典乡会试,所取士皆有名于时,尝曰:“衡文始难在取,继难在去。”较量分寸,每至夜分,或劝节劳。纶曰:“文之佳,兄弟也。一去取间,于我甚易,独不为士子计乎?”时汉人致仕入阁,颇蒙崇用者,三刘而外,复有二陈:即陈宏谋(字汝咨,号榕门,广西临桂人)、陈世倌(字秉之,号莲宇,浙江海宁人)是也。宏谋为诸生时,即以经世为己任,闻有邸报至,必借观之。外任抚司三十余年,所到处无问久暂,必究心于人心风俗之得失,及利弊之当兴革者,分条钩考,次第举行。乾隆二十九年,协办大学士,三十二年,策拜东阁大学士,兼工部尚书。三十六年致仕归,卒于韩庄,谥文恭。世倌尚书陈诜之子,大学士陈元龙之从侄也。乾隆六年,授文渊阁大学士,二十二年卒,谥文勤。世倌自始仕,至服大僚,战战栗栗,惧或蹈于非义。方苞尝谓长台垣时,其规模气象,与刘念台为近。盖其父承学于念台,而谓其教之能行于家也。乾隆初叶张廷玉为相,一时汉人无出其右者。惟史贻直在政府,论事多不与之合。贻直(字儆弦,号铁崖,江苏溧阳人)清标玉立,眉目如画,好奖植士类,而不使人知。屡主礼部试,名公卿多出其门。与后进言,无不尽,语多譬引,饶风趣。他大臣或惧言温室隐情,贻直肆意逞词,谈啁流连,忌者亦莫能中也。常言天下办事人多,解事者少,深刻非明,纵弛非宽,交际非私,协恭非党。故立身行政,无心宽猛,耻矜苛廉,一以持大体安社稷为务。自乾隆九年拜文渊阁大学士,二十年以原品休致。二十二年,复入阁。二十八年,卒,谥文靖,年八十有三。而同时大学士梁诗正(字养仲,号芗林,浙江钱塘人)亦卒。诗正天性孝友,以朴诚结主知,扈从巡幸,常在属车豹尾间,大制作咸出其手。《续文献通考》各馆体例,多所手定。自奉啬于寒士,尝署所居曰"味初斋",示不忘旧也。历任类清要地,或戏称之曰三清居士。自乾隆十四年协办大学士,二十八年始拜东阁大学士,然未几即卒矣。谥曰文庄。

(三) 满大学士之事略

乾隆中,满大学士之声威卓著,备蒙恩眷者,前有傅恒,后有阿桂,而中叶尹继善、舒赫德亦并以阃外之功,入赞纶机,皆满人中之佼佼者也。傅恒(姓富察氏,号春和,满洲镶黄旗人)以椒房懿亲(孝贤皇后之弟也)累迁至户部尚书,领侍卫内大臣。乾隆十三年,大金川有事,命暂管川陕总督,经略事务,寻晋保和殿大学士。十四年命班师还朝,谕旨有云:

> 金川用兵,本欲禁遏凶暴,绥缉穷番,并非利其人民土地。而从前讷亲、张广泗措置乖方,屡经贻误,是以特命经略大学士傅恒视师,傅恒自奉命以至抵营,忠诚劳勚,超出等伦,办事则细巨周详,锄奸则番蛮慑服;整顿营伍,则纪律严明,鼓励戎行,则士气踊跃。且中宵督战,不避风雪,大著声威,诚克仰副委任。朕思蕞尔穷番,何足当我王师?经略大学士傅恒,乃中朝第一宣力大臣,顾因荒徼小丑,久稽于外,即使擒渠扫穴,亦不足以偿其劳!

寻诏封一等忠勇公。傅恒以金川旦夕可平,一篑之亏,诚为可惜,坚请进兵。有旨不允,谓"匈奴未灭,何以家为"者,乃骠姚贰师辈武人锐往立功之概。大学士弼辅元臣,抒诚赞化,名耀旗常,岂与兜鍪阃帅争一日之绩?因赐诗三章,有"壮志何须学贰师"、"速归黄阁赞元功"之句。适金川归降,乃凯旋。二十八年,赞画西师,论功图像紫光阁,列冠首。三十四年,以经略云南军务,至腾越,三十五年班师至京,未几而卒。谕谓:"才识超伦,公忠体国;擢冠纶扉,综理庶务。进剿缅甸,坚决请行,统劲旅专征,自戛鸠济师以后,身先士卒,收复猛拱;迨会师蛮暮,袭击新街,贼皆溃窜,遂进攻老官屯。时已身染沉疴,犹力疾督军,昼夜兼攻,克期可卜,逆酋畏惧乞降。似此鞠躬尽瘁,允宜入祀贤良祠。”寻赐谥文忠。尹继善(姓章佳氏,字元长,满洲镶黄旗人),自雍正以来,凡一督云贵,三督川陕,四督两江,而在江尤久,前后三十余年,颇以汲引人才为务。弘历南巡,赐以诗,有“幕府山边开幕府,风规得似茂宏无”句。乾隆二十九年拜文华殿大学士,翌年,召入阁,三十六年卒,赐谥文端,时年七十有六矣。尹继善毅而能扰,机牙四应,凡盘错事,辄以命之,棋危柁险,而料理裕如。所理大狱,不妄戮一人(其在江南,德政固多,而最得民心者,在严禁漕弊一事。先是有司收漕粮以脚费为名,率一斗准作六七升。尹奏明每石令业户别纳兑费五十二文,而斗斛听民自概,有遗粒在斛之铁边者,亦谓之花边,令民自拂去。至是漕务肃清者凡四十余年)。尝谓世宗曰:“李卫臣学其勇,不学其粗;田文镜臣学其勤,不学其刻;鄂尔泰大局好,宜学处多,然臣亦不学其愎也。”舒赫德(姓舒穆鲁氏,字伯雍,满洲正白旗人),初与兆惠等共定新疆,乾隆二十七年,拜武英殿大学士,兼刑部尚书,国史、四库等馆总裁官。王伦之乱,诏出视师,未几而卒。夙夜在公,不事家人产,宅心诚,莅事敏,盘根错节,世人望而气沮,彼独纡回筹划,宏济艰难。在准回二部久,厥功尤伟。其领阁部也,甄综庶政,必躬必亲,使百执事震动恪恭,不稍即丛脞。乾隆四十二年卒,谕称老成端重,练达有为,宣力中外四十五年,实为国家得力大臣。予谥文襄。阿桂(字广廷,号云岩,姓章佳氏,满洲正白旗人)以边疆奇勋,入参纶扉,惟时和珅当国,政纲斁败,阿桂亦无能为也。其事以下另详之。

第二章　十全之武功

九　准噶尔之荡平

（一）准噶尔之内乱

准噶尔自康熙、雍正以来，恃其武力，旋服旋叛。其地势又横亘于喀尔喀及西藏之间，准部一日未平，则南北边备，一日不得息肩。故圣祖、世宗，屡集廷议，大兴西师，并有“此贼不灭，天下不安”之谕。雍正末年，以将帅久劳在外，不得已而罢兵；复以边界之纷议，使命往复，至乾隆四年而和议始就（参看卷上第六篇第二十七章）。自是征戍虽撤，然清廷实未尝稍释西顾之忧，特以时会未至，姑与羁縻而已。及乾隆十年，噶尔丹策零死，其次子策妄多尔济那木札尔以母贵得立，有暴行，恣睢狂惑，女兄乌兰巴雅尔稍约束之，竟以谗幽其女兄，多戮宰桑。于是乾隆十五年，女兄之夫赛音伯勒克合众台吉攻殪之，立其庶兄喇嘛达尔札，然以其外妇出也，部众不悦，欲立策零少子策妄达什。大小策零敦多布者，于准部为贵族，以世握兵柄故；大策零孙达瓦齐，及小策零子达什达瓦并为部众所向。喇嘛达尔札惧不利于己，痛裀其势力，策妄达什及达什达瓦皆被诛戮。（《皇朝武功纪盛》云：“达什达瓦素为那木札尔所任用，执而废之，欲以其部众分赏各台吉。”）于是达什达瓦部下萨拉尔者，率千余户来降，清廷授为散秩大臣。而达瓦齐遂联合辉特部台吉阿睦尔撒纳谋报复。辉特部者，姓伊克明妥，本杜尔伯特属部；阿睦尔撒纳者，策妄阿拉布坦之外孙，而和硕特部丹衷（拉藏汗子，参看卷上第二十七章）之子也。先是厄鲁特四部,于天山北路一带,分地而治。及土尔扈特北徙俄罗斯境,其故地塔尔巴哈台为辉特所游牧。丹衷妻初生子班珠尔,及丹衷死,复有遗腹,改适辉特部长,生阿睦尔撒纳。阿睦尔撒纳长而凶狡,既为辉特部台吉,复有窥伺准部之志。初谋拥立策妄达什不遂,及是,欲构达瓦齐内讧,而己从后图之。喇嘛达尔札遣台吉将兵三万,搜讨二酋于哈萨克,期必获以除后患。阿睦尔撒纳因率锐卒千五百人,裹粮怀刃,由山岭僻境,绕道入伊犁,乘其不备,夤夜突入幕,杀喇嘛达尔札,而拥立达瓦齐为汗。达瓦齐族贵而无能,旋为小策零之孙济噶尔所攻败,两酋争立,各征兵于诸部,诸部莫知所适从。是时准部之骚乱,达于极点。阿睦尔撒纳复诱除济噶尔,恃功益骄桀。时阿睦尔撒纳居雅尔(即塔尔巴哈台,塔尔巴哈台,蒙古语多水獭也。在伊犁东北千九百里),其同母兄班珠尔为和硕特台吉,居库尔乌苏。复取都尔伯特台吉达什之女,袭杀达什,胁降其子纳默库,而自迁帐于额尔齐斯河(额尔齐斯河者,回语遒紧之谓,言其河水湍溜驶急也),渐露侵略准部之野心。达瓦齐为自卫计,数遣兵攻之,皆不克,乃自将精兵三万,进薄其帐;又使骁将玛木特将乌梁海兵八千,东西夹攻。阿睦尔撒纳虑不敌,乃思借中国兵力,灭达瓦齐,而己据其地。十九年,遂与班珠尔纳默库率所部之万余人来降。清廷命尚书舒赫德及定边左副将军策楞,往收之,舒奏其新附难信,请留其头目于乌里雅苏台军营,而部落悉内徙苏尼特,使不得聚而生变。弘历斥其猜贰,严谴之,以尚书班第(蒙古镶黄旗人,姓博尔济吉特氏,由官学生历官至定边左副将军)往代,俾暂游牧于喀尔喀之札卜堪河(即札盆河)。阿睦尔撒纳入觐热河,诏封为亲王,而封班珠尔纳默库为郡王以羁縻之。准部骁将玛木特见诸台吉相踵内附,必召大兵,知准噶尔事不可为,达瓦齐不可辅,亦脱身来归。于是准部之爪牙腹心,尽在中国。而清廷新疆拓地二万余里之时期至矣。

(二) 伊犁之平定

先是萨拉尔之内附也,清廷询以准部事,备悉其内乱状,然尚未欲用兵也。及达瓦齐之立,所部益解体,杜尔伯特台吉有三策零者,率三千户来降。弘历以中原驯伏已数十年,国库羡余,存三千余万,仓庾实积,可供二十余年之用,乃欲施军威于远方,震武功于域外。且中国数十年,设斥堠,议边防,厉兵秣马,欲殄灭准噶尔而未能者,今事会适有可乘,时不可失。因询议于廷臣,群疑虩虩,皆惩于雍正九年博克托岭之败,以深入为险;惟大学士傅恒主用间出征,与弘历意合,于是用兵之议始渐决。方调兵筹饷,以图大举,而阿睦尔撒纳接踵至,备言伊犁可取状。且谓塞外秋狝时,我马肥而彼马亦肥,不如春月乘其未备,一战擒之。又谓准部东境,以额尔齐斯河与中国为界,本杜尔伯特原屯地,近接阿尔泰山可屯田备饷(杜尔伯特众兼耕牧,非准噶尔专事游牧者比,故策妄父子入寇时,其兵皆屯额尔齐斯二河,以其可就饷,且与科布多阿尔泰近也)。宜先遣兵万人据形势,而大兵二万整队继进。清廷从之。乾隆二十年二月,两路出师:(一)北路以班第为定北将军,阿睦尔撒纳为定边左副将军副之,额驸科尔沁亲王色布腾巴勒珠尔,郡王青滚杂布,内大臣玛木特,将军阿兰泰为参赞。(二)西路以陕甘总督永常为定西将军,萨拉尔为定边右副将军副之,郡王班珠尔贝勒扎拉丰阿,内大臣鄂容安为参赞。两副将军各领前锋三千先进,将军参赞继之。降人三策零,纳默库等皆以所部兵从。两路军各二万五千,马七万匹:西路出巴里坤,北路出乌里雅苏台,各携两月粮,约会于博罗塔拉河(在伊犁东北三百里,为南北两路会合之区。山川水草形势皆胜)。时两副将军皆准部渠帅,建其旧纛先进,各部落望风崩溃,其同族大台吉噶尔藏多尔济及旧回酋和卓木先后迎降,于是所至各部落大者数千户,小者数百户,携酮酪,献羊马,络绎道左。兵行数千里,殆无一人抵抗者。两军遂以五月朔会于博罗塔拉河。达瓦齐素纵酒,不设备,至是仓卒遣亲信宰桑出令箭征兵,而自率宿卫亲兵万人,走保格登山(在伊犁西北百八十里)阻淖为营。清兵遮获其征兵之宰桑,具悉准部解体状,士气倍奋,争渡伊犁河,长驱追袭,将及格登山,夜遣侍卫阿玉锡等率二十余骑往觇道路。阿玉锡即直薄其营,拍马横矛,搴纛先呼,敌众惊溃。达瓦齐以二千余人宵遁,余皆不战降。达瓦齐逾天山,南走回疆,其下半途散亡,仅率百余骑往投乌什城。城主霍吉斯,虽故与达瓦齐善,以已得班第檄,故遣人具牛酒以迎,即其醉而缚之,献于军前。同时青海叛酋罗卜藏丹津,亦为清军所俘,先后槛送京师,行献俘礼。弘历御午门受之，策勋行赏，封班第一等诚勇公，萨赖尔一等超勇公，霍吉斯为郡王，而阿睦尔撒纳晋封双亲王，食亲王双俸。又以达瓦齐慵懑可悯，特赦之，封以亲王，择宗室女配之（达瓦齐不耐中国风俗，日惟向大池驱鹅鸭浴其中以为乐。体极肥，面大于盘，腰腹十围，膻气不可近，命为侍卫）。是役出师仅百余日，曾无一战之劳，犁庭扫穴，生缚名王，拓地万余里，其成功若是之易，实阿睦尔撒纳之野心有以促之。故伊犁虽定，而阿睦尔撒纳之叛，实事势之可能者也。

（三）阿睦尔撒纳之叛

厄鲁特故有四部，蒙语曰四卫拉特，而准噶尔其一也。三部曰和硕特，治乌鲁木齐，自固始汗徙青海，旧地为准部台吉公牧之所；曰杜尔伯特，治额尔齐斯；曰土尔扈特，治雅尔，后徙俄罗斯，旧地为辉特部所据。准噶尔部原名绰罗斯，自浑台吉强盛以来，常为四部盟长，抗衡中国。清廷之用兵伊犁也，初非欲郡县其地，将俟事定后，仍众建而分其力，设四部如喀尔喀例，使长为外藩。而阿睦尔撒纳志不在此，必欲总长四部。弘历豫知其意，故当出师之初，即密令班第，告以朝廷处分之意见，又使色布腾巴勒珠尔与之偕行，阴监察之。乃色布腾反与之昵，而阿亦恃色为奥援，约以己意托其归奏。及伊犁既平，色布腾随大军凯旋，班第、鄂容安留伊犁，与阿睦尔撒纳、萨拉尔商筹善后策。阿睦尔撒纳隐以总汗自处，擅杀掠掳，擅调兵，置副将军印不用，用其国汗旧传小红钤记。发书邻部讳其降，但言“统领满汉蒙古兵来平此地”。又使其党布流言，谓“不立阿睦尔撒纳为汗，终不得安”。班第、鄂容安察以其事驰奏，诏即军中诛之，勿濡忍贻后患。而是时大兵已撤，随将军者仅五百人，余皆新附之众，班第等遂不敢举事。先是，清廷将实行分封四汗之策，诏阿睦尔撒纳以九月赴热河行饮至礼，即偕诸部台吉受封。及是班第等趣其入觐，欲就内地执之，因令喀尔喀亲王额林沁多尔济督之偕行。而阿睦尔撒纳故与色布腾有成约，度如得请，朝旨当以七月下旬至。顾色布腾归，隐忍不敢奏。阿睦尔撒纳待命不至，又以班第趣之急，不得已起行，惟沿途迁延，以待后命。迨八月中，尚无音信，疑事已中变，恐入觐得祸，反谋始决。十九日，行至乌鲁古河,阴召其众张幕请额林沁至,酒数行,起谓额曰:"阿某非不臣,但中国寡信,今入境,如驱牛羊,大丈夫当立事业,安肯延颈待戮?"呼酒者再,伏兵四起,拥阿出营去。阿徐解副将军印与额曰:"汝持此交还大皇帝可也。"一鞍驰去。一方遣使札卜堪河迎其家属;一方又号令伊犁诸厄鲁特,使并起为乱。清廷早知阿睦尔撒纳必反,先已密谕乌里雅苏台军营收其妻子,故得不遣。而伊犁诸喇嘛宰桑(准语管事官也)劫掠军台,争起应之。班第、鄂容安召萨拉尔议之,萨曰:"阿逆智勇兼备,不可撄其锋,不如复命天子,将准部畀之,其祸可立解也。"鄂容安曰:"守土之臣,安可以地资贼,捧首逃窜,致对司败耶?"萨拂然,亦叛去。班第、鄂容安力战,走二百余里,至崆吉斯,被围自杀。时阿睦尔撒纳众不过二千余,各部台吉,又多不敢从,定西将军永常驻军木垒,劲兵数千,使兼程进剿,不难扑灭也。而永常反疑惧,南退巴里坤,移粮哈密。故北路无声援,敌益猖獗。

(四) 将帅之失机及撤台之变

阿乱之起也,清廷乃以先后敕除阿睦尔撒纳密旨,及班第等疑虑之章奏,宣示中外。论前后诸臣贻误罪,黜色布腾爵,赐额林沁死,并逮永常。时新降诸厄鲁特台吉,并如期以九月会觐于热河,分封已定,适闻变,皆愿发所部兵从征。朝命以公策楞为定西将军,以富德、玉保、达尔党阿为参赞,由巴里坤速进兵。十一月,师行,玉保为前队,降夷毕从。时阿睦尔撒纳屯博罗塔拉河,四出剽掠。二十一年正月,清军至吐鲁番,萨拉尔自伊犁脱身来迎(命械至京,陈世倌请诛之,弘历曰:"死绥之义,丈夫所宜守,萨拉尔乃藩部孱臣,安知大节?未可苛责,如卿言,反高视之矣。"命泥首于班第等柩前,乃释其缚。后复受内大臣,数年死)。玉保遂率所部长驱而西,距阿睦尔撒纳所在仅一日程,可追而及也。忽有报阿睦尔撒纳已为台吉诺尔布所擒来献者,玉保驻军待之,报捷策楞。策楞亦不审虚实,转报入京。二月,清军至伊犁,阿睦尔撒纳已走哈萨克(亦作可萨克,今俄领中亚细亚境)矣。将军参赞互相咎,托言马力竭,顿兵不进。清廷怒其无功,五月,褫策楞、玉保职,以达尔党阿为定西将军,富德副之,责以追剿之事。又以巴里坤办事大臣兆惠(满洲正黄旗人,姓吴雅,以笔帖式入军机,历任将帅,以智勇著闻,骑射精绝)为定边右副将军,使当应援之任。达尔党阿方进军哈萨克,移檄索敌,未得要领,而喀尔喀复有青衮杂卜之叛。一时降夷闻之,多有轻清廷,思反复者,故其影响于斯役诚大。青衮杂布者,喀尔喀郡王也。北路邮驿,向归喀尔喀各部应役,自准部用兵以来,军报络绎,需人马颇多,青衮杂布苦之,遂撤其所设台站。又以额林沁之赐死,谓我喀尔喀本成吉思汗后裔,例不治罪,以此散流言,众喀尔喀惑之,自十六台至二十六台,一时尽撤,文报中断。诏以三音诺颜部亲王成衮札布(超勇亲王策凌之子)审机办理,命尚书纳延泰,侍郎阿桂等助之。又撤达尔党阿追剿之师,使并力擒拿青衮杂卜。旋各台站次第恢复,青衮杂卜亦于是年冬为阿桂所获,伏诛。先是,清封降夷于热河,噶尔藏为绰罗斯汗,沙克都为和硕特汗,巴雅尔为辉特汗,杜尔伯特本封阿睦尔撒纳,及叛改封车棱,其余宰桑等各授官赉币,愿发兵从征。及见军屡受欺(达尔党阿之出西路也,击败哈萨克兵二千,阿睦尔撒纳易服潜遁。清兵追及,相隔一谷,仅二三里,敌仓卒不及驼载,忽有哈萨克人来言,即欲擒献,但需其汗至,乞缓师以待。达尔党阿遽下令驻军,不知为阿酋之所诒也。而哈达哈之出北路者,遇阿布赉兵于巴颜山,不迎击,听其远逸。失机率类此),邮台内变,乃相继背叛,阿睦尔撒纳闻之,亦自哈萨克归,会诸部于博罗塔拉河,欲自立为汗,准部复大扰乱。策楞、玉保方被逮入京,亦被害于途。达尔党阿等并以应敌弛缓,坐失机会,皆获重罪。当是时,两路大师,旷久未能成功,独兆惠一军,以寡击众,战守甚力,故扫荡边夷之大业,尚有待于其人也。

(五) 准部之荡平及虐杀

先是,兆惠奉命为征远军应援,遂以千五百兵自巴里坤进驻伊犁。及诸部继叛,伊犁形势,殆陷于敌军包围之中。兆惠以十一月自济尔噶朗河转战而南,沿途杀敌无算。二十二年正月,至乌鲁木齐,敌皆会,连日数十战,无不以一当百。然军中无马,皆步行雪淖中,履袜亦多不完,所食惟瘦驼疲马,且将尽。二十三日至持纳格尔(今阜康县),不能复冲击,乃结营自固。时天大风雪,驿传声息,格不相闻。清命侍卫图伦楚,率巴里坤兵二千往迎,以三十日至军,围乃解。兆惠得新兵,复往剿巴雅尔部落,始引还巴里坤。于是弘历知兆惠可胜讨敌之任,又以准酋受赏辄叛,知厄鲁特终不可以德怀,非殄其种族,边不得安。三月,使兆惠出西路,左副将军成衮札布出北路大剿之。会绰罗斯汗为其兄子噶尔布所杀,诸部落皆内讧。又痘疫盛行,厄鲁特人罹者辄死。兆惠等乘之,累战皆捷,诸叛酋先后败死。阿睦尔撒纳复自博罗塔拉河西窜,兆惠等穷追至哈萨克,其汗阿布赉遣使请贡,誓擒以献。适阿睦尔撒纳率二十人往投,阿布赉使人收其马,阿睦尔撒纳又惊逸,徒步入俄罗斯境,寻患痘死。理藩院行文索之,俄以其尸送恰克图。至是阿睦尔撒纳之叛局终,而厄鲁特人之大劫至矣。初准部有宰桑(管事官)六十二,新旧鄂拓(部属之直隶于汗者)二十四,昂吉(分支也,为部众之分隶于各台吉者)二十一,集赛(专办供养喇嘛事务)九,共计二十余万户,六十余万口。俗耐劳苦,勇战斗,以一人能劫数人者为壮士。自天山以南,葱岭以西诸部落,一闻其至,无不奔走窜伏。故自噶尔丹以来,内则兼并诸卫拉特,外则服属四部,蹂躏喀尔喀,击逐俄罗斯;遂赫然为西域一大汗国,东向而与中国抗争。至是阿睦尔撒纳既窜死,诏以成衮札布归镇乌里雅苏台,兆惠、富德等留军度冬,搜剿余众。时准部余众约分四支,每支各一二千,伺间出没,袭击官军,始终无降服之意。于是二十二年春,兆惠由博罗布尔,富德由赛里木,分两翼合围,约相会于伊犁,凡山谷僻壤及川河流域可渔猎资生之地,皆搜剔不遗。厄鲁特慑于兵威,虽一部有数千百户,亦莫敢抗者,呼其壮丁,以次骈戮,妇孺驱入内地,多死于途。二年之间,策布登、札布、舒赫德、阿桂等继之,而准部之种类,乃靡有孑遗矣。计数十万户中,先痘死者十之五,继窜入俄罗斯若哈萨克者十之二,卒歼于清军者十之三。惟达什达瓦之妻,当伊犁骚乱时,先率所部归化,徙热河,编旗籍。杜尔伯特徙科布多以东之拜达里克河,其汗车棱始终无二,故得保全。若沙克都尔曼吉,不从乱,全部内移,依居巴里坤附近,宜得免矣。值巴雅尔之叛,廷谕巴里坤大臣雅尔哈善,密察之,如可信,则坦怀以待,勿使疑,否则先发制人,勿令为肘腋患,初非必欲杀之也。雅不敢保,遂令裨将乘夜雪袭杀其全部四千余人。相传沙被杀时,残灯未灭,其妻睡梦中惊起,不忍其夫之戕于乱刃,裸而抱持之,如两白蛇宛转穹庐中,以至于死云。雅以沙谋叛报,得封一等伯,后卒被诛。论者谓此役为厄鲁特之一大劫,盖信然矣!

(六) 乌梁海之内属

自准噶尔与中国抗争以来,其结果不惟使厄鲁特人种,全归清廷之统治而已,又北则乌梁海之服属,南则回族之征定,皆与准部兵事相因而起者也。回部征服之历史,别于下节详说之,今略述乌梁海内附之次第,缀于本节之末。乌梁海人者,盖芬人种(Finns)之一支族,其容貌类土耳其人种,而其言语风俗宗教,则全与蒙古无异。自称曰吨瓦,错处贝尔穆河流域,库苏古尔湖之周围,及昂噶拉河(上通古斯河,在今俄属伊尔库次克北境)之上流。其住民之大多数,以捕猎为业,间有从事牧畜若耕作者,则仅十分之二而已。故蒙古事游牧,非平原旷野勿便,乌梁海事采捕,非深山密林亦勿便。其智识之程度,在蒙古人种之上,然役属于喀尔喀、准噶尔及俄罗斯诸国,常应兵役纳赋税焉。康熙五十四年,清廷以准噶尔策妄阿拉布坦纷扰喀尔喀,命散秩大臣祁里德,率大军赴推河侦御,札萨克博贝从往,言准部不靖,恃乌梁海障之,乞往招,若抗,即以兵取。札萨克台吉济纳尔达阿哩尔,及根敦罗尔藏兵俱习战,请与同往,圣祖韪其议。此征唐努乌梁海之始。未几,乌梁海头目和罗尔迈率属降。乾隆十八年,札萨克图汗等,二等台吉达什朋素克随北路军营参赞大臣萨拉尔,擒获私入科布多汛之乌梁海人札木阐等,清廷嘉奖之,授内大臣。寻命萨拉尔收乌梁海及札哈沁众。此征阿尔泰乌梁海之始。十九年,乌梁海人博罗特瑚图克等,擅入汛界,土谢图汗部札萨克辅国公等,随萨拉尔擒之,有诏奖谕萨拉尔。二十二年,有特勒伯克札尔纳克者,阿勒坦诺尔之乌梁海宰桑也。携属纳款,清廷令车木楚克札布定贡赏例,宣示德意。此阿尔泰淖尔乌梁海归附之始。盖自博贝建议以来,北路大军,控扼要冲,以渐剿抚,降附者日众。及准噶尔平,其所属之乌梁海乃尽入版图。清廷分其众为唐努乌梁海(以居住唐努山〔《唐书》谓之唐麓岭,《元秘史》谓之倘鲁山〕一带得名,凡四十六佐领,属于左副将军者二十五,属于札萨克图汗者五,属于三音诺颜汗者十三,属于哲布尊丹巴胡图克图门徒者三)、阿尔泰乌梁海(以居阿尔泰山一带得名。凡七旗,属科布多参赞大臣)、阿尔泰淖尔乌梁海(以居住阿尔泰淖尔〔在唐努乌梁海之西,周四百里许〕一带得名。凡七旗,亦属科布多参赞大臣)三部,各与其酋长以官职,使统治所部,仍分隶于乌里雅苏台之定边左副将军,及科布多参赞大臣。其中唐努乌梁海以一种族独占一地,在三部中为最大,其余二部,不过占有科布多之一部分而已。

十　回部之戡定

(一) 回部之独立

噶尔丹之统一回部也,尽迁元裔诸汗及回教领袖于伊犁,征租税,课徭役,又数数干涉其宗教上之纷争。及噶尔丹败后,其质伊犁之回酋阿布都实特,自拔来投,清圣祖优恤之,遣官送至哈密,使返故土。其子玛罕木特苦准部之干涉,欲据叶尔羌自立,策妄阿拉布坦(《圣武记》作噶尔丹策零,非是)复袭执之,而幽诸伊犁,且羁其二子布罗尼特,及霍集占,使督回民垦地输赋焉。布罗尼特及霍集占者,即所谓大小和卓木者也(和卓木为掌教之意)。其后达瓦齐立,准噶尔有内乱,天山南路诸黑山党闻之,窃与葱岭西境诸回国订援助之约,遂图独立,尽逐准噶尔守兵。及乾隆二十年夏,清军定伊犁,阿睦尔撒纳欲利用白山党,以收回族之援。而大小和卓木故白山党也,乃释大和卓木布罗尼特,与以兵,使归定天山南路;留小和卓木霍集占,居伊犁,使统率天山北路之回教徒。布罗尼特之归也,喀什噶尔及叶尔羌诸黑山党,争起拒之于乌什城,失利而退。布罗尼特遂悉定南路地,而霍集占亦率北路回教徒,以听阿睦尔撒纳之指挥焉。乾隆二十一年,清军再定伊犁,欲藉战胜国之余威,羁属南路,遣侍卫托伦泰往定贡赋,未得要领。而同时霍集占,亦自伊犁遁归,与其兄布罗尼特共商事大与独立之利害。布罗尼特欲集所部,受中国约束。霍集占建议,谓准噶尔新灭,中国于伊犁之势力,尚未确定,不以此时自立,乃长为他族奴隶,非计。于是一方则召集族众,举行独立式,一方则传檄各城,使戒严以待。回户数十万,争起应命,惟库车城主鄂对,念中国兵威方盛,未可轻敌,而库车又首当其冲,祸且先及,乃与其党奔伊犁。霍集占闻之,诛鄂对亲族,增兵守库车。时兆惠方奏遣副都统阿敏图为回部招抚使,及得鄂对,即令与使者偕行,扈以兵二千。中途,鄂对闻库车守具已备,欲归得大兵而后进,而回人以计诱阿敏图入而拘之。鄂对及扈兵皆驰还。由是抚议决裂,而有回部征剿之役。

(二) 库车之攻围

是时兆惠以搜剿厄鲁特之故,不暇南征。清廷乃以都统雅尔哈善为靖逆将军,当征回之任。乾隆二十三年五月,大军万余,自吐鲁番进攻库车,回酋阿卜都克勒木据城守,和卓木兄弟闻之,自引军数千,越大戈壁捷径来救。六月,清领队大臣爱隆阿等迎击半途,先歼其前队于和托奈;十六日,又擒斩敌众于鄂根河,夺其大纛,截其归路。和卓木兄弟敛余兵入保库车城。城依山冈,以沙土柳条筑成,炮攻不入。提督马得胜使绿营兵穴地为隧道,昼夜严督不息。将及城二丈,守城回瞥见地下灯光,及堑其外,而实薹焚之,士卒六百余人焦焉(或言灌水入穴,士卒皆没)。鄂对曰:“困兽犹斗,今霍集占等困守危城,食力且尽,岂肯坐而待缚?必乘我不备,突围归巢,归则难制。城西渭干河水浅可涉,又北山口要路可通阿克苏戈壁,若于二路各伏兵一千,则贼酋成擒矣!”雅尔哈善不设备,终日弈棋,亦不巡垒。七月二十四日薄暮,有索伦老卒,牧马城下,闻城中驼鸣,似负重远行之声,奔告雅曰:“驼鸣高且健,贼将遁矣!”雅方饮酒,怒曰:“尔何知?”酌如故。是夜和卓木兄弟果以四百骑潜出西门,由北山口遁。守西门之副都统顺德纳闻报,尚以昏夜不发兵,及晓始遣百人追之,则已渡鄂根河,去桥断后。雅劾顺德纳以塞责,并力攻城。八月,城将阿都卜复突围出,余众开门降。是役,清兵以万余之众,席累胜之势,围攻一城,坐使垂擒之敌,出险远飏,其结果仅得一空城而已。于是弘历震怒,诏诛雅尔哈善以下诸将。时兆惠方奉命来京,自请留军,以竣西事,弘历壮之,乃命移师而南。

(三)黑水营之困战

先是库车以西,阿克苏(温宿)、乌什诸城,闻和卓木兄弟之败,皆有贰志。及和卓木兄弟自库车逃阿克苏,伯克霍集斯(《圣武记》作霍吉斯,《敕建回人礼拜寺碑记》作霍集斯)即前擒献达瓦齐受封者也,闭城不纳,给令赴乌什。乌什亦不纳。布罗尼特乃走据喀什噶尔,霍集占走据叶尔羌,东西犄角,为背城一战之计。及兆惠至,先后定沙雅尔、阿克苏、乌什等戈壁北境诸城,又使鄂对越戈壁抚和阗。时兵犹未集,兆惠所部,不过步骑四千余,乃使副将军富德留驻阿克苏,俟军集继进,而自率寡兵先发。时霍集占已坚壁清野,刈田禾敛民入城,使清军无所掠,又于近城东北五里掘濠筑土台,欲持久困敌。十月六日,兆惠军至叶尔羌,阵于城东。两翼兵先夺据其台。回人于东西北三门各出精锐数百骑来迎,三战三北,入城固守不出。叶尔羌城周十余里,四面十二门,兆惠以兵少不能攻城,欲伺间出奇,先于城东隔葱岭南河有水草处,结营自固。葱岭南河者,亦谓之叶尔羌河,而回语谓之喀喇乌苏,译言黑水,故时谓兆惠所驻为黑水营。兆惠分兵八百,使副都统爱隆阿扼喀什噶尔援路,又侦知敌牧群在城南英奇盘山下,谋渡河取之,以充军食。十三日,留兵守黑水营,而率千余骑自东而南,甫渡四百,桥忽断。敌以骑兵四五千来截,清兵方奋突冲击,而敌复以步兵张两翼围攻其后,隔河军不能救。又地阻淤,难驰骋,清军且战且退,浮水还营,中途为敌兵截隔数处,人皆自为战,自旦自暮,杀敌千计,而马多陷淖,阵亡将士百余,伤者数百。兆惠左右冲突,马中枪毙,再易再毙,面胫俱伤,力战浮水至营。总兵高天喜、副都统三格等俱战殁。因马力久疲,不能复战,遂掘濠结寨,而回人亦筑长围以困之。兆惠遣索伦兵五人分赴阿克苏告急,时尚书舒赫德以罪效力军前,飞章驰奏,盖事急不暇自计其为兵也。回于上游决水灌营,清兵沟而泄之。兆惠以军需马驼,尚可供两月食,惟军器火药不足,只得固守待援。轻敌妄进,上疏请罪。先是清廷以兆惠、富德二军,久暴露于外,将士皆劳顿,两月前,即命靖逆将军纳木札尔、参赞三泰往代,又命增调索伦察哈尔兵赴之。至是,兆惠檄爱隆阿率兵还阿克苏,催援军,遇纳木札尔等,以二百余骑径进,止之不可,遂战死。富德在北路,闻黑水围急,即率新到之索伦察哈尔兵二千余,及北路兵千余，冒雪赴援。二十四年正月六日，至呼拉玛（叶尔羌城东北，或作呼尔满），遇敌五千骑，转战四昼夜，沙碛乏水，啮冰救渴，又乏马力，半步行。九日，渡叶尔羌河，距黑水营尚远，敌愈众，不能进。于是两军皆被围万里外。适巴里坤大臣阿里衮奉命以兵六百，马驼三千，合爱隆阿之兵千余夜至，遥望火光十余里，知与敌相持处也，即横张两翼，大呼驰薄，声尘合沓，直压敌垒，与富德军三路奋击，围遂解。因长驱进援黑水营，于十三日至叶尔羌河岸侦探，相距二十里。兆惠遥闻炮声，知援军之至，即遣人赍文通信。十四日，富德、阿里衮前进六七里，分兵两翼急进。时大和卓木以喀什噶尔告急，已撤兵防御，所留仅二百人，故围解无大战也。兆惠遂合军还阿克苏。清廷以叶尔羌距和阗颇近，去阿克苏甚远，兆惠不于此时往救和阗之围，而反回阿克苏，下诏切责，谓："身为统帅，待人救出即撤回，太不知愧奋！"令其就现在兵力，加意奋勉，以冀大功速成。

（四）天山南路之大定

霍集占之倡议独立也，回族鉴于前此准噶尔之苛政，知服从他国之非计，故万众一致，乐为之用。然布罗尼特先弟居伊犁久，与流徒垦种之回民数千，患难相共，及归长南路，遂偏信之，编为亲兵，而疏其旧部。又战争之际，赋税繁重，供给少迟者，立致破产之祸，以故众渐解体。及黑水之役，清军以三千人当数倍之众，战守逾数月不屈，敌众惊骇，抵抗之志益薄。已而清军集阿克苏者渐众，新旧凡三万人，驼马称是。遂以二十四年六月，分道进行：兆惠由乌什取喀什噶尔，富德由和阗取叶尔羌：每路兵各万五千。时布罗尼特兄弟，皆驻叶尔羌，闻清兵大至，不敢复议战守，遂携其妻孥亲从，载辎重，逾葱岭而西，谋赴巴达克山。明瑞率前锋千余，追及于霍斯库岭，斩馘五百。七月七日，清军四千余骑，复追及阿尔楚山，敌避其辎重妇女，以精锐六千伏谷口，而令羸师诱清兵入险。清军严阵为备，富德以火器健锐营居中，明瑞、阿桂为左翼，阿里衮巴禄为右翼，别列奇兵援兵各二队，且以兵殿，如墙而进。奇兵先夺其左右两山，俯瞰下薄，敌阵动，清军三面乘之，追攻二十余里，戮敌千余，斩其骁将阿布都等，获甲纛兵械无算。又三日,追至伊西洱库河(即今喷赤河 Panjab 也),乃巴达克山界也。两涯皆山,曰和什珠克岭。布罗尼特先以家属保河西岭为走计,霍集占以余众据北山及迤东诸峰,决死战。富德先令阿里衮等由南岸趋西岭,而自将击东峰,仰攻逾时未克,乃选铳手数十,缘山北岭俯击之,而阿里衮亦从南岸山上,以火器遥击山北。其山麓又逼水,仅容单骑,敌辎重徒属拥塞,两军分扼其走路,遂无所遁。鄂对、霍集斯树回纛招降,敌众数千,蔽山而下,声如奔雷,手刃之不能止也。凡回众降者万二千人,得牲畜万计。和卓木兄弟挈其妻孥旧仆三四百人,走巴达克山。初,和卓木兄弟之拥众而西也,本谋袭据巴达克山之国,会以其酋不亲迓,怒斩其使,欲约邻部扰之,于是巴达克山兴兵拒战于阿尔浑楚岭,擒其兄弟。富德等遣人檄索之,函其首以献。(《武功纪盛》云:"富德等遣人檄谕其〔指巴达克山〕汗素尔坦沙以献,二十八日两酋〔指和卓木兄弟〕果往投,素尔坦沙执之,而遣人为两酋乞命,谓:我回部经教,凡派罕帕尔子孙,不得执送人也。富德等胁以兵威,谓不献则大兵即入。素尔坦沙乃杀两酋,以霍集占首来献,布罗尼特首,为其从人窃去。")八月,捷奏至北京,宣示中外,加赏兆惠宗室公品级,封富德一等侯,将士及出力回酋,锡赉有差。立碑太学,凡战处皆勒铭。明年二月,大军遂凯旋。

(五) 回疆之善后

回部既平,清廷以喀什噶尔为参赞大臣驻节之所,节制南路诸城。诸城大者设办事大臣,小者设领队大臣,治军事,皆以满员任之,回部大城:西四城:曰喀什噶尔,曰叶尔羌,曰英吉沙,曰和阗;东四城:曰乌什,曰阿克苏,曰库车,曰辟展;并东路哈密、土鲁番、哈喇沙拉三城:共十有一城。各城所辖回城,或五六,或十余二十余不等,各设阿奇木伯克理回务,自三品至六品,各随年班入觐,不得专生杀。其西四城换防之兵,由北路及安西路更调。阿克苏设局,以叶尔羌红铜,铸"乾隆通宝"钱,与回地旧普尔钱并行(普尔钱者,形椭圆,中无方孔,一文当内地制钱十文)。回俗每五十钱谓之一腾格。米囊每受四石五斗,谓之一帕特玛。当准噶尔时,竭泽而渔,喀什噶尔岁征粮至四万八百九十八帕特玛,他城称是。叶尔羌岁征匠役、户口、棉花、红花、缎布、金矿、铜、硝、牛、羊、猞猁、毡、罽、果园、蒲桃之税,折钱十万腾格,他城称是。且不时索子女,掠牲畜,故回民村室,皆鳞次栉比,坚墉曲隧,以便窖藏,防虏劫。及两和卓木归,旧部虽减科则,而兵饷徭役烦兴,及出亡,又尽其赀以行,民脂殆竭。自清师定其疆,蠲苛省敛,租税之制,二十而取一。回民乃得休息更始焉。回疆通外邦者,惟喀什噶尔、叶尔羌两路,皆西域都会,和阗西则丛山,东则沙泽,近蒲昌海,不通外藩,故无互市。惟产玉闻天下,叶尔羌次之,皆有玉山玉河。定制:春秋采玉二次,采者乘犁牛及其巘,凿而陨之,重或千万斤。以准噶尔锯截之,使温都斯坦玉工治之,为玉磬、编磬、玉册、玉宝贡之,以供宫廷宗庙庆典之用。其后四十五年,以办事大臣高朴,私役回户三千,盗采官玉,封禁其山。嘉庆四年,诏弛禁,除常贡外,恣民自采。论者谓南路之玉,北路雅尔之金矿,皆新疆利源所在,诚得人经理之,与屯田殖边之事,可相辅而行也。至汉人与回人之交通,限制极严,两族结婚,亦行禁止。而回民非有世职者,不得留辮发,其余请留者,须官至四品以上。其防闲之术,监督之策,不可谓不至矣!

〔附记〕　回疆之平,有一事足以附述者,即世传香妃之入宫是也。里巷琐谭,谓:小和卓木霍集占之妃某氏者,国色也,生而体有异香,不假薰沐,国人号之曰香妃。有绳其美于中土者,乾隆帝微闻之,西师之役,将军兆惠陛辞,帝从容语及香妃,命兆惠一穷其异。回疆既平,兆惠果生得香妃,致之京师,先密疏奏闻,帝大喜,命沿途地方官吏,护视起居维谨,虑风霜跋涉,致损颜色,兼以防其自殊也。既至,处之西内。妃在宫中,意色泰然,若不知有亡国之恨者,惟帝至,则凛如霜雪,与之语,百问不一答。无已,令宫人善言辞者谕以旨,妃慨然出白刃袖中,示之曰:"国破家亡,死志久决,然决不肯效儿女子汶汶徒死,必得一当,以报故主!上如强逼我,则吾志遂矣!"闻者大惊,谆其侣,欲共劫而夺之。妃笑曰:"无以为也。吾袖衣中尚有如此刃者数十计,安能悉取而夺之乎?且汝辈如强犯我者,吾先饮刃,汝辈其奈何?"宫人不得要领,具以语白帝,帝亦无如何。但时时幸其宫中,坐少许即复出,犹冀其久而复仇之意渐怠也,则命诸侍者日夜逻守之。妃既不得遂所志,乃思自戕,而监者朝夕不离侧,卒无隙可乘而止。妃至中国久,每岁时令节,思故乡风物,辄潸然泣下,帝闻之,则于西苑中妃所居楼外,建市肆、室庐、礼拜堂,具如西域式以悦其意。今其地尚存在也,时太后微闻其事,数戒帝勿往西内,且曰:“彼既终不肯自屈,曷弗杀之,以成其志;无已,则权归其乡里乎?”帝虽知其不可屈,而卒不忍舍也。如是者数年,会长至圜丘大祀,帝先期赴斋宫,太后瞷帝已出,急令人召妃诣慈宁宫,妃既至,则命锸宫门,虽帝至不得纳。乃召妃至前,问之曰:“汝不肯屈志,终当何为耶?”对曰:“死耳。”曰:“然则今日赐汝死可乎?”妃乃大喜,再拜顿首曰:“太后天地恩,竟肯遂臣妾志耶?妾间关万里,所以忍辱而至此者,惟不欲徒死,计得一当以复仇雪耻耳。今既不得遂所志,此身真赘疣,无宁一瞑不视,从故主地下之为愈矣!太后天地恩,竟肯遂臣志,臣妾地下,感且不朽。”语罢,泣数行下,太后亦为恻然。乃令人引入旁室中缢之。是时帝在斋宫,已就寝,仓皇命驾归,至则宫门已下键,不得入,乃痛哭门外。俄而门启,传太后命,引帝入,则妃已绝矣。乃厚其棺敛,以妃礼葬之。或言:香妃入宫数年,始封贵人,继封容嫔,乾隆三十三年又晋封容妃。今回子营礼拜寺尚有御赐碑文可按。圆明园中建有西域碉堡楼房名大西洋、小西洋者,故老尚能道其来历。而南海中亦曾建筑回部宫室楼阁,今北京新华门楼,即尔时宝月楼之遗址也。前人有《宝月楼词》备咏其事。俗名望家楼。楼对面曰回子营,为香妃从众回人所居之地,俗称红帽回回,编旗籍。香妃得宠,后宫三千,莫与比伦。因共谗之于太后,遂赐死,非抗节以殉也。死后葬裕陵夸栏以外边地上。清宫藏郎世宁(Joseph Caslihoni意大利人,为内廷供奉,以混合中西画法著名)所画香妃行乐图,及近人小说述杜士元笔记,均有可证者。以上两说,前者似失之妄,后者颇有可取。孟森先生曾著《香妃考实》一文。据《清史稿·后妃传》:“高宗容妃,和卓氏回部台吉和札麦女,初入宫号贵人,累进为妃薨。”谓妃居宝月楼,楼筑于乾隆二十三年,妃入宫当在其前,时两和卓尚未叛诛也。妃荷殊宠,建楼建营建寺皆有之,惟浴德殿则系"庖湢"成式,非土耳其浴室,为妃赐浴处也。妃以二十七年五月册封容嫔,三十二年十月晋封容妃,乾隆帝于宝月楼历年皆有诗,可见妃为所嬖,其留连与他处不同。妃卒于乾隆五十三年四月十九日,葬裕陵妃园寝,有飨殿遗像为证。太后乾隆四十二年已崩,年八十六,先容妃卒十一年,此岂可以赐死诬之?且三十年侍帝承恩,又岂可以复仇之意望之?故俗说熟于人耳,语多不经也。后吴相湘撰《香妃考实证补》,据内务府档册,又知帝每巡幸,容妃均随行,其戎装像殆为行猎之装耳。惟建营建寺,则在"因其教以和其众"为治回之原则,而容妃寓居内宫,非住宝月楼,回回营乃帝处理回务之一种手段,非以供容妃慰乡思者也。此二说大体均甚可信。惟孟氏谓"两和卓由准得释时,以乞恩于中朝而进其女,非叛后以俘虏入朝"。究竟容妃为何人之女(孟言和札麦即和卓木未知是否),何时入宫,年龄几何?均未能考定。大小和卓未曾入朝,何须乞恩进女乎?是则有待续考矣。

(六)乌什之变

回部地处边远,又当新附之后,办事大臣往往借战胜之威,奴隶所属,而伯克等又助之为奸。故征服未几,又有乌什之变。乌什者,回部大都会之一,在库车西北约千里,住民达数万。当清军初定伊犁时,其伯克霍吉斯尝俘达瓦齐以献。及二和卓木之乱,又颇持两端。清廷虑其反复,不可拥大城,乃召之入京。而以哈密伯克阿布都拉代之。阿布都拉暴戾无亲,其所役之哈密回众,又以客民鱼肉土著,勒买布粮马羊,壮则攘之,而以赢者倍价售之。办事大臣苏成,素愦愦不治事,又酗酒宣淫,甚或留各伯克之妻于署,令兵役裸逐为乐,喜瘗怒狼,回民无所诉。是时葱岭西境,布哈尔阿富汗诸国,嫉中国之威震西域,又恶巴达克山之自残同类,乃起同盟军,袭杀其国王,屠其城。其前锋军以乾隆二十八年达敖罕汗国之霍阐(Khodjend 今土耳其斯坦之一市)、乌什住民等闻之,窃通使乞援,遂以二十九年二月举兵反,并苏成、阿布都拉以下官吏守兵尽杀之。阿克苏大臣卞塔海,及库车大臣鄂宝,先后赴援,皆战败。于是伊犁将军明瑞,及喀什噶尔参赞大臣纳世通,各以兵会剿。叛徒遣其党潜煽各回城,远近汹沸。鄂对之妻依热本(小和卓木入库车时,欲纳之,依乘间逃匿),闻变驰五昼夜,至叶尔羌,置酒尽召诸阿浑爱曼,责以大义利害,使勿妄动。又收其兵器,纵马驱牧百里外,人心始定。库车城中不逞之徒,亦思为乱,其伯克阿那雅尔日率众伯克集大臣署前,二更始散。而阿克苏伯克色提巴尔,方入觐京师,至肃州闻警驰还,以故诸城多未能蠢动。时乌什所期之阿富汗兵不至,清兵又断其樵采,败其冲突,势孤援绝,败亡可待。七月,敌忽内溃,尽缚首逆以降。清兵入城,歼其丁壮,徙老弱万余口于伊犁,调他城回户以实之。分伯克之权,别民回之居,革私派,均徭役。又移住参赞大臣于此,以资镇治焉。

十一　台拱之苗叛与两金川之征讨

(一) 贵州台拱苗之叛

先是雍正九年,鄂尔泰戡定苗疆,改土归流成功,贵州诸郡防兵,率移戍其地,增营设汛,内地守备颇疏。及鄂尔泰入朝,张广泗亦由云南巡抚移督湖广。始事诸臣,既先后他去,继其后者,颇易视苗事。故十年、十一年间,贵州台拱之九股苗,屡起滋事,为提督哈元生所破。十三年春,苗疆吏以征粮不善,远近各寨蜂起,遍传木刻,妖言四煽,聚集清江台拱间,号召日众。因乘间陷黄平、清平诸州县。会副将冯茂,诱杀降苗六百余,头目三十余,苗族抵抗之志益坚,或手刃妻女而后出战,蔓延不复可制。六月,诏发滇、蜀、楚、粤六省兵会剿,特授哈元生扬威将军,湖广提督董芳副之。七月,又命刑部尚书张照为抚定苗疆大臣,察其利病。董芳专主招抚,与哈元生龃龉。张照又密奏改流非策,且致书诸将,倡弃地之议。而元生、董芳以划界分兵,文移辩论,致清军云集数月,旷久无功。苗益乘间猖獗。于是张广泗、鄂尔泰先后引咎自劾,而中外畏事者,且争论前此苗疆之不当辟,现时苗疆之不可守,全局几尽变。会弘历即位,乃以张广泗为七省经略,节制诸军,尽罢张照、哈元生、董芳治罪。广泗奏言:“张照等之所以无功者,由分战兵、守兵为二,生苗、熟苗为一也。兵本少而复分之使单,贼本众而复驱之使合。且各路首逆,自古州败退,咸聚于上下九股,清江、丹江、高坡诸处,皆以一寨领数十百寨,雄长号召,声势犄角,我兵攻一方则各方援应,彼众我寡,故贼日张,兵日挫。为今日计:若不直捣巢穴,歼渠魁,溃心腹,断不能涣其党羽。惟有暂抚熟苗,责令缴凶献械,以分生苗之势,而大兵三路,同捣生苗逆巢,使彼此不能相救,则我力专而彼力分,以整击散,一举可灭,而后再惩从逆各熟苗,以期一劳永逸!"遂分军攻上下九股,而自统精兵攻清江下流各寨,所向克捷。乾隆元年春,复增兵分八路,围其逋逃于丹江、古州、都匀、台拱间之森林,所谓牛皮大箐者也。箐盘亘数百里,危岩切云,老樾蔽天,雾雨冥冥,泥淖蛇虺所国,其幽邃荒阻,近地苗蛮,亦无能悉者,逆首薮伏其中,俟军退而复出。广泗檄诸军扼箐口以坐困之,重重合围,以渐进逼。自四月至五月,将士冒险搜剔,斩获万余,其饥饿颠陨而死者,不可计数。六月,复乘胜搜剿熟苗。凡焚千二百二十四寨,赦三百八十八寨,斩俘数万,获兵仗无算。遂设九卫,屯田养兵戍之,诏尽豁钱粮,永不征收,以杜官胥之扰。其讼事仍从苗俗处分,不拘律例。于是贵州之苗族悉平,越十余年,而四川又有金川之役。

(二) 大金川之初定

金川者,大渡河之上游也。一曰大金川,源出松潘西北境巴细土司;一曰小金川,源出理番县西之雪山。二水合于今懋功县之崇化屯,皆以临河山有金矿得名。隋时始置金川县,即汉冉駹外徼,唐维州地也。明隶杂谷安抚司。万山丛矗,中绕汹溪,皮船笮桥,曲通一线,深寒多雨雪,惟产青稞荞麦,番居皆石碉,与绰斯甲布等九土司壤相错(九土司:曰绰斯甲布,曰革布什咱,曰巴旺,曰布拉克底,曰丹坝,曰鄂克什,曰工噶克,曰梭磨,曰卓克采)。俗信喇嘛教,明时其部人有哈伊拉木者,得中国敕封为演化禅师,世有大小金川流域地。后分为两部:其居大金川流域者曰促浸。居小金川流域者曰攒拉。攒拉者,译言小河滨,促浸者,大河滨也。顺治七年,始授小金川酋卜儿吉细土司职,康熙五年,复授大金川酋嘉勒巴演化禅师印,俾分领其众。(王昶《蜀徼纪闻》谓:“得旨以小金川本系土司,何以所具禀上用演化禅师印?盖四川西北境土司,其种多从西藏来,用喇麻封号,因其俗相沿不改,故金川以寺名。然检阅旧案,小金川嘉尔利泰坡以康熙五年归诚,予印信,而《志》称顺治九年。又以嘉尔利泰坡为汤鹏,年时既舛,音译复误,《通志》不足凭如此!”是说大异。然昶乾隆时从征金川之役,此系得之见闻,谅非无根之言。不知魏氏何所依据耶?〔因原文系《圣武记》说〕)嘉勒巴孙莎罗奔者,以康熙五十九年,西藏之役,从征有功,至雍正元年,遂授为金川安抚使。莎罗奔势渐强,谋并吞邻近诸部落,先以女阿扣妻小金川酋泽旺,既而劫泽旺夺其印,四川总督檄谕之,始还泽旺于故地。乾隆十二年,又以兵攻革布什札及明正两土司,巡抚纪山,遣副将率兵弹治,不奉约束,反伤官军。清廷以云贵总督张广泗征苗有功,调督四川,相机剿治。六月广泗进屯小金川之美诺(懋功),用泽旺弟良尔吉为向导,锐意灭敌。然大金川地险,其根据地勒乌围及噶尔厓(一作刮耳厓,一作噶拉衣),皆西滨河(即大金川),东阻大山。土人又长于防御工事,能以石筑垒,高于中土之塔,名曰“战碉”,大小林立,难攻易守。广泗调兵三万,分两路攻河东西,而河东又分四路,以两路攻勒乌围,两路攻噶尔厓:皆阻险不前,至十三年春,未有成功。清廷命大学士讷亲为经略,又起故将军岳钟琪以提督赴军效力。钟琪由党坝,取勒乌围,广泗由昔岭取噶尔厓,议既定而讷亲至,下令限三日取噶尔厓。总兵任举,参将贾国良战死。自是不敢专政,仍倚张广泗办贼。广泗轻讷亲不知兵,而气凌己上,故以军事推诿而实困之,将相不和,士皆解体。广泗所用向导良尔吉者,本与阿扣通,莎罗奔令二人为夫妇,其篡泽旺夺印之事,皆良尔吉谋也。在广泗军中,专为莎罗奔耳目,军中动静,辄以密报。钟琪奏请诛之,而广泗信王秋言,坚任不疑。以故数月未得寸进。于是清廷复以大学士傅恒为经略,逮广泗廷鞫,以其抗辩而斩之,命讷亲复奏,先后呶呶万言,无一要领,因以其祖遏必隆之剑,邮寄军前赐死。十二月,傅恒至军,首诛良尔吉、王秋、阿扣以绝间谍,尽撤诸方围碉兵,为直捣中坚之计。至十四年正月,因上疏极陈广泗等攻碉之失策,及现时选锐深入之计划,略曰:

金川之事，臣到军以来，始知本末。当纪山进讨之始，惟马良柱转战直前，逾沃日收小金川，直抵丹噶，其锋甚锐。其时张广泗若速济师策应，乘贼守备未周，殄灭尚易。乃坐失机会，宋宗璋逗留于杂谷，许应谷失机于的郊，致贼得尽据险要，增碉备御，七路十路之兵，无一路得进。及讷亲至军，未察情形，惟严切催战，任举败殁，锐挫气索。晏起偷安，将士不得一见，不听人言，不恤士卒，军无斗志，一以军务委张广泗。广泗又听奸人所愚，惟恃以卡逼卡，以碉逼碉之法，无如贼碉层立，得不偿失，先后杀伤数千人，尚匿不实奏。臣查攻碉最为下策，枪炮惟及坚壁，于贼无伤，而贼不过数人，从暗击明，枪不虚发，是我惟攻石，而贼实攻人。且于碉外开濠，兵不能越，而贼得伏其中，自下击上，又战碉锐立，高于中土之塔，建造甚巧，数日可成，随缺随补，顷刻立就。且人心坚固，至死不移，碉尽碎而不去，炮方过而人起，客主劳佚，形势迥殊，攻一碉难于克一城。即臣所驻卡撒左右山顶，即有三百余碉，计半月旬日得一碉，非数年不能尽。且得一碉辄伤数十百人，较唐人之攻石锋堡，尤为得不偿失。如此旷日持久，老师糜饷之策，而讷亲、张广泗尚以为得计，臣不解其何心也！兵法攻坚则瑕者坚，攻瑕则坚者瑕，惟有使贼失其所恃，而我兵乃得展其所长。臣拟俟大兵齐集，同时大举，分地奋攻，而别选锐师旁探间道，裹粮深入，逾碉勿攻，绕出其后，即以围碉之兵，作为护饷之兵。番众无多，外备既密，内守必虚，我兵即从捷径捣入，则守碉之番，各怀内顾，人无固志，均可不攻自溃。卡撒为进噶尔厓正道，岭高沟窄，臣既身为经略，当亲任其难。至党坝一路，岳钟琪虽称“山坡较宽，可以水陆并进，兼有卡里等隘，可以间道长驱”，但臣按图咨访，隘险亦几同卡撒。且泸河两岸，贼已阻截，舟难径达，惟可酌益新兵，两路并进，以分贼势，使其面面受敌，不能兼顾，虽有坚壁高叠，汉奸不能为之谋，逆酋无所恃其险矣。至于奋勇固仗满兵，而向导必用土兵，土兵中小金川尤饶勇。今良尔吉之奸谋已诛，泽旺与贼仇甚切，驱策用之，自可得力。至沃日瓦寺兵强而少，杂梭绰斯甲等兵众而懦，明正木坪忠顺有余，强干不足，革什乍兵锐可当一路，是各土司环攻分地之说,虽不可恃,而未尝不可资其兵力。前此讷亲、张广泗每得一碉,即拨兵防守,致兵力日分,即使毁除,而贼又于其地立卡藏身,以伤我卒,是守碉毁碉,均为无益,近日贼闻臣至,每日各处增碉,犹以为官兵狃于旧习,彼得恃其所长,不知臣决计深入,不与争碉,惟俟大兵齐集,四面布置,出其不意,直捣巢穴,取其渠魁,定于四月间报捷!

先是弘历以蕞尔土司,劳兵两载,诛两大臣,意殊不乐,及闻其地险力艰,益欲罢兵,乃诏召傅恒还朝(诏见第一章第八节第三目),傅恒复奏谓:"今若轻率蒇事,则贼焰愈张。但舍碉而直捣中坚,而破竹建瓴之势,功在垂成,弃之可惜!"时弘历决计罢兵,又以经略大臣,为朝廷所依赖,边徼劳顿,实不足以酬其劳;况土司一席,即扫穴犁庭,亦不足以示武。因寄谕数千言,令速罢兵。傅恒不及奉诏,已与岳钟琪分兵深入,军声大震。莎罗奔故以西藏之役,隶钟琪麾下,至是犹震其余威,诣军前乞降。钟琪即轻骑径抵其巢,敌皆大喜,悉听约束。明日,莎罗奔从钟琪坐皮船出洞,泥首坛幄,誓遵六事:归土司侵地、献凶首、纳军械、归兵民、供徭役,乃宣诏赦其死。二月四日奏闻,封傅恒一等威勇公,钟琪三等威信公,是役得不战而凯旋焉。

(三) 小金川之征定

大金川之降也,清廷示用兵不得已之意,叛则讨之,服则舍之,不欲黩武于荒徼;而番夷恃其未大创也,不数年莎罗奔兄子郎卡主土司事,渐桀骜。乾隆二十三年,逐泽旺及革布什札土司于吉地,总督开泰檄谕,而郎卡侵邻境不已。三十一年,诏总督阿尔泰檄九土司(松冈、梭磨、卓克基、沃日、革布什咱、绰斯甲布、小金川、党坝、巴旺)环攻之。时九土司中,地与大金川相逼,而兵力相等者,东则小金川,西则绰斯甲布,余皆小弱,非大金川敌。阿尔泰不能利用小金川等以制郎卡之跋扈,惟以苟且息事为得策。于是郎卡遂与小金川绰斯甲布结和亲之约,三部联合,他土司益不敢抗。会郎卡死,小金川之泽旺亦老病,子僧格桑用事,阴与郎卡子索诺木为攻守同盟之计。至三十六年,索诺木遂诱杀革布什咱(大金川西南)

土官,而僧格桑亦屡攻沃日(亦作鄂克什,在小金川东),公然与中国救援军开战。事闻,弘历以前此大金川之役,本以救援小金川,今小金川反悖逆,其形势又不似勒乌围噶尔厓险阻,欲痛惩之以示威。而阿尔泰历载养痈,至是又按兵打箭炉半载不进,罢其职,未几赐死,命大学士温福自云南赴四川,以侍郎桂林代为川督,共当讨贼之任。温福由汶川出西路,桂林由打箭炉出南路,为夹击之计。时僧格桑割地求援于索诺木,索诺木潜遣兵助之,清廷命先剿小金川,且勿声大金川之罪。三十七年春,桂林克复革布什札,温福克资里及阿喀,渐逼小金川境。五月,桂林遣部将薛琮等深入墨垄沟,敌截其后路,薛遣人告急,而桂林不赴援,清军三千歼焉。桂林匿不以闻,未几被劾,乃以阿桂代之。十一月,阿桂以皮船宵济,连夺险隘,遂抵捣其巢。十二月,军抵美诺,僧格桑已送其妻妾于大金川,而自赴泽旺所居之底木达,泽旺不纳,遂窜入大金川。清军至底木达,俘泽旺,而檄索诺木缚僧格桑以献。索诺木不应。弘历以逆酋同恶相济,宜一举并灭,乃命温福为定边将军,阿桂副之。三十八年春,清军分道进发,而温福以敌扼险不得前,驻营木果木(大金川东境),令提督董天弼分屯底木达,守小金川地。温福秉性刚愎,不咨众议,惟袭张广泗等以碉逼碉之故事,修筑计以千数。所将兵二万余,大半散于各卡,每当奏事,即派兵扑碉,以图冒绩,亦不计地势之难易,故得不偿失也。时兵气衰竭,不易复振,而温与天弼日置酒高会,诸将有劝阻,皆中以他罪遣之。海兰察扣刀诮之曰:“身为大将,苟安旦夕,非夫也;今师虽老,使某督之,犹可致胜。”温拂袖起,复迁延月余。六月,索诺木阴遣小金川头目,归煽降番,使袭击官军。诸降番见清军窳败,久顿不进,遂蜂起应之。先攻陷董天弼军,次劫粮台,即潜袭木果木大营。温福不知严备要隘,但坚垒不纳运粮役夫,以致数千瓦解,军心益摇。敌初薄大营,则先夺炮局,断汲道,已而四面蹂入,温福仓卒中枪死,各卡兵望风溃散。明亮、海兰察闻警赴援,收溃卒万余,其战死者凡三千余,于是小金川复陷。当清兵之溃也,皆自相践踏。渡铁索桥,兵士拥挤,桥断落水死者以千计。及溃卒渐集,已少安,适有持铜盆沃水者,误落于地,皆惊曰:“追者至矣!”群起而走,势不可遏。其丧胆若此!时弘历在热河闻报,召留京大学士刘统勋咨之,统勋前言金川不必劳师,至是则亦以兵不可罢。乃授阿桂定西将军,丰伸额、明亮副之,调健锐火器营二千,吉林索伦兵二千赴剿。于是阿桂改道出沃日,攻小金川东境,而明亮攻其南。十月,阿桂复转战抵美诺,明亮亦所向克捷,遂尽复小金川地。

(四) 大金川之再定

清廷以前此大金川之役,宽大受降,未甚惩创,致彼族恃险反复,重劳大兵,知姑息政策之决不可用,遂断然行冒险进取之策。先磔泽旺于市,敕诸将移师讨大金川,誓必扫穴擒渠,乃许蒇事。而大金川自十二三年以来,增加国防,周围数百里间,要隘坚垒,无虑数十处,严密视小金川十倍。至是清军复分三路进行:一军自小金川攻其东,阿桂督之;一军自党坝渡大金川上流攻其西北,丰伸额、明亮先后督之,一军渡大金川下流,自革布什咱攻其西南,富德督之。自三十九年正月至七月,阿桂令海兰察、福康安等复分数路前后进击,累克要塞,直临逊克宗垒,距勒乌围渐近。敌众震慑,索诺木遂酖杀僧格桑,而献其尸及妻妾至军,请停止攻击。阿桂不应,而攻益急。逊克宗垒为勒乌围外障,敌以死守,百计攻之不下。于是冒险克墨格山,移营其地,距勒乌围仅二十余里。时五岱在凯立叶,五福在丹坝,望隔岭烟焰,知大军已深入,皆越岭以军来会,势大振,时已十一月矣。敌复退守康萨尔山,距其根据地愈近,而守愈坚,顿兵两月,明年春,力攻克之。敌复聚守郎噶寨。时明亮之西北军,亦次第逼进河岸,与阿桂军声息可通。然金川气候,故寒阴多雨,冬春之际,冰雪塞途。四月,始遣海兰察等助明亮攻宜喜,尽歼河西二十里内之敌。而阿桂亦于五月中破朗噶寨,距勒乌围仅数里。逊克宗垒在清军后路,尚未破,阿桂念后顾可虞,遣丰伸额尽力攻破之。因进逼勒乌围,连破昆色尔及拉枯两喇嘛寺。七月抵勒乌围,其官寨硐坚墙厚,西临大河,迤南有传经楼,与官寨相犄角,木栅石卡,长里许,其东负山麓有崖八层,层各立碉,各路败回之敌,咸聚守之。阿桂兵先破卡栅数十重,以断其犄角,又毁桥断其走路,明亮亦攻河西以绝其援。八月十五夜,进捣官寨,四面炮轰,破之,黎明,并克传经楼,而索诺木及莎罗奔已先期走噶尔厓矣。是时,土兵尚分道距战,河西两军，颇为所苦。及阿桂近逼噶尔厓，诸方土兵，次第惊溃。于是明亮、富德亦所向破竹，终得合军而东。十二月，三路军皆会于噶尔厓城下。筑长围数里，断水道以困之，大炮昼夜霆击，所至洞墙壁数重。索诺木窘急，使其兄冈达克诣营乞哀，而自称病匿坚碉中不敢出。先是索诺木扬言寨破当举家自焚，至是飞走皆穷，乃从莎罗奔及其头目妻子，挈番众二千余人，奉印出降，并俘献京师，于是大金川再平。露布八日至都，弘历亲谒两陵，礼泰岱，告阙里，受俘庙社，上皇太后徽号，勒碑太学、美诺、勒乌围、噶尔厓四处，封阿桂诚谋英勇公，在事文武官，以次封赏，郊劳饮至。时乾隆四十一年之正月也。

（五）金川征讨之困难及其善后

先是乾隆二十年准、回两部之平也，辟地二万余里，用兵五年，用帑三千余万两。兹两金川地不逾千余里，人不满三万户，而用兵亦五年，费帑且至七千万两。事倍功半，其原因略有数端：（一）地理之险阻；（二）气候之不良；（三）土兵之同力效死，所谓兼天时地利人和三者而有之，而中国即具此三种困难之点也。其地尺寸皆山，插天摩云，羊肠一线，纡折于悬崖峭壁中，虽将军大臣，亦多徒步，非如沙漠之地，可纵骑驰突也。其扼险处，必有战碉，甃以石而窍于墙垣间，以枪石外击，旁既无路进兵，须从枪石中过，故一碉不过数十人，万夫皆阻。破之之法，必步步立栅自护，以次进逼，轰大炮击碉，使敌陕输不能立足，官兵即随炮入毁而杀之。其有碉多径阻，不必能攻克者，则用绕道别进之法，视危岩绝巘，无可措足，敌所不备处，乘昏夜扪萝攀石，手足并行，如蠖循条，猿引臂，以出其后，夹攻之。故常分路各进，或三四百人为一队，或一二百人为一队。敌伺隙于丛箐深涧，亦不过数十人，即突出来搏。自用兵以来，清兵不下七八万人，从未有立大阵辟战场一决胜负者。又其地雨雪多而晴少，以致泥深路滑，兵力益难施。且土人同恶誓死，守险不屈，非草薙禽狝，决不足以服其心。故论者谓“其神施鬼设，伺间出奇，八地九天，霆劈雹骤。或七萃从石罅而出，或千矛随炮声而入，险万阴平，艰百石堡。自蚩尤以来，未有凿凶裂罅，骇目耆魂，如兹役者。且其馈运之艰，或数石而致一石，禁旅所至，以数夫而供一夫,非乘国家全盛之物力,与庙堂宵旰之忧勤,固烈不臻此;非前狃于岳钟琪之宽大受降,后激于温福之偾辕失律,亦劳不致此!然则穷武节,殚飙锐以事之,奋伐深入圣心,亦岂得已哉?自金川削平,中国始知山碉设险之利,湖南师之以制苗,滇边师之以制猓夷,蜀边师之以制野番,而川陕剿教匪时,亦师之以坚壁清野而制流寇”。此以见当时开拓境土之不易,而弘历固欲穷兵黩武,亦有其不得已也。然即此亦可见当时承平日久,武备已不尽足恃,而前此西北诸役,其所遇固多非劲敌也。金川既平,清廷以小金川地为美诺厅,后赐名懋功,今县治也。以大金川为阿尔古厅(即绥靖屯),皆直隶四川省,而于勒乌围常设重兵以镇守之。自是川边诸土司,得免侵略之患,而戎索所隶,不致跳梁于疆圉矣。

十二 缅甸之役(附暹罗与中国之关系)

(一) 缅甸与中国之关系

缅甸古朱波地,宋宁宗时始通中国,元世祖遣兵三征之,责其供赋而还。明初设宣慰司,嘉靖、万历间,有莽瑞体者,渐强盛,传及子莽应里,世为边患,参将邓子龙,游击刘绥虽各率兵五千讨平之,而其雄长于南徼如故。明初所设边外三宣六慰诸土司,大抵为所服属。明末,桂王窜居缅甸,致清军一至其地,自是以后,而中国与缅甸之关系遂绝。雍正时,缅甸与景迈(即世所传八百息妇国也。居景迈城者为大八百,居景线城者为小八百,在缅甸国东,户十万。明世与缅同为宣慰司,中灭于缅,旋恢复,故世仇也)构兵,两国各欲得中国之保护以自壮。九年,景迈贡使至普洱,云贵总督鄂尔泰疑而却之,而缅甸遂亦绝意朝贡。是时木邦孟艮之间,有卡瓦独立部(葫芦国,其地二千余里,长曰蜂筑,自号葫芦王,不知所自始。有世传铁印,缅文曰“法龙湫诸木隆”,译言大小箐之长也。所居木城草房,戴金叶帽,着花衣,跣足,山居穴处,以布缠头,敝衣短裤,刀耕火种,军器惟刀镖弓弩)者,地富矿产。乾隆初,中国石屏民吴尚贤,得部长之许可,设厂开采,成效大著,一时茂隆银厂之声势,倾动诸部。厂既旺,聚众至数十万,多才力,有警,兄弟(厂例无尊卑皆称兄弟)辄出当之,而尚贤尤临阵奋先,以故邻邦不敢侵。尚贤既得志,一方则用卡瓦部长之名,上书云南总督,请以矿税作贡,定岁额三千七百两有奇。一方则游说缅甸,使上表请贡,欲以是邀边功。十五年七月,缅甸王莽达拉遂以尚贤之绍介,进金宝塔及各色驯象,愿充外藩。表文以金银二钍篆刻而成,文曰:

> 缅甸国王莽达拉谨奏:盛朝统御中外,九股承流,如日月经躔,阳春煦物,无有远近,群乐甄陶。至我皇上德隆三极,道总百王,洋溢声名,万邦率服。缅甸近在边徼,河清海晏,物阜民和,知中国之有圣人,臣等愿充外藩,修诚致贡,祈准起程由滇赴京,仰觐天颜,敬聆俞旨!

时滇督得尚贤之禀,已召司道会议,或以鞭长莫及,难以善处,而边境之敉安,原不关乎远人之宾服也。而巡抚图尔炳阿竟据尚贤禀词,并表文入告,得旨准贡。凡筵宴赏赉,一应接待事宜,俱照各国贡使例。十月,贡使回滇,而缅甸旋有革命之乱。尚贤又以中饱厂课之罪案,为滇督所陷,瘐死狱中,茂隆银厂为之解散。于是形势一变,而国际上和平之关系,渐至于不能维持焉。

(二) 西南边祸之肇端

先是缅甸世有内乱,环境诸部落,次第有独立之势。乾隆十七年顷,其南境之摆古部,号召伊腊瓦底河上流诸部,攻陷国都阿瓦,杀莽达拉。于是木疏(Mozobo)部长雍藉牙(Alompra)起兵抗之,以乾隆十九年恢复国都,建新缅甸国。旧属诸部,相率降服。独桂家(一称贵家)及木邦两部以拥护故国之名义,抵抗累岁。至乾隆二十五年,雍藉牙死,子莽纪觉嗣,而纷乱尚未定。其间木邦部长罕底莽,桂家部长宫里雁(古利晏)先后败走。二十七年,宫里雁终穷蹙之余,寄居孟连地方为内附计。桂家者,故桂王官属之后裔,世据波龙(在龙川江之南,孟密土司之东南)银厂,以赀雄诸部。至是总督吴达善索其家传七宝鞍(明太监王坤由北京内库盗出者),不与,即下令放逐之。会石牛厂周彦青相召,宫里雁乃留置其妻囊占(一作囊占)及男妇千余人,而自赴石牛厂。孟连土司刀派春者,前收宫里雁兵器,及其去,乃分散其众于各寨,而置囊占及二女于孟连城中。囊占知入牢笼,潜语其众,但望城中火发,即来接应。已而派春索畜产童女,以贿达善,囊占皆与之。及索囊占,囊占怒,乘夜进其家,手刃三十余口,遂纵火,其徒见火光尽集,奔孟养,转徙至缅甸。而宫里雁实不知也。永昌(今云南保山县)知府杨重谷,欲以宫里雁为功,乃佯遣人迎迓,监之至省。布政使姚永泰谓孟养之变,宫里雁实不知,且其为缅酋所忌惮,今代敌戮仇,似为不可。而按察使张坦麟则固欲坐以同谋之罪,审拟正法。吴达善前以索贿不遂,固切齿于宫,及是遂袒张,以十月杀之。其妻囊占既入缅甸,复改嫁莽纪觉弟孟驳,吴达善檄索之,缅人恨。是时缅甸已悉定东境诸部,又以云南官吏之措置失宜,益心轻中国,遂骎骎有内犯之志矣。缅人尝言:“吴尚贤、宫里雁若在,岂有边祸?”其说虽未必尽然,然吴、宫皆以银厂之业,握有边徼经济上之势力,彼等汉人,自必爱护祖国也。乃边吏不察,以小愤而自撤藩篱,不惟国外经营之大业终,而数年边祸之起源,亦即肇端于斯时矣。

(三)中缅战争之起源

方旧缅甸王国之盛也,不独令行境内而已,即普洱府属车里宣慰司以下大小十余土司,于名义上虽受中国之统治,而同时对于缅甸王,复有纳贡之义务。及木疏王朝兴,内地诸土司例贡中绝,莽纪觉数以兵来近边相诘责。吴达善惧启边衅,戒官兵毋与战。会乾隆三十年,莽纪觉死,弟孟驳立,势益张,兼略定西南结些摆古诸部落,遂壹意注视西北;自是年五月以来,屡分军出入九龙江(普洱府境澜沧江之称)方面。时吴达善已移督川陕,刘藻代之,发官兵防战,三路皆败。一时督抚以下,束手无策。三十一年,诏大学士杨应琚督滇,刘藻遂以忧惧自刎死(时清帝以刘藻本系书生,不知兵事,无意诛之,藻惧不免,于杨应琚未至,乘间自尽。巡抚常钧以闻,诏命其旅榇回籍,止可照常人归葬,不许其家建立墓碑)。会瘴疠大作,缅兵渐退,清军得以其间收复车里、孟艮、整欠等地。时腾越副将赵宏榜以习识缅事著称,首以“缅甸新造,木邦、蛮莫诸部皆愿内附,缅酋势孤易取”等语,歆动应琚。应琚信之,令属吏会议进止。迤西道陈作梅,永顺总兵乌尔登额,皆以边衅不可开,而腾越知州陈献廷等则争希应琚意。一方通牒缅甸,号称合各国精兵五十万,载大炮千门,将压境进讨;一方则分遣通事,至各部说降,又为具表代陈,皆言所属地一二千里,户十数万。其实应琚止备兵三千,将以八月至永昌,而各部皆犹豫观望,所招致者,仅其子弟,或所属小聚落而已。是年六月,赵宏榜将兵五百,出铁壁关,乘蛮莫部长赴阿瓦未归之际,袭据其所属之新街,其地扼金沙江水口,缅与中国互市处也。以故蛮莫、木邦次第内附。九月,应琚方赴永昌受降,而缅兵已攻陷木邦、景线等地,又以舟师进薄新街。时新街兵少,应琚所派往援之都司刘天佑等,亦不过四百余人,而缅兵数千猝至,天佑死之。宏榜力持二日一夜,困不能御,因烧器械辎重,溃围走还铁壁关。应琚闻警,痰疾遽作。于是巡抚汤聘疏白其状,诏两广总督杨廷璋赴滇。而提督李时升以十一月进驻铁壁,遣诸将分道出边,为回复木邦及新街之计,相持未决。缅人佯乞罢兵,而分军绕出万仞关(神护、巨石两关间之关隘),纵掠永昌、腾越边境,破铜壁关而出。时应琚病渐愈,屡与时升连署奏捷,故廷璋至滇,不久即归,而应琚急与缅人议和,以弥缝前奏。然缅兵侵略不止,清廷又屡降严旨,责其欺饰。应琚、时升不得已,复遣诸将分攻蛮莫、木邦。弘历得应琚等所进地图,疑敌既屡败,何以尚踞内土司境?会前所遣视应琚疾之侍卫傅灵安,以宏榜、时升诸将失地退守入奏,皆先后逮治论死。诏以伊犁将军明瑞移督云贵,谋大举征缅,时三十二年三月也。缅甸初征贡于内边土司,本无与中国开衅之意,徒以边臣贪功轻敌,务欺罔粉饰以塞责,卒之葛藤愈滋,纷纠益甚矣!

(四) 征缅第一役

明瑞以云贵总督兼征缅将军,是年五月,进赴永昌,为作战之计,先后调满洲兵三千,贵州及云南兵二万余,以都统额尔景额为参赞。至九月,战具毕就。明瑞将兵万七千,先以是月二十四日出发,由宛顶向木邦,而使额尔景额将九千人由虎踞关(铁壁关迤南)向猛密,约会攻阿瓦。十一月,明瑞军不战而克木邦,留兵五千守之,因率万二千人为浮桥渡锡箔江。缅甸素不养兵,有事则征兵于所属各部,惟都城蓄胜兵万人,每战则令各部兵居前,胜兵督其后,又以骑兵为两翼,战既合,则两翼分绕而进,度未可胜,则急树栅自环,而发连环枪炮蔽之,比烟开,则栅已立,入而拒守:其兵法皆如此。至是砦守大生桥南岸,清兵绕浅渡而溃之,数日至蛮结,敌军二万立十六栅以待。领队大臣观音保麾众先据山之左臂。哈国兴等三路登山俯薄之,直逼其垒,黔兵十余,踊而入,众乘之,敌披靡,遂拔其栅。复连破三垒,而十二垒之众皆宵遁。盖清军出边深入,未遇大敌,及是始与缅人对垒交锋,以故士心倍奋;而缅人经此大创,已多所惧谡矣。是役明瑞一目受伤,捷闻,封诚嘉毅勇公。时大军临险,马牛乏刍,敌复焚积空砦,使无可掠。观音保虑或不济,劝勿进兵,明瑞忿然曰:"汝气馁,非丈夫也。"观亦忿曰:"孰非满洲丈夫?与将军同死可也。"因进军象孔,去亚瓦可七十里,以失道粮匮,集诸将议,莫有敢言退者。明瑞度不能至亚瓦,又念猛密之师,或已先入,而将军转退,则于法当死。适闻猛笼有粮,且地近猛密,可以得其消息,不如与额尔军会合而后进。遂回军向猛笼,果得粮。时军已深入二千余里,会岁除,而猛密之师,尚无消息,谍报大山波龙多积谷,复议取道大山,向木邦以归。缅自去冬象孔改道后,获病卒,询知清军粮尽,即悉众来追。清军且战且行。每日先以一军拒敌,即以一军退至数里外,严阵以待,比军至,则迎战,而明瑞、观音保、哈国兴亦更番殿后,日行不过三十里。将至大山,又有蛮化之捷。时清军营山巅,缅人营于山半,明瑞以敌轻我甚,不可不有以创之,令于次日五鼓吹波伦者三,而预伏全军于深箐以待,敌闻声争上山,万枪突出,四面霆逼,敌无走路,死者约四千人。波伦者,军号也,每起行,则吹之者三,敌已识之,每闻声即起追,故明瑞得以诳敌,出其不意也。自是缅人不敢追,每夜在数十里外,轰大炮数声而已。清军留蛮化五日,取所得牛马犒士。会要道为敌众栅阻,得波龙人引以间道,由桂家银厂旧址而出。时缅人袭击木邦,守者五千余人尽溃,参赞珠鲁讷自刎死。因乘胜迎击明瑞军。额尔景额之进猛密也,途次老官屯(猛密北),为敌兵所阻,相持月余病死。其弟额尔登额代之,战益不利。是时清廷以明瑞久绝军报,趣额尔登额移师援之。额尔登额因迂道回铜壁关,再出宛顶,而老官屯之师亦毕集。明瑞行至小猛育地方(距宛顶约二百里),敌众至者不下四五万,清军尚分七营距战,固以援兵不至,乃分遣诸将率军士夜出,而自与观音保等以亲兵侍卫数百人血战。逾时力尽,观音保以遗矢刺喉死,明瑞身负数伤,虑落敌手,疾行二十里,割发授家人归报,遂自缢。时三十三年三月十日也。计自象孔退军以来,转战五六十日,未尝一败。明瑞每晨起督战,终日不得一餐,与士卒共甘苦,以故虽困惫而军无怨言。其死也,以亚瓦未平,惧无以返命,又不忍将士之相随,故结队徐行,离近边而遣之,俾得保全也。及其死,所部万余人,悉溃入宛顶。而额尔登额屯宛顶,以观望不救,逮处极刑。清廷更命大学士傅恒为经略,阿里衮、阿桂为副将军,舒赫德为参赞,鄂宁为云贵总督,调江苏巡抚明德抚云南,再图大举。

(五)征缅第二役

明瑞之死也,缅人不知,余威犹震。且时方用兵于暹罗,不欲重与中国构衅,致招挞伐。因于是年四月,纵还俘卒八人,具贝叶书请罢兵,书略云:"暹罗国、得楞国、得怀国、白古国、一勘国、罕纪国、结赀国、大耳国及金银宝石厂,飞刀飞马飞人,有福好善之王殿下掌事官,拜书领兵元帅:昔吴尚贤至亚瓦,敬述大皇帝仁慈乐,我缅王用是具礼致贡,蒙赐缎帛玉器,自是商旅相通,初无仇隙,近因木邦、蛮莫土司从中播弄,兴兵争战,致彼此伤损人马。今特投文叙明颠末,请循古礼,贡赐往来,永息干戈!"时阿里衮已至军,即据以上闻,朝旨不许。已而阿桂踵至,闻暹、缅交战,议与暹罗订夹攻之约,终以海陆交通上种种之困难,及暹罗残破之风说,调查累月,不能实行。三十四年四月,经略傅恒至永昌腾越,议进兵之路,以阿瓦在伊腊瓦底河之西,若由东路锡箔江进,则阿瓦仍隔江外,乃议水陆三道而进:一军由戛鸠江(亦曰兰鸠江亦曰槟榔江)出河西,经孟拱、孟养两土司地,复其木疏旧都,陆行直抵亚瓦,是为正师。一军由东岸经孟密夹江而下,是为偏师。而一军由水路顺流而南,先造舟于蛮莫,以通两军声势,是为策应之师。前后调发满汉精锐,不下五六万。益以四川工咒术之喇嘛,京城之健锐火器,河南之火箭,四川之九节铜炮,湖南之铁鹿子,广东之阿魏,及在滇制造之军装药械,皆刻期云集。时距霜降尚早,诸将以南徼多瘴,议稍迟出师,傅恒谓师老则懈,不如及其锐而用之,且出其不备也。七月二十日,遂祭纛启行,傅恒自领大军渡戛鸠而西,孟拱、孟养各献驯象四,牛百头,粮数百石。时缅方秋成刈获,未暇整兵,又孟拱、孟养非其腹地,故大军历二千里不血刃。然途间忽雨忽晴,山高泥滑,一马倒则所负粮帐尽失,军士或枵腹露宿于上淋下潦中,以是多僵病。时阿桂东路军万余,新从虎踞关出,精锐可用。会蛮莫所造战舰成,闽、粤水师亦集。乃议三军归并一路,遣伊勒图以兵二千往迎傅恒军。傅恒以不识道路,耀兵而还,十月,复渡河抵蛮莫。大军将出伊腊瓦底河,缅人已列舟扼河口,又分军两岸以拒。哈国兴将水兵,阿里衮、阿桂将陆兵分趋两岸,而东岸敌先至。阿桂令矢铳雨发,而劲骑左右冲入,敌大溃。哈国兴、海兰察率舟师乘上风蹴之,敌舟自相撞击,杀溺数千,河水为赤。阿里衮亦连破西岸敌栅,余皆遁。于是三路大捷。会傅恒及阿里衮病,诸将议不向阿瓦,而老官屯距此一舍,可取之报命,且雪前年额尔登额顿兵之耻。老官屯临河,敌军分扼东西,清师逼其东寨,寨据大坡,周二里许,自坡迤逦下插于江,栅木皆径尺,埋土甚深,外掘三濠,濠外又横卧大树多枝者,锐其末而外向,名曰木签。此缅人守御之长技也。清兵阻旬日不得进,先筑土台以大炮击之,遇木辄洞,而栅不塌,偶折辄补。又属生革为长绠钩之,力急绠辄断。乃伐箐中数百丈老藤,夜往钩其栅,役数千指曳之,为贼斧断。傅恒又命火攻,先制挡牌,御枪炮,众挟膏薪随之,百牌齐进,越濠抵栅,而江雾润栅木不能爇,且值西南风起,火反烧,清军遂却。最后穴地道窖药轰之,栅突高起丈余,敌众骇号,清军挺刃以待,俄栅忽落平,又起又落者三,卒以土厚不能迸裂。其栅有水门以通舟,运粮械不绝,阿桂令拨战舰五十艘截之,粮械不得入,敌惧,缅将眇旺模遣人乞和,愿于适中地结幕亲款,明日,复以国王孟驳书至,诸将以兵士病瘴,争请罢兵。乃遣哈国兴、海兰察等往会其渠帅,责以进表纳贡,归逃人,反侵地;缅人欲中国归其木邦、孟养、孟拱三土司,议未决而眇旺模左顾而去。哈国兴单骑入其栅,与定议而还,和约大概如下:

（一）缅甸对中国行表贡之礼，归俘虏，返土司侵地。

（一）中国以木邦、蛮莫、孟拱、孟养诸部人口，付还缅甸。

约既就，遂焚舟镕大炮班师，时阿里衮已病卒，傅恒还朝未几，亦以忧恚死。而两国之交涉，犹未已也。

（六）战争之可疑与缅甸之朝贡

中缅之条约虽定，不过为一时休战之口实，彼此皆未能实行。论者以前后兴师数年，糜饷千余万，大军深入，惜其功之不成也，谓"由新街江口顺流而下，六日可至阿瓦，使舍戛鸠江之行程，与攻老官屯之日力，以捣阿瓦有余。刘綎、白文选再攻阿瓦，皆辄破，非坚城也。即为城下之盟而还，亦必能制其死命，称臣请贡，永无反侧。若老官屯偏在东岸，止需留偏师羁縻之，非能阻我遄进。此与唐太宗顿兵安市，不直趋平壤者何异？"斯言也，亦不可认为笃论！盖大军深入绝域，气候不良，兵多疠疫，是天时不可恃也。坚垒大栅，势尤险阻，顿兵不进，进辄迷道，是地利不可恃也。调川湖之客军，劳顿于身，遇疾病之缠绵，困疲其志；而土司边夷，本与缅气候人力相同，不多募土勇以为前驱，是选人之不可恃也。备此三难，而谓能克敌制胜，无一败之挫折，吾不敢信！且缅甸屡招大创，尤奋螳臂之拒，何夜郎之倔强耶？故傅恒还朝自劾，而终以愤死，意者，耀武饰功，掩败为胜，不然明瑞离阿瓦七十里而返，傅恒以战胜之势而遽罢兵，一篑之亏，宁不惜之？若诚如史书所云，则前论未为过当也。乾隆三十五年，缅师既罢，迁木邦、孟拱、蛮莫土司于关内，分置大理、蒙化、宁洱而空关外地，缅甸移书索之。时清廷留阿桂备边，阿桂遣督司苏尔相赍檄置答，被缅人拘留。清廷怒，复欲兴师，阿桂奏言："蛮莫、木邦、孟密三土司外，始为缅地，距边已二千余里，偏师不可深入。若出近边，则所歼乃野人濮夷，与缅无损。不如休息数年，外约暹罗，同时大举。"弘历褫阿桂职，以温福代之。明年，金川叛，温福、阿桂皆调四川，而缅甸亦方有事于暹罗，两国得相安者数年。及四十一年金川平，清廷复命阿桂赴云南，会同总督李侍尧勘边界，增兵备。时缅甸王孟驳已卒，嗣王赘角牙以四十四年为孟鲁所弑,国人又杀孟鲁而立雍藉牙季子孟云(Bhodon Phra)如是内乱屡作,国势渐衰。且自与中国抗争以来,国中耗消不赀,又其土产象牙、苏木、翡翠、碧砸砿及海口洋货,波龙厂铜,恃云南官商采买者,皆闭关罢市。而暹罗复国寻仇,屡与战争,故加戍于东北,力战于东南,其用日绌。及暹罗朝贡中国,中国封以为王,缅甸益惧,于五十三年,遣使赍金叶表,金塔一,驯象八,及宝石番毯等款关入贡,返俘虏如约。表言已嗣国家,深知孟驳父子前罪,久欲进贡,因暹罗侵扰,是以稽迟。清廷乃谕暹罗罢兵。五十五年,以弘历八旬万寿,遣使表贺,并乞赐封开市。许之,因赐敕印,封为缅甸国王,定十年一贡之制。其后遂奉行不绝焉。

(七)暹罗与中国

暹罗在缅甸东南,与缅甸故为世仇。当缅甸王莽体瑞征服四邻时,尝一破其国都犹地亚,以之为附庸国,然未几又独立。自是递经革命之乱,至崇祯四年,而王朝凡三易。外国人流寓其地者,常乘机博王室信任,处权要之列;故国民不亲附,势益不振。及孟驳王缅甸,复以乾隆三十六年攻陷其国都,逐其王马邻达剌,置守兵而还。由是第三王朝亡。时有中国人郑昭(Phuya Fak)者,自其父时始居暹罗,性勇猛,又桀黠,仕于暹罗,颇得一班人之信仰。缅甸既灭暹罗,多行无道,于是郑昭募集同志,据海滨地,为暹罗复仇。至四十三年遂回复犹地亚,驱逐缅甸守兵,迁居民于盘谷,而建新都焉。先是四十年秋,郑昭托广东船商陈万胜带回文禀一件,内称:平定打马部落,人众投归,内有滇省人十九名,附船送回。并情愿合击缅甸,乞赏给磺铁炮位等语。时李侍尧总督两广,据情转奏,清廷谕:“中国当此全盛之时,果欲征剿缅甸,何必借助于海外小邦?况抚驭外夷,亦自有道,如借其力翦灭叛蛮,彼必恃功而骄,久且难于驾驭,此一定理,李侍尧盖见未及此也。现令军机大臣代拟檄稿发去。”侍尧接到后,即照例缮发,其文曰:

两广总督李为檄谕事:本阁部堂(时李以大学士总督两广)接阅来禀,并开列名单,送回滇省兵民十九名,具见小心恭顺。所请军火,前经驳饬,今除铳仔一项,不准出洋外,其需用硫磺铁锅,准照上年请买之数,听尔买回。至所称合击缅匪,所言已悉。但天朝统驭寰宇,中外一家,国富兵强,势当全盛,前此平定准噶尔回部,西北拓地二万余里,德威所布,遐迩震慑。缅酋顽蠢负嵎,甘弃生成之外,实为覆载不容!迩来因伸讨金川,将滇兵暂撤,今策勋在即,或阅一二年,稍息士卒,再行集兵,将缅人一举扫平,此时自难预定。如果兴师剿伐,以百除百胜之王师,奋勇直前,视攻捣阿瓦,不啻摧枯拉朽。何借尔海外弹丸,聚而合击?或尔欲报故主之仇,纠约青霾、红沙诸邻境,悉力陈兵,尽除花肚,亦尔自为之!设尔志得伸,据实禀报,本阁部堂当代为转奏。大皇帝为天下共主,亦必鉴尔忠诚,予之嘉许。至中国之欲平缅匪与否,天朝自有权衡,固非我守土之臣所敢料,亦非尔之所当请问也。为此檄谕知之。须至檄者。

郑昭既再造暹罗,悉复旧时领域,又遣使航海至中国告捷。奏称:“自遭缅匪侵陵,虽复土报仇,绍裔无人。兹群吏推昭为长,遵例供献方物。”其使节以四十六年达京师,而昭于四十五年为怨家所弑。其养子郑华(清代史书均称昭子,Phuya Chakri)走还讨贼,而即位,称索由提耶王,以五十一年入贡中国,得封为暹罗国王。后缅甸亡于英(今独立),而暹罗尚巍然称自主焉。其与中国之关系,盖亦久而愈疏矣!

十三　台湾之反清运动

(一) 林爽文之起兵与清军之失败

康熙六十年,台湾朱一贵之事既平,蓝廷珍因建议诸罗(嘉义)以北,地险兵单,难以控制,宜割为二县。雍正初,清廷用其言,始分诸罗北境为彰化县,又北增淡水厅。即后日之台北府,为故台湾巡抚所驻地也。台湾地大物博,漳、泉、惠、潮之民日众,寄籍分党,孽牙其间,守土官又日朘削之,于是民轻视吏。及其树帜械斗,动至万人,将士不能弹治,惟以虚声胁和,于是民轻视官。近山土沃,民垦日广,巡抚杨景素立界限之,将界外良田，尽畀生番，番不知耕，仍为内地游民偷垦。地既化外，易薮奸宄；又狱有不能结者，辄诱杀生番以归狱。(《彰化县志》：杨光勋、杨马兄弟争座起衅，各结党众，一称天地会，一称雷公会。光勋富民杨文麟养子也，既入会，首犯仍逸去，旋为同知刘亨基所获，冀邀议叙，遂匿匪事不办，镇道亦欲小其事，改天地会为添弟会。又《圣武记》云：淡水同知潘凯方在署，忽报城外有无名尸当验，甫出城，即为人所杀，并胥吏歼焉。当事者不能得主名，诡以生番报，使人以酒肉诱番出，醉而杀之，奏罪人已伏法，而杀人者实脱然事外。处事率类此。)于是既驱民以归番，又驱番以党逆。彰化县有林爽文者，其祖于郑氏三世灭亡时战死，有子继先、继志号召郑氏旧部后裔，得死士万人，然时机未至，终不得逞，相继抑郁以亡。继先有子二：长曰爽文，次曰爽武，尤以爽文有雄才，所居大理杙，地险族强，豪富雄一方，部众悉依行伍编制，结秘密社曰天地会。(据福康安奏称："拿获首先在台湾传授天地会之严烟一犯，供在广东起会的，是万和尚，俗名涂喜如，今在那里，不知下落。又有赵明德、陈丕、陈彪三人从广东惠州来到漳州，诏安县云霄地方传会，云霄有个姓张的，绰号叫做破脸狗，他留赵明德在家，附近高坑庵、马坑庙、丁仔峡、石尾溪都是传会之处，四十八年陈彪借行医为名，到平和县才传严烟入会的。"又五十三年四月十五日上谕："杨光勋械斗夺犯一案……并未将逃逸匪犯实力缉拿，而于该犯等所设天地会名目，辄改为'添第'二字……意存化大为小之见。"严烟渡台传天地会，亦见《彰化县志》，爽文号长房云。)横行数十年，吏不敢问。乾隆五十一年，知府孙景燧趣知县俞峻，及副将赫生额，游击耿世文率兵役往捕，驻营五里外之大墩，勒村民擒献，先焚无辜数小村怵之，爽文遂因民之怨，集众夜攻营。清军覆，将吏死焉。爽文以十一月二十七日破彰化，十二月六日，又克诸罗，知县同知等皆死之。而庄大田(《台湾外史》言其先世系林氏家丁，大田好武有力，能开百石弓。亦天地会党人)亦乘乱陷凤山。台湾沙土浮疏，不时地震，故城无砖石，皆掘濠树竹为城。府城亦树城也，总兵柴大纪、兵备道永福等守之，会党分路来犯，大纪御诸盐埕桥，杀敌千计。是桥距府城五十里，扼水陆交通，大纪自守之，敌遂不敢窥府城。五十二年正月，水师提督海澄公黄仕简，提督任承恩，副将徐鼎士各以兵渡海至。仕简檄大纪北取诸罗，郝壮猷南取凤山，各率兵二千。惟大纪率乡兵说以大义，连战破敌，遂复诸罗守之；而郝壮猷南出二十里，即阻敌，顿兵五十日始进凤山。凤山城已空，招民复业，敌混其中，官吏不觉，三月十日城复陷，游击郑嵩死焉。壮猷遁归府城。任承恩，金川殉难总兵任举之子，少年世荫，素不知兵。至鹿港，距大理栈仅四十里，亦不敢进。初林爽文之反也，适当漳、泉二府人械斗之后，爽文本漳籍，故泉人不从乱。彰化之鹿港，爽文遣官来收税，泉民林凑等起而擒之，以故鹿港海口未失，而爽文等亦颇惧泉人之为其梗也。及仕简、承恩至，泉人争思助官戡乱，仕简等不知利用之，反观望逡巡，坐失事机，林势益昌。清廷命总督常青为将军往督师，以李侍尧署浙闽总督，复调广东兵四千，浙兵三千，驻防满兵千。江南提督蓝元枚，故漳人，蓝廷珍子也，习台湾事，命移赴军，与福州将军恒瑞均为参赞，分赴府城鹿港二处，诛郝壮猷，逮任承恩，以柴大纪代之。而林将庄锡舍亦以二千人降。时诸将咸思进兵，而常青畏葸（常青本王府长史起家，已老耄，以党附和珅得以置督印，事起时，即毫无措置），日夜流涕而已。元枚至台仅三月即病卒。常青等以五月出南路，离府城十里，遇敌万余，甫交绥，常青战栗不能举鞭，大呼曰："贼砍老子头矣！"策马走，诸将皆退。及入城，即令闭门，又请增兵一万。爽文以其暇得蚕食各村，有不从者辄焚劫。于是泉人亦弭首附之，而其势遂不可支。不十日间，会众增至十余万，庄大田驱以攻府城，林爽文驱以攻诸罗，诸罗据南北之中，赖大纪守之，为府城屏蔽。故全台不至尽失者，大纪之力也。

（二）诸罗之困守

大纪骁勇善战，时爽文攻诸罗，志在必得，而大纪语诸将曰："有城守责者，生死以之，大纪虽武夫，敢弃天子所付乎？誓与此城终始也。"因置酒会诸将，酌酒拜曰："君等能固守固佳，否则砍大纪以降，无苦苍生也！"诸将皆感激用命，日夜防守，以飞炮碎敌之吕公车，蓄水桶以扑灭其火箭，敌日夜喧哗，以乱军心，大纪令鼓角应之，使不得闻。爽文因攻盐水港、鹿仔港，以断诸罗饷道，大纪皆分兵击夺之，决其堰涧，破其炮车，以守城兵四千，抗敌数万，先后百余战，杀伤过当。屡擒诈降谋内应之奸细，又因粮于敌,出夺其峙积。诏以大纪用法严明,载入行军纪律,为各省之法,授大纪为参赞大臣。常青遣总兵魏大斌,参将张万魁,游击田蓝玉,副将蔡攀龙、贵林等三次往援,皆为敌所截,张、魏、田、蔡仅得入城,兵士大半被戕。诸罗围日密,城中以地瓜野菜油粈充食。常青在府城,数欲弃城遁,赖诸将持之,因密札乞和珅,请以他将代。而恒瑞自府城,总兵普吉保自鹿港,各率兵五六千,进援诸罗,畏敌不敢进,恒瑞复张皇敌势,奏请兵六万。诏解常青、恒瑞任,而以陕督福康安,领侍卫内大臣海兰察代之。又命大纪捍卫兵民出城,再图进取。十一月大纪奏言:“诸罗为府城北障,诸罗失,则贼尾而至府城,府城亦危。且半载以来,深濠增垒,守御甚固,一朝弃去,克复甚难。而城厢内外,义民不下四万,实不忍委之于敌,惟有竭力固守待援。”弘历览奏,为之泪下,因诏曰:“大纪当粮尽势急之时,惟以国事民生为重,虽古名将何以加兹?其改诸罗为嘉义县,大纪封义勇伯,世袭罔替!”并令浙江巡抚以万金赏其家,俟大兵克复,与福康安同来瞻觐。福康安中途闻敌势盛,亦奏请增兵而后进,清廷严饬之,但命颁内库所藏大吉祥利益右旋螺,以利渡海风帆。大兵趋鹿港,以飓不得渡,守风崇武澳,十月二十八日,忽得顺风,一昼夜数百艘尽抵鹿港海口,帆樯列数里,各村庄胁从者,望风解散。清军声言直捣大理杙,而阴趋县治。十一月八日,清兵六千,义勇千余,遇敌仑仔岭。海兰察率巴图鲁侍卫数十冲敌阵,矢无不中,会党遂披靡。海兰察笑曰:“此群犬耳,何畏之有?”麾兵先入。时常青造蜚语,谓爽文有异术,实不可撄,福康安先亦惑其言,至是始知妄,乃沿路击杀。敌分伏竹箐蔗林间,清兵分五队分战,再败之牛稠山。是日海兰察抵嘉义,而诸罗半载之围,至是遂解。

(三) 台湾之平与柴大纪之冤死(附平定沕石诗)

嘉义之围既解,福康安复乘胜追克于斗六门,遂进捣大理杙,会众万余出拒,退复集者数次。既夕,以前锋千人伏沟塍间,敌万炬来索战,清兵从暗击明,发无不中。爽文知失计,遽灭火鸣鼓来攻,复寻鼓声击之,敌旋败旋进。鏖战竟夜,黎明遂克大理杙,而林爽文已携家走集集埔矣。集集埔前临大溪,就高岸,垒石为陡墙,长环数里,通生番之隘口也。十二月五日,清兵伐箐腾险而上,杀敌千余,又破余众二千于小半天。爽文先匿其妻子于生番社,而自与死党数十窜箐谷,福康安令人说生番擒献之。庄大田虽与爽文同起台湾,然各不相下,乘清师北进,益焚掠为抗拒计。既而又思出降,计尚未定而福康安已于十六日抵千牛庄。大田仓猝出拒,败走,清军连蹴之,因与其党潜匿极南角之郎峤。郎峤负山临海,形势辽阻,先遣舟师由海道绕截其走路,而大兵环山围之,斩溺各数千,大田就俘,台湾遂定。罢巡台御史及番民田界之禁。所颁右旋白螺,命存布政司库,凡将军总督提督渡台,及册使封琉球,佩之以行。先是,福康安之解诸罗围也,城中市民皆羸饥无人色,见福至,无不欷戲啜泣,喜其来而悲其晚也。惟大纪出迎,自以参赞伯爵,不执櫜鞬之仪,福康安恨之,密奏大纪奸诈难信,前后奏报不实。清廷以大纪固守孤城,逾半载,非得兵民死力,岂能不为敌陷?若谓诡谲取巧,则当时何不遵旨出城。至言粮食垂尽,原所以速外援,若不危急其词,岂不益缓援兵?大纪屡蒙褒奖,或稍涉自满,于福康安前礼节不谨,致为所憎,遂直揭其短,殊非大臣休容之度。又福康安抵诸罗后,凡有攻剿,皆不派柴大纪、蔡攀龙,而于拥兵不救之恒瑞,非惟不加其罪,且屡叙其功,曲为庇护。因逮恒瑞交刑部治罪,寻遣戍伊犁。会侍郎德成自海上监修城垣归,弘历以福康安所奏大纪事询之,德成复奏:大纪在任贪黩,令兵私回内地贸易,又变起仓卒,不早扑灭,致猖獗。又逮问任承恩,亦同德成言。遂命李侍尧、福康安查奏。洎五十三年正月诏曰:"柴大纪前此久困围城,不肯退兵,奏至时,朕披阅堕泪。即在廷诸臣,凡有人心者,无不叹其义勇。用人者当录其大功,而宥其小眚,岂能据福康安虚词一劾,遽治以无名之罪?前询李侍尧之旨,至今尚未复奏,殆亦难于措辞耶?"寻李侍尧奏至,略如福康安指,福康安奏言:"大纪盐埕桥之战,尚为出力,守御诸罗,亦有微劳。惟以专阃大员,既不能整饬于平日,又不能扑灭于临时,皆纪律不明所致。请即解京正法!"七月,大纪逮至京,命军机大臣会同大学士九卿复讯,大纪再三称冤。弘历廷讯,大纪始引咎,仍微诉其枉。清廷谓其狡辩取死,依福康安所拟正法。时议以大纪之死也,不知引咎,昧帅臣之体。与张广泗不服讷亲之劾,而负气大廷者何异?清廷刻薄寡恩,徒以不引咎而杀功高之大臣,而畏葸失机之常青,反以重贿得免,赏罚之不当,与夫兵力之不可用,清之衰微,盖于此时见之矣!

〔附言〕 台湾平定后,清廷以其民情剽悍,虽经此一番惩创,或事过即忘,特令建立功臣生祠,俾怵目而儆心焉。祠内设木牌七,以福康安居中,海兰察、李侍尧、普尔普、鄂辉、徐嗣曾、舒亮次于左右。弘历并制诗一首,刊泐其中,诗曰:"三月成功速且奇,纪勋合与建生祠,垂斯琬琰忠明著,消彼萑苻志默移。台地恒期乐民业,海湾不复动王师,曰为曰毁似殊致,崇实斥虚政在兹。"

十四 安南之服属

(一) 安南之扰乱

印度支那半岛之东北部,与我国广西、云南毗连者,故安南王国地也。当明永乐时,安南尝为中国所灭。明廷就其地设交趾布政司以统治之。然当时安南国之领域,南至顺化而止,顺化以南,尚为占城(占婆)王国所领,故交趾布政司所辖,十五府五州,亦不出今顺化以南。宣德三年,黎利脱明廷之羁绊,重建大越国,定都东京,改元顺天,即大越太祖是也。至其孙黎灏(是为圣宗)之世,始兼并占城,置广南州,于是南境增拓。嘉靖时,权臣莫登庸篡国,据河内,黎氏子孙,仅赖遗臣阮淦之力,据清华州以抗之。自是大越分为南北朝,莫氏王于北,黎氏王于南,南北对峙者六十五年(自嘉靖十年至万历二十三年),南朝之将郑松,卒驱逐莫氏,恢复河内。而阮淦子潢,复不悦郑氏之专权,遂据顺化独立,称广南王(万历二十八年)。于是安南复分为大越、广南二国。当顺治十六年,清军定云南时,大越王黎维禔(是为神宗维祺)遣使劳军。至康熙五年,其嗣王维禧(是为宪宗维颙)始缴上明桂王所赐敕印,先是黎利脱明室而独立,然仍受册封为安南国王,仅于国内称大越皇帝而已。诏封为安南国王,自是奉贡不绝。时广南之领域渐大,兼有下交趾支那(今之安南)及柬埔寨王国(今之高棉)之大半。而安南之黎氏益不振,政权一出郑氏。至乾隆时,其摄政郑栋，骎骎有篡国之志，而惧广南之干涉，乃阴嗾广南土豪阮文岳使举兵为乱，而己为之外援。自乾隆三十八年，阮文岳（Nguyen Van-Nhac）与其弟文惠、文虑起兵，转战十余年，卒颠覆广南王室。而郑栋亦以其间，窃据其北部三州（广平、广治、广德），至乾隆五十年，文岳三分广南地，自据中部，称大帝，以南部与文虑，而使文惠回复北部三州。会五十一年郑栋死，子郑宗、郑榦争权，榦遣其臣贡整请广南以灭宗，于是文惠引兵诛宗榦，而自为安南摄政。其王黎维祶犒以两郡，且妻以女，明年，维祶（是为献宗）薨，嗣孙维祁立，文惠尽取象载珍宝归广南，使贡整留镇都城，贡整思扶黎拒阮，乃以王命率兵夺回象五十，而文岳亦于广南要夺其辎重。文惠归治城于富春垒，使其将阮任以兵数万攻贡整于国都，整战死，维祁出亡，阮任遂据东京，四守险要，亦有自王意。五十三年夏，文惠复以兵诛阮任于黎京，而请维祁复位，维祁知其叵测，匿不敢出，文惠以民心不附，尽毁王宫，掠财宝归富春，留兵三千守黎京。于是安南遗臣阮辉宿，奉王族二百余人，由高平登舟至博淰溪河，北岸即广西、太平府、龙州地也。两广总督孙士毅，广西巡抚孙永清，先后奏闻。清廷以百余年来，世受黎氏朝贡，有保护之义务，乃命安置其家属于南宁府，而又使士毅为之兴复仇之师。

（二）清师之入东京

乾隆五十三年，清廷命孙士毅移檄安南各路，示以顺逆，令早反正。时维祁弟维袖、维祉皆出避难，维袖死宣光城，维祉由京北波蓬厂来投。士毅以维祉有才气，欲令权摄国事，清廷虑其兄弟日后嫌疑，不许。乃令土田州、岑宜栋护维祉出关，号召义兵。先是阮辉宿等之投广西也，清廷以兴灭继绝，宜出师问罪，因遣其陪臣黎侗、阮廷枚等回国密报维祁，及是维祁复书至，乞转奏。安南土司及未陷各州官民，争缚伪党，献地图，又关外各厂义勇数万，皆乞饷团练，请为乡导。而文惠以叩关请贡，以其国臣民表至，言维祁不知存亡，请立故王维祶之子维禚主国事，并迎其母妃回国。清廷知文惠欺维禚愚懦易与，狡计缓师，令士毅严斥之，因分兵三路进取：（一）出广西镇南关为正道；（二）由广东钦州泛海；过乌雷山至安南海东府;(三)由云南蒙自县莲花滩陆行至安南之洮江(明沐晟出师攻安南之道)。十月,孙士毅及提督许世亨率两广兵一万,出广南关,以八千直捣王京,以二千驻谅山为声援。云南提督乌大经以兵八千取道开化厅之马白关,逾咒河,入安南界,千有百里而至宣化镇,较原定之路线为稍近。云贵总督富纲请行,清廷以一军不可二帅,令驻边外司饷运。以安南劳瘠不堪供给,两路设台站七十余所,运饷内地。清师所过,秋毫无扰。士毅、世亨由谅山分路进兵:总兵尚维昇、副将庆成率广西兵,总兵张朝龙、李化龙率广东兵。时土兵义勇随行,声言大军数十万。于是安南各守隘兵望风奔遁,惟扼三江之险以拒。十一月十三日,广西兵千余五鼓抵寿昌江,敌退保南岸,清兵乘之,浮桥断,皆超筏直上,敌务中自相格杀,清兵遂尽渡,大蹂大膊。而广东兵亦破敌柱石。以十五日进军市球江,江阔,且南岸依山,高于北岸,敌拒险列炮,清师不能结筏。诸将以江势缭曲,敌望不及远,乃阳运竹木造浮桥示必渡,而潜兵二千于上游二十里溜缓处,小舟宵济。十七日清兵乘筏薄岸,相持正急,适上游兵已绕出其背,乘高大呼下击,声震山谷。敌不知大军所至,皆溃北瓦解。十九日全军薄富良江(红河),敌尽伐沿江树木,敛舟对岸以拒。清兵见其结阵不整,知众无固志,乃觅远岸小舟,载兵百余,夜至江心,夺其战舰一,遂载兵二百余,许世亨亲率之渡江。复夺小舟三十余,更番渡兵二千,分捣敌营。敌昏夜不辨多寡,大溃。焚其舰十余,获侯伯数十人。黎明,清师毕济,黎氏宗族及百姓出迎道左,士毅、世亨入城宣慰而出。河内城环土垒,高不数尺,上植丛竹,内有砖城二,即国王所居。是时宫室荡然,无复王都之观。维祁匿民村间,即夜二鼓,诣营谒士毅,谢再造之德。是役也,乘思黎之旧民,与各厂之义勇,先驱向导,又诸将多台湾立功之人,故得以万兵长驱深入,不匝月而克复国都,其云南之师,尚未至也。诏封士毅一等谋勇公,世亨一等子,诸将赏赉有差。

(三) 阮光平之受封

先是大军之出也,清廷恐事成册封,往反稽时,致兵士之暴露于外,因先命礼部铸印,内阁撰册,邮寄军前,令士毅得便宜从事。及入东京,遂以是月二十二日宣诏封维祁为安南国王,并驰报广西巡抚,归其家属。维祁表谢,请于乾隆五十五年,诣京祝弘历八旬寿,诏俟安南全定,维祁能自立,许来朝。时阮文惠已遁归故土,而士毅颇以未俘为憾,谋造船追讨。清廷以安南残破空虚,无供给军食之力,而我军必借内地之转输,为之穷治败寇,未为得策,故当东京捷闻之后,即诏士毅罢兵,而士毅安信文惠乞降之说,尚驻军河内以待之,又骄不设备,而文惠且乘间以议其后矣。时文惠据顺化,一方则纵间谍,侦河内虚实,扬言即日诣降;一方则举倾国之师,乘岁暮潜进。五十四年正月朔,军中方置酒张乐,举元日祝典,比夜,忽得警报,始仓卒备战,敌皆象载大炮冲阵,清兵众寡不敌,昏暗中自相蹂躏,维祁挈家先遁,滇师闻炮声震天,亦退走,士毅夺渡富良江,即斩浮桥以断后,于是清军在南岸者不得渡,自提督许世亨以下,溺死者数逾全军之半,士毅走还镇南关,尽焚关外粮械火药数十万,士马还者,仅数千,其云南之师,以有向导得全返,士毅具疏自劾。弘历念变出意外,非尽士毅之咎,但文惠已败复来,必非旦夕所能纠合,而士毅贪功自满,漫无筹备,致损将士,命褫职来京,另以尚书补用,调福康安代之。福康安未到任以前,仍着士毅署理,办理善后撤师事宜。文惠既踞安南,自知贾祸不小,惧清师之复出也,而其兄文岳又方与暹罗构衅,恐两国乘间夹击,遂叩关谢罪,改名阮光平(《明史》安南国王皆有二名,以其一名事中国列表奏),遣其兄子光显赍表入贡。言守广南已九世,与安南敌国非臣,且蛮触自争,非敢抗衡中国。请来年亲觐京师,并愿立庙国中,祀死绥将士。又闻暹罗贡使将入京,恐媒孽其短,乞天朝勿听其言,福康安等先后奏闻。清廷以维祁再弃其国,并册印不能守,是天厌黎氏,不能存立。而阮光平既请亲觐,非前代莫黎仅金人代身之比。且安南自五季以来,曲、矫、吴、丁,李、陈、黎、莫,互相吞噬。前代曾郡县其地,反侧无常,不足廑南顾之忧,乃允其请。因赏黎维祁三品衔,编汉军旗,安置京师。五十五年,阮光平来京祝釐,宴热河山庄,班亲王下,郡王上,赐冠带受封归。五十七年光平卒,子光缵立,年仅十五。清廷以阮邦新造,人心未定,且阮文岳尚在广南,吴文楚久握兵柄,主少国疑,防有变动,特调福康安云贵总督备边。又遣按察使成林谕祭,并密侦其情。成林旋以国事粗定闻,乃止。安南自阮文岳兄弟倡乱以来,东京、交趾间骚乱者数十年。光平虽已兼并东京,得中国之认可,而故广南王后裔阮福映(称嘉隆王)尚流浪暹罗,日夜思借他国之援,恢复旧领,遂开法兰西侵略之端绪。又光平父子,以连年战争,国用阙乏之故,乃奖励海贼,四出剽掠,遂酿成嘉庆朝海疆之巨患。其事略别具于后。

十五　廓尔喀之归降

(一) 廓尔喀之兴起与贿和之役

乾隆之时,清廷既已定准回,征金川,靖台湾,服缅越,其后又以廓尔喀吞并尼泊尔之结果,西藏被其侵略,故安南事定未几,而复有尼泊尔之远征。而乾隆十全之武功,即于是告成焉。尼泊尔者,喜马拉雅山南麓偏西之一小国也。自四川打箭炉西行二十余驿,至前藏,十二驿至中藏,又十二驿至后藏,又二十驿至济陇之铁索桥,为后藏极边地,逾桥而西,则其地矣。本曰巴勒布国,旧分叶楞、布颜、库木三部,自中国收西藏,三部皆尝于雍正九年奏金叶表贡方物。居民务农商业,与藏人及英吉利人之在印度者通贸易焉。然诸部时有内讧,及乾隆三十二年顷,其西境克什米尔之廓尔喀族,遂乘间侵入。时加德满都(Katmanzu)为三部盟主,其王因乞援于英人,而英军以饷运不继,士卒病死之故,无功而返。于是廓尔喀酋长布刺苏伊那拉因,遂尽屠士民之抗命者,自即尼泊尔王位。乾隆四十年,那拉因孙兰巴哈都尔嗣位,以年幼,属叔父摄政,摄政好武,以侵略邻地为政策。而是时后藏班禅族属,适有遗产之争,于是廓尔喀得乘间以入。先是乾隆四十五年,第六世班禅喇嘛以弘历七旬大寿,来朝祝嘏,得清廷锡赉,及内外王公布施,无虑数十万金,其余宝冠、璎珞、念珠、玉钵、金袈裟、旃檀华旛诸珍品,不可胜计。已而班禅病痘,卒于京邸,及翌年遗骸西归,其徒随之,拥巨资以行。班禅兄仲巴胡图克图,为故班禅筦内库,至是遂尽攘而有之,既不布施各寺院及唐古特兵士(卫藏数千里,番骑万有四千,步兵五万,皆达赖所辖,班禅惟主持寺庙,不辖地,故于达赖所属之戴琫、第巴等及守后藏之唐古特兵,皆外视之,一无施舍),并其弟舍玛尔巴亦以信仰红教之故,不令分惠。舍玛尔巴愤甚,遂入尼泊尔,诱廓尔喀人使入寇。(《啸亭杂录》云:"有丹津班珠尔者,本班禅部下头人,以罪被黜,窜入廓尔喀,结其酋喇特木巴珠尔,后复以通商事,后藏人依班禅势,不与值,遂相结怨,突入后藏据之。")五十五年三月,廓尔喀以商税增额,食盐糅土为词,兴兵入边。唐古特兵不能御。清廷命侍卫巴忠,将军鄂辉、成德等援之,后调停贿和,按兵不战,阴令西藏堪布等私许岁币银万五千金。时达赖喇嘛不可,而巴忠欲速了其局,一方与廓尔喀立契券为信,一方以贼降饰奏,报捷清廷。且讽廓尔喀国王使入贡受封。是役未交一兵,而糜饷至百万。七月,廓尔喀遣人至藏表贡,并致驻藏大臣书请如前约,鄂辉恐发觉前事,匿不奏闻。次年,藏中岁币复爽约。于是廓尔喀以责负为名,再举深入矣。

(二) 清军之深入尼泊尔

后藏札什伦布西南,左有曲多江巩,右有彭错岭,峭壁连冈,咽喉天险,廓尔喀步卒数千自聂拉木入。是时藏汉官兵,若分两路,一扼曲多江巩遏其前,一绕赴彭错岭截其后,则廓尔喀深入无援,可不战溃也。驻藏大臣保泰一闻敌至,则移班禅于前藏,并张皇敌势,奏请移达赖于西宁,班禅于泰宁,欲以藏地委敌。而札什伦布寺负山面江,形势巩峻,喇嘛数千乘墉,可守以待援。仲巴乃挈赀先遁,喇嘛济仲札苍等复托言卜诸吉祥天母不宜战,众心遂溃。廓尔喀兵大掠札什伦布,分军以其半运所掠归国,以其半屯界不去,全藏大震。达赖、班禅,飞章告急。侍卫巴忠方扈驾热河,闻变畏罪,自沉水死。时鄂辉为四川总督,成德为四川将军,因尽以罪委之,谓巴忠解唐古特语,故私议皆其一人所为,己二人不知也。及奉命赴藏剿御,又按程缓进。清廷知二人不足恃,乃命嘉勇公福康安为将军,超勇公海兰察为参赞,调索伦满兵,及屯练土兵进讨。其军饷:藏以东,川督孙士毅主之;藏以西,驻藏大臣和琳主之;济陇边外,则前川督惠龄主之。枷保泰于军前,命大兵由青海草地进藏,较四川打箭炉近三十程。时廓尔喀大军已饱掠而归,屯于边界者,少数而已。鄂辉、成德等拥兵数千,既不击其饱飏,又不攻其余众,仅破聂拉木寨敌众百余,遂奏敌退,即欲藏事,竟不言济陇、绒辖二处之余寇也。清廷指斥不许。五十七年二月,福康安、海兰察由青海入后藏,闰四月,所谓索伦兵二千,金川各土屯兵五千皆集,并藏内官兵三千,共采买稞麦七万石,牛羊二万余,足供万数千人一年之食,不烦内地转输矣。五月,连败廓尔喀屯兵,遂以六月大举深入。然恐敌之袭其后也,先遣领队大臣,成德岱森保及总兵诸神保各出左右一路,以分敌势。而大军出中路海兰察将三队为前军,福康安将二队继之,距济陇二十里之铁索桥,初入廓尔喀之第一隘也,敌断桥阻险,福康安以正兵与敌相持,而海兰察潜由上游筏渡,绕山后,出敌营之上。福康安亦即乘势造桥夺卡,合冲敌营,追剿百六十里至协布鲁,沿途无地立营,故无一敌。又百数十里至东觉岭,两崖壁立,中隔横河,水深流急,我兵缘径侧行,险与铁索桥等,乘晦夜雨,分兵上下游,接河侧枯树为桥而渡,始夺其险。六月九日主雍雅山,廓尔喀始震慑,遣使诣军前乞降。福康安、海兰察严檄斥之,数日不报,复三路进攻,六战六捷,逾大山二重,先后杀敌四千。时大军深入敌境已七百余里,距其国都加德满都甚迩,敌踞守夹河两山,中通一桥,而其山又皆南北夹河者也。八月初,我兵三路攻夺其北岸之山,并破其桥北之众。其南岸大山数十里,山后即加德满都也。敌以十营踞山,守御甚固。海兰察欲扼河立营,福康安不可,逾桥攻之,冒雨上山二十余里,至陡绝处,敌乘高木石雨下,隔河隔山之敌三路来犯,清兵且战且却。死伤甚众,赖海兰察隔河接应,额勒登保扼桥力战,乃能退敌。是役也,福康安以敌败气骄,谓其势如破竹,因拥肩舆,挥羽扇,俨然自拟于诸葛武侯,而不知骄者之必败也。

(三) 廓尔喀之请和

清兵之深入也,廓尔喀一方遣使乞降,一方又密与英人订通商之约,乞发兵援助(时印度已大半为英人所据,廓尔喀之乞援,盖在加尔各答之英国官厅)。于是印度总督格瓦利斯卿(Marquis Cornwallis)急遣大佐喀尔克巴力克,至加德满都,当居间调停之任。时清军已连战皆捷,距加德满都仅一日程。廓尔喀人待英军不至,再遣使卑词乞和。会清师方挫,而敌境益险,且八月以后,归途恐为大雪所没,故不欲久留。乃允其请,责令归付巴忠所立合同,及所掠藏中财宝金塔顶金册印,交还俘虏,及沙玛尔巴之尸,贡驯象番马乐工,遂班师。比英使至,则和约已成,无可干涉,失望而返。先是,清廷本欲俟廓尔喀平定后,裂其土分授诸土司,而酬福康安以郡王爵。及闻已受降,乃留番兵三千,汉、蒙古兵一千戍藏,是为官兵驻藏之始。后藏至廓尔喀,有定结大路,必绕布鲁克巴等郡,迂道月余,故清师由济陇近路入,左壁右湍,不容一骑。即将军参赞,亦须步进。故所贡象绕大路,次年春始至前藏。而乌拉岭上下百二十里,必穷一日之力逾之,稍昏夜即不能觅路。且有雪城若门洞深数十丈,廓尔喀寇藏时,运赀归国者二千人,过岭冻死殆尽。盖喜马拉雅为世界最高之脊,即佛经所称大雪山也。险倍金川,远逾回部,为汉唐兵力所未至,幸其士卒皆跣足,先约期而后交绥,清军不顾,辄先发掩袭,往往猝为所乘。自此以后,尼泊尔对于中国行朝贡之礼,至末季犹不绝云。爱新觉罗昭梿云:"是役也,巴既辱国于前,福复偾师于后,犹赖国家威德,献贡投诚,用兵绝域者,应引以为戒!"盖福康安恃宠奢汰,无才无武,乾隆末年,屡将大兵,征服海外,其所恃而能胜者,惟海兰察而已。而营伍罗食,饮宴无日,士气衰暮,皆败坏于福康安一人之手也。

(四) 御制《十全记》

廓尔喀既归降,弘历以其事蒇功完善,御制《十全记》一篇,以志武成。十全者,平准噶尔为二,定回部为一,扫金川为二,靖台湾为一,降缅甸、安南各一,受廓尔喀降为二是也。《十全记》曰:

> 昨准廓尔喀归降,命凯旋班师诗,有"十全大武扬"之句。盖引而未发,兹特叙而记之。夫记者志也,《虞书》"朕志先定",乃在心,《周礼》"春官掌邦国之志",乃在事,《旅獒》"志以道宁",则兼心与事而言之。然总不出夫道。得其道,乃能合于天,以冀承乎贶,则予之十全武功,庶几有契于斯,而可志以记之乎?十功者:平准噶尔为二,定回部为一,扫金川为二,靖台湾为一,降缅甸、安南各一,即今二次受廓尔喀降合为十。其内地之三叛幺麽,弗屑数也。前己酉廓尔

喀之降,盖因彼扰藏边界,发偏师以问罪,而所遣鄂辉等,未宣我武,巴忠乃迁就完事,致彼弗惧,而去岁复来,以致大掠后藏,饱欲而归。使长此以往,彼将占藏地,吓众番,全蜀无宁岁矣。是以罪庸臣,选名将,励众军,筹储饷。福康安等深感朕恩,弗辞劳苦,于去岁冬月,即率索伦、四川降番等精兵,次第由西宁冒雪而进。今岁五月,遂临贼境,收复藏边,攻克贼疆,履线险如平地,渡溜要若蹄涔,绕上袭下,埋根批吭,手足胼胝,有所弗恤。七战七胜,贼人丧胆。及兵临阳布,贼遂屡遣头人,匍匐乞降。将军所檄事件,无不谨从,而独不敢身诣军营。盖彼去岁曾诱藏之噶布伦、丹津班珠尔等前去,故不敢出也。我武既扬,必期扫穴犁庭,不遗一介,亦非体上天好生之意。即使尽得其地,而西藏边外,又数千里之遥,所谓不可耕而守者,亦将付之他人,乃降旨允降班师,以蒇斯事。昔唐太宗策颉利曰"示之必克,其和乃固"。廓尔喀非颉利之比,番边殊长安之近,彼且乞命吁恩准之不暇,又安敢言和乎?然今日之宣兵威,使贼固意求降归顺,实与唐太宗之论,有所符合。昔予记土尔扈特之事,于归降归顺,已悉言之。若今廓尔喀之谢罪乞命,归降归顺,盖并有焉。以其悔过诚而献地切也。乃知守中国者,不可徒言偃武修文,以自示弱也,彼偃武修文之不已,必致弃其故有而不能守,是亦不可不知耳。知进知退,《易》有明言,予实服膺弗敢忘,而每于用武之际,更切深思,定于志以合乎道。幸而五十七年之间,十全武功,岂非天贶?然天贶逾深,予惧益切,不敢言感,惟恐难承。兢兢皇皇,以俟天眷,为归政全人,夫复何言!

记文令缮写四体字,建盖碑亭,以垂久远。弘历并自号为十全老人。盖当时武功之盛,诚超乎汉唐上矣!

第三章　理藩之政策及三朝用兵之结果

十六　清廷制驭藩属之方略

（一）宗教之利用

中国自古对于外藩所施之政策，不外威服与羁縻二者，然二者只能收效于一时，难期持久于后世，故近世以来，临御中原者，每思假宗教之力，以制驭异族。如元世之国师，明代之法王，其著者矣。宗教之移人，其力至大，盖潜运默化之功效，固不减于耀武扬威之举动也。清廷即利用此种政策，以绥服外藩者二百余年，较之元明，又突过之。盖元明之所利用者，只在于西藏一隅，而自顺义王谙达（旧作奄答）迎奉达赖三世于青海以来，由是黄教之势力，被于蒙古。化千年犷悍之习，以拱服于中国，只在乎政府之利用而已。太史公曰："太上神而化之，其次因其势而利导之。"中国古代之文化主义，所谓"远人不服，则修文德以徕之，既徕之，则安之"，此太上也。近世之因势利导，则其次耳。此亦善为邦者，不求其所归，而求其所以归之理也。清人于此，特费经营，故理藩之政策与制度，多有为历代所不及者，不可无述焉。佛教本出印度，其后盛行于卫藏，变为喇嘛一宗，自宗喀巴崛起，复有黄教、红教之别。其大弟子曰达赖、曰班禅者，世世转生，以领教权，即所谓呼毕勒罕者也。其余称胡图克图者，亦不下数百（西藏有胡图克图十八人，及沙布隆十二人，皆出呼毕勒罕，入于理藩院册。四川之木里，及将入藏之乍雅察木多、类乌齐喇嘛五人，皆称胡图克图。并封为阐扬黄教诺门汗。其余归化城十二人，察哈尔九人，锡呼图库伦二人，科尔沁三人，郭尔罗斯一人，土默特六人，乌珠穆沁六人，浩齐特一人,阿巴哈纳尔五人,苏尼特二人,四子部落一人,乌喇特五人,鄂尔多斯一人,喀尔喀十九人,阿拉善二人,京师雍和宫四人,其余八人,甘肃庄浪等处二人,西宁三十三人。多伦诺尔有锡库尔、锡呼图、诺颜绰尔济,皆出呼毕勒罕,入院册者)。胡图克图者,大喇嘛学道之能转世者也。译意再来人,即《明史》所谓"尚师"也。其分支之大者,在库伦、多伦、西宁三处,各握有蒙古一部之势力,其威望且不在班禅下。今并述其与清廷关系之大要于下:

甲、达赖喇嘛

居拉萨,前藏教徒奉之。自崇德七年,第五世阿旺布藏嘉穆错,遣使朝贡盛京,西藏附属于清,未尝背叛。达赖五世于顺治十年被召入觐,待遇极厚,授为西天大善自在佛。晚年第巴专政,勾结外族,致准噶尔乘间侵入,而清廷因有西藏之役。至康熙五十九年,其事始定(详见卷上第二十八章)。其后西藏汗王之欲为乱者,每通准噶尔为外援,徒以喇嘛不附,致辄失败(如乾隆十五年朱尔墨特之变是也。朱尔墨特者,郡王颇罗鼐之子也。十二年袭封,以驻藏大臣不便于己,先奏罢驻防之兵,阴通书准噶尔,请兵为外援。旋袭杀其兄,扬言准部兵至,聚党二千谋乱。都统傅清,左都御史拉布敦觉其逆,欲先发制之,而左右无一兵,乃以计诱之至寺中,登楼手刃之,旋被害于逆党。达赖喇嘛使番部公爵班替达摄藏事,擒逆党以闻,诏以二人先事靖变,赠一等伯,即其地立双忠祠(按祠在前藏之宠冈,《东华录》作通司冈),永禁唐古特及准夷往来之使。至是西藏始不封汗王贝子,以四噶布伦分其权,而总于达赖喇嘛)。及准部荡平,而乱源遂绝。乾隆五十七年,廓尔喀再举入藏,清廷大举讨之,议定藏中善后章程,始以驻藏大臣,与达赖、班禅平等,噶伦布以下,由大臣与达赖、班禅会同选授,番兵归我节制,银钱由我稽核,于是事权归一,而清廷于西藏,始有完全之统治权。然达赖喇嘛之尊宠,乃有加而无减也(自乾隆时七世达赖以后,其父兄常赏给公爵,或头品顶带)。

乙、班禅额尔德尼

居札什伦布,后藏奉之。自第四世罗布藏琼坚,与达赖各遣使清朝以后,并为政府所尊重,屡屡致书存问。康熙三十四年,命御史钟申保赍敕宣召来京。五十二年,晋班禅胡图克图名号为班禅额尔德尼,如达赖喇嘛例,颁给金册金印。惟班禅向不预闻地方行政,故不如达赖之权重而煊赫也。乾隆四十五年,弘历七旬万寿,班禅六世、罗布藏巴、勒垫伊西来京祝禧。诏仿后藏札什伦布式建须弥福寿之庙于热河。七月,接见于避暑山庄之澹泊诚敬殿,班禅固请拜(旧以达赖、班禅有高行,入觐惟跽不拜),嘉其恪诚,从之。复召见于南苑德寿寺。平居西黄寺,讲经参放,一如达赖五世进京时。西山有高僧某者,往论佛法,责以宜居西方清净地,不当入中国过受崇奉,班禅谢之。未几,以痘卒于京。诏即其地建清净化域。明年,舍利金龛西归,弘历驾幸西黄寺拈香送之。以遗产之争,致召廓尔喀入寇,及事平,擒其兄仲巴至京治罪,而其弟沙玛尔巴亦檄敌献其尸,盖乘战胜之余威然也。

丙、哲卜尊丹巴胡图克图

居库伦,外蒙古四部之众奉之。雍正元年,哲卜尊丹巴来朝,卒于京师,年九十矣。世宗亲临祭奠,赐名号册印,如达赖、班禅之例,遣使归其丧于库伦。其后五年,喀尔喀奏胡图克图呼毕勒罕转生于库伦,诏赐金十万造寺,以绥喀尔喀之众。乾隆二十一年,清兵征准噶尔时,喀尔喀有青衮杂布之变,哲卜尊丹巴先集各部落王公宣谕利害,毋为所煽,诏加封敷教安众大喇嘛。其位号盖与达赖、班禅相亚云。

丁、章嘉胡图克图

居多伦诺尔,内蒙古东西诸部奉之。其先于康熙中自藏来朝,乃第五世达赖之大弟子也。圣祖优礼之,命住持多伦泊之汇宗寺。章嘉通宗乘,为世宗藩邸时所敬。逮其第二世呼毕勒罕转生于多伦泊,诏造善因寺居之。乾隆朝,奉诏来京,翻定《大藏经咒》。奏言:其国五百年前,有狼达尔玛汗者,毁教灭法,其后诸高僧补缀未全,首《楞严经》已佚,借此土本,四译而归。阿睦尔撒纳之叛,亲王额林沁以故纵受刑,于是蒙古诸部皆以成吉思汗后裔无正法理,相率谋乱,而欲奉哲敦国师为主。时章嘉扈跸热河,弘历出所得报告示之。章嘉曰:"皇上勿虑,老僧请以手书镇抚之。"因夜修书云:"清朝抚绥外藩,恩德至厚,今以额自作不轨之故,帝乃不得已而置之法,此非视蒙古与内臣无异而何耶?如元裔即不可诛,若宗室犯法,又如之何?况吾侪方外之人,久已弃骨肉于度外,安可妄动嗔相,以预人国家事?”使其徒白喇嘛星驰数百里,旬日达其境。时哲敦已整兵待发,使者至,严侍卫,坐胡床,命白匍匐以进。白本善词令,备陈其事,哲敦折服,更读章嘉手书,乃以为善,遣白归,而汹汹之众,因以解散矣。章嘉在京师,凡其黄幰车所过之处,人争铺手帕于途,以轮毂压过,即为有福。其车可出入东华门,盖所以尊宠之也。其貌丑劣,行步须人扶持,尝佐庄亲王修《同文韵统》。晚年病目,能以手扪经卷而辨其字。乾隆四十一年趺逝。

戊、察罕诺们胡图克图

居西宁,青海四部及西宁之番众奉之。雍正初罗卜藏丹津之叛,青海诸寺喇嘛各数千群起骚动。甚至察罕诺们亦党贼拒战。及清师讨平之,世宗以玷辱宗门,莫此为甚,乃收各寺册印,定庙舍限制。故以后察罕诺们不为清廷所重。

蒙藏诸族崇拜喇嘛,祸福休咎,惟其言之是从,故达赖等所握政教之大权,一如欧洲中世之罗马教皇。而清廷之利用之也,务怀柔之恩礼之,借其力以靖抚变乱。爱新昭梿所谓“国家崇信黄僧,并非崇信其教以祈福也,只以蒙古诸部敬信黄教已久,故以神道设教,借使诚心归附,以障藩篱”。魏源所谓“卫藏安而西北之边境安,黄教服而准蒙之番民皆服”是已。蒙藏之俗,喇嘛最尊,故出世为僧者踵相望。因是喇嘛恒多于人民(说者谓蒙俗家有二男,必以一为喇嘛,此无稽之言也),而其治事为官(按西藏无官吏,事务皆喇嘛为之),介于出家在家之间。然喇嘛教之所供奉,有欢喜佛者,形同秘戏,状极秽亵,究其旨趣,淫杀二字而已。佛戒淫戒杀,而喇嘛教乃公然提倡之,设像绘图,遍于寺中,清廷不惟不以为怪,反供奉内廷,呗声不绝,是知利用喇嘛之政策,虽崇丑诲淫,亦有所不恤也。

(二)金奔巴掣签法之创置

达赖、班禅及各大胡图克图之呼毕勒罕出世也,其初皆非一地一族,盖其事虽不可信,而要必有慧根也。至后积久弊生,往往兄弟子侄,继登法座,等于世袭。乾隆末年,大喇嘛且多出蒙古汗王贝勒子弟,徇私不公,为世诟病。甚至哲卜尊丹巴示寂,适土谢图汗之福晋有妊,众即指为呼毕勒罕,及弥月,竟生一女,尤贻口实。《宗喀巴经》言达赖六世,班禅七世后,不复再来,故登座者无复真观密谛,只凭垂仲降神指示。垂仲者,犹内地之师巫也。又达赖、班禅亲族,多营为大胡图克图以专财利,致有仲巴兄弟诲盗之祸。清廷久知此弊,欲革之而未有会也。及廓尔喀平定后,弘历特创掣签法,颁奔巴金瓶二:一贮西藏大招寺,一贮北京雍和宫;凡达赖、班禅及各札萨克蒙古大胡图克图转生时,遇有纷议,则书名于签,纳诸金奔巴,诵经降神而掣之。凡喇嘛之能出呼毕勒罕,入理藩院册者:西藏号胡图克图者十有八,号沙布隆者十有二;外蒙古十有九,内蒙五十有七,青海三十有五,四川察木多番地五。驻京胡图克图十有四,共呼毕勒罕百有六十。惟西宁诺们汗一支,久同世袭,许以亲族入签;第八世达赖喇嘛之呼毕勒罕灵征素著,由驻藏大臣奏闻请旨,不复瓶掣,是二者为例外。然康熙中有丹巴胡图克图者,出世时能自述前生事,受封清修禅师,住持五台山,竟以酒色不检黜退。是能知夙命之真呼毕勒罕,隔世尚或迷其本性云。喇嘛以夙通化身,转世神奇,西北诸行国常视为向背,中国常用为衔勒,亦佛法因缘有时会欤?惟大雄涅槃,不闻转世,即《宗喀巴经》,亦言达赖、班禅转生只六七世,自后不复再来,故后之喇嘛教,非先之黄教,尤非古之释教也。然蒙藏、青海边番土司皆信奉之,使无世世转生之呼毕勒罕,以镇服僧俗,则数百万众,必互相雄长,狼性野心,且决骤而不可制。南北朝时,西域数十国迎法师,求舍利,动至兵争,为部落安危所系。盖边方好杀,而佛戒杀;且神异能降服其心,此非周孔之教所能驯也。至金奔巴之颁,说者以为高宗神道设教,变通宜民,如山如海,高深莫测矣!

(三) 喇嘛寺之设立

清廷之制驭外藩也,以利用喇嘛教为其政策,前既言之矣。而寺庙之建造,则为怀柔喇嘛政策之一种,兹就其较著者约略述之,康熙中喀尔喀为准部噶尔丹所侵,举族内附,圣祖出塞大阅,于多伦诺尔建立汇宗寺,以为迎哲卜尊丹巴格根之所,并以安抚其喇嘛之众者也。雍正时准部窥藏,诏移达赖喇嘛于西里塘之惠远庙(番名噶达寺),以避准噶尔。至乾隆建立札什伦布庙于热河,则以为迎班禅额尔德尼之所也。而康熙以土拉河源不尔罕山南麓哲布尊丹巴之故居,创建庆宁寺;雍正以皈依喇嘛教敕建北京之雍和宫,皆不以特别之事故而设。乾隆时准部既灭,其所建固尔札、海努克二庙被毁。二十四年乃诏仿固尔札庙式,立安远庙于热河,选置高行喇嘛,以绥厄鲁特四卫拉来归之众。固尔札、海努克者,准部噶尔丹以来所立也。初厄鲁特世济其凶,亦名扶黄教,自固始汗即以此据卫藏,雄诸部。及噶尔丹自藏归,称受博硕克图汗之封于达赖,策妄阿拉布坦破藏归,复称受宝权大庆王之封于伪达赖;皆铸铁章梵文以赐。于是立固尔札庙于伊犁河北,海努克庙于河南,取所掠藏中供器实之,饭厄鲁特喇嘛六千余,供养以九集赛万六百户。其大喇嘛之坐床者四人,曰西勒图;其诵经室曰都纲,旛刹螺呗,几埒西藏。国家之大疑大计,皆就决焉。策妄及噶尔丹及那木札尔三世嗣位,皆请赴藏熬茶诵经,每次费二十余万。清廷亦赐茶叶香帕以助其施。达尔札达瓦齐之得立,及与阿睦尔撒纳之构衅,皆伊犁喇嘛为之。阿睦尔撒纳从清兵定伊犁,即使人赴藏熬茶,祝己得总四部时,当振兴黄教。又使固尔札庙喇嘛请将军必使己主伊犁。迨叛后上疏,犹以各大臣踞高坐见喇嘛激变为词。败则劫夺喇嘛马驼以遁。故《平定准部碑》云:"去兴黄教,敬佛菩萨,其心乃如夜叉罗刹之以人为食也。"其所奉喇嘛,亦类以淫杀为佛事,与清海一辙。及清师再定伊犁,遥望火光烛天,则固尔札庙灾,喇嘛皆焦土,与崇奉喇嘛之憝酋,亦同归于尽矣。

(四) 众建与结婚之政策

制驭外藩之政策,除利用喇嘛教而外,其效果最著者,则众建与婚姻是已。清师初定伊犁时,欲仍厄鲁特四部之旧,众建以分其势。而阿睦尔撒纳必欲总长四部,致再劳征伐。盖势集权重,控制维艰,清廷固不惜以兵力从事也。及伊犁再定,漠西蒙古与漠南北同为属土,三大区域之分部以数十计。部(蒙古语爱玛克,Aimak)之大者二十余旗,小者一旗,综旗二百余(漠南内蒙古二十四部,共四十九旗,漠北外蒙古四部,附以二,共八十六旗。青海蒙古五部共二十八旗。贺兰山之阴西套额鲁特,额济纳河之阳,额济纳土尔扈特,错处于金山、天山之间曰杜尔伯特、土尔扈特、和硕特,凡部十,附以一,为旗三十有四。回部为旗二,一在哈密,一在吐鲁番)。每旗置札萨克(蒙古语 Dzassak,《理藩则例》云:"置札萨克之辅曰协理台吉,其属曰管旗章京、副章京,曰参领,曰佐领,曰骁骑校。凡旗众,各分以佐领,佐领之丁百有五十,三丁而授一甲,设领催什长而稽其众庶。三岁则编审,给其耕牧,定其徭赋,厘其户籍,制其婚嫁,优其赏恤,示其禁约以颁札萨克之治")一,掌其政令,故势涣。札萨克之制,或世袭,或简任,自王(亲王、郡王二等)、贝勒、贝子公(镇国公、辅国公二等)台吉(亦有四等)皆然,封爵有大小,一入于行政官之范围则无别,故位均。又合数部数旗,或一部数旗,每三岁简军实、阅边防、清刑名、审丁册,谓之盟(蒙古语 Chogolgan)。设盟长、副盟长各一,同盟诸旗集合盟所,诏遣大臣莅之。盟长于临时有考核之责,无统治之权,故职分。其西藏达赖、班禅,本以教主兼藏王,下设四噶伦布,以分治之。其新疆回部,惟哈密、吐鲁番膺王封,以西诸回城,皆设伯克。伯克之秩,以三品至七品为差,因事而治(详见本书卷上第十九章)。盖蒙古、番、回、藏诸藩部,官长仍利用本族之人,而其内容之分析,则如上述。于是以政府所派遣之大臣总治之,庶权分而势涣,再以重兵监督,则不致为变矣。和亲之策,盛行于汉唐,而清廷师之,其效倍著。自太宗、世祖两朝,帝后皆科尔沁女,故其藩礼独加于诸部。历代公主、格格、宗女,下嫁于蒙古王公者,不可悉数。盖加恩结纳,无过于此;凡异族来降者,与被赦之俘,皆尝以宗室女嫁之,如超勇亲王策凌(详见卷上第二十七章百十一节)准部亲王达瓦齐(详见第二章九节)皆是。乾隆时赐宴蒙古王公诗,弘历注谓领宴者大率朕之儿孙辈,则其为皇室之姻眷可知。弘历已崩,内蒙古之都尔伯特汗至于殉死,其感恩又可知矣。旧制满汉不通婚,独于蒙古,世联姻好,此操纵边疆之权术,抚绥属国之政策,又不可不知者也。

十七　新疆开拓之屯防策

(一) 屯种戍防之大略

新疆南北路之荡平也,以伊犁为总汇重地,而乌鲁木齐中外要冲,塔尔巴哈台边接外藩,分设满兵驻防,汉兵屯种,皆携眷移戍。惟南路回疆,更番轮戍,其兵可考者:伊犁驻防满洲兵四千,惠宁城满洲兵二千有百四十。其伊犁河南岸分驻锡伯兵千,索伦达瑚尔兵千,察哈尔蒙古兵千有八百,厄鲁特兵二千八百,沙毕纳尔兵六百,皆射猎游牧为业(屯种惟达瑚尔兵,余皆游牧)。又建六城,分驻绿营携眷兵三千,开屯兴筑,星拱棋布,与伊犁城环峙,共兵万有五千三百三十,兼岁派换防于回疆者八百,换防于塔尔巴哈台者千有五百(塔尔巴哈台本有驻防兵九百,绿旗驻屯兵六百,后撤去驻防,惟存换防及屯兵共二千):此北路驻防兵制也。其回疆南路,则皆换防之兵,共五千七百有六十:哈密及哈拉沙各七百,叶尔羌及喀什噶尔各九百,阿克苏八百,英吉沙尔四百,库车及和阗各二百余,乌什及赛里木各百五十,皆绿旗兵,由内地陕甘及乌鲁木齐分年派往,惟喀、叶二城骑兵各三百,英吉沙骑兵二百,由伊犁派往。初议三年一班,后改五年一班,各设办事领队大臣;此南路番戍之兵制也。东则乌鲁木齐厄南北两路之冲,设驻防满洲兵三千四百六十,以都统辖之,兼辖巴里坤副都统驻防兵千,古城副都统驻防兵千,及乌鲁木齐总理屯田副都统二员,屯田绿旗兵四千,又乌什屯田绿旗兵一千,并属伊犁将军节制调遣:此东路之兵制也(其乌鲁木齐提督,则自安西提标移驻,又设巴里坤总兵,哈密副将,各辖绿营,而节制于陕甘总督,与新疆驻防相联络)。新疆驻防换防绿营皆陕甘二省移往,其驻防满洲兵,则自热河、西安、凉州、庄浪移往。察哈尔、蒙古兵,则自张家口外游牧移往。索伦、锡伯等兵,则东三省移往,厄鲁特、沙毕纳尔则由新附编入(沙毕纳尔随土尔扈特来投〔事详下节〕,乃厄鲁特之附庸小部也)。或领以侍卫,或督以屯官,或隶于佐领。其回兵则分隶各城伯克,而总辖于将军大臣。惟携眷驻防之兵有定额;其番戍之兵,三年更代,以次增设,无定额。或谓南路回疆,亦宜仿北路驻防兴屯之制,招华民,实回疆,变膏腴为内地,势尤顺,利尤大。然清廷不知出此,并南路玉山之利源而不善经理,惟以防戍限制为策,致沃土荒于番回,瓌宝庋于黩吏(参看第二章第十节第五目),岂得谓之善理边者哉?

(二) 屯防策之评论(附昌吉之变)

康熙以来,累次用兵于西北,而卒未能得胜利。及准部内讧,清廷乘之,一举而荡平伊犁,定回疆,列亭障,置郡县,动天下之力以经营之,故或以为取之虽不劳,而守之则太费,盖为屯防之策,事重而用奢也。然考当时所戍之兵未尝增,所用之财未尝费,故魏默深谓:“南北两路养兵万有九千余名,设官千有四百余员,有驻防,有换防,驻防携眷之满洲、索伦、蒙古、厄鲁特兵,则移自盛京、黑龙江,移自张家口,移自热河;其换防番戍之绿营兵,则调自陕甘,岁支俸饷银六十有七万八千九百余两,即内地应领之额项,其增兵者安在?(内有新疆本地租税、茶、马匹、棉花、布可抵银七万八千余两)三十七年十一月,高宗斥四川总督文绶开捐之请,谕曰:‘自平定西陲以来,酌减沿边防秋兵马,及酌裁各省驻防汉军粮饷、马干等项,除抵补新疆经费外,每年节省银九十余万两,历今十有余载,岁出较少,约积存千有余万。是以乾隆初年户部库银止三千三四百万,今已多至七千八百余万,有盈无绌。’是新疆不惟未尝糜饷,而且节帑,其费财者又安在?且北路屯田二十三万八千六百余亩,南路四万九千四百余亩,岁交粮米共十四万三千余石,尽支放外,尚不敷二万三千石,于旧存仓贮五十万石内支补。计兵屯、民屯、旗屯共十余万丁,统于乌鲁木齐提督。自官田外,余地听民自占,农桑阡陌徭赋如内地。且夫一消一息者天之道,裒多益寡者政之经;国家提封日方,地不加增而户口日盛。中国土满人满,今西域南北二路,地大物奣,牛羊麦面蔬蓏之贱,浇植贸易之利,金矿铜矿之旺,徭役赋税之简,外番茶马布缎互市之利,又皆什伯内地。边民服贾牵牛出关,至辄辟草莱,长子孙,百无一反。是天留未辟之鸿荒,以为盛世消息尾闾者也;是圣人损益经纶之义,所必因焉乘焉者也。中外一家,老死不见兵革,较之康熙、雍正间烽火逼近畿,边民寝锋镝,中国运饷屯田于科布多巴里坤,且守且战,先后糜帑七千余万者,其劳敝又安在?”盖当时一班人狃于近安,不骛远计,徒以国用日绌,而不思探本求源:由于名粮武俸之增,河工岁修之费,八旗口粮之重,文银出洋之甚,倍于从前也;漫咎新疆垦殖政策之不当,故魏氏叹为不智。是清廷屯防之策,足以开富源,移边民,调剂社会之状况,以图经济之新发展,不得谓非善举也。特其所重者,只在北路,而不及于回疆,殊可惜耳!

〔附昌吉之变〕 昌吉者,定准部后大兴屯田处也。设直隶迪化州于乌鲁木齐,辖阜康、昌吉、绥来三县。除兵、民、回、屯外,复有内地谪戍之屯户,是为流屯。乾隆三十二年,屯官以中秋之夕,犒诸流人,置酒山坡,男女杂坐,醉逼流妇使讴。诸流人故悍,又皆使酒,俄顷激变,戕屯官,劫军器,据城叛。黎明报至乌鲁木齐,时班兵散在诸屯,城中兵仅百有五十,然皆百战之余,视敌蔑如也。镇守都统温福即率之以行,至洪山口,守备刘德叩马曰:"此去昌吉九十里,我驰一日至城下,是贼以逸待劳,且其城非百余人所能仰攻破也。贼得城必不株守,势必来,不如扼险待之。两崖隐蔽,贼莫测我多寡,是反客为主,反攻为守,破贼必矣!"遂止营。敌果至,德令于众曰:"望其尘氛,虽不过千,然皆亡命必死之贼,幸所乘皆屯马,未经战阵,受创必反走,我军各擎枪伏以待,视旗动而击之,敢先者斩!"俄而敌枪竞发,清军不动。忽前队一人伤,德麾众枪齐发,屯马果皆横逸,噪而乘之,皆反奔。追北至玛纳斯河;其地南界天山,北濒苇湖,流屯入于绝地,遂歼焉。是役与乌什之变(详第十节)并称,皆为屯戍官员不善处理之所致,故以后清廷诏书,常举二事以为镇守诸臣之大戒。

十八 土尔扈特之来归

(一) 土尔扈特与清俄之关系

新疆戡定,西师亦蒇,而与前事波澜相首尾者:北路则有土尔扈特之来归,南路则有乌什昌吉之变乱。乌什昌吉之变,前于第十节及第十七节中已附述之,兹复叙土尔扈特之事实于此。土尔扈特者,故四卫拉特之一,先世出元臣翁罕,八传至和鄂尔勒克,居雅尔(塔尔巴哈台)之额什尔努拉地方。时准部之珲台吉强盛,恃其兵力,轻侮诸部,和鄂尔勒克不欲为其所属,率其子书岱青等徙于中央亚细亚之东北,过吉里吉斯而入于俄罗斯境。时明崇祯三年也。后六年,土尔扈特二十余万人,携五万之帐,再渡卫巴河,乱入后窝瓦之旷野,遂占领之,进掠俄境之阿斯打拉坎、沙拉特夫、啧兹恩、旦波甫等各地方,又侵略西部西比里至特波耳斯科府,致与俄军冲突。惟是时俄方与波兰交战,不暇东顾。和鄂尔勒克益侵扰不休,卒以战死。自是部下稍稍离散,失其进取之势,其后遂附属于俄国。时顺治十一年也。土尔扈特虽属俄,然心实不愿,故书岱青、伊勒登诺颜、罗卜藏诺颜(皆和鄂尔勒克之子)诸兄弟皆相率遣使朝贡中国,而于俄边则复肆其侵略。及书岱青之孙阿玉奇,始自称汗,当康熙中表贡不绝。阿玉奇虽自称可汗,表贡中国,然对于俄罗斯,亦颇有所效力。如康熙十年,巴西启尔之叛,土尔扈特出兵五千,援救俄国。又出部属万人,移住于盾戈萨克屯田地,为之守护边境,以是颇得俄国政府之优遇。然土尔扈特习蒙古俗,信仰黄教,与俄罗斯国俗不相容,常有思慕故土之志。当准噶尔之强也,阿玉奇以其女妻策妄阿拉布坦,策妄则离间其子散札布台吉,使率所部万五千户至伊犁,尽没入之,逐散札布归俄罗斯。又绝其贡道,与赴藏熬茶之路(略见上卷第一百十节)。康熙五十一年,阿玉奇假道俄境,复贡方物。圣祖嘉其诚,并欲悉其国情,遣内阁侍读图理琛取道蒙古、西伯利亚而至其国,往返经三载,因述其所经道里山川民风物产,为《异域录》二卷。(《四库全书简明目录》云:"首冠以舆图,次为行记,以所历之地为纲,而按日记载以为目。")阿玉奇附表奏谢焉。

(二) 土尔扈特之东迁与内附

时土尔扈特王廷,建于玛鲁托海南岸,北岸为其台吉鄂托克所居,地广漠饶水草,休养生息百余载,毡幕驼马,云屯谷量,两岸各至十余万户。雍正中,俄国对付土尔扈特之方略一变,屡发禁令,惩其摽掠,查其部落,设法以限制之,且欲改其俗,信基督教。于是土尔扈特对于俄国渐生厌恶之观念。会阿玉奇之曾孙渥巴锡立为汗,不得俄政府之认可,意甚不平。而其部又苦于征役,死伤甚多。(《圣武记》曰:"康熙中俄罗斯之察罕汗,曾征土尔扈特兵攻西费雅国,土尔扈特兵不习战,多受创。至是叩肯汗攻图理雅国,复征之,土尔扈特兵屡衄,死伤万计。”)乾隆二十二三年,清师大定伊犁,其各部厄鲁特之逸入俄境者,悉安置于渥巴锡部下,是为新土尔扈特。时有附牧伊犁之土尔扈特台吉舍棱,率所部二千余亦往投之,因盛言伊犁空虚可据,劝渥巴锡返故土。新投之人,复从而和之,渥巴锡为所惑。遂与其台吉喇嘛集议,传谕大小宰桑,各戒严,约北岸部落于河冰合时,同渡东徙。适冬暖,河久未冻,渥巴锡不能待,遂率南岸十六万口启行,时乾隆三十六年十一月也。沿途破俄罗斯边城四,俄罗斯出兵追之,不及,仅捕获落后之土尔扈特人而还。渥巴锡既出俄境,将假道哈萨克,哈萨克倾国力战拒之。又改道布鲁特(即喀剌吉尔吉斯部,在天山之北,准部之西南,近葱岭),布鲁特千百为群,环攻其辎重牲畜,如张网之待兽。土尔扈特进退无路,不得已,改道各国边界戈壁之地,绝水草旬日,皆饮牛马血而行,人畜死亡大半,翌年六月,始达伊犁,仅存七万余口,尫羸无人形。伊犁将军舒赫德严兵备边,遣人迎诘之,渥巴锡与其台吉等计议数日,始以慕化归附为词,言“俄罗斯宗教风俗俱不同,愿依中国兴黄教之地,以安部众”。事闻,廷臣议者,以降人中有舍棱,前曾诳害副都统唐喀禄而逃,今忽来归,疑有奸诈;且据《恰克图条约》,中俄彼此不得容隐逋逃,今受俄人叛藩,恐启边衅。弘历以舍棱故我叛臣,俄人受之,固索不与,是背约在俄,折之有词。且数万乏食之人,既至近界,驱之使去,将有他变,乃决计受降。召其酋长入觐热河,封渥巴锡为汗,舍棱为郡王,余贝勒、公、台吉有差。分其众为新旧二部,渥巴锡所部为旧土尔扈特,舍棱所部为新土尔扈特,各设札萨克,给官牧之马牛羊十有四万,而新疆市往之十二万不与焉。拨官茶二万余封,出屯庾米麦四万余石,而伊犁赡赈之茶米不与焉。甘肃边内外购羊裘五万余袭,布六万余匹,棉六万余斤,毡庐四百余架,而库给之毯棉不与焉:共靡帑金二十万有奇。邮传供亿,燕享犒赉,使者劳来相望,一如康熙中抚喀尔喀四部例。土尔扈特息喘如归,献西洋钟、火表枪及所受明玉印。清廷仍以伊犁及科布多附近哈拉沙地为其游牧,建王廷于著勒土斯土。盖自清初绥服蒙古以来,至是乃尽族而臣之。而是时俄人方以波兰之乱,与土耳其交战,未暇与我论曲直也。

十九　中亚细亚诸国之宾服

（一）概说

逾葱岭而西，即今中央亚细亚诸地，汉世始通于中国，即所谓大宛（即安集延）、康居（即哈萨克）、休循捐毒（即布鲁特）、乌秅（即巴达克山）、大月氏（即阿富汗，旧名爱乌罕）等是也。然城郭土著，与蒙古异俗，魏源别之曰属国。属国中又有二：（一）由天山北路而西北，为左右哈萨克；由天山南路而西南，为左右布鲁特；虽同一游牧行国，而非准非回。（二）逾葱岭而西北为安集延，西南为巴达克山，为爱乌罕，虽皆回教城郭之国，然又非岭东群县之可比矣。清师之定新疆也，已拓地二万余里，本无意于葱岭以西声教不通之国，而徒以叛逋逃亡之故，致西属诸国，附我藩墉，盖声威所播，斯亦用兵之成效矣。惟其朝贡献见，或有常期无常期；商税抽输，或有定额无定额。盖若附属保护之列，与朝鲜、安南等耳。汉之时，天山以北为乌孙（即伊犁）逐水草诸国，天山以南为城郭三十六国，唐设北庭、安西都护，开置四镇，自昔风气，判然南北，而北路雄强，南路每为之服役，要皆各君其国，各子其民，时通时绝，羁縻勿久。更何问葱岭以外？清自康熙用兵西北，历三朝而始成扫荡扩清之业，以自昔不通之国，亦相率就我衔勒，藩篱固而边境安，今日五族共和之基础，亦即奠定于此时矣！武功彪炳，岂汉唐之所可及哉？今就各国与清廷之关系，比较可考者，分述于后。

（二）哈萨克

哈萨克分三部：左部在准噶尔西北，右二部在准噶尔西：皆北界俄罗斯，东去塔尔巴哈台，南去伊犁，约千里。其左部曰鄂尔图玉斯，东西千里，南北六百里，环境皆山，西北境曰伊什河，地苦寒，其汗惟盛夏居之，余时逐水草游牧，广漠蕃茂，谷量羊马，风俗、物产、文字，略同准部，而语言稍异。乾隆二十年二月，准噶尔平，阿睦尔撒纳旋叛，明年走哈萨克，诱煽其汗阿布赉。清将军达尔党阿、哈达哈两路进讨，阿布赉遣和集博尔根以四千骑从阿睦尔撒纳走鲁腊（或作努拉），而自率千余骑西行，会于毫沙腊克山下以待。七月，达尔党阿兵遇和集前队二千于雅尔腊山，劲骑突其中坚，破其伏兵，敌溃，斩首六百级。又击和集后队二千骑于西路，陷阵获其纛炮，斩三百级。北路哈达哈之军亦同时败阿布赉于毫沙腊克山下，斩二百级。三战三捷，遂抵伊什河。伊什河、阿布赉之庭帐在焉。乃遣所俘哈萨克之渠帅楚鲁克、昭华什者二人归，谕使擒阿睦尔撒纳以献。阿睦闻之，已远窜。明年，将军兆惠、富德等复以兵西追深入，阿布赉遣使请罪，献良马，且遣兵向导誓擒阿睦。适阿睦尔撒纳先觉，遁俄罗斯，乃捕献其党。和集博尔根率其众款于军门，兆惠启帐筵之，泥禁饱瞰，引之观射，益大骇服。于是定乌鲁木齐为互市地，自后岁时朝贡为例。此左部哈萨克之与中国关系也。其右二部曰齐齐玉斯，曰乌拉玉斯，亦称中部西部。西部即塔什干（Tashkend）附近地。二部方构兵，阿布赉、兆惠遣使说之，皆解甲。适富德追厄鲁特逸人至右部，军于莽格特城外，遂诣军结款。此右二部哈萨克之宾服也。哈萨克左部游牧，逐水草，为古康居，其寒暑徙帐，即康居国王"冬居乐越匿地，夏居蕃内"之俗。而右部则有城郭，与康居五小王所治五城，合为大宛北鄙，故或言哈萨克即大宛。然自中国衰弱以来，西鄙渐为强俄所吞食，而哈萨克今乃属于旧俄七河（Semiretchensk）等省之范围下矣。

（三）布鲁特

布鲁特分东西部：东部五，西部十有五，东部在天山北准部之西南，近葱岭，距伊犁千四百里，每部长皆以"鄂拓克"为名。旧游牧于特穆图泊左右，为准噶尔所迫，西迁寓安集延。清师定伊犁，布鲁特始复其故地。乾隆二十三年六月，将军兆惠等追厄鲁特逸众至其界，遣侍卫往谕其头目。萨雅克部、萨拉巴噶什部两鄂拓克不能自主，别推一年长者曰玛木克呼里，已九十余岁，主其事。玛木体硕，趺坐腹垂至地，不能远行，因遣使献牛羊百头，兆惠等燕而示之射。咸诧服曰："天朝骑射之利，向虽闻之，至于发必命中，层甲洞穿，马上三枪连发，五矢左右迭射，离马及地，腾上复驰，虽厄鲁特兵亦不及，宜乎东殄准噶尔，西服哈萨克！何有于我等小部乎？”于是霍索楚、启台两部鄂拓克亦就抚。四部合计二千余户。而萨娄鄂拓克闻之，亦于七月率所部五千户来归。东布鲁特五部，至是皆遣使入朝，为我藩属矣。其西十五部者，在天山南喀什噶尔西北，由鄂什逾葱岭，可至其地。每部所辖或二百余户，或七百余户，或千有三百余户，共二十余万口，皆以额德格纳部长之（部落虽分，游牧同地，犹蒙古之四子部落也）。逐水草游牧，衣冠风俗，皆同东部。乾隆二十四年，清军追回酋经其地，其渠长奉书曰：“额德格纳、布鲁特部小臣阿济毕，恭呈如天普覆，广大无外，如爱养众生素赉满佛之鸿仁，如古伊斯于达里之神威，如鲁斯坦天下无敌之大勇（所举三者，盖皆西域诸部先代之贤汗，犹中国颂扬尧、舜、禹、汤也），富有四海，乾隆大皇帝钦命将军之前：谨率所部自布哈尔（Bokhara）以东二十万人众，尽为臣仆。头目等以未出痘，不敢入中国，谨以使臣入朝京师。”将军兆惠表闻。至是西布鲁特十五部亦内附。设二品至七品头目，由将军大臣奏放。岁进马受赉，减其商税，巡其部落，同内地焉。布鲁特持教同回部，而居无城郭，游牧同厄鲁特，而崇回教，其疆域风俗，皆介准回之间，人贫而悍，轻生重利，喜掳掠，虽厄鲁特强盛时，亦不能驯服之。东部为乌孙西鄙，古所谓塞王种也。西部则南属葱岭，东连疏勒之休循捐毒也。唐时为大小勃律，今则并属于俄矣！

（四）敖罕

敖罕（Kokand），葱岭以西回国也，有四城，俱当平陆，最西为敖罕城（亦曰浩罕，亦曰霍罕），其渠居之；最东曰安集延，与布鲁特毗连，去喀什噶尔城五百里，好贾远游，遍南北二路。从安集延西百有八十里，为玛尔噶朗城，有二万余户；又西八十里为纳木干城，万余户（纳木干一曰奈曼）；又西八十里为敖罕城，三万余户；皆滨那林河岸。四城皆有伯克，而敖罕额尔德尼为之长。又有塔什干等城，以三和卓木分辖其众，亦附庸于敖罕，故亦称敖罕八城。然塔什干为哈萨克族，实不尽属敖罕也。其西又有布哈尔国环之，世为勍敌。敖罕风俗，略同南路诸回城而鸷勇倍之。乾隆二十四年清军追霍集占，霍集占遣使欲投安集延，安集延不报。既而兆惠遣侍卫达克塔纳抚定布鲁特诸部,至其境,额尔德尼酋迓至城内,日馈羊酒瓜果糇粮毡毹良马。询访中国疆域物产、风俗形势、兵马器械,侍卫广宣清廷盛德。额尔德尼畏慕奉表,并上将军书称为至威至勇,如达赉札木西特之将军。旋贡马京师。《汉书》称自疏勒西逾葱岭,则出大宛、康居诸国,疏勒今喀什噶尔城。从其城西逾葱岭,为出安集延之道。安集延诸城,土著耕田,有城郭庐室,而富强善贾善战,亦大宛遗风云。

(五) 巴达克山

巴达克山(亦作拔达克山),葱岭西南回国也,扼葱岭之右,去叶尔羌千有余里。西北至伊西洱河,有城郭,负山扼险,户口十余万。乾隆二十四年,回酋霍集占(小和卓木)兄弟为清师所败,西奔巴达克山,诡言假道往墨克国(即墨加)谒其教祖,而纵兵肆掠。又以其酋素尔坦沙不亲迓,怒斩其使,素尔坦沙因执博罗尼都(大和卓木)而以兵攻围霍集占于阿尔浑楚岭,霍集占屡败被擒,拘之于柴札布。柴札布者,巴达克山系囚处也。时清副将军富德进军瓦汉城,移檄索之。素尔坦沙以霍集占与己同属牌罕巴尔之裔,欲缚献,恐为诸部所责。既而霍集占复阴约塔尔巴斯国,使攻巴达克山,而温都斯坦国兴兵谋夺霍集占兄弟。清大军又压境檄索,素尔坦沙乃迁霍集占兄弟于密室,以二人围殪之,驰献其馘,率所部十万户,及邻部博罗尔三万户俱纳款。(《西域闻见录》称:拔达克山,诛霍集占,尽有其帑贿,邻部退木尔沙兴师而灭之,敖罕又灭退木尔沙。魏源曰:"《闻见录》作于乾隆四十二年,而《四裔考》官书,载至乾隆五十年止,尚称巴达克山职贡不绝,并无破灭之事。盖温都斯坦欲攻巴达克山,既而温都为爱乌罕所灭。《闻见录》传闻失实欤?又以爱乌罕之哈默特沙汗误为退木尔沙国,故《闻见录》无爱乌罕国名。凡此录于葱岭以西各国,道听途说,十讹六七,不可依据。")二十五年,遣使入朝,贡刀斧及八骏马,自是职贡不绝。《汉书》皮山国在于阗西,西南至乌秅国千有三百余里,今自和阗至巴达克山,亦千三百余里,其国治葱岭南,四面皆山,河抱城东,两崖有悬度之险。《唐书》谓之竭盘陀国,去疏勒西南六百里,治葱岭，负徙多河，即古之乌秅，今之巴达克山矣。

（六）爱乌罕

爱乌罕（即阿富汗，Afghanistan），在巴达克山之西南，亦大回教国也。有三大城：曰喀宾（即喀布尔，Kabul），曰堪达哈（即干达哈，Kandahar），曰默特沙（即黑拉特，Harat）。其喀宾城三面皆山，堪达哈城四面依山，为汗所都。默特沙城旧属伊兰（即波斯），为爱乌罕所并，遂兼治三大城。每城相距皆二十余程，地广数千里，北界布哈尔，南界温都斯坦，东界巴达克山，胜兵十有五万，惟火铳刀矛，无弓矢，重农粟，鲜物菜，商旅罕至。自兼并温都斯坦后，于是金丝之缎，工镂之玉，奄竖传令，声明文物，出诸国上。初乾隆二十四年，霍集占为清军所败，假道巴达克山赴爱乌罕，巴达克山中道邀而杀之，爱乌罕及温都斯坦各兴师问罪。巴达克山惧，乃贻中国文绮，具言霍集占负中国及扰己之罪，爱乌罕遂与连和，合兵拒温都斯坦。爱乌罕亦闻中国之盛，未知其道理远近，遂遣使偕来，欲以觇中国广大。二十七年至京入贡，为中国最西之属国，然隔膜横绝，不过偶一朝贡而已，不似哈萨克、布鲁特之为我屏卫也。哈萨克三部有汗、王公、台吉世袭以理其游牧，三岁一贡，岁一市，以马羊易缎布，而税其百一，布鲁特亦如之。而爱乌罕及巴达克山等，则皆无关边防，但列朝贡。爱乌罕即古罽宾国，或言亦大月氏境也。

二十　琉球之内附

（一）琉球之统一

琉球在东海中，大小属岛凡三十六，以中山岛为首领。其国都即在中山之中，地名首里。余岛分若干省，省各隶“间切”。间切，译言府也。每一间切，设一按司。惟首里及附近之久米泊那霸直领于国王，不设按司，以世官王子遥制之。左右相国二员（正一品），法司三员（从一品：一掌刑法，一掌钱谷，一掌礼仪图籍），有事必集议，王受成而已。相传自天孙氏始建国，传二十五代，逆臣利勇篡位。浦添按司舜天者，日本人皇后裔，讨杀利勇，众推为王。时宋淳熙十三年也。元廷祐以后，国土三分：曰山南，曰山北，曰中山。明初，佐敷案司思绍者，慨然有统一之志，其子势治高真躯干短小，深沉有武略，二十一岁，思绍谓之曰："王城不德，国家分裂，生民苦于涂炭已久！今观诸案司碌碌无能，汝有器度，必能发扬大志，当代吾为案司，以拯救人民也！"王城者，即琉球肇分三山时之中山国王也。势治既代父为案司，与人民同饥苦，贮糈存粮，简练兵实。时大里案司闻之，召诸臣议，以势治英武绝伦，与己不善，恐来攻，谋备御之策。议未毕而势治统兵至，急遽不遑召兵，遂被虏。势治既并大里，势大振，因召将士曰："开辟以来，惟有一王，若山南者，乃伪王耳。然中山不德，政乱众叛，今拟伐中山以定基础，然后平二山而安社稷，如何？"将士佥谓然，因伐中山降之，并灭山南。而山北先已为绍思所并，至是琉球复统一。势治高真者，即今琉球史所谓尚巴志也。巴志既为国王、敷政教、兴文字、设邮驿、纪区宇，一时号为中兴。

（二）朝贡于中国

先是琉球不与中国通，魏晋以前，未著于史。隋朱宽一曾至其地，元招之不来，明初三山国王皆来朝聘。巴志立，遣使告捷于明廷曰："我琉球国分为三者，百有余年，战无已时，臣巴志不胜悲愤，为此发兵克复山南山北，今已归太平矣。伏愿陛下圣鉴，不违旧规，赐臣袭封，谨贡以土产之马及方物"云。自是琉球确然为中国之朝贡国。时明永乐二十年也。明因赐以三十六姓，国王曰尚氏。许陪臣子弟入国子监肄业，每岁贡船二艘，至多不得逾三百人，且于福建南台外建番使馆以为居留之所。凡国王嗣位，必先遣陪臣来朝请命，中政府因命正副使赍敕往封，赐以镀金银印，文曰"琉球国王"。未封以前，称世子权国事。清兵入关，下江南入浙闽，琉球震于兵威，于顺治三年，遣使至江宁投经略洪承畴，请转送入京。礼部以明朝敕印未缴，不便授封。十一年，琉球王又遣马宗毅、蔡祚隆来贡，兼缴前朝敕印，请封，清廷因命兵科副理事官张学礼，行人王垓为正副使，赍诏印往封，令二年一贡。寻因沿海不靖，未往而返。宗毅留福州，十七年病卒，诏赐赙祭。康熙初，仍责学礼等与祚隆同往，二年礼成而还。康熙八年，国王尚质薨，子贞嗣，遣使来贡。二十年复请赐封，礼部议航海道远，应令贡使领封，不再遣人往，琉球使臣毛见龙固请，圣祖允之。二十一年遣翰林院检讨汪楫等往，赍诏敕银印，封为“琉球国中山王”。楫至闽时，军事方棘（正攻台湾），不俟造船，取战舰渡海，三日而至，琉球讶为神异，奏言嘉瑞，乞付使馆。盖前代封使，每迟至三四年甚有十余年始达者，故以楫冒险为从来所未有也。楫还奏尚贞恳令陪臣子弟四人来京受业，部议照前明例许之。自是每遣贡使，皆附送官生四人，来监读书，有病死者，赐银营葬，并赡恤其家。乾隆四年，弘历以琉球王遣使庆贺，降敕奖谕，并书“永祚瀛壖”四字额及文绮等物赐之。琉球王殿宫门，皆建筑西向，以表忠顺天朝之意，而贡使官生，按期来京，历世弗衰焉。

（三）琉球之两属

虽然，琉球对于中国，表面极为恭谨，而对于东邻之日本，亦以种种关系，不时纳聘。尚巴志之子尚忠时代，即与日本将军足利义教有密契，足利以保护贸易为名，干涉琉球政事而使之朝贡。明万历年间，日本幕府丰臣秀吉当国，琉球王尚宁遣使谒之聚落第。及征韩之役，秀吉征粮于琉球，琉球虽勉强应付，而心实不甘也。日本长庆十一年，幕府欲琉球作介，请明国依旧通商，法司郑回，固拒不从（郑回即谢那亲方，都事郑录之子也，为洪武中闽人移住琉球三十六姓之一。曾为明国子监生，后举为法司）。岛津家久因发兵三千攻之，擒其国王。至是日本得与中国营间接之贸易，而对于琉球王统，未敢遽易也。琉球受清廷之册封，为中国之外藩，然实权多在日本，故于清廷封使未到之先，辄施掩饰之手术，冀使臣不觉其与日本有依附之关系，而妄加干涉，即日本亦利用此种政策，而深恐其开罪于大国也。掩饰之术若何？则不外：

一、使船到国时，凡日本年号、名氏、书集及此外惹人注目者，各自藏避。

一、日本歌谣、言语、风仪皆不可露。

一、日本人均避于浦添之城间村,使船改泊于北岸运天港。

一、琉球船赴中国时,其藏匿亦同。

琉球政治家蔡温有言曰:“当国者以小国之力为王国之饰。”盖谓此也。

二十一 极盛时代之疆舆

(一) 疆域之扩张与总表

清自辽左建国,疆域次第扩张:统一满洲,臣服东海,降朝鲜,灭内蒙,西向与明争天下。及入关破贼,奠都北京,大河以北,为所役属。破金陵,取浙江、福建,而威令及于闽粤;下四川、湖南、广西,入云、贵,自是本部统一,而十八省之根基成矣。察哈尔之败亡也,漠南各部藩属翊戴,世守勿替;乌斯藏之来朝也,因其宗教,封其喇嘛,是为旧藩。康熙间归抚之喀尔喀、雍正间底定之青海,是为新藩。皆建官分属,久隶职司。乾隆武功丕昭,荡平准回二部,平定大小金川,分土开屯,授职制贡,不异赤县黄图,而于金川设美诺、阿尔古二厅,隶于四川,则土司向化之基础立矣。至朝贡受封之国:朝鲜、琉球旧属藩封,廓尔喀、缅甸、安南兵威所屈,若暹罗、阿富汗、敖罕、巴达克山则余威之所震,拱手内服者也。惟哈萨克三部,布鲁特二十部,建置类于准回,而设官不同(每岁惟遣领队大臣巡视)。朝贡略如缅越,而羁驭有间,其制盖在藩部属国之间,名曰附庸,以示区别耳。自天命崇德以来,历顺、康、雍三朝,无祀不以兵力向外发展,而乾隆雄心勃勃,尤能继扬武烈,克成鼎盛。疆域之扩张,亘古殆无其匹已!呜呼,逞兵黩武,影响固属非细,开疆拓土,缔造尤觉艰难。后之人不知善守,而一再沦墟,蚕食近里,不亦大可哀夫!

- 大清帝国之版图
  - 顺天府
  - 本部——十八省
    - 直隶　山东　山西　河南　江苏　安徽　江西　浙江　福建
    - 湖北　湖南　陕西　甘肃　四川　广东　广西　云南　贵州
  - 盛京
    - 奉天府　锦州府　兴京
    - 宁古塔将军辖境(即吉林)
    - 黑龙江将军辖境
  - 藩部
    - 内札萨克蒙古二十五部五十一旗(详表见卷上十九章七十九节)
    - 察哈尔游牧地凡八旗
    - 喀尔喀
      - 后部土谢图汗二十旗(初辖十七后增至四十八旗又分二十旗属三音诺颜再增二旗)
      - 东部车臣汗二十三旗(初辖十二旗)
      - 西部札萨克图汗十七旗(初辖八旗)
      - 赛音诺颜汗雍正时就土谢图部分辖二十旗后又增二旗共二十二旗
    - 乌梁海
      - 唐努乌梁海
      - 阿尔泰乌梁海
      - 阿尔泰淖尔乌梁海
    - 青海蒙古
      - 厄鲁特部二十一旗
      - 喀尔喀部一旗
      - 土尔扈特部四旗
      - 辉特部三旗
    - 西藏
      - 卫
      - 藏
      - 喀木
      - 阿里
    - 新疆
      - 天山北路——准部
        - 伊犁东南路乌鲁木齐改设迪化州属甘肃省
        - 伊犁西北部
        - 库尔喀喇乌苏
        - 塔尔巴哈台
      - 天山南路——回部
  - 附庸
    - 哈萨克
      - 左部
      - 中部
      - 西部
    - 布鲁特
      - 东五部
      - 西十五部
  - 属国
    - 朝鲜
    - 琉球
    - 安南
    - 缅甸
    - 暹罗
    - 廓尔喀——尼泊尔哲孟雄不丹皆附贡
    - 巴达克山
    - 爱乌罕
    - 敖罕

(二) 边境之界至

是时疆域所届,东逾瀛海,西邻波斯(Persia),南迄马来(Malay),北至兴岭,版图灿然,星罗棋布,巍为东亚大国。兹复就边境四至,分述于后,俾知旧封之广迈,而思割削成今日之为可慨也!

一、东北界　天命年间,收服东海萨哈连路,而威令及于库页岛(俄名萨哈连岛,Sakhalin Ⅰ.日本则名之曰桦太岛),乾隆之时,库页酋长,重译而朝于北京。盖已视库页为东海之一部矣。故我国境界,东北直至鄂霍次克海之领海。

二、东界　库页岛之南为日本北海道,中有海峡曰宗谷。沿海(即今日本海)而至朝鲜东南滨海之釜山,隔朝鲜海峡与日本九州相望。再南为琉球群岛是为我国海东属国。

三、东南界　台湾本为荷兰人所据,康熙时,明臣郑成功夺据之,其后郑氏降清,台湾遂归清室版图,隶福建省。台湾之南有巴时海峡,即我国东南境界之所至也。

四、南界　暹罗于乾隆时为中国广东人郑氏所据,即朝贡于中国。其疆域包有马来半岛,直至今新加坡(Singapore)之地。安南旧我藩封,乾隆时旋叛旋服,其南极于柬埔寨(Cambodia)之南角曰澜泥尾。缅甸叠次用兵,卒以屈服,其东南海中有安达曼群岛(Andaman Is.),故自安达曼群岛以西之领海,而沿麻剌甲海峡以至于南海,皆属我国版图也。

五、西南界　乾隆五十七年,廓尔喀迫我兵力,卑词乞和,自是我国西南界至尼泊尔(Nepal),而不丹(Bhutan)、哲孟雄诸地亦附属焉。可与印度之恒河相望矣。

六、西界　阿富汗震于中国之强盛,于乾隆二十七年来京朝贡,为我属国,是西极于哈门泥地(Hamunswanp,在阿富汗西边,地连波斯俾路支三国境,低洼泥淖,非湖非陆也),而与波斯帝国为邻封也。

七、西北界　哈萨克布鲁特为我附庸,敖罕布哈尔为我属国,故锡尔阿母两河流域之间,胥为我之疆土,而他日境界之变迁,亦以此为最烈焉。

八、北界　乌梁海之阿尔泰河、萨扬岭、外蒙之博木沙奈岭诸脉,楚库河一段,以至黑龙江西界之额尔古纳河。再沿外兴安岭而至于海中之商塔尔岛,皆中俄分界处也(详情可参看卷上第二十五章第一百及一百一两节《尼布楚》《恰克图条约》)。

〔附言〕 本目可参阅童世亨《历代疆域沿革一览图》、苏甲荣《中国地理沿革图》。

(三) 府州县建置之沿革

清初分普通行政区为四级:曰省、曰道、曰府、曰县州厅;官制则有五等:曰知县、知州,曰知府,曰道员,曰藩司、臬司,曰督抚。然实际上地域之划分,只省府州县而已。兹就省、府、州、县建置之沿革,汇表于后,至道与府、州之隶属关系,则前已表著之矣(参看卷上第十九章第七七节第二目附表)。

清中叶以前之州县沿革表

府及直隶州	州县沿革自清初建置至乾隆不改者不复加注其自康熙以来增建移属之迹逐一详注于下
顺天明洪武为北平永乐改今名清从之	大兴 宛平以上京县 通州 昌平州 涿州 霸州 蓟州 良乡 固安 永清 东安 香河 三河 武清 宝坻 顺义 密云 怀柔 房山 文安 大城 保定 平谷 宁河雍正元年设
直隶省禹贡冀州辽金元明递为畿辅顺天一府虽亦兼属然实际府尹之权力与巡抚略同盖所以重帝都也	
保定省会	清苑附郭 祁州 安州 满城 安肃 定兴 新城 唐 容城 完 蠡 雄 束鹿 高阳 新安 望都初名庆都乾隆十一年改
永平洪武初为平滦府四年改永平	卢龙附郭 滦州 迁安 抚宁 昌黎 乐亭 临榆初为山海卫乾隆二年置县
河间	河间附郭 景州 献 阜城 肃宁 任邱 交河 宁津 吴桥 故城 东光
天津初为卫雍正二年改直隶州九年升府	天津附郭雍正九年设 静海 青二县初属河间府雍正二年属州九年属府 南皮 盐山 庆云三县初属河间府雍正二年属州九年属府 沧州初属河间府雍正三年升直隶州领南皮盐山庆云三县九年改属府
正定明为真定府	正定附郭 晋州雍正二年升直隶州领无极藁城二县十二年仍为属州与二县均属府 获鹿 井陉 阜平 栾城 行唐 灵寿 平山 元氏 赞皇 无极 藁城二县沿革见晋州下 新乐
顺德	邢台附郭 沙河 南和 平乡 广宗 钜鹿 唐山 内邱 任
广平	永年附郭 磁州初为河南省雍正三年改属府 曲周 肥乡 鸡泽 广平 邯郸 成安 威 清河
大名	大名 元城附郭 开州 南乐 清丰 东明 长垣

续 表

宣化旧为宣府镇隶山西省康熙三十二年改府来属	宣化附郭 蔚州初属山西省雍正四年属府 延庆州 保安州 赤城 万全 龙门 怀来 西宁 怀安以上三州七县并康熙三十二年由卫改设
承德雍正元年设热河厅十一年改为承德州乾隆七年罢州仍设厅四十三年改设府	平泉州雍正八年设八沟厅乾隆三十三年设州 滦平乾隆七年设喀喇河屯厅四十三年设县 丰宁乾隆元年设四旗厅四十三年设县 赤峰乾隆三十九年设乌兰哈达厅四十三年设县 建昌乾隆三年设塔子沟厅四十三年设县 朝阳乾隆三十九年设三座塔厅四十三年设县
遵化州初为县属顺天府康熙十五年升为州乾隆八年改直隶州	玉田 丰润二县初属顺天府雍正四年改属永平府乾隆八年又改属遵化州
易州初属保定府雍正十一年升直隶州	涞水初属保定府雍正十一年属州 广昌初属山西大同雍正十一年改属易州
冀州初属正定府雍正二年升直隶州(明省州治信都县入州属正定府)	南宫 新河 枣强 武邑 衡水五州初属正定府雍正二年改属冀州
赵州建设与冀州同	柏乡 隆平 高邑 临城 宁晋五县初属正定雍正二年属州
深州建设与冀州同	武强 饶阳 安平三县初属正定雍正二年属州
定州建设与冀州同	曲阳初属正定府雍正二年属州 深泽初属保定府雍正十二年属州
山东省跨越禹贡兖青徐三州又错出于豫州两汉而下仍分置诸州而疆理各殊唐为河南河北道宋为京东路金改山东路以俗谓在太行山之东也	
济南省会	历城附郭 德州 章邱 邹平 淄川 长山 新城 齐河 齐东 济阳 德平 禹城 临邑 平原 陵 长清初属府雍正二年属东平州十三年仍属府
泰安初为州属济南府雍正二年升直隶州领长清新泰莱芜三县一三年升府	泰安附郭雍正十三年设 东平州初属兖州府雍正八年升直隶州领东阿平阴阳谷寿张四县十三年改属泰安府 东阿 平阴二县初属兖州府雍正八年属东平十三年属府 新泰 莱芜二县初属济南府雍正二年属泰安州十三年属府 肥城初属济南府雍正十三年属府
武定初为州属济南雍正二年升为直隶州领阳信海丰乐陵三县三年升府	惠民附郭雍正十二年设 滨州初属济南雍正二年升直隶州十二年改属府 阳信 海丰 乐陵三县初属济南雍正二年属州十二年属府 利津 沾化 蒲台三县初属济南雍正二年属滨州十二年改属府 青城 商河二县初属济南雍正十二年改属府
兖州明洪武初以兖州属济宁府十八年升兖州为府降济宁为州以属之	滋阳附郭 曲阜 宁阳 邹 泗水 滕 峄 阳谷初属府雍正八年属东平州十三年仍属府 汶上 寿张
沂州初为州属兖州府二年升为直隶州十二年升府	兰山附郭雍正十二年设 莒州初属清州府雍正八年升直隶州领沂水蒙阴日照三县十一年属府 郯城 费二县初属兖州府雍正二年属州十二年属府 沂水 蒙阴 日照三县初属青州府雍正八年属莒州十二年属府
曹州初为州属兖州府雍正二年升为直隶州十三年升府	荷泽附郭雍正十三年设 濮州初属东昌雍正二年升直隶州领范观城朝城三县十三年属府 曹 定陶二县初属兖州府雍正二年属州十三年属府 范 观城 朝城三县初属东昌雍正二年属濮州十三年属府 郓城 单 城武三县初属兖州府雍正十三年属府 钜野初属兖州雍正二年属济宁府八年属曹州十三年属府

续　表

东昌	聊城附郭　高唐州　堂邑　博平　茌平　清平　莘　冠　馆陶　恩
青州	益都附郭　博山雍正十二年设　临淄　博兴　高苑　乐安　寿光　昌乐　临朐　安邱　诸城
登州明州属莱州府洪武六年升直隶州九年升府	蓬莱附郭　宁海州　黄　福山　栖霞　招远　莱阳　文登　荣城　海阳二县雍正十二年设
莱州洪武元年升州为府	掖附郭　平度州　潍　昌邑　胶州光绪三十年升直隶州领高密即墨二县　高密　即墨
济宁州初属兖州府雍正二年升直隶州领钜野嘉祥二县八年改属兖州府乾隆三十九年又升为直隶州	金乡初属兖州乾隆三十九年属州　嘉祥初属兖州府雍正二年属州八年属曹州乾隆三十九年属州　鱼台初属兖州府乾隆三十九年属州
临清州初属东昌府乾隆三十九年升直隶州	武城　夏津　邱三县初属东昌府乾隆三十九年属州
山西省禹贡冀州周礼职方氏河内曰冀州正北曰并州战国韩赵魏以三晋之墟争雄大国南北朝时诸雄割据明代边墙以外为元裔所据清初蒙古内附设归化绥远等城视内地无异矣	
太原省会	阳曲附郭　岢岚州　太原　榆次　太谷　祁　徐沟　交城　文水　岚　兴雍正二年属保德州七年仍属府
平阳	临汾附郭　吉州雍正二年升直隶州领乡宁蒲二县乾隆三十五年仍属府　洪洞　浮山　岳阳　曲沃　翼城　太平　襄陵二县雍正二年属绛州七年仍属府　汾西雍正二年属隰州九年仍属府　乡宁初属府雍正二年属吉州乾隆三十五年仍属府
蒲州明为蒲州省河东县入州属平阳雍正二年升直隶州七年升府	永济附郭雍正七年设　临晋　荣河　万泉　猗氏四县属平阳府雍正二年属州七年属府　虞乡雍正七年设
潞安	长治附郭　长子　屯留　襄垣　潞城　壶关　黎城
汾州	汾阳附郭　永宁州　孝义　平遥　介休　石楼　临　宁乡
大同	大同附郭　浑源州　应州　怀仁　山阴　阳高雍正三年设　天镇雍正三年设　广灵　灵邱
泽州初为直隶州雍正七年升府	凤台附郭雍正七年设　高平　阳城　陵川　沁水四县初属州雍正七年属府
宁武旧为宁武营雍正三年设府	宁武附郭　偏关　神池　五寨四县皆雍正三年由卫改设
朔平雍正三年于大同府地右玉营分设	右玉附郭雍正三年设　朔州初属大同府雍正三年属州　左云　平鲁二县皆雍正三年设　马邑同朔州
沁州	沁源　武乡
辽州	和顺　榆社
平定州初属太原府雍正二年升直隶州	乐平　盂　寿阳三县初属太原府雍正二年属州
忻州初属太原府雍正二年升直隶州	定襄　静乐初属太原府雍正二年属州

续 表

代州初属太原府雍正二年升直隶州	五台　崞　繁时三县初属太原府雍正二年属州
保德州初属太原府雍正二年升直隶州	河曲初属太原府雍正二年属州
霍州初属平阳府乾隆三十五年升直隶州	赵城　灵石二县初属平阳府乾隆三十五年属州
解州初属平阳府雍正二年升直隶州	安邑　夏　平陆　芮城四县初属平阳府雍正二年属州
绛州初属平阳府雍正二年升直隶州	垣曲初属平阳府雍正二年属解州七年属州　闻喜初属平阳府雍正七年属州　绛　稷山　河津三县初属平阳府雍正二年属州
隰州同绛州	大宁　永和二县初属平阳府雍正二年属州　蒲初属平阳府雍正二年属吉州九年属州
河南省半为古豫州地禹贡荆河为豫尔雅职方并称河南为豫州此河南之名所由来也自太皞神农属邦兹土商周作邑旧迹相传东汉以迄于宋金洛汴二州每递为都会第以四达之区形势平坦大河入境荡决靡常地脉迁移有非可执古而论者矣	
开封洪武初建为北京寻罢之	祥符附郭　郑州初属府雍正二年升直隶州领荥阳荥泽河阴汜水十二年改属府　禹州初属府雍正二年升直隶州领密新郑二县十二年改属许州府乾隆六年属府　陈留　杞　通许　尉氏　洧川　鄢陵　中牟　兰阳　荥阳　荥泽　汜水三县初属府雍正二年属郑州十二年仍属府　密　新郑二县初属府雍正二年属禹州十二年属许州府乾隆六年仍属府　仪封厅初为县乾隆四十九年改
陈州初为州属开封雍正二年升直隶州十二年升府	淮宁附郭雍正十二年设　商水初属开封雍正十二年改　西华　项城　沈邱　太康四县初属开封雍正二年改属　扶沟初属开封雍正十二年改属
归德	商邱附郭　睢州　宁陵　鹿邑　夏邑　永城　虞城　柘城
彰德	安阳附郭　汤阴　临漳　林　内黄初属直隶大名府雍正三年改属府　武安　涉
卫辉	汲附郭　新乡　获嘉　淇　辉　延津初属开封雍正二年改　濬　滑二县初属直隶大名府雍正二年改属府　考城初属归德府乾隆四十八改属府　封邱初属开封府乾隆四十四年改属州
怀庆	河内附郭　济源　原武初属开封府雍正二年改属府　修武　武陟　孟　温　阳武初属开封府乾隆四十八年改属府
河南	洛阳附郭　偃师　巩　孟津　宜阳　登封　永宁　新安　渑池　嵩
南阳	南阳附郭　南召附郭顺治十六年裁雍正十二年复设　邓州　裕州　镇平　唐　泌阳　桐柏　内乡　新野　淅川　舞阳　叶
汝宁	汝阳附郭　信阳州　正阳　上蔡　新蔡　西平　遂平　确山　罗山
陕州初属河南府雍正二年升直隶州	灵宝　阌乡二县初属河南府雍正二年属州　卢氏初属河南府雍正十二年属州
汝州	鲁山　郏　宝丰　伊阳
许州初属开封府雍正二年升直隶州十二年升府乾隆六年仍改州	临颍　襄城　郾城　长葛四县初属开封府雍正二年属州十二年属府乾隆六年仍属州

续表

光州初属汝宁府雍正二年升直隶州	光山　固始　息　商城四县初属汝宁雍正二年属州
江南江苏省古扬州及徐州地自汉以后文物肇兴财赋渐扩为海内称首明初建都江宁以为应天府尝置江南行省寻罢永乐时改建北京正统时乃以建康为南京至后遂为寰宇之名区国家之奥府矣	
江宁与苏州并为省会之地	上元　江宁附郭二县　句容　溧水　江浦　六合　高淳
苏州为巡抚及布政按察两司驻地	吴　长洲　元和附郭三县雍正二年析吴长州地置元和　昆山　新阳与昆山同城雍正二年析置　常熟　昭文与常熟同城雍正二年析置　吴江　震泽与吴江同城雍正二年析置
松江	华亭附郭　娄附郭顺治十二年设　奉贤　金山二县雍正二年设　上海　南汇雍正二年设　青浦雍正二年分设福泉县旋并入青浦
常州	武进附郭　阳湖附郭雍正二年设　无锡　金匮与无锡同城雍正二年析置　江阴　宜兴　荆溪与宜兴同城雍正二年析置　靖江
镇江	丹徒附郭　丹阳　金坛　溧阳初属江宁府雍正二年改属府
淮安	山阳附郭　阜宁雍正九年设　盐城　青河　安东　桃源
扬州	江都附郭　甘泉附郭雍正九年设　高邮州　泰州　仪征　兴化　宝应　东台乾隆四十年设
徐州初为直隶州雍正十一年升府	铜山附郭雍正十一年设　邳州初属淮安府雍正二年升直隶州十一年属府　萧　砀山　丰　沛四县初属州雍正十一年属府　宿迁　睢宁二县初属淮安府雍正二年属邳州十一年改属府
太仓州初属苏州府雍正二年升直隶州	镇洋与太仓州同城分治雍正二年设　崇明　嘉定二县初属苏州府雍正二年属州　宝山雍正二年设
海州初属淮安府雍正二年升直隶州	赣榆　沭阳二县初属淮安府雍正二年属州
通州初属扬州府雍正二年升直隶州	如皋　泰兴二县初属扬州府雍正二年属州
海门厅初为海门县属扬州府雍正二年属通州乾隆四十年特改为厅	
江南安徽省禹会涂山在寿春东北则今凤阳为当时都会可知已春秋以降历为争雄要地明隶南京清初为江南省康熙元年分设安徽巡抚六年定为安徽省于是东连姑孰西尽皖江北抵颍川南环歙岭屹然为上游重镇矣	
安庆省会	怀宁附郭　桐城　潜山　太湖　宿松　望江
徽州	歙附郭　休宁　婺源　祁门　黟　绩溪
宁国	宣城附郭　宁国　泾　太平　旌德　南陵
池州	贵池附郭　青阳　铜陵　石埭　建德　东流
太平	当涂附郭　芜湖　繁昌
庐州	合肥附郭　无为州　庐江　舒城　巢

续 表

凤阳	凤阳附郭 寿州 宿州 怀远 定远 凤台雍正十一年设 灵璧
颍州初为州属凤阳雍正二年升直隶州十三年升府	阜阳附郭雍正十三年设 亳州初属凤阳雍正二年升直隶州十三年属府 颍上 霍邱二县初属凤阳雍正二年属州十三年属府 太和 蒙城二县初属凤阳府雍正二年属亳州十三年属府
和州	含山
滁州	全椒 来安
广德州	建平
六安州初属庐州府雍正二年升直隶州	英山 霍山二县初属庐州府雍正二年属州
泗州初属凤阳府雍正二年升直隶府	盱眙 天长 五河三县初属凤阳府雍正二年属州
江西省禹贡扬州地自古所称江西多指江北地言之三国志以蕲春广陵之境为江西晋书以合肥寿春之境为江西自唐开元分江南为东西二道其后遂以江南西道节度为江西节度江西之名所自昉欤	
南昌明初为洪都府旋改南昌府	南昌 新建附郭二县 义宁州 进贤 奉新 靖安 武宁 丰城
饶州明初为鄱阳府寻改饶州府	鄱阳附郭 余干 乐平 浮梁 德兴 安仁 万年
广信	上饶附郭 玉山 弋阳 贵溪 铅山 广丰 兴安
南康明初为西宁府寻改南康府	星子附郭 都昌 建昌 安义
九江	德化附郭 德安 瑞昌 湖口 彭泽
建昌明初为肇昌府寻改建昌府	南城附郭 新城 南丰 广昌 泸溪
抚州	临川附郭 金溪 崇仁 宜黄 乐安 东乡
临江	清江附郭 新淦 新喻 峡江
吉安	庐陵附郭 泰和 吉水 永丰 安福 龙泉 万安 永新 永宁 莲花厅乾隆八年以同知分治莲花桥地方为厅
南安	大庾附郭 南康 上犹 崇义
宁都州初为县属赣州府乾隆二十年升直隶州	瑞金 石城二县初属赣州府乾隆二十年属州
福建省亦当为古扬州地后汉迁其民于江淮而虚其土三国以后渐设官分邑唐时隶岭南道后改隶江南东道遥控之而已至宋礼教渐盛然其初仅附于两浙西南路元为江西行省所辖明时始与各省并称都会	
福州省会	闽 侯官附郭二县 古田 闽清 屏南雍正十二年设 长乐 连江 罗源 永福 福清
泉州	晋江附郭 南安 惠安 安溪 同安
建宁	建安 瓯宁附郭二县 建阳 崇安 浦城 政和 松溪
延平	南平附郭 将乐 沙 尤溪 顺昌 永安

续　表

汀州	长汀　宁化　上杭　武平　清流　连城　归化　永定
兴化	莆田附郭　仙游
邵武	邵武附郭　光泽　泰宁　建宁
漳州	龙溪附郭　漳浦　南靖　长泰　平和　诏安　海澄
福宁初为直隶州雍正十二年升府	霞浦附郭雍正十二年设　福鼎乾隆十三年设　福安　宁德二县初属州雍正十二年属府　寿宁初属建宁府雍正十二年属府
台湾康熙二十四年设	台湾附郭　凤山　诸罗三县康熙二十四年设　彰化雍正三年设
永春州初为县属泉州府雍正十二年升直隶州	德化初属延平府雍正十二年属州　大田初属延平府雍正十二年属州
龙岩州初为县属漳州府雍正十二年升直隶州	漳平　宁洋二县初属漳州府雍正十二年属州
浙江省周官职方以会稽为扬州之域汉代因之以立郡至东汉而分属吴郡至吴而分吴兴东阳临海新都至晋而分永嘉至隋而分余杭至唐而分余姚信安缙云至宋而分嘉禾建置代殊绣壤交错	
杭州省会	钱塘　仁和附郭二县　海宁初为县乾隆三十九年升州　富阳　余杭　临安　于潜　新城　昌化
嘉兴	嘉兴　秀水附郭二县　嘉善　海盐　石门初为崇德县康熙元年改　平湖　桐乡
湖州	乌程　归安附郭二县　长兴　德清　武康　安吉初为州乾隆三十八年改县　孝丰
宁波	鄞附郭　慈溪　奉化　镇海初为定海县康熙二十六年改　定海康熙二十六年由舟山卫改设　象山
绍兴	山阴　会稽附郭二县　萧山　诸暨　余姚　上虞　嵊　新昌
台州	临海附郭　黄岩　天台　仙居　宁海　太平
金华	金华附郭　兰溪　东阳　义乌　永康　武义　浦江　汤溪
衢州	西安附郭　龙游　江山　常山　开化
严州	建德附郭　淳安　桐庐　遂安　寿昌　分水
温州	永嘉附郭　瑞安　乐清　平阳　泰顺
处州	丽水附郭　青田　缙云　松阳　遂昌　龙泉　庆元　云和　宣平　景宁
湖广湖北省古荆州地东引三吴西控巴蜀北枕关雒南跨洞庭江山雄伟为全楚扼要之地荆门夏口之间自古依为重险清初沿明治为湖广省康熙三年分设湖北湖南二省	
武昌省会	江夏附郭　兴国州　武昌　嘉鱼　蒲圻　咸宁　崇阳　通城　大冶　通山
汉阳	汉阳附郭　沔阳州初属安陆府乾隆二十七年属府　汉川　孝感初属德安府雍正七年属府　黄陂初属黄州府雍正七年属府

续　表

安陆旧名承天府顺治二年改今名	钟祥附郭　荆门州　京山　潜江　天门初为景陵县雍正四年改今名　当阳
襄阳	襄阳附郭　均州　宜城　南漳　枣阳　谷城　光化
郧阳	郧附郭　房　竹山　竹溪　保康　郧西
德安	安陆附郭　随州　云梦　应城　应山
黄州	黄冈附郭　蕲州　黄安　蕲水　罗田　麻城　广济　黄梅
荆州	江陵附郭　公安　石首　监利　松滋　枝江　宜都　远安
宜昌初为彝陵州属荆州府雍正十三年设府	东湖附郭雍正十三年设　归州初属荆州府雍正六年升直隶州领长阳恩施二县十三年属府　鹤峰州雍正十三年以容美土司改设　长阳初属荆州府雍正六年属归州十三年属府　兴山　巴东二县初属荆州府雍正十三年属府　长乐雍正十三年设
施南雍正十三年设	恩施附郭初为土司雍正六年设县属归州十三年于县置府为附郭县　宣恩　来凤　咸丰　利川四县皆雍正十三年以土司改设　建始初属四川夔州府乾隆元年改属
湖广湖南省古荆州地汉时刺史治汉寿即在今常德府刘宋以后湘州与荆郢诸州仕仕分治垒唐广德初于荆南节度之外分置湖南观察使以领诸州嗣后宋分湖南北为两路元分两道明总隶于湖广布政使司康熙三年定湖南北为两省	
长沙明初改潭州府洪武五年改此名	长沙　善化附郭二县　茶陵州　湘潭　湘阴　宁乡　浏阳　醴陵　益阳　湘乡　攸　安化
岳州	巴陵附郭　临湘　华容　平江
宝庆	邵阳附郭　武冈州　新化　城步　新宁
衡州	衡阳附郭　清泉附郭乾隆二十一年设　衡山　耒阳　常宁　安仁　酃
常德	武陵附郭　桃源　龙阳　沅江
辰州	沅陵附郭　泸溪　辰溪　溆浦
沅州初为州属辰州府雍正八年升直隶州领黔阳麻阳二县乾隆二年升府	芷江附郭乾隆元年设　黔阳　麻阳二县初属辰州府雍正八年属州乾隆二年属府
永州	零陵　道州　祁阳　东安　宁远　永明　江华　新田
永顺雍正七年以土司改设	永顺附郭　龙山　保靖　桑植四县皆雍正七年设
靖州	会同　通道　绥宁
郴州	永兴　宜章　兴宁　桂阳　桂东
澧州初属岳州府雍正七年升直隶州	石门　安乡　慈利三县初属岳州府雍正七年属州　永定雍正十三年设　安福雍正七年设
桂阳州初属衡州府雍正十年升直隶州	临武　蓝山　嘉禾三县初属衡州府雍正十年属州
陕西省古雍州两晋之时陕东西各随建都之地称之西晋都洛阳则称关中曰陕西东晋都建康则称荆州曰陕西自唐乾元时置陕西节度使指陕州以西而言宋初始置陕西路于是潼关以西全秦之地通谓之陕西矣	

续　表

西安省会	长安　咸宁附郭二县　耀州雍正二年升直隶州十三年仍属府　咸阳　兴平　临潼　高陵　鄠　蓝田　泾阳　三原　盩厔　渭南　富平　醴泉　同官雍正二年属耀州十三年仍属府
同州初为州属西安府雍正三年升直隶州十三年升府	大荔附郭雍正十三年设　华州初为直隶州雍正十三年改属府　朝邑　郃阳　澄城　韩城四县初属西安府雍正三年属州十三年属府　白水初属西安府雍正二年属耀州十三年属府　华阴初属华州雍正十三年属府　蒲城初属西安府雍正十三年属府　潼关厅雍正四年设潼关县属华州十三年属府乾隆十二年改为厅仍属府
凤翔	凤翔附郭　陇州　岐山　宝鸡　扶风　郿　麟游　汧阳
汉中	南郑附郭　宁羌州　褒城　城固　洋　西乡　凤　沔　略阳　留霸厅乾隆十五年设
延安	肤施附郭　安塞　甘泉　保安　安定　宜川　延长　延川　定边　靖边二县雍正八年设属榆林府乾隆元年改属府
兴安初为直隶州乾隆四十八年升府	安康附郭乾隆四十八年以初属州之汉阴县改设　平利　洵阳　白河　紫阳　石泉五县初属州乾隆四十八年属府
榆林雍正八年以卫改设	榆林附郭雍正八年设　葭州初属延安府雍正三年升直隶州乾隆元年属府　神木　府谷二县初属延安府雍正三年属葭州乾隆元年属府　怀远雍正八年设
商州初属西安府雍正三年升直隶州	镇安　雒南　山阳　商南四县初属西安府雍正三年属州
乾州建置同商州	武功　永寿二县初属西安府雍正三年属州
邠州同商州	三水　淳化　长武三县初属西安府雍正三年属州
鄜州初属延安府雍正三年升直隶州	洛川　中部　宜君二县初属延安府雍正三年属州
绥德州同鄜州	清涧　米脂二县初属延安府雍正二年属州　吴堡初属延安府雍正三年属葭州乾隆元年改属州
甘肃省雍州自夏殷以降西北二边世为戎翟错处而禹贡旧疆遂不可复问汉征匈奴始取浑邪休屠王地开置河西四郡至晋代张轨吕光之徒乘时割据隋唐虽暂置郡县而天保以后河西陇右全没于吐蕃及宋复为西夏所据元代以甘肃陕西分省明初多改卫所以陕西领之康熙二年以右布政使分驻巩昌五年移驻兰州定为陕西甘肃二省	
兰州初为兰州属临洮府乾隆三年裁临洮升州为府	皋兰附郭乾隆三年设　狄道州初为县属临洮府乾隆三年升州属府　河州初属临洮府乾隆三年属府　金　渭源二县初属临洮乾隆二年属府　靖远雍正八年设属巩昌府乾隆三年属府
平凉	平凉附郭　固原州　静宁州　华亭　隆德
巩昌	陇西附郭　岷州雍正八年设　安定　会宁　通渭　漳　宁远　伏羌　西和　洮州厅乾隆十三年设
庆阳	安化附郭　宁州　合水　环　正宁
宁夏雍正二年以宁夏卫改设	宁夏附郭　灵州　宁朔　平罗　中卫一州四县并于雍正二年由卫改设
西宁雍正二年以西宁卫改设	西宁附郭　碾伯二县并于雍正二年设　大通乾隆二十四年设

续 表

凉州雍正二年以凉州卫改设	武威附郭　镇番　永昌　古浪　平番五县皆雍正二年设
甘州雍正二年以甘州卫改设	张掖附郭　山丹二县并雍正二年设
镇西乾隆三十八年于巴勒库勒设	宜禾附郭　奇台二县并乾隆三十八年设
泾州初属平凉府雍正三年升直隶州	崇信　灵台　镇原三县初属平凉府雍正三年属州
阶州初属巩昌府雍正七年升直隶州	文　成二县初属巩昌府雍正七年属州
秦州初属巩昌府雍正七年升直隶州	秦安　清水　礼　徽初为州属巩昌府雍正七年改州为县属州　两当初属巩昌府雍正七年属州
肃州雍正七年设	高台雍正二年设属甘州府七年属州
安西州乾隆二十四年以定西镇设府三十八年改直隶州	敦煌　玉门二县并乾隆二十四年设属府三十八年属州又有渊泉县三十八年裁
迪化州乾隆三十八年于乌鲁木齐设	昌吉　阜康　绥来三县并乾隆三十八年于新疆设
四川省禹贡梁州至殷周废而不置后为蛮夷之国逮乎金牛开道肇启秦封巴蜀之列于郡县自此昉矣汉代通道西南夷其疆益大顾冉駹邛嶲之属种类实繁历代以来仍世长其地土官土吏之设于蜀为多明初招谕诸蛮来归者用原官授之于是有宣慰司宣抚司安抚司长官司诸号清改并增置领十一府九州六厅郡县独多	
成都省会	成都附郭　华阳附郭康熙九年裁雍正五年复置　简州　崇庆州　汉州　双流康熙元年裁雍正六年复置　温江　新繁　金堂　新都　郫　灌　彭康熙七年裁雍正六年复置　新津　崇宁康熙七年裁雍正七年复置　什邡
宁远雍正五年以建昌卫改设	西昌附郭雍正五年设　会理州康熙九年设属会川卫雍正六年省会川卫以州属府　冕宁　盐源二县并以雍正五年设　越嶲厅初为卫雍正六年改厅
保宁	阆中附郭　巴州　剑州　苍溪　南部　广元　昭化　通江　南江
顺庆	南充附郭　蓬州　广安州　西充　营山　仪陇　渠　大竹　邻水　岳池康熙七年裁六十年复置
叙州	宜宾附郭　庆符　富顺　南溪　长宁　高　筠连　珙　兴文　隆昌　屏山初属马湖府治雍正五年裁马湖府以县属府　马边厅初为营乾隆二十九年改厅　雷波厅初为土司雍正六年改置卫乾隆二十六年改厅
重庆	巴附郭　合州　涪州　江津　长寿　永川　荣昌　綦江　南川　铜梁康熙元年裁六十年复置　大足康熙元年裁雍正六年复置　定远康熙八年裁雍正六年复置　璧山康熙元年裁雍正六年复置
夔州	奉节附郭　巫山　云阳　万　开　大宁康熙六年裁雍正九年复置
龙安	平武附郭　江油　石泉　彰明初属成都府顺治十六年裁雍正六年复置九年改属府

续　表

潼川初为直隶州雍正十二年升府	三台附郭雍正十二年设　射洪　盐亭　中江　遂宁　蓬溪　乐至四县初属州雍正十二年属府　安岳初属州康熙元年裁雍正七年复置仍属州十二年改属府
嘉定初为直隶州雍正十二年升府	乐山附郭雍正十二年设　洪雅　夹江　犍为　荣四县初属州雍正十二年属府　威远康熙六年裁雍正六年复设属州十二年属府　峨眉初属州雍正十二年属府
雅州初为州雍正七年升府	雅安附郭雍正七年设　天全州雍正七年设　名山　荥经　芦山三县本属州雍正七年属府　清溪雍正八年设
眉州	丹棱　彭山康熙元年裁并眉州雍正七年重设　青神康熙六年裁并眉州雍正七年重设
邛州	大邑　蒲江
泸州	纳溪　合江　江安
资州初为县属成都雍正五年升直隶州	仁寿　资阳　井研　内江四县初属成都府雍正五年属州
绵州初属成都府雍正五年升直隶州	德阳　安　绵竹三县初属成都府雍正五年属州　梓潼初属保宁府雍正五年属州
茂州同绵州	汶川　保二县初属成都府雍正五年属州
酉阳州乾隆元年设	秀山乾隆元年设　黔江　彭水二县初属重庆府乾隆元年属州
忠州初属重庆府雍正十二年升直隶州	酆都　垫江二县初属重庆府雍正十二年属州　梁山初属夔州府雍正十二年属州
达州初属夔州府雍正五年升直隶州	东乡　太平二县初属夔州府雍正五年属州　新宁初属夔州府康熙七年裁雍正七年复置仍属府十二年改属州
叙永厅雍正七年设	永宁康熙二十六年设隶贵州威宁府雍正七年改属厅
松潘厅雍正九年由松潘卫改设	
杂谷厅乾隆十七年由土司改设	
石砫厅乾隆二十七年由土司改设	
阿尔古厅乾隆四十一年以金川地设	
美诺厅乾隆四十一年以小金川地设	
广东省马考惟以潮梅入古扬州余则别列为南越以五岭之南即非禹迹所及也秦汉以来日渐开辟自明世东西交通西洋南洋贡市往来皆取道于此长波万里浮舶不惊至清一代文物声明蔚然极盛矣	
广州省会	南海　番禺附郭二县　顺德　东莞　从化　龙门　新宁　增城　香山　新会　三水　清远　新安康熙五年裁八年复设　花康熙二十四年设
韶州	曲江附郭　乐昌　仁化　乳源　翁源　英德
南雄	保昌附郭　始兴

续 表

惠州	归善附郭 连平州 博罗 长宁 永安 海丰 陆丰雍正九年设 龙川 河源 和平
潮州	海阳附郭 丰顺乾隆二年设 潮阳 揭阳 饶平 惠来 大埔 澄海康熙五年裁八年复设 普宁
肇庆	高要附郭 德庆州 四会 新兴 阳春 阳江 高明 恩平 广宁 开平顺治十年设 鹤山雍正九年设 封川 开建
高州	茂名附郭 化州 电白 信宜 吴川 石城
廉州	合浦附郭 钦州 灵山
雷州	海康附郭 遂溪 徐闻
琼州	琼山附郭 儋州 万州 崖州 澄迈 定安 文昌 会同 乐会 临高 昌化 陵水 感恩
罗定州	东安 西宁
连州初属广州府雍正五年升直隶州	阳山 连山二县初隶广州府雍正五年属州
嘉应州初为程乡县属潮州府雍正十一年升直隶州	长乐 兴宁二县初属惠州府雍正十一年属州 平远 镇平二县初属潮州府雍正十一年属州
广西省马考以全州入古荆州域余并列为南越自秦遣史禄凿灵渠导湘漓二水始开其地秦并天下略取陆梁地为桂林象郡史记索隐谓“岭南之人多处山陆其性强梁故曰‘陆梁’”则其地之荒僻可知两汉而降郡县日增编户设官等于内地顾除通都大邑外溪峒深阻若瑶若犷若獠若犵若伶人狄人侗人山子之属性习犷犷驯服为难唐始置土州县官其酋长使世领之薄其征入宽其文网然犹依险负固叛服靡常自宋迄明若侬氏之乱大藤峡之役蔓延数世久而后定清代湖广云贵之苗族叠叛而广西未经大兵殆亦程度之渐近于拱服者欤	
桂林省会	临桂附郭 永宁州 全州 兴安 灵川 阳朔 永福 义宁 灌阳
柳州	马平附郭 象州 雒容 罗城 柳城 怀远 来宾初属府雍正三年属宾州十二年仍属府 融
庆远	宜山附郭 河池州 东兰州 南丹州土州 那地州土州 天河 思恩 忻城土县
思恩	武缘 宾州初属柳州府雍正三年升直隶州领来宾迁江上林武宣四县十二年改属府 田州土州 阳万分州土州 迁江 上林二县初属柳州府雍正三年属宾州十二年属府
泗城雍正五年设	凌云附郭乾隆五年设 西隆州康熙五年设属思恩府雍正五年升直隶州八年属府 西林康熙五年设属思恩府雍正五年属西隆州八年属府
平乐	平乐附郭 永安州 恭城 富川 贺 荔浦 修仁 昭平
梧州	苍梧附郭 藤 容 岑溪 怀集
浔州	桂平附郭 平南 贵 武宣初属柳州府雍正三年属宾州七年属府
南宁	宣化附郭 新宁州 横州 上思州 归德州土州 果化州土州 忠州土州 隆安 永淳

续　表

太平	崇善附郭　养利州　左州　永康州　宁明州雍正十年设　万承州　思陵州　凭祥州　太平州　安平州　茗盈州　结安州　信伦州　龙英州　都结州　龙州　江州　思州　上下冻州自万承州以下皆土州　罗阳土县
镇安雍正七年设	天保附郭乾隆三年设　奉议州　归顺州二州旧系土州属思恩府雍正十年改流属镇安府　下雷州　向武州　都康州三州皆土州
郁林州初属梧州府雍正三年升直隶州	博白　北流　陆川　兴业四县初属梧州府雍正三年属州
云南省自彩云南见肇启汉疆所谓"度博山而越兰津"者比云南之始通也两汉以后稍增置州郡而时没于蛮故马氏舆地四裔二考互载其地天宝以后尽为南诏所有自元迄明始开置路府遍设官司然半犹土酋世守元则以同姓诸王董理其事明则以沐氏世为重镇第视为藩属而已及清吴氏乱平万里滇南宛同腹地矣	
云南省会	昆明附郭　嵩明州　晋宁州　安宁州　易门　昆阳州　富民　宜良　呈贡　罗次　禄丰
大理	太和附郭　赵州　邓川州　赛川州　云龙州　云南　浪穹
临安	建水附郭初为州乾隆三十五年改县　石屏州　阿迷州　宁州　通海　河西　嶍峨　蒙自
楚雄	楚雄附郭　南安州　镇南州　姚州初属姚安府乾隆三十五年裁姚安府属府　定远　广通　大姚初属姚安府乾隆三十五年属府
澂江	河阳附郭　新兴州　路南州　江川
顺宁	顺宁附郭乾隆三十五年设　云州
曲靖	南宁附郭　霑益州　陆凉州　罗平州　马龙州　寻甸州初为府康熙八年改州属府　宣威州雍正五年设属镇沅府乾隆三十五年属府　平彝康熙三十四年设
丽江	丽江附郭乾隆三十五年设　鹤庆州初为府乾隆三十五年改州属府　剑川州初属鹤庆府乾隆三十五年属府
普洱雍正七年设	宁洱附郭雍正十三年设
永昌	保山附郭　腾越州　永平
广南	宝宁附郭乾隆元年设
开化康熙六年设	文山附郭雍正七年设
东川康熙三十八年设东川府隶四川省雍正四年改隶云南	会泽附郭雍正五年设
昭通初为乌蒙土府属四川省雍正三年改隶云南九年改今名	恩安附郭雍正六年设　镇雄州初为军民府隶四川省雍正六年改州来属　永善雍正六年设
广西州初为府乾隆三十五年改	师宗　弥勒二县初为州属广西府乾隆三十五年属州
武定州同广西州	元谋初属武定府乾隆三十五年属州　禄劝初为州属武定府乾隆三十五年改县属州
元江州同广西州	新平初属临安府雍正十年改属元江

续 表

镇沅州雍正五年以土司设镇沅府乾隆三十五年改直隶州	恩乐雍正五年设乾隆三十五年属州
蒙化厅初为土府乾隆三十五年改厅	
永北厅初为永北府乾隆三十五年改厅	
景东厅初为土府乾隆三十五年改厅	
贵州省黔省本处梁州徼外于古号为鬼方殷时有鬼方之伐其为化外可知隋唐以后开置羁縻诸州而旋或沦陷元初尚称为罗施鬼国则其荒远僻处因与内地不同也其形势处川滇湖粤四省之中居然腹里之地特以山箐阻深群蛮错居故前代皆荒徼视之明时渐治以中土之法增设流官分为一省清改易卫所俱置州县又益以四川湖南广西附近之土境界大拓四封屹然惟古州八寨诸苗伊古不通声教自经清兵戡定以后设官临治亦略等于齐民矣	
贵阳省会	贵筑附郭　开州　定番州　广顺州　龙里康熙十一年设　贵定　修文康熙二十六年设
思州	玉屏　青溪二县雍正五年设
思南	安化附郭　婺川　印江
镇远	镇远附郭　施秉　天柱初属湖南靖州雍正五年改属黎平府十[illegible]年属府
石阡	龙泉
铜仁	铜仁附郭
黎平	开泰附郭　锦屏雍正五年设　永从
安顺	普定附郭康熙十年设　镇宁州　永宁州　清镇　安平二县康熙二十六年设
南笼雍正五年设	永丰州雍正五年设　普安州　普安顺治十八年设　安南康熙二十六年设一州二县初属安顺府雍正五年属府
都匀	都匀附郭康熙十年设　麻哈州　独山州　清平康熙七年裁十一年复置　荔波初属广西庆远府雍正十年属府
平越	平越附郭康熙十年设　黄平州　瓮安　湄潭　余庆
大定康熙五年设二十六年改州属威宁府雍正七年仍改府	平远州　黔西州二州初为府康熙二十二年改州属府二十六年改属威宁府雍正七年仍属府　威宁州康熙五年设为府雍正七年改州属府　毕节康熙二十六年改属威宁府雍正七年属府
遵义旧隶四川省雍正六年改属	遵义附郭　正安州　桐梓　绥阳
仁怀厅乾隆四十一年由遵义府所属之仁怀县改设	

第四章 国势之渐衰

二十二 中衰之原因(一)(和珅之专政)

(一) 和珅之宠用(附清史馆《于敏中列传》)

乾隆中,汉满大学士之声势翕赫者,自张廷玉、鄂尔泰以后,于敏中、和珅最为卓著。于当乾隆中叶,秉政揽权,汉人无两,而朝局士风,为之大变。盖其树党植货,略无顾忌,后人谨守衣钵,故或谓为君子小人消长之渐。虽死后斥革世职,谕谓与外省官吏,寅缘舞弊[1],然仍不如和珅当国之久,劣迹之著,而为国家治乱之所由分也。和珅满洲正红旗人,姓钮祜禄氏,字致斋。以官学生在銮仪卫充当校尉,一日,警跸出宫,弘历偶于舆中阅边报,有奏要犯脱逃者,弘历微怒,诵《论语》"虎兕出于柙"三语。扈从诸校尉,及期门羽林之属,咸愕眙互询,帝语云何? 和珅独曰:"爷(凡内臣称帝,皆曰老爷子,或曰佛爷)谓典守者不得辞其责耳。"弘历为之霁颜,问:"汝读《论语》乎?"曰:"然。"又问家世年岁,奏对皆称旨。(此据陈康祺《郎潜纪闻》。薛福成《庸庵笔记》则云:"一日大驾将出,仓卒求黄盖不得,高宗云:'是谁之过欤?'各员瞠目相向,不知所措。和珅应声曰:'典守者不得辞其责。'高宗见其仪度俊雅,声音清亮,乃曰:'若辈中安得此解人?'问其出身则官学生也。和珅虽无学问,而《四书》、《五经》则尚稍能记忆,一路舁轿行走,高宗详加询问,奏对颇能称旨。")遂派总管仪仗,旋升侍卫,荐擢副都统,又迁侍郎,在军机大臣上学习行走,尊宠用事。不久由尚书授大学士,赏戴双眼花翎。盖自乾隆四十二三年以后,向用益专,其子丰绅殷德复指尚公主,而势焰愈薰灼矣。和珅才敏给,遇事机牙肆应,尤善揣人主喜怒,以故弘历晚年,倚畀益笃。其父配享太庙,弟和琳重任封疆,权势之盛,虽康熙时之鳌拜、明珠,亦不足与抗。一时向用之专,殆无其匹,而达官贵人,佥奔走其门,鬻爵卖官,招权纳贿。每值和赴公署时,朝士伺立道左,惟恐或后,时称为"补子胡同"。某人诗谓"绣衣成巷接公衙,曲曲湾湾路不差,莫笑此间街道窄,有门能达相公家"。盖实录也。

〔1〕清史馆《于敏中列传》:"四十五年,敏中孙德裕讦堂叔时和挟制家产拥赀回籍等事。上命大学士英廉严讯查办,并以时和先行回籍,或隐占敏中原籍赀产事,诏江苏巡抚吴坛查办。吴坛奏时和吞占家产属实,请将时和发往伊犁充当苦差,其所侵银物,酌给德裕三万余两,余留充金坛邗河费,允之。复以苏松粮道章攀桂曾为敏中觅匠修盖花园,吴坛奏议革攀桂职,发军台效力。谕曰:'于敏中受朕深恩,乃听本省地方官逢迎,为之雇匠盖房,若在生前,必当重治其罪。今既完名而殁,姑不深究,以示朕终始保全之意。'……五十一年谕曰:'朕因几暇咏物,有嘉靖间器皿,念及彼时严嵩专权炀蔽,以致国是日非,朝多稗政。复取阅严嵩原传,见其势焰薰灼,贿赂公行,甚至生杀予夺皆可,潜窃威柄,颠倒是非,实为前明奸佞之尤。本朝家法相承,纪纲整肃,太阿从不下移,本无大臣擅权之事,即原任大学士于敏中,因任用日久,恩眷稍优,外间无识之徒,未免心存依附。而于敏中亦遂为招引,潜受苞苴。然其时不过因军机大臣中无老成更事之人,而福康安又年轻未能历练,以致于敏中声势略张。究之于敏中亦止于侍直枢廷,承旨书谕,不特非前朝严嵩可比,实并不能如康熙年间明珠、徐乾学、高士奇等,即宠眷声势,亦尚不及鄂尔泰、张廷玉,安能于朕前窃弄威福,淆乱是非耶?朕因于敏中在内庭供职,尚属勤慎,且宣力年久,是以于其身故,仍加恩饰终,并准入贤良祠,以全终始。迨四十六年甘肃捐监折收之事败露,王亶望等侵欺贪黩,罪不容诛,因忆及此事,前经舒赫德奏请停止,而于敏中于朕前力言甘肃捐监应开,部中既省拨解之烦,而闾阎又得粜贩之利,实为一举两

得。朕以其言尚属有理，是以准行，讵知勒尔锦竟如木偶，为王亶望所愚，遂通同一气，肥橐殃民。竟至酿成大案，设非于敏中为之主持，勒尔锦岂敢遽行奏请？即王亶望亦岂敢肆行无忌若此？是于敏中拥有厚赀，亦必系王亶望等贿求酬谢，种种弊混，难逃朕之洞鉴！此案发觉时，设于敏中尚在，朕必严加惩治，虽不至如王亶望等之立置重典，亦不仅予以褫革而已也。因其时于敏中先已身故，不加深究，曲示矜全。但于敏中于此等营私舞弊，朕不为已甚，不肯将其子孙治罪，已属格外恩施，若贤良祠为国家风励有位，昭示来兹，盛典攸关，岂可以不慎廉隅之人滥行列入？朕久有此心，兹因览《严嵩传》触动鉴戒，恐无知之人，将以嘉靖为比，朕不受也。于敏中着撤出贤良祠，以昭儆戒。'"又六十年五月，乾隆帝因披阅敏中传，以其简任纶扉，不自检束，既向宦寺交接，复与外省吏夤缘舞弊，着撤去轻车都尉世职，以为大臣营私玷职者戒。

(二) 和珅之贪恣

和珅故无学行，及得志，则以聚敛自丰为惟一之目的。而又贪黩无厌，征求财货，皇皇如不及。督抚司道，畏其倾陷，不得不辇货权门，结为奥援。清廷执法，未尝不严，当时督抚如国泰、王亶望、陈辉祖、伍拉纳、浦霖辈，赃款累累，屡兴大狱，侵亏公帑，钞没资产，动至数十百万之多，为他代所罕有(皆详下节)。其始皆和珅之党，迨罪状败露，和珅不能为力，则亦相率伏法。然诛殛愈众，而贪风愈甚，或且惴惴焉惧罹法网，惟益图攘夺刻剥，多行贿赂，隐为自全之地。故薛福成谓："非其时人性独贪也，盖有在内隐为驱迫，使不得不贪者也。"观于以后和珅家产之丰，则可知当时聚敛之术，与财货之所由来矣。和珅宠眷既隆，出入宫禁，遇所好之物，径取之出，亦不复关白。而四方进贡，上者辄入珅第，次者始入宫中。如孙士毅归自安南，待漏宫门外，与和珅相值，珅问士毅所持何物。士毅以鼻烟壶对。索视之，则明珠一颗，大如雀卵，为雕琢而成者。珅赞不绝口曰："以此见惠可乎？"士毅曰："昨已上闻矣，少顷即当进呈，奈何？"珅微哂曰："与公戏耳，何见小若是？"阅数日，复相遇直庐，和珅语士毅："昨亦得一珠壶,不知视公所进奉者为若何?”持示士毅,即前日物也。士毅方谓由大内转颁,徐察之,实无其事。又宫中某处陈设,有碧玉盘,径尺许,弘历颇钟爱之。一日为七阿哥所碎,谋诸和珅,珅出一盘,色泽尺寸,皆在所碎者上。又焦循《忆书》云:“吴县石远梅,以贩珠为业,一小闸,锦囊缊裹,以赤金作丸,破之,则大珠在焉。重者一粒价二十万,轻者或一万,至轻者亦八千,争买之惟恐不得。余尝以问远梅,曰:‘所以献和中堂也,中堂每日清晨以珠作食,故心窍灵明,过目即记,一日之内,诸务纷沓,其胸中了然不忘。珠之旧者与已穿孔者不中用,故海上之人,不惮风涛,今日之货,无如此物之奇昂者也。’”其权势恣横,贪财嗜货也,大率类此。而士大夫之谄媚权幸,欲投其所好,亦从可知矣。和珅既专政,其家人差役,亦到处招摇,横行无忌。一时朝野士夫,无敢与之相抗者,惟武亿(字虚谷,河南偃师人)、谢振定(字一之,号芗泉,湖南湘乡人)、曹锡宝(字鸿书,号剑亭,晚号容圃,江苏上海人)等略与之忤,然仍未敢弹劾其身也。乾隆四十五年,亿以进士令博山,会和珅兼步军统领,闻妄人言,王伦未死(王伦事见后二十七节),密令役四出侦之。头目杜成德等,带凶徒,横行数州县,莫谁何。入博山境,饮酣从博,占民居,亿捕之。杜出牌掷堂上,瞋目厉声曰:“吾奉提督府缉要犯,汝何官也?敢尔!”亿诘曰:“牌令汝所至报有司协缉,汝来三日,不吾谒何耶?且牌役二人,外此者为谁?”杖之,民大快。知府大骇,即以杖差劾奏,副奏投和珅。而番役例不当出京城,和珅哂曰:“是暴吾差役之不谨,而阴为强项令地也。”还其本,使易,于是又以任性行杖劾亿。博山民老少数千谒知府,乞留好官,知府知其情,亦悔之。乃携亿入都,朝臣有知其冤者,顾珅长吏部,不得复(事详姚鼐《武大令墓表》)。振定为御史时,方巡城,遇和珅妾弟乘高车行都市,捽而鞭之,火其车于衢,世称“烧车御史”。之二人者,亦不过鞭其戚奴,抑其凶焰而已。五十一年五月,御史曹锡宝奏和珅家人刘全服用奢侈,器具完美,恐有招摇撞骗等事,遂隐然有弹劾和珅之意矣。时弘历在热河,因交留京王大臣查办。会有某尚书窃知此事,飞书告珅,乃星夜灭其迹。于是廷臣查勘,竟以风闻无据复奏,锡宝坐妄言,部议镌三级,特旨革职留任。弘历谕之曰:“尔读书人,不读《易》与?君不密则失臣,臣不密则失身。”锡宝流涕而出。盖弘历前谓锡宝奏言隐约,已预为和珅解脱,然若以锡宝言官而治罪,又恐引起他人之反感也。

(三) 和珅与其他宰辅

当是时阿桂以元勋上公,为枢府领袖,嵇璜以河工世胄,位列相国,皆与和珅同在政府,而对于和珅之横暴,亦尤如何也。璜(字尚佐,亦字黼庭,晚自号拙修生,大学士曾筠之子也)以河督入相,于朝廷大政,无多建树。其待和珅,则趋附心有所不忍,弹劾势有所不能,委曲求全,相安而已。和珅以楮素乞璜书,璜召翰林数人饮于堂,童子请曰:“墨具矣。”璜叱之曰:“属有客,安能作书?”客曰:“吾侪正乐观公之用笔以为法也。”遂对客书之。甫及半,童子覆其墨,璜诟让,客为请乃已。翼日谢和珅曰:“徒败公佳纸。”盖璜本不愿作书,预诫童子为之,而翰林皆和珅门下士,故使见之,言于珅以取信也。观此一事,可知璜待小人,虽不恶而严,而不惮委曲,自全所守,则亦性本庸谨,不能自异者耳。安可望其芟奸除暴耶?阿桂以满洲世族(其父阿克敦官协办大学士),屡建奇功,乾隆四十二年,即拜武英殿大学士,官首魁。然十余年间,常奉朝命,赴各省治河(四十四年河决仪封兰阳,命往视察,次年工竣。四十五年十二月,命勘浙江海塘工程。四十六年命勘高堰河工。又勘青龙冈决口。四十八年勘河南兰阳十二堡堤工。四十九年督河南睢州堤工。五十年命视黄、淮、清口。五十一年再勘清口堤工。五十二年七月,再勘睢州堤工),查案(四十六年,命勘巡抚王亶望狱事。五十一年,按浙江平阳重征狱),督师(四十六年、四十九年两次甘肃回乱督师),未尝宁居。和珅益得以其间潜弄魁柄,渐至行文各省,令凡有折奏,先具副对白军机处,然后上闻。又以阿桂与己不合,阿桂至朝,则办事多不在军机,而自移他处,于是御史钱沣(字东注,号南园。云南昆明人)疏论之曰:

> 臣伏睹我朝设立军机处,向来大臣与其职者,入皆萃止其中,用以集思广益,仰赞高深,地一则势无所分,居同则情可共见。即属僚白事署稿,亦得有定所,法至善也。乃近日惟大学士阿桂一人,每日

> 入止军机处,大学士和珅,或入止于内右门内旧直庐,或入止于隆宗门外近造办之庐。大学士王杰、尚书董诰,则入止于南书房,福长安则止于造办处,每日仅召见时联行而入,退即各还所处,虽亦有时暂至军机处,而事过辄起。属官白事署稿,未免趋走多歧。以皇上乾行之健,离照之明,大小臣工,戴德怀刑,决不至因此遂启角立朋党之渐。然行之万世而无弊,实莫过于率由旧章。盖自世宗以来,及皇上御极之久,军机大臣,萃止无涣,未尝纤芥有他,由前可以律后,不应听其轻便。况内右门切近禁寝,向来因有养心殿带领引见之事,须先一二刻豫备,恩加大臣,不令与各官露立,是以设庐许得暂止,不应于未辨色之先,一大臣入而止,而军机司员皆随之,为日既久,不能不与内监狎熟,万一有无知如从前高云从者,虽立正刑辟,而所纡已多,杜渐宜早!……敢请敕饬诸大臣,仍照旧规,同止军机处,庶匪懈之忱,各申五夜;协恭之雅,共励一堂。

弘历韪其言,降诏饬责,自后和珅虽常值军机,而阿桂除召见议政外,毫不与通。即立御阶侧,桂必去和十数武,愕然独立。珅就与言事,亦漫应之,不移故处。盖阿桂耻和珅之为人,虽未能去之,亦持正不阿者也。

(四) 和珅专政之影响与弘历之待和珅

珅在政专肆,中外多其私党。朝士之持正者,亦噤口不言,任其恣睢,以故宠尤隆而势尤赫。时文臣中如纪昀,武臣中如海兰察,皆功业昭然,颇蒙帝眷者,徒以与珅不和,不得大用。而每预文字之役,则忮刻特甚。凡得卷非其属意者,先视笔误斡补处抉去之,其无笔误,则妄摘瑕疵,以指甲深画之。与诸大臣会同阅卷,珅辄专决,或取或舍,其气焰可想。嘉庆初元,珅自负拥戴功(事详后节),鸱张益甚,外而封疆大吏,领兵大员,内而掌铨选,理财赋,决狱讼,主谏议,持文柄,大小臣工,顺其意则立荣显,稍露风采,折挫随之。及嘉庆二年,阿桂卒,和珅乃更肆无忌惮矣。珅专政既久,吏风益坏,卒酿成川楚教匪之变(事具后章),为清室中衰之最大原因。彼复任意稽压军报,授意各路将帅,虚张功级,以邀奖叙,而己亦得封公爵。且于核算报销时，勒索重贿，以致将帅不得不侵克军饷，教匪乘之蔓延，几不可收拾。盖至嘉庆初年，而康、雍、乾三朝之元气，殆尽斫丧于和珅一人之手矣。虽然，和珅得君之专，为政之久，亘古以来，罕有匹伦，弘历非愦愦者，何以令其乱国若是？盖和珅性好谐谑，（《啸亭杂录》言："和相虽位极人臣，然殊乏大臣体度，好言市井谑语，以为嬉笑：尝于乾清宫演礼，诸王大臣多有俊雅者，和笑曰：'今日如孙武子教演女儿兵矣。'又安南贡金座狮象，空其底者，和诧曰：'惜其中空虚，不然可多得黄金无算也。'为夷官所姗笑，其器量浅隘若此。"）与章子厚好为市衢谈录以取媚神宗（见《闻见后录》）者无稍异，而弘历之于和珅"不过使贪使诈，如古之俳优弄臣"（陈康祺《燕下乡脞录》语），并不真依之为股肱，如阿桂也。当海兰察勦回返京，和珅讦其收受皮张等物，弘历曰："海兰察能杀贼，皮张收以御寒，何必诘责？汝等既不能杀贼，亦岂能谢绝人情乎？"及阿桂卒，弘历召见枢臣于万寿山，谕和珅曰："阿桂宣力年久，且有功，汝随同列衔，事尚可行。今阿桂身故，单挂汝衔，外省无知，必疑事皆由汝，甚至称汝师相，汝自揣称否？"词色甚厉，后遂止写军机大臣，不列姓名，著为例。呜呼！弘历亦自知和珅无功无德，忝辱师相；而乃宠眷有加，则固以佞幸之足获我心乎？或谓弘历之宠和珅，以其貌与世宗贵妃某相似，贵妃者，私于弘历而为皇后责辱以死者也。此言虽属离奇，然揆之情理，亦非绝对乌有。以此可知弘历之待和珅，盖俳优弄臣目之，虽知其骄横跋扈之态，亦怜惜优容，不暇切责。殊不知庇奸殃民，自隳国威，清运之盛衰，即以此为最大关键也！

二十三　中衰之原因（二）（官吏之贪黩）

（一）贪黩之原因与东抚之婪索

乾隆即位之初，宽严互剂，明罚饬法，无所假借，然官吏苞苴请托之习，未尝不行于隐微之中。自四十二三年以后，和珅尊宠用事，而此风益长。于是疆吏侵吞刻削，聚敛行贿，皆恃和珅为奥援，虽大狱频兴，贪恇伏法，而其风自若，皆和珅一人启之也。故内有聚敛之臣，外有贪黩之吏，相为因果。国家致乱之缘,即肇于此。先是乾隆极盛之时,蒋洲以亏帑伏法,蒋洲者,大学士蒋廷锡子也。由部曹外放,荐升山西布政使。乾隆二十二年,军机大臣会奏洲亏帑至二万余金,勒派通省属员弥补。因命大学士刘统勋等讯办,洲自认不讳。又以杨龙文身为监司,曲意逢迎,七赉以知府迎合上司,朋比为奸,皆革职,洲、龙文正法。旨谓:“山西一省,吏治之坏,至于此极,朕将何以用人?何以信人?”其后三十五年,贵州巡抚良卿以骫法婪赃被诛,四十五年云贵总督李侍尧以贪纵营私问罪,然皆不如甘肃捐案之奇巨,国泰营私之苛虐。甘肃之案,别于下目述之,今先叙国泰事如下。国泰者,和珅私人也,任山东巡抚,勒索属员,贪黩秽乱,亏帑数十万,各州县靡然从之,每处亏空,亦至数万之多。而布政使于易简朋比为奸,纵情攫贿,与国泰相埒。乾隆四十七年四月,御史钱沣参奏之,疏入,弘历立召对,沣力陈东省亏空状。弘历曰:“当遣和珅往勘。”沣意不谓然。弘历察其辞色,徐曰:“然则尔同去可也。”沣拜命,不俟和珅,先数日行,微服止良乡,见干仆乘良马过,索夫役甚张,迹之,则和珅遣往山东赍信者也。沣详审其貌,未几仆还,道遇,沣叱止之,搜其身,得国泰私书,具言借款填库备查等事,中多隐语,立奏之。和珅至,见沣衣敝,赠轻裘请易,沣峻却之。和珅知不可私干,又以谋已泄,故治狱无敢倾陂。时与和珅同膺钦差者,除沣外,尚有左都御史刘墉,墉清正无私,故珅益不敢有所瞻循。及反命,弘历持示国泰私书曰:“朕早悉其详,无待复奏也。”于是国泰、于易简遂以伏法。是狱也,前任济南知府吕尔昌、冯埏经手索勒,历城知县郭德平挪移掩饰,前按察使叶佩荪、署按察使梁肯堂同城密迩,未能早日陈奏,及国泰之兄国霖遣人送信,均革职拿问,治罪有差。谕旨有谓:“近年侵贪案件,屡经败露,如王亶望一案(见下目),甫经惩创,今又有山东国泰之勒派属员,婪索多赃,而属员中亦有亏空者,岂水懦民玩,遂致侥幸身试,愍不畏法者多耶?”(四十七年四月壬辰上谕)亦可知当时疆吏之贪黩如国泰者,尚大有人在也。

(二)甘肃官吏之侵粮冒赈

甘肃出产米谷较少,边地仓储,必须充实,故藩库有收捐监生之条,所收粮谷,以资裒益。行之日久,不免弊窦丛生,而官幕仆吏,竟视为利薮,因缘滋弊。乾隆四十六年五月,大学士阿桂剿办回事,李侍尧再起为陕甘总督,有旨饬二人查办,盖以甘省地本瘠薄,而藩司佥称美缺,前任王亶望于捐办海塘工程,捐银五千两,王廷赞奏缴积存廉俸四万两,以资兵糈。仅任藩司,何以家计充裕若此?因疑收捐监粮必有私收折色,多得平余之弊也。既而阿桂奏:“甘肃收捐监粮,系王亶望任藩司时,怂恿勒尔锦奏请开例。且一面奏立规条,一面即公然折色包捐,故王亶望得拥厚资而去。”清廷大怒,提讯勒尔锦、王廷赞,并令浙江巡抚杨魁会同总督陈辉祖就近严讯王亶望令其据实供出。时弘历驻跸热河,王廷赞赴供:甘省粮价较贱,折色定数,以五十五两买补还仓,足敷定额。又因捐生多在省城,改归首府收捐,仍将银两发给各州县购买粮石,补填仓储,按季申报。清廷以捐监收粮,原为仓储赈济,何得公然定数折色,从未奏闻?且甘肃每年报灾需赈,则粮价必昂,而五十五两之数,断不敷采买;既言粮贱,则收成自必丰稔,而捏灾冒赈之弊,可以显然矣。既私收折色于前,复勒买冒销于后,上下一气,通同营私,不可不彻底严查。因将王亶望拿交刑部严审,并以王廷赞前于回乱有守城之功,令实供邀免。一面复传谕阿桂、李侍尧将历任道府何人?如何冒销赈济?如何勒买分肥?逐一查明参奏。七月阿桂查实上奏,请将前任兰州知府蒋全迪,皋兰知县程栋革职提讯,其曾任兰州本道首府及首县者,着一体解交兰州审问,其余各州县官,暂加恩免。是月行在大学士九卿会审勒尔锦等,按律定拟,请旨即行正法,因谕曰:

甘省例捐监生,本欲借监粮为备荒赈恤之用,乾隆三十九年经勒尔锦奏闻议行。原令止收本色粮米,其时王亶望为藩司,即公然私收折色银两。又倚任知府蒋全迪将通省各属灾赈历年捏开分数,以为侵冒监粮之地。自此上下勾通一气,甚至将被灾分数,酌定轻重,各州县分报开销,上侵国帑,下屯民膏,毫无忌惮。嗣后王廷赞接任藩司,因循观望,并不据实陈奏,且将私收折色一事,议定改归首府办理,今诸弊已露,若再不办,是朕不能惩贪察吏,朕岂肯受此?从前恒文、方世俊、良卿、高积、钱度等俱以婪赃枉法,先后伏诛,然尚未至侵蚀灾粮,冒销国帑至数十万金,如王亶望之明目张胆,肆行无忌者,自应明正典刑,以彰国法。勒尔锦本一庸懦无能之人;逆回一事,养痈贻患,本应正法,从宽改为监候。今又于冒赈贪婪一案,全无察觉,而己亦收受属员代办物件,一任家人从中影射侵肥,罪更难逭!但朕究以用人不当,自引为愧,未肯即令肆市,着加恩令其自尽。王廷赞效尤作弊,虽未收受属员银两,亦有派买物件,并加收心红纸张银两之事,其罪亦难末减。况从前令其实供,必加宽宥,乃竟始终匿饰,不吐真情,岂非自取其死?但念兰州守城微劳,免其立决,着加恩改为应绞监候,秋后处决,朕办理庶务,一秉大公至正,此事既经发觉,自不得不彻底查办,嗣后大小臣工,益当互相砥砺,各懔冰渊,共矢爱民洁己之诚,毋蹈簠簋不饬之戒!

勒尔锦、王亶望、王廷赞既伏法,蒋全迪亦不久被诛,而阿桂等在甘肃查讯勾通侵蚀骫法营私之员,自道府以至各州县,大小凡六十余人,清廷不忍概予骈僇,因令核其赃私之多寡,以别情罪之重轻。其侵冒银款在二万两以上者,俱当问拟斩决;二万两以下者,问拟斩候;一万两以下者,亦问拟斩候,请旨定夺。并派刑部侍郎阿扬阿驰驿前往,俟接到明旨,会同李侍尧监视行刑。而程栋及陆炜、那礼善、杨德言、郑陈善、蒋重熹、宋学淳、李元椿、王臣、许山斗、詹耀琳、陈鸿文、黎珠、伍葆光、舒攀桂、邱大英、陈澍、伯衡、孟衍泗、万人凤、徐澍英、陈韶等二十二人立坐死焉。其余或以回乱著有微劳,发往黑龙江充当苦差,或分别监禁有差。是案犯之者至七十人之多,而因以被杀者,亦不下三十人,弘历尚云“不为已甚去已甚”。则谕旨所谓“从来未有之奇贪异事”,信不虚矣!

(三) 侵冒案之余波

清廷以三十九年以后甘省报捐监生,明知折色违禁,乃相率报捐,亦不可不示惩儆,因用副都御史汪承霈议,准其在部另行改捐,给与执照,以五年为期,如过期不捐,不准应试。盖将前此捐职,概予褫革也。四十六年十一月,陈辉祖查抄是案内陆玮各员家产,单内开闵鹓元止有银三两。清廷以鹓元在甘肃知县同知任内,蚀帑盈千累万,私肥囊橐,其家赀必不止此!况伊兄鹗元久任巡抚,所得养廉优厚,亦岂有坐视乃弟贫乏之理?鹗元离伊甚近,任其隐藏欺饰,实为蒙混,皆严旨申饬。既而鹗元自请革职治罪,财产缴官,弘历本"不为已甚"之旨,加恩宽免。但于其措词枝梧,与陈辉祖不举发其弟严祖与王亶望通同舞弊之事,俱令切实复奏,倘再巧言搪塞,则必加以廷鞫矣。十二月,御史钱沣参奏毕沅署陕甘总督时,于冒赈诸弊,瞻徇畏葸,有旨令其复奏。沅以两署总督,为时甚暂,又办理军需事件繁多,托词卸责。弘历以内外大臣,多系知而不举,不独毕沅一人,又且督抚乏员,着降为三品顶戴,仍留陕西巡抚任。四十七年正月,辉祖、鹗元复奏于伊弟婪赃,隐忍瞻循,自请治罪。清廷以二人尚属能事,照毕沅例处断。四十七年七月,清廷以查抄王亶望家产,于从前发还供献之物,无一存者,疑有侵蚀抵换之弊,因令浙江布政使盛住确查密奏。盛住奏王站住随同抄藉,有将金易银,玉器挪掩情弊,遂派福长安、喀宁阿押带站住赴浙质审。并令陈辉祖会同查办。既而站住供言,底册皆存浙省,辉祖曾调取备用物件阅看。于是以抽换抵兑革辉祖职,令阿桂驰往根究。并以国栋经手此事(前任浙江布政使,现调安徽),解赴浙江,归案办理。而前任浙司李封、陈淮、王杲俱以隐匿不言,革职发河工效力。是年十一月,阿桂讯实复奏,令将辉祖等解京办理,次月案结,谕曰:

据陈辉祖供:将查出王亶望金子发交属员,换易银两,及隐匿玉器,抽换朝珠等事,与阿桂所讯,大概相同。陈辉祖以陈大受之子受朕厚恩,用为总督,不思洁己率属,勉图报效,其于地方应办诸务,不能实心实力,随事整饬,于查抄入官之物,又复侵吞抽换,行同鼠窃。其昧良丧耻,固属罪无可逭;但所犯情节,与王亶望之捏灾冒赈,侵帑殃民者,究有不同;即较之国泰之借代父赎罪为名,公然勒派属员,以致通省州县,俱有亏空者,亦尚有间。所云"与其有聚敛之臣,宁有盗臣",陈辉祖一盗臣耳。侵盗官物,非朘剥小民可比,着从宽改为应斩监候(先是九卿议立正法)。至国栋身任藩司,营私循隐,按律定拟斩候。

是狱除陈、国二人治罪外(陈不久赐自尽),知府王士铨、杨仁誉,知县杨先仪、张翥亦以私侵官物,擅挪库项,与辉祖通同舞弊,定拟斩候及发往新疆有差。而毕沅、陈辉祖俱系读书能事之人,亦复如此,末叶吏治之坏,尚可说哉?

(四)各省吏治之败坏

当时官吏之贪黩,其已经发觉而治罪者,已复累牍皆是,其未经发觉,或经人指摘,而先事弥补者,更不知凡几矣!前目所述,不过择其著者言之,他如伍拉纳、浦霖之赃款累累,富勒浑、黄梅、德明之婪索层层(乾隆五十一年及六十年事),句容书吏之侵盗粮漕,高邮粮书之私印冒征(皆乾隆五十五年事),侵渔动至数十百万,而官司属员,合通一气,上自督抚,下至粮吏,一省如此,他省亦复如此,小民冤抑莫伸,闾阎扰累无已,故嘉庆时教匪之乱,皆谓“官逼民反”,其故可知矣。虽谕旨皇皇,而玩法比比,甚至全省亏空,令官吏赔补,则桀骜者更以快其饕餮之私,清廉者不得不望属员之佽助,吏风益偷,国势益坏。乾隆五十五年十月,内阁学士尹壮图奏称:“近有严罚示惩,而反邻宽纵者,如督抚自蹈愆尤,不即罢斥,罚银数万,以充公用,因有督抚等自认应罚若十万两者。在桀骜之督抚,借口以快饕餮之私,即清廉自矢者,不得不望属员佽助,日后遇有亏空营私重案,不容不曲为庇护。是罚项虽严,不惟无以动其愧惧之心,且潜生其玩易之念。”清廷以其言无左证,令指实参奏。尹又谓:“各督抚声名狼藉,吏治废弛,经过各省地方,体察官司贤否,商民半皆蹙额兴叹,各省风气,大抵皆然!若问勒派逢迎之人,彼上司属员授受时,外人岂能得见?徒以道路风闻,漫形牍奏,断不敢作此孟浪之行。”因请简派满洲大臣,会伊密往各省盘查。弘历仍以空言笼统,但不肯颟顸了事,遂派侍郎庆成带同尹壮图先由山西大同盘验,自北而南,经过山西、直隶、山东、江南等省,俱无亏短。壮图亦屡以陈奏不实,自请治罪。次年正月谕曰:

我朝普免正供，再三再四，朕爱养黎元，如伤在抱，惟恐一夫不获，施惠犹以为未足，是以宵旰忧劳，勤求民瘼。迨今年逾八秩，犹日孜孜，无事无时，不以爱民为念。虽底小康，犹怀大惕。乃尹壮图忍为此蹙额兴叹之言，直似方今天下，民不聊生，不特诬及朕躬，并将亿兆黎民，爱戴悃忱，全为泯没，故不得不将朕子惠元元之实政实心，一为剖析。天下之民，具有天良，方将感悦之不暇，亦何至怨讟繁兴，朝不谋夕乎？朕以躬行节俭为天下先，而太平日久，户口日繁，小民生计，或有未能尽裕，朕正以盛满难居，每怀兢惕，更不能不时以爱民为急也。见在纲纪肃清，内外大臣，实无敢有营私骩法者，其有贪婪不法，如王亶望、陈辉祖、国泰诸人，一经败露，无不立寘典刑，各督抚当此吏治肃清之时，即有不肖之心，亦必默化潜移，岂敢以身试法？

至是尹壮图革职交刑部治罪，二月又谕云：

尹壮图造作无稽，使小民等受我朝百数十年深仁厚泽，尊亲爱戴之忱，尽行泯没；竟将熙皞之民，诬为朝不谋夕之状，则莠言惑众，其罪实无可解免！

呜呼，以谠言直陈，而诬为谬妄，以蹙额兴叹，而谓为熙皞，将谁欺乎？嘉庆四年，弘历崩，和珅治罪后，壮图又起复。旨谓："尹壮图曾奏各省仓库多有亏缺，经派令前赴近省盘查，各该督抚等冀图蒙蔽，多系设法挪移，弥缝掩饰，遂致以陈奏不实，降调回籍，此皆朕所深知。"嘉庆虽能干父之蛊，惟是时祸胎已成，即知之亦晚矣。

（五）两淮盐引案（附录乾隆五十九年八月上谕）

乾隆晚年，疆吏贪黩之状，既如上所述，而身虽不任封圻，侵渔尤复特甚者，如盐漕榷运之事，直述不胜述。盖此种优缺，最易舞弊，故无不视为利薮。其幸者，饱扬满载，肥遁终身，不幸者，一经败露，罪责随之，如两淮盐引案,即其著者矣。是案为乾隆间大案之一,特附记于此:乾隆三十三年尤拔世任两淮盐政,风闻盐商积弊,居奇索贿,未遂。乃奏称:"上年普福奏请预提戊子纲引,仍令每引缴银三两,以备公用,共缴贮运库银二十七万八千有奇。普福任内,所办玉器古玩等项,共动支过银八万五千余两,其余见存十九万余两,请交内府查收!"清廷以此项银两,历任盐政,并未奏闻,私行支用:检查户部档案,亦无造报派用文册。且自乾隆十一年提引后,二十年来,银数已过千余万,其中显有蒙混欺蚀情弊。遂密派江苏巡抚彰宝会同拔世详悉清查。旋据彰宝等查复:节年预行提引,商人交纳余息银两,共有一千九十余万两,均未归公。前任盐政高恒任内,查出收受商人所缴银至十三万之多;普福任内,收受丁亥纲银私自开销者,八万余两,其历次代购物件,借端开用者,尚未逐一查出。奉旨解运使赵之壁任,褫前任运使卢见曾,盐政高恒、普福职,押见曾下扬州狱审讯。按提引之来源,据《清史稿·食货志》言:"盐商或有缓急,内府亦尝贷出数百万,以资周转。帑本外更取息银,谓之帑利。年或百数十万,数十万,十数万不等。自三十三年因商人未缴提引余息银,数逾千万,命江苏巡抚彰宝查办,盐政高恒、普福、卢见曾皆置重典;其款勒商追赔,至四十七年、四十九年,乃先后豁免三百六十三万二千七百两有奇。"可知高宗借帑给商,规取利息,本利齐拔,年数十万。其实则商人按引提银备缴,所提之数甚巨,而缴者每年二十万至四十万不等,其余商又中饱,盐政运使则坐享其馈送,代为朦混,不报提引确数。事历二十年,如不经尤拔世题明,则清廷盖早已遗忘矣。其所谓银数已过千余万者,大约每引提缴三两,每年约二十万引,引数逾多,则数目益巨,而盐政竟以提引私自开销,不为奏闻,殊可异矣。嗣经大学士傅恒等复奏云:

查两淮商人,叠荷皇上恩赏卿衔,受渥隆重(如此次得罪之黄源德、余尚志、王履泰皆奉宸院卿衔,江广运布政使衔,程谦德、汪启源按察使衔,皆褫职)。乃于历年提引一案,将官帑视为己赀,除自行侵用银六百二十余万两外,或代购器物,结纳馈送,或借名差务,浪费浮开,又冒侵银至数百万两,于情于法,均属难宥!今既败露,又蒙格外天恩，免其治罪。所有查出各款银数，自应尽数追缴，以清国帑。再查十一年提引后，历任运司如朱续晫、舒隆安、郭一裕、何煟、吴嗣爵、卢见曾、赵之璧，除见曾业已议定治罪外，其余各员，既经该抚馈遗染指，与各商结纳情弊，除已故之朱续晫、舒隆安、郭一裕三员无庸置议外，其现任河南布政使何煟、江苏淮徐道吴嗣爵，不能详请早定章程，革除积弊，均属不合，应照私罪降三级调用。已经解任之运使赵之璧，在任五年之久，目击盐政腐败，库内收贮银两，任听普福提用，不能阻止；及护盐政时，又不据实具奏，殊属有心循隐，应照溺职例革职。现任总督高晋前署盐政四十余日，前任总督尹继善在任最久，且有统理盐务之责，乃竟全无觉察，均难辞咎，应一并交部严加议处！

是狱也，高恒、普福定斩候，卢见曾定绞候，均伏法。卢已七十八岁，先死狱中。刑部郎中王昶，内阁中书赵文哲、徐步云因私行送信与见曾，被严谴。其降级调任者，与褫职之盐商，尚十余人。而见曾以一代文学名流，亦以婪得商人万余金获罪，风气所趋，朝野恬不为怪，亦可叹矣！

〔附录〕　乾隆五十九年八月上谕："盐政有清厘鹾务，管束商人之责，理宜清操自矢，洁己奉公，方足以资整饬。前据董椿奏：'两淮盐政衙门，每日商人供应饭食银五十两，又幕友束脩笔墨纸张，一切杂费银七十两；每日供银一百二十两。'是该盐政一切用度，皆取给于商人；以一年计算，竟有四万三千余两之多。是不但骄奢过分，抑且折福，以致不能承受恩眷，遇事往往昏愦错谬，得罪实由于此。况盐政每年例进物件，又系商人承办，并非自出己赀，更何得复令商人似此逐日供应，致启交结婪索之弊？总由该盐政应得养廉，尚有因公坐扣之项，辄借此为词，诸弊丛生，殊非政体！但此弊已久，今亦不加追问，嗣后两淮盐政所有商人一切日用供应，俱着一律裁革。其每年应得养廉，着实支银五千两，以资食用，而杜弊端。"观此，则知盐务之弊，又不仅盐引之克扣，商人之结纳已也！

二十四 中衰之原因(三)(军事之废弛)

(一) 八旗兵力之衰微

八旗兵力之强弱,实以入关为最大之关键,盖不仅习于奢靡,受汉人之同化而已,而政府豢养维勤,骄惰不惩,久而久之,强悍勇敢之风气尽失。三藩乱时,其弱点乃大暴于天下。如《啸亭杂录》所载衣衣道人言:"满洲诸将,自尚善贝勒一路外,皆怀二心,有欲举襄阳以北降者,赖蔡毓荣(汉人)持之以免。故屯兵岳州城下,八年不战,诸将皆闭营垒而已。"又大将军勒尔锦驻守荆州,划江为界,日索督抚司道之馈送,老师数载,无尺寸之功,甚至闻吴氏进兵之消息,胆战心惊,埋大炮于土中,先行退却。虽卒以问罪,而满洲兵力之不可用,遂成不可掩之事实矣。康熙初叶,距开国不过二三十年,其士气何以消沉至此?岂创业奇勋,或不尽如官书所载之彪炳乎?日本稻叶君山有言:"自此以前(按此即指三藩乱前),满洲兵力之卓越,无论何人,皆所深信。但彼等仅能乘明国之内乱,压服疲弊之人民,与困惫之军队而已,实未尝与曾经训练之汉兵交锋。"其意盖谓满兵虽强,亦只能乘危定乱,非真能与汉人为敌也。夷常考满人自入关以来,未经一大战,剿寇平敌之功,以汉将居多。谷应泰《明史纪事本末》云:"李自成攻陷京师,挟太子二王,东向永平。吴三桂顿兵山海关,悉锐出战,击杀数千人,所向披靡,自成遁走。三桂复率大兵追贼,连战于保定正定,西度固关,入山西。"观此,入关之役,实三桂之功也。而乾隆五十一年,因此段记载,未叙满洲兵力,恐后世谓自成败于三桂,而非败于清朝,令依据《开国方略》,重行修改。即此一事,盖可推知矣。多铎率众南下,平金陵,定浙江,然亦不过如稻叶所云"压服疲弊之人民"而已。其后洪承畴督师江南,剿抚并用,民兵之灭,即全恃降将之效劳。博洛志征浙闽,对方皆民兵,无勋绩可言。至赣湘,两粤之事,则佟养甲、李成栋、金声桓、耿仲明、尚可喜、孔有德为之前锋;云、贵、川、陕之事,则吴三桂、洪承畴、孟乔芳等为之经营。盖清廷之政略,在驱策汉人相残杀,以满人统率监督之,或乘其疲一战,故不难收事半功倍之效。康熙延此故智,荡平三藩之功,又全赖于汉人,一时名将如赵良栋、王进宝、孙思克、蔡毓荣、万正色、徐治都、杨捷、施琅、姚启圣、吴兴祚、李之芳、傅宏烈等,皆绿旗营也。帝常激励之云:"自古汉人之叛乱,俱以汉兵剿平,岂待满兵之助耶?"此种巧妙之辞,虽足以蒙蔽赤心之武士,然满兵之衰弱,与夫以汉攻汉之曲衷,直昭然若揭矣。呜呼!"国必自伐也,然后人伐之",使汉人不自伐,则满洲孰与乘其弊而鞭挞之?殷鉴不远,未知后之人能否垂为炯戒耳!嘉庆四年,经略勒保奏言:"健锐火器两营京兵,不习劳苦,不受约束,征剿多不得力,距达州七十里之地,行二日,方至,与其久留糜饷,转为绿营轻视,请全撤回京,无庸续调!"观于此,则八旗兵力之衰微,至嘉庆年间,盖已完全暴露矣。

(二) 常备军营之腐败

三藩之役而后,绿营后既代八旗而兴,而绿营之腐败,百余年又复现矣。乾隆之时,武功号称极盛,实则强自铺张,无奇效之可言,而兵制财政,反行枯窳。其发生最大之影响者,即大小金川之役是也。财政之损失,则于下节言之,今先述其军事之废弛。乾隆十三年,金川倡乱,张广泗率兵攻之,因其地势险阻不克,清廷命讷亲为经略。讷固亲信大臣,视为勤慎可托者也。及抵军,限三日攻敌首寨,将士有谏者斩。三军震惧,攻击多伤。讷自是慑伏,不敢出一令。每临阵,避帐中遥为指示,人争笑之,军威日损。有三千军攻碉,遇敌数十人,哄然下击,其军即鸟兽散。惟日乞增兵转饷,至有欲乞达赖喇嘛、终南道士为之助战之语。故傅恒条奏有云:"晏起偷安,将士不得一见,不听人言,不恤士卒,军无斗志。"则当时军队之腐败可知。及三十六年,大金川不听中国约束,于是再张挞伐,而木果木之败,尤足以为当时兵事废弛之明证矣。据将军明亮言:当时兵气衰竭,欲振不易。盖以督师温福狃于易胜,不复檄调各路兵马,惟日与提督董天弼辈置酒高宴,故士气颓丧,卒一败而不可收拾。时护军统领伍岱见温所为,叹曰:"吾闻速拙,未闻迟巧,焉有屯兵贼境,而日以宴会为务?吾固辽东健儿,未审有如此能致胜者!"温大怒,以他罪遣戍。海兰察至扣刀诮之曰:"身为大将,苟安旦夕,非夫也!今师虽老,使某督之,犹可致胜!”温拂袖起,迁延月余,敌侦其弱,劲旅攻之,清兵不战而溃。海兰察初对敌,即咤曰:“云气已颓散,不可战,余马首欲东,与诸公期会于美诺。”因驰马破围云。温方雅服督战,为敌所擒。师大溃,自相践踏,终夜有声。明亮驻军美诺,见溃兵往来如蚁,遣人止之,收留犒赏,兵少安。适有持铜匜沃水者,误落于地,惊曰:“追者至矣。”群起东走,势不可遏。故论者谓“兵贵朝气,而戒暮气,乾隆之末,皆暮气也”。盖即鉴于是役之覆败,实当时军事废弛之结果,为之厉阶者,虽在于讷亲、温福二人,而其责又不尽在讷亲、温福也。此后教匪暴起,军队征剿,皆以乡勇为前锋,绿营次之,八旗及索伦兵在最后。而敌军亦以难民当锋镝,己则在后观望。倘乡民伤亡,匿而不闻,稍得胜利,即取以为功。甚至地方请兵者,多拒不敢出,其驻军,亦择无敌处居之。军政败坏至此,岂一朝一夕,一卒一军致之哉?

(三) 军营之奢侈与福康安

乾隆末年,军事废弛,其原因可得而言者:营伍奢侈,粮司侵饷,为最著之事实。据当时从军者宗室副都统东林言:军中糜费甚众,帑饷半为粮员侵蚀,滥行冒销。有建昌道石作瑞侵蚀帑银至五十余万两,延诸将帅会饮,多在深箐荒麓间,人迹罕至之所。鱼蟹珍馐之属,每品用五六两,一席多至三四十品;而赏赐优伶,犒赉仆从不与焉。有某阁部初至,石馈珍珠三斛,蜀锦一万匹,他物称是。故所吞蚀者皆荡尽,至死无殓费。又将军明亮言:随明瑞征乌什回部时,军中大帅,惟有肉一葴,盐酪数品而已。事未易数十年,而风气变易至此,始作俑者谁乎?恐福康安不得辞其责耳。福康安以名相傅恒子(或言:“傅恒之妻,孝贤皇后嫂也,以椒房戚,得出入宫掖。弘历乘间逼幸之,傅恒妻不敢拒,遂有娠,未几,生一男,即福康安也。傅恒凡四子,其三子皆尚主为额附,宠眷反不及福康安,而福康安独不尚主,其故可想见矣。”按是说俗传,或尚可信,傅恒死时,弘历悼诗有云:“平生忠勇家声继,汝子吾儿定教培。”汝子吾儿四字,颇可与前说相参证),得弘历宠信,专阃出征者二十年,官至大学士,云贵总督,一等嘉勇公,封贝子,卒赠郡王,其功勋宜可与乃父并称矣!殊不知汗马运筹,皆出于海兰察及诸将之力;福康安特以贵族外戚,总长师干,归功享成而已。其对于海兰察谦谦自下,尽力周旋之,依为干城,方能得其力。则其才能之不足为将帅,可以知矣。且到处婪索,妄作威福,每日罗食珍异,开营伍奢侈之端倪,故每一征战,糜费多而成功少。当其奉命征苗,督七省官兵,与苗相持一年有余,始既奏么麽不足数,及老师旷日,则频以暴雨山潦涨阻为辞。而饷道崎岖,先后益兵数万,降苗受官弁百余人,月给盐粮银者数万人,旋抚旋叛,军士中暑毒死者日众,数省转输,费资巨万。《啸亭杂录》谓福惑于幕客言,欲养贼自重,以邀封拜,乃顿兵不进,与川督和琳日夜饮酒听乐,苗因玩视王师,煽惑勾连者日众。加以山岩险阻,我兵不能寸进,又有不肖将士,与言以价赎地,苗益肆无忌惮,日相焚掠,二公受瘴死。此系礼亲王宗室昭梿之言,当有可信。其征台湾也,谗杀名将柴大纪;其征廓尔喀也,气骄满而偾师。若非海兰察为之佐,则专征虽久,宁有胜利可言?而弘历以宠爱之故,至欲王之,因绌于家法,乃令其攘阃外之功,以为分封之基础。不知贻祸患于无穷,亦卒未能如其愿也。嘉庆时谕旨有"福康安历任封疆,簠簋不饬"之语,御史卫谋因备论其贪婪状,谓不宜配享太庙。清廷虽未允其请,一时公论与之。故或谓乾隆末叶政治之衰败,乃内坏于和珅,外坏于福康安,不为无见矣!

二十五 中衰之原因(四)(财政之虚耗)

(一) 康雍以来之财政概况

康熙之时,国库收入,久不得其平准,其主要原因,不得不归咎于军务、河工,需用浩繁,三藩盘踞之处,正供多未征取。且帝政尚宽,蠲免时行,自康熙元年至四十四年,所免钱粮共九千万有奇。五十一年,又免地丁银三千三百万有奇。然自准部兵事暂定以后,海内承平,国库贮存,渐次增加,至四十八年,户部库存银,已五千余万两(见吴熊光《伊江笔录》)。视从前仅一二千万者,不得谓非异常之成效。帝以当时无用兵及土木之费,存库银两,别无用途,不若出一二千万,分贮各省。又议免全国地丁钱粮,于是户部尚书希福纳建议曰:"每年地租及人丁税盐课关税等一切之供赋,除留存于各省应用,及协济别省之财政外,一岁收入银一千三百万余两。从中除去北京俸饷一年之需用九百万,每年贮存不过一二百万两"云。由此可知帝于财政之计划,颇为疏忽,盖不以国库丰盈为施治之目的,此户部当局所引以为虑者也。果也兵事再起,库银需用殆尽,晚年存者,仅八百万两而已。雍正承康熙疏阔节目之后,命怡亲王允祥,国舅隆科多,大学士白潢,左都御史朱轼等,设立会考府。并令督抚严查各省历年亏空,无论大小,三年务期填补。更进而讲求收入之方法,其著者如火耗之归公(火耗一名耗羡,其制始于明,于正税之外,加征几分,以为官吏之经手费也。清初屡设厉禁,而实际仍不能止,康熙时朝廷默许一分,然有加至一二三钱者。雍正二年,山西布政使高成龄,奏请耗羡归公,用以充官吏之养廉,许之。自是地方公费,胥取给于火耗,而国家减一重大之担负),常例之捐输(即卖官鬻爵也。康熙时三年间所得不过二百万两。所捐知县达五百人。雍正初年,因西北用兵,开捐纳之例,至末叶每年可收入三百万两云),盐课之增收(盐税于顺治初年,不过五六十万两,末年渐增至二百万。康熙中,又增至三百万。至乾隆时,则增加约达百七十余万。雍正一朝,亦略可知已),关税之整顿(先是关税进项,官吏任意侵蚀,或故报盈余,以求升赏。每年不过四百余万两。雍正加以清理,诸弊颇革,每年收入,增加一倍有余),帝又躬行节俭,整饬吏治,一时积蓄,至达六千余万两,虽准部之役,耗用过半,然及其崩时,尚存二千四百万两,其成效可知矣!帝常谕户、工二部曰:"财者,利用之源也,古帝王计富国裕民,务必谨其制度。朕每恐府库之金钱,为胥吏侵蚀中饱也。"是以当时户、工二部所用费额,无分巨细,必送册报告。各省藩库官吏,对于私用金额,即以俸银补偿之。以故吏治整肃,国库丰盈。盖胤禛之政策,既不若康熙以前之盲无计划,又不似乾隆以后之滥用帑金,论者以清朝财政之基础,至此乃定;而最盛时期之成效,实为帝所手赐者也。

(二)乾隆年间之糜费

乾隆承祖父之余荫,收垦殖之结果,国富兵强,民物丰阜,于是好大喜功之念顿炽。数十年间,平金川、荡准部,用兵缅越,戡定台湾,威力所及,西南至于尼泊尔,东北至于库页岛,虽版图扩张,十全纪盛,然军费所需,历代无比。乾隆十二年,金川事起,军用七百七十五万两(实销六百五十八万,移驳一百十七万)。自乾隆十九年至二十五年间,新疆征定,军需银二千三百十一万两(实销二千二百四十七万,行查未结六十三万)。自三十一年至三十四年,缅甸之役,军需银九百十一万两。自三十六年至四十二年,金川再起,军需银六千三百七十万两。此外如台湾千余万(台湾用兵,本省先用九十三万,邻省拨五百四十万,又续拨二百万。又拨各省米一百十万并本省米三十万石。加以运脚,约共银米一千万),安南一百余万。廓尔喀、西藏等用兵之费,尚不与焉。综计乾隆一朝所用军费,约在一万二千万两以上,以当时国库收入,年仅三千余万两,则岁出之额,不为不巨矣!然当开国承平之后,又加雍正整理财政之结果,物阜财丰,国库贮存,辄至七八千万。又普免天下钱粮四次,蠲除七省漕粮二次,加之巡幸江南,其数达二千余万两,东巡西巡之费,尚不在内。乾隆五十五年以前,又免钱粮多次,而户部尚存银八千万。(洪北江《庚戌祝禧诗》云:"免钱粮,免钱粮,四次两次看誊黄,今年诏下恩犹厚,普免正供由万寿。"又云:"大农钱粟虽频散,耕九余三积储惯,户部银仍八千万。")可谓清朝府藏极盛之时矣!惟帝自恃其充裕,极意挥霍,大兵大役,征调频繁,颇难为继。国帑虚靡,已足为将来衰颓之兆。故梁诗正掌户部时,核计度支盈绌,疏言:"每岁天下租赋,除官兵俸饷各项经费外,惟余二百余万,实不足备水旱兵戈之用。今虽府库充盈,乞皇上以节俭为要,慎勿顺武兴工,为持盈保泰之计!"当时人皆咎其言利,至嘉庆初年,河塘屡溢,教匪滋扰,数载之间,国帑告匮,始服诗正之远识云。

(三) 兵额增加之虚耗

乾隆四十七年,弘历以府库充盈,谕令增加兵额,谕曰:"朕当即位之始,部库之贮银,不及三千万两,今已增加至七千八百万两,尚何不足用之有?各省兵丁饷糈,约四十万两,可作为正当支出,毋庸裁扣!又北京增兵四千九百名,陕甘增兵一万二千九百名,其余并马步粮饷约五十万两:合以上两项,不及一百万两。各省武员之俸,别作为养廉银开支,亦通计不及二百万两。庶官员等无生计拮据之虑,而各省亦得增加其兵备。”盖先是各省大小武职,俱有虚额名粮,直省养兵,费天下正供之半,而兵伍不足正额三分之一。帝命将名粮归入养廉,另行挑补虚额,于是增兵六万,岁添饷银三百万两。大学士阿桂(阿克敦子,满洲正白旗人,姓章佳氏,字广廷,号云崖,卒谥文成)以国家经费,骤加不觉其多,岁支则难为继,故不计久远,足为将来财政之忧。因上疏争之曰:

惟是国家经费,岁有常规,有不得不通盘筹算者。臣于乾隆十年中,在银库郎中任内,曾详悉查核:每年各省所入地丁关税盐课漕项等,约三千余万两。灾赈蠲缓,不在此数;此岁入岁出之大略也。又查康熙六十一年,部库所存八百余万两,雍正间渐至积至二千四百万两。而由西北两路用兵,支出大半。乾隆初年,户部库款,不过二千四百万两。皇上时时以藏富于民为念,凡三次普免全国地租钱粮,两次普蠲各省漕粮,又加之以赈灾,而历年各处用兵,凡为捍卫生民,所费又何啻万万!皇上本不稍存靳惜,但此等动支,尚非本来经费可比。夫经费骤加虽不觉其多,岁支则续继为难。从前开拓新疆二万余里,每年所费,即由陕甘兵饷,裁移添补,于国用并未增加。今奉谕旨:添加陕甘各营一万二千七百余名,西安旗兵二千五百余名,京营四千九百名,其马步粮饷,与从来各省之兵丁赏恤红白银之用合算,岁支已有百余万两,若又武官之名粮,改给养廉银,挑补其实额,岁需又约二百万;共计每年增额为三百万,统计二十余年,即需银七千万两。并思云南、贵州之地,控制边陲,兵力不宜单弱。四川省自平定两金川后,内地兵丁,移驻新疆,未免不敷守御。其他福建、广东沿海之地,不可不增添兵额,以资弹压。乞敕部通盘核算一年之出入,并扣除增额三百万两后,每年国库尚有余存与否,使军机大臣会同该部一并妥议。庶理财足兵,两无妨碍也。

时弘历自恃库藏充溢,颇不以阿桂之议为然。户部驳谓:“每年度支约有五百万之剩余,今支出三百万,尚有二百万之剩余,一切开支,尚属裕如。”决计行之。殊不知缺伍依旧,冗靡益多,迨嘉庆后,两次议裁兵额,卒不能仍复原数。而国库日绌,不能节养,遂为清室衰敝之一大原因。阿桂之言,不为无见矣。

二十六　中衰之原因(五)(弘历之逸侈)

(一) 千叟宴与庆典之铺张

先是康熙五十二年,以值圣祖六旬大寿,耆宿年老之人,多从远道而来,跪献寿觞,因命赐老人筵宴,并谕查官民年逾六十五岁者,及八旗官兵老妇之年逾七十者,奏闻赐宴。且著宗室子孙年二十以下,十岁以上者,择令执爵,以示优待之意。有不能来者,贫乏则协助车马,疾病则按分颁给。六十一年,又召满汉文武官员,及致仕退斥人员年六十五以上者三百四十人,宴于乾清宫前。命诸王贝勒贝子公及闲散宗室等授爵欢饮,分颁食品。名曰“千叟宴”。乾隆踵其故事,五十年,征年六十以上者凡三千人,赐筵乾清宫。并准其子孙扶掖入宴。而苍颜白发之老,辄颠踣于道路矣!弘历制诗有云:“祖孙两举千叟宴,史册饶他莫并肩!”其矜夸之气可见!先是乾隆三十六年,命赐三班九老游香山,以优遇之,且绘图以记其事(画工系艾启蒙)。三班九老者,在朝文臣九人(显亲王衍潢,恒亲王弘晊,大学士刘统勋,协办大学士官保,吏部尚书托庸,刑部尚书杨廷璋,理藩院尚书素尔讷,刑部侍郎吴绍诗,工部侍郎三和,共六百七十七岁),武臣九人(都统四格、曹瑞,散秩大臣国多、欢甘都,副都统伊松阿、萨哈岱、李生僧、福僧阿,共七百二十二岁),致仕诸臣九人(刑部尚书钱陈群,内大臣福禄,礼部尚书陈德华,兵部尚书彭启丰,礼部侍郎邹一桂,左都御史吕炽,内阁学士陆宗楷,詹事陈浩,国子监司业王世芳,共七百有四岁)是也。乾隆初叶,国家无事,太和翔洽,故庆典之隆,亦少概见。十六年十一月二十五日,值皇太后六十寿辰,中外臣僚,纷集京师,举行大庆。自西华门至西直门外之高梁桥,十余里中,各有分地,张灯设彩,结撰楼阁,至不见市廛。诚如赵云崧所谓:“锦绣山河,金银宫阙,剪彩为花,铺锦为屋,九华之灯,七宝之座,丹碧相映,不可名状。每数十步,间一戏台,南腔北调,备四方之乐,侲童妙伎,歌扇舞衫,后部未歇,前部已迎,左顾方惊,右盼复眩。游者如入蓬莱仙岛,在琼楼玉宇中听霓裳曲,观羽衣舞也”(见《曝簷杂记》)。时献寿者或以色绢为山岳,或以锡箔为波涛,甚至蟠桃之大,比数间屋。然尤粗略不足道也。最巨丽者:广东所构翡翠亭,广二三丈,全以孔雀尾作屋瓦。湖北所供之黄鹤楼,重檐三层,墙壁皆用玻璃砖高七八尺者,日光照耀,辉映数里。浙江以湖镜为广榭,大者径可二丈,嵌藻井之上,小镜数万,鳞砌成墙。人入其中,一身可化百亿。其他诸省之所奉,亦皆竞奇斗巧,欲取容悦,时街衢惟许妇女乘舆,士民则骑而过,否则步行,绣毂雕鞍,填溢终日。辉皇铺张之概,可以知矣。皇太后见景色巨丽,殊嫌繁费,命撤去之。然以后每逢庆典,其繁盛则仍不稍减云。

(二) 倦勤与邪游(附废后之事)

弘历处高履厚,未尝艰苦,其性格颇似富家纨绔之子,而行事又辄欲突过前人,不免有粉饰张皇之概。然其英明有干才,亦终非庸主所及,故乾隆政治,堪称极盛。惟末叶惑于和珅之佞私,颇有倦勤之意。盖自乾隆四十二三年以后,自处安逸,喜恋声色,媚者以是和之,故不自觉其远忠直而亲狎媟也。且其性好冶游,南巡北狩,车驾时出,几无暇晷。不则近畿攀玩,平康买笑,野老所传,弗可胜计。是亦中叶衰敝之一大原因也。《春冰室野乘》云:“圆明园福海之东,有同乐园,每岁赐内廷诸臣听剧于此。高庙时每至新岁,特于园中设买卖街。凡古玩估衣,以及酒肆茶炉,无所不备。甚至携小筐售瓜子者,亦具焉。开店者俱以内监为之。古玩等器,皆先期由崇文门监督,于外城各店肆中,采择交入,言明价值,具于册,卖去者给值,存留者归其原物,各大臣入园游览,皆竞相购买。或集酒馆饭肆哺啜,与在外等。肆巾走堂佣保,皆挑取外城各市之声音宏亮,口齿伶俐者充之。每驾过肆门,则走堂者呼菜,店小二报账,司账者核算,众音杂遝,纷然并作,上每顾而解颐。至燕九日始辍。嘉庆四年,高庙上宾,此例遂停。”《清代野叟秘记》云:“帝苦宫闱森严,遂由宫监某之献策,微行取乐,仿道君皇帝之眷李师师故事焉。时京师有妓曰三姑娘者,所与狎皆贵人,声气通宫禁,达官显宦,奔走钻营,仰其鼻息者,户限为穿。时九门提督以私怨下令驱逐诸妓,限一日全出境,违者逮捕治罪。于是诸乐户纷纷远移,独三姑娘若无事者,提督以责属官,属官实告曰:‘伊待出令者来也。’提督怒,亲率缇骑擒之,时已夜半,缇骑破扉入,闻三姑娘伴狎客将眠矣。提督挥军,欲入房中搜索,三姑娘徐起,隔窗问:‘何事如此汹汹?若惊贵人,谁敢担其罪耶?’呼人出止之,且曰:‘有凭信在此,但持去阅之,自能觉悟,幸勿悔孟浪也!’提督得纸观之,玺文朱墨上书:‘尔姑去,明日自有旨!钦此。’乃踉跄而归。”呜呼,弘历以九五之尊,而固不知自爱,宜乎末叶政治,胥败坏于和珅一人之手矣!

〔附〕　高宗继后那拉氏,后废为尼,度时无明诏。后卒,御史阿当阿疏请以后礼葬,高宗批云:“无发之人,奚足以母仪天下?所请着毋庸议。”此事传说不一,异论纷起。(《清代名人轶事》谓:“后犯狂易之疾,尝一日自剪其发。满俗嫠妇矢志不嫁者始剪发,故有夫者视为大忌。未几病卒,以皇贵妃礼葬寝园。阿御史之折,必系请复后位,入祔太庙耳。后人不知废后有剪发事,故疑以传疑,异论乃纷起。清代宫中,固多异事,然此事本末,固自明白,非有他故也。”)《野叟秘记》独记此事最详,兹节录如下:“后英毅有智略,而才色稍逊,高宗颇严惮之。既而国内无事,域外武功复震赫,臣下之谀颂太平者,日必数十百至,帝自喜功高,渐怡情于声色。后知之,时以忧盛危明,进脱簪之戒。帝固好名,初亦容之。继乃由厌倦生恶怒,辄以他故拒谏,后不能平。帝苦宫闱森严,后又执祖宗家法相责备,无以免其烦,因作狎邪游。所眷妓曰三姑娘者,为后之叔父某提督所逐,帝疑为后所嗾使,适后闻而力谏,遂益恶之。高宗南巡,皇后请从,未许,后强附太后以行。入山东境,帝忽思管仲设女闾三百事,群臣奏对,多不称旨。有小监某者,甚便黠,知皇上圣意所在,乃言:‘济南繁华,亚于扬州,欲访女闾遗迹,当在此地,可参证也。皇上设委奴才以采访使,必当取考验品至,供皇上考验,较之寰宇访碑,征题山水,兴味浓郁,能使皇上乐此不疲,诚福海也。’高宗大悦。至济南,小监下舟,顷之朱颜绿鬓,尽态极研,二八丽姝,娟秀绰约,宛如一片彩云,吹落御舟矣。小监引至御前,一一唱名毕,约四五十人,同跪座下。帝命皆席地坐,大家循环奏技。于是哀丝豪竹,滴粉搓酥,既毕,复列队起舞,轻裙长袖,华采若英。娱乐良久,帝乃择丰容秀丽,而态度不凡者约六人,留宿舟中,余悉遣归。后知之,中夜起坐,作一谏草,薄明,直入御舟。时帝方挟妓酣眠,惟一妓见妇人入,衣服华贵,必系宫中有位者,思摄衣以避之,身甫转侧,而帝已惊醒。突见皇后持纸却立,骇异殊甚,斥问何为。后跪奏有要务求皇上鉴察。帝怒曰:'此何时也?尔将图谋不轨耶?不然,胡不由宫监传达,而贸然入此?'后正色辩曰:'妾荷殊恩,位跻敌体,圣驾起居,固臣妾所宜亲侍,今又在长途,妾之维持调护,敢自弛其职哉?今闻皇上有过当之行,欲有所规谏,是以不自知其无状,迫切至此。何致重加疑忌,斥为图谋不轨耶?陛下当深思之!彼等烟花贱质,岂宜狎近?设惊至尊,其罪谁任?'帝闻言益怒曰:'尚敢巧辩,为罪大矣!'立命左右挟之出。后跪不肯起曰:'妾备位历有年所矣,皇上即盛怒,独不念香火情耶?且盍试察臣妾之所奏,死且无恨。'是时帝起坐,挥妓令去,怒视皇后无语。后又奏曰:'皇上明鉴,臣妾实无他,奈何顿生疑忌?被此恶名,何以复掌六宫?臣妾愿辞正位,以待有德!惟所奏疏为臣妾心血构成,皇上苟不赐览,妾终不敢退也。'帝不得已,取其疏阅之,则繁征博引,切直激昂,大都以迷楼、豹房为大戒,而捐金藏珠为可法。帝览未终篇,勃然色变,急起批后颊,且数之曰:'朕隋炀、明武耶?尔为国母有年,而语无伦次若此!是可忍孰不可忍!'立掷其疏于地,命宫监曳之出。后大呼列祖列宗者三。帝命速幽之,曰:'是有痰疾,颠狂已作,安可母仪天下?'后仍不起。帝乃披衣出,命驾往朝太后。后前抱帝足,求阅疏,不令行,帝愈怒,奋力蹴之,后始退倒,泣涕不已。帝登太后舟,历数后滋扰状,而讳言狎妓事。太后已屡闻后之谏戒,知其性过拙,乃召后至。涕泪纵横,拜跪失节。太后谕之曰:'子亦何苦为此?乃知尔性之不可改矣!若复琐渎于帝前,恶感且益加甚。吾为汝计,不如暂居此地为佳。且此地之行宫,本丛林也。尔果允清修,反驾时,察尔已改,仍可返还宫中,为佞佛者之领袖。不亦佳乎?'后知太后意有所袒,不敢复争执。良久无语。但云:'明知无益,而强聒之,是不啻为伍胥之目,荆人之足也。清修吾所愿,准留于此间,亦无颜更入宫中也!'太后乃命小监某庵中居。久之,后叹曰:'太后命吾居此,明明以比丘尼示我矣!我妄思俗缘可复,烦恼丝至此未去。嗟乎!来日大难,去乡益远,不如稽首慈云,皈依净土,尚得了此浮生也!'于是遂剃度于某庵。高宗屡次南巡,必经济南,亦未尝有故剑之情,偶忆及之也。其后后为某妃所谗,被逮京师,得三姑娘之力而始解,高宗指居扬州某寺。死时亦未得以后礼葬。"呜呼!废后之事,历代屡见不鲜,以汉景、光武之英明,尚不免色衰爱弛,弃如敝屣,何论高宗本意气自雄喜怒不常者哉?薄幸若此,亦可慨已!

二十七　民乱之渐起

(一) 民乱国衰之最大原因

乾隆六十年中,武功文治,并臻极盛。此虽开国以来至康雍百年间休养生息之结果,实亦弘历励精图治发皇光大之力也。然中叶以后,和珅用事,养成内外官吏贪墨之风(详见本章第二三节),而吏治乃不可问矣。又吸收民间数万万之母财以置诸不生产之地(详见下章),而民间始患贫矣。乾隆五十五年,尹壮图以"督抚借词赔项,勒派属员,仓库遂致亏缺,商民蹙额兴叹"等语,具折奏闻。顾以事无佐证,反得欺罔之罪(详见第二三节),而下情始壅于上闻矣。自讷亲、温福、金川之败,福康安总掌军戎,奢靡骄逸(详见第二四节),而兵士乃不可用矣。乾隆四十七年增兵之案,决举绿营兵额之不足者,一一挑补,骤增新饷三百万,统计二十余年,须用七千万(略见第二五节,其详可参看曾国藩咸丰元年《简练军实疏》〔见卷下第一章中〕),而帑藏始大绌矣。乾隆纵游观之乐,车驾所至,绅商供奉,斗奇争巧;又加官吏之苛征,吏役之假借(详第七节),而江南富庶之区,闾阎疾苦矣。自弘历倦勤,怡情声色,所亲者惟和珅之辈,世胄大臣,莫敢与争。于是佞幸之蛊惑,内监之引导,狎邪浪漫,纵欲败度,而国事乃荒废矣。以财力之日绌,贪吏之无厌也如彼,而直省人口之增殖,其速度又有可惊者。据乾隆末年之调查,各省丁口凡二万九千六百余万,较诸雍正末年人口二千七百三十五万余,康熙末年人口二千五百三十八万余,骤增至十倍以上(详见本卷第二篇中)。如是人口财富,相为反比,政府又不思为之补救,而人民始疾苦思乱矣。乱源之酝酿,既非一日,于是三十九年有山东王伦之乱,四十六年有甘肃叛回之乱,虽不久旋灭,而乱事已种其根苗矣。至乾隆六十年,苗民发难于湖南、贵州间,湖北、四川、白莲教匪,纷然并作,九年之间,蔓延五省。同时海疆不靖,天理教继起,二十年中,群盗如毛,此仆彼兴,殆无宁岁,而国势遂以渐衰矣。今先述乾隆末叶之乱事如次,教匪之乱,别详后章。

(二) 王伦临清之乱(附戚学标纪王伦乱事)

先是东南岁漕数百万,皆由运河供亿京师,而山东临清州,绾毂南北,水陆冲衢,有新旧二城,皆濒运河东岸。旧城土垣周三四十里,市廛鳞次数万家,与新城等。乾隆三十九年,寿张人王伦以清水教运气治病,教拳勇,往来山东,号召无赖,徒党日众。羡临清之富庶;又当清兵方征金川,意畿辅兵备或虚。倡言有四十五天大劫,从之者得免。寿张知县沈齐义捕之,伦等遂于八月二十八日夜,袭城戕吏。先是伦言破城之日,当有风雨,及期适应,众益信。时国家承平久,官民皆不习兵,伦等连陷堂邑、阳谷。乃分趋临清、东昌图阻运道,有众数千人。时帝方驻跸热河,大学士舒赫德奉命视河南决口,尚未出都。因命佩钦差大臣关防,由天津驰赴山东督师。又命额驸那旺多尔济,左都御史阿思哈率健锐火器营兵千人,简吉林索伦善射手五十为先锋。诏直隶总督周元理以兵防广平、大名界,而河道总督姚立德防东昌。是时总兵惟一以兵三百击敌堂邑,复以兵八百击敌柳林,皆不利。伦等围巡抚徐绩军于临清之梁家浅,惟一援之。伦等解围趋运河。清兵不扼运河东岸,惟知闭城守,伦等遂结筏渡,据临清旧城。禁杀掠,以车三百辆,塞街巷,胁丁壮围攻新城。城上铳炮击之,不能中,乃裸妇女,血鸡犬以厌之。复败其火车。九月十四日,惟一与德州城守尉格图肯以兵千余至,仓卒应战,败走东昌,诏斩以徇。会各郡援兵渐集,临清兵民议夜半缒城,掩敌不备,副将叶信不可。时运河回空粮艘阻桥闸,不得进,伦等反胁纤夫以攻城。又束粮艘为浮桥,图北渡。京师禁旅由德州攻其东,东昌兵攻其南,直隶兵由景州故城攻其北,又以兵扼馆陶防西窜。直隶总兵万朝兴,破敌二千于运河西岸,毁浮桥及闸口之桥。又遣兵扼下游三坌河,败其西渡之众。二十三日,舒赫德军抵临清。伦以千余人北出牵制清兵,而命骁将五六百阵旧城东门迎战。舒赫德遣侍卫音济图等以禁旅三百,追敌北门外,而自攻东门。敌败归城内,短兵巷战,清军先后焚斩及赴河死者千余,驱城东南之敌尽归西北。音济图既歼北窜之敌千人于塔湾,亦还兵入城,搜王伦于大宅,毁墙入,手擒之,为其党所夺,登楼纵火死。后歼巷战女魁乌氏等数十人。生擒其弟王朴,及其党樊伟、孟灿、王经隆等槛送京师。诛其党千余,旧城居民先后投首数千,招回复业之户七千,口四万余:凡一月而平。粮艘回空南下。清廷责舒赫德于音济图手擒王伦时,不多遣精卒,致首魁未得生俘。又逮治副将叶信不守旧城之罪。舒赫德奏言"旧城土垣半圮,且寥阔难守",请宥之。初给事中李漱芳奏言:"山东吏讳灾不报,反加征激变,非尽邪教。"及王朴等解京;军机大臣九卿科道鞫于廷,命李漱芳自问之,皆无以灾对者,诏谪漱芳与奏直隶荒歉之御史范宜宾。乾隆四十一年二月,金川荡平,弘历东巡告成阙里。四月回跸旧城,制《临清叹》、《临清歌》二诗,勒石闸东,若悯民痌焉。

〔附录〕《国朝耆献类征》辑戚学标《纪事》云:"王伦者,白莲教遗孽也。国初有单县人刘佐臣,创立五荤道修元教,妄造五女传道逆书;分八卦收徒党。乾隆三十七年,河南临颍县捕获妖贼王忠,讯供教主刘省过,即佐臣曾孙,而忠即八卦党之震卦。省过、忠并伏法,盖其来已久,党与甚众,又迹甚诡秘,有司或未能遽察觉。其不至煽乱者,赖国家法度严明,篝火狐鸣之技,有所畏而不敢逞也。不二年乃有寿张人王伦之变。伦居阳谷县党家店,凶狡无赖,以拳棒教授兖东诸邑,阴用白莲教诱人炼气。云炼气可饥半月不死,其法以十日不食为小功,八十一日不食为大功。伦每出辄弟子数十人从。炼气曰文弟子,拳棒曰武弟子。所过势张甚,求无不应,因妄尊大,有不轨志,用堂邑窃贼王经隆,奸僧梵伟为谋主。诡言无生神母云:今岁有四十五日屠戮劫数,随我道可免,远近颇信之,而樊伟复托妖梦为幻,惑伦与其党,约以十月间数处起事。会寿张知县沈齐义闻伦逆谋,练民壮欲捕之,或泄其事,伦遂于八月二十八夜,率党入城执齐义。齐义骂贼死。而经隆受伦劄,亦以是日聚四百余人焚张四孤庄,往迎伦。越四日,破阳谷,遂陷堂邑,杀署县陈枚。所至迫胁民妇从行,众数千人,贼魁红帓首,次以青若蓝白。行曰集集,战曰煞煞,夜以所掠牛马为屯卫,而己居中,晨则置老妇车上,衣黄衣,手作法,以绳妓为前锋,妄称神女下降助阵,枪炮不得近。人各念咒,如云'真空家乡,儒门弟子','千手挡,万手遮','青龙白虎来护咱','你看是隔的近,我看比千里还远',辞甚鄙俚。而我朝承平久,绿营皆不习战,见贼如此状,先胆怯手振,枪不得施放,放又远不中。贼掩至,马步齐发喊走,曰是果有神术,难与敌!贼以是益无忌。方伦之进屯柳林杏园也,伦自称真紫微星,伪置元帅、先行、国公等官,掠少妇为妻,鼓乐称贺,意阳阳自得甚。遂乱运河,犯临清,烧城门,杀百姓无数。城中守甚严,贼起楼梯攻之,数不利,始退据旧城,架桥欲渡卫水。而贼党李萃、褚文等别引众趋德州恩县,其游骑且入直隶界。山东巡抚徐积,身督战,遇贼几陷,统兵官救之而免。乃与河督姚立德,布政使国泰连疏京兵剿捕。上遣大学士舒赫德,额驸拉旺多尔济,左都御史阿思哈统健锐火器二营兵东讨,更命直督周元礼、布政使杨景素,会河南各镇,四面堵截,防贼横窜。伦死党不过百十人。余附从悉乌合,及不得已而从者。猝遇劲旅,皆糜碎,火器一发,血肉雨飞,所作法与咒并不验。浮桥既焚,贼窜入旧城。伦自烧死,生获樊伟、王经隆、孟粲等一千七百人磔死京师。其为大兵斩馘及炮伤毙者无算焉。历观前史,用妖妄煽惑成寇患者,不一而足,然如黄巾张角等几亡汉,而明蒲台妖妇之乱,亦经数岁始平。未有寇起旬日,破三县,势甚猖獗,而大兵一出,曾不两月,立即扫灭如是之速者。非特京旅之雄,良由天子命将得人,而当事者仰承庙算,不敢不尽其力也。而如伦者,生升平休养之世,甘为叛乱不轨之民,杀身亡家,流毒远近,所谓无生神母传授之术安在耶?岂果应四十五日劫运耶?噫,亦愚之甚矣!"是篇记伦之起事颇详,附录于此,以供参考。

（三）兰州之回叛

彻拉尔黑帽回者，居西宁番地，俗称回番，鸷悍好斗，所奉墨克回经，旧皆默诵。有循化厅回人马明心者，归自关外，见西域回经皆琅诵，自谓得真传，遂授徒，号新教，与老教相仇。乾隆四十六年三月，其徒苏四十三，聚党杀老教百余，兰州知府杨士机及河州协副将新柱，以兵往捕，遇害。总督勒尔锦以标兵五百，驰扼狄道州，调各镇兵剿之，捕教首马明心，下省城狱。而回众二千余，陷河州城，宵济洮河，由间道径犯兰州。时兰州只督标兵八百，迎击失利，回断黄河浮桥以拒援师，绕城噪索马明心甚急。布政使王廷赞使马登城谕众，未几诛之，以靖内变。勒尔锦遣兵复河州，并捕回家属三百余于循化厅，留兵断狄道，驰回兰州。清廷诏发京师健锐营火器营兵二千，命大学士阿桂佩钦差大臣关防，自河南工次赴剿。先命领侍卫内大臣海兰察，护军统领额森特驰往。又赦李侍尧于狱，以三品顶戴赴兰州总军饷。四月，西安将军伍弥泰，提督马彪仁和等，先后赴援。兰州城西南逼山，回众据之，临高俯瞰，形势颇利。其徒千余，皆新教死党，素业射猎，精火枪。清兵万余人，皆营于城东，与敌辽隔，屡衄挫，每夜辄自惊扰。勒尔锦先以兵多敌少，谓半月可灭，遽奏止禁旅，及续调川兵。会海兰察至，率老回兵击敌龙尾山，杀二百余。敌遁华林山。崖坑陡立，斜通一径，且无水泉，军不能久，而回营及河甚近，清兵又多不习战。海兰察奏闻。诏逮勒尔锦入京，以李侍尧代之。是月，阿桂至军，首营山上，断敌赴城之路，而栅山北至河岸以联声势，渐移城中及城东之兵，进逼敌营。又奏调金川屯练番兵千有五百，攻华林山，先佯败诱之出壕，截杀二百余，回遁匿濠内，不复出。闰五月，土番兵至，先分路进攻，尝敌以察路径。知北东阻于崖壑，西南阻于大卡，乃谋夺大卡之策。复连日挑战，知敌于官兵退后，亦即撤守卡之军，回营休息。乃伏精兵沟内，各备锹镬，次日大兵进攻，佯退，俟敌回营，伏兵突出，挖路逾沟，尽杀守卡之回，遂夺其险。俯瞰敌寨，筑长垣绝汲道，湮井泻沟以困之。余回四五百食不下咽。适连雨，得以复延。阿桂以敌破旦夕，毋多伤士卒，乃移栅渐逼敌沟，乘六月初大雨，囊土填濠四入，遂斩其渠。余众遁华林寺，火之，无一降者。先后三阅月回平。分剿洮河以南余党，以新教徒产业偿老教回兵。班师。诏陕西提督自西安移固原，而移固原总兵于河州，以控回民。又挟甘兵因移防新疆,及扣存公费公粮,致缺原额三万有奇,命增兵万二千人,分布冲要。并展宽兰州城,令据山临河。阿桂奏言:“龙尾、华林二山,暴潦冲成沟堑,水悍沙汕难城,若展宽东面,而移西城以远山,则工费大。请移督标右营于华林山上,而建四墩堡于龙尾山,与城中犄角。”诏从之。逾二年而又有石峰堡之变。

(四) 石峰堡之回乱

初,兰州新回败灭后,李侍尧查治新教余党,吏胥肆骚;于是伏羌县阿浑田五等借词为马明心报复,仍兴新教。乾隆四十六年冬,预葺通渭县之石峰堡为大本营。次年,聚谋礼拜寺,造旗帐兵械,而官吏不知也。四十八年四月,复起杀掠,先徙其家属于石峰堡,而分屯伏羌县之鹿卢山,静宁州之底店山、潘陇山扼险,号召不过数百人。甘肃提督刚塔等剿之,战于伏羌城外,略有斩获。田五受创死。李侍尧诛妇孺千余,回党马四圭、张文庆等流言官兵欲剿绝回众,煽惑四出。靖远知县黄家驹斩城中内应之胥吏,会宁知县李堡先毁城外庐舍水窖,移城内。回无可焚汲,故皆得不陷。李侍尧逗留靖远,借审讯余党为名,不亲赴督剿。刚塔又误用间谍,向导官兵于无敌之地,故其氛益炽。五月,回遂从靖远渡黄河,陷通渭,胁从数千。西安副都统明善以兵千二百由静宁进捣,长驱深入,陷伏死。诏逮李侍尧、刚塔,改命福康安、海兰察会讨。又命大学士阿桂,领健锐火器营二千以往。六月七日,福康安、海兰察抵军,议先剿隆德、静宁之回,而后进捣石峰堡。十一日,清兵四千,分攻底店山,杀数百,尽夺其栅,降千余人。余党尽入石峰堡,死守。时阿桂所率之禁旅亦至。堡据万山中,四面削险,沟堑纵横,乃掘濠断其水道。七月初,回投出男妇千余,清兵分伏四隘,夜半,其首领冒死突围,截殪千计。黎明乘堡四入,尽俘首逆,释其妇孺三千余人。并分剿底店,降回千余。于是乱平。永禁回民不得立新教,封福康安嘉勇侯,阿桂加一轻车都尉,海兰察加一骑都尉,自是甘肃之回,始稍得平息矣。

(五) 湘黔苗地之沿革及其与清军相持之状况

湖南贵州接壤之处,有腊耳山山脉,绵亘其北方,其附近一带,自古苗瑶聚居之地也。明时政府以镇抚此等蛮族之故,设永顺等处军民宣慰司,属湖广都司,清初因之。及康熙四十三年,始以尚书席尔达,巡抚赵申乔剿抚之结果,增辟乾州、凤凰两直隶厅,降生苗百四十寨。雍正初,鄂尔泰经略西南,断行改土归流之策。广西、云、贵诸土司,既次第征定,于是永顺等土官,慑其余威,自请献土,清廷籍其地为一府四县。又于乾州之北增设永绥(厅城故在今永绥城南,当辰州府治正西三百里。嘉庆七年,以同知傅鼐之建议,迁治花园汛),于其西增设松桃,属贵州。而后腊耳山苗地,悉受治于流官之下。其始苗民畏隶于官,畏官如神,有司引以为利,往往以纤芥之争讼,病及全寨。故乾隆五十六年,激成石满宜之乱,虽不久旋灭,而苗祸已胚矣。又数十年来,汉民之移住其地者,日渐繁殖,至乾隆末年,而永绥城外四周之苗地,尽为移民所占。于是黠苗倡言逐客民,复故地,而乱端起矣。乾隆六十年正月,贵州铜仁府属苗民石柳邓,始据大寨营,举叛旗。湖南永绥属之石三保,镇筸(凤凰厅)属之吴陇登、吴半生,乾州属之吴八月,各起兵围厅城,数日之间,遂陷乾州;又分众攻掠保靖、酉阳、秀山、松桃、铜仁附近地。川、湖、贵三省边境,同时戒严。于是湖南提督刘君辅,驰保镇筸,湖广总督福宁调集两湖诸军继之。云贵总督大学士福康安,率总兵花连布以下,督云、贵兵进铜仁府。四川总督和琳(和珅之弟)统川兵进秀山县。闰二月,云、贵、四川两军声息渐通,会攻石柳邓所据之大寨破之,柳邓遁走,清军乘胜焚苗寨四十余,降二百四十余,贵州苗略定。总兵花连布遂将兵二千五百,以三月进援永绥;刘君辅亦以兵二千自镇筸转战保靖、花园间,与花连布合军解永绥之围。是时乾州为清军目的地,福康安、和琳皆由铜仁府属正大营,越腊耳山脉而东,道险不易进,苗兵专伺大营所向,据险死守。福宁驻镇筸,欲通道泸溪,军甫出,即为苗兵所遮杀,踉跄折回。刘君辅等虽绕出乾州西北,转战有功,而兵单饷阻,又扼于主帅,举动不得自由。以故乾州回复之计划,颇感困难。自四月至九月,福康安等虽累克要寨,覆苗酋石三保、吴半生根据,乘胜渡沱河上流,生擒吴半生。而吴八月复据平隆(乾州城西三十里)。自附吴三桂后,称吴王,石三保、石柳邓皆附之,势转盛。清廷方日盼捷书,亟封福康安贝子,和琳一等伯,先后叠赐从征兵丁一月钱粮,欲以高爵重赏,收驱策之效。而福康安等既旷久无功,一方则悬翎顶金钱,广行招纳,降苗受官弁者百余人,月支盐粮银者无虑数万人。一方则增调两广、云南、四川兵数十万,来营会剿,数省转输,费资巨万。其间苗酋吴陇登虽以清军招抚之影响,诱擒吴八月,致诸大营,而八月子廷礼、廷义复与陇登仇杀,负嵎自若。浸寻至嘉庆元年四月,湖北教匪,已所在蜂起,而福康安、和琳等之征苗军,尚阻滞于镇筸城西北一带,饮酒听乐;军士不习水土,触暑雨死者日众,几于剿抚两穷焉。

(六) 苗乱之镇定

嘉庆元年五月,清军始生擒石三保(苗叛时惟沿边土蛮不从,土蛮者,号[illegible],故土司遗民也。聚众自保,甚为苗惮。有言其头目张廷仲不轨者,溆浦绅士严如熤力白之,遂讨贼自效。自后永顺、保靖无虞,刘君辅花园之战,亦以土蛮三百陷阵。至是又诱擒石三保云),又讯知吴八月子廷礼已病死,乃分围攻平隆之军,渐逼乾州。而福康安遽以是月卒于坝子岩。越六月,乾州复。和琳亟思苟且蒇事,一方使领侍卫内大臣额勒登保等专力平隆,一方与湖广督抚毕沅、姜晟(时福宁已调任两江总督,仍驻镇筸)等奏陈善后章程六事。大略言苗地归苗,民地归民,尽撤旧设营汛,分授降苗官弁羁縻之,皆一时姑息之策。惟购收枪械一事,稍有关系,然当时竟不能实行。(《和琳传》谓:“上以收缴鸟枪一条尚须斟酌,仍敕和琳妥善筹办。”是缴械事反由帝意寝之。此亦太上耄昏,和珅用事,知其弟所必不能办而故缓之也。夫不缴械则何谓善后?给盐粮以养持械之苗,使遇机而逞,此即熊文灿招降张献忠故事。和琳于给银、缴械二事尚不敢不并言,中旨成就其封拜之盛。亦由教匪日炽,急欲移师,乐得置不远窜之苗为后图也。)至八月而和琳又卒。诏额勒登保继其任,又诏将军明亮自湖北往会之,以鄂辉代刘君辅。时苗势渐蹙,清军以十月破平隆,尽焚吴氏庐舍,以十二月擒斩石柳邓父子及吴廷义等,遂以苗乱肃清奏闻。会川楚事日急,诸将不得不移师北去;于是明亮赴达州,额勒登保赴湖北,留官兵二万分防,移湖南提督镇辰州,增设绥靖、镇筸两总兵分领之。然自是苗众仍四出劫掠,边无宁日;且借口和琳苗地归苗之约,益蔓延乾凤三厅地。巡抚姜晟至,倡以苗为民之议,议尽应其求。时凤凰厅治镇筸,当苗冲,同知傅鼐(字重庵,浙江山阴人)有文武材,知苗愈抚愈骄,而兵罢难再动,且方民弱苗强也,乃日招流亡,附郭栖之,团其丁壮而碉其要害,十余碉则堡之,年余犄角渐密。妨苗出没,死力攻之,鼐以乡勇东西援救,且战且修。其修之之法:近其防闲,遥其声势,边墙以限疆界,哨台以守望,炮台以堵敌,堡以聚家室,碉卡以守以战。边墙亘山涧,哨台中边墙,炮台横其冲,碉堡相其宜:凡修此数者,近石以石,远石以土,或外石中土,留孔以枪,掘濠以防。又日申戒其民曰:"勉为之,不可失也！是有三利:矢不入,火不焚,盗不逾。有三便:族聚故心固,扼要故数敷,犄角故势强。"民竞以劝,百堵皆作。三年苗大出焚掠下五峒,大吏将中鼐开边衅罪,而兵备道田灏又阿大吏意,吝出纳以旁掣之,事且败。会四年镇筸、黑苗、吴陈受率众数千犯边,于是有"苗疆何尝底定"之诏,责巡抚姜晟严获苗首,鼐为擒之,始奏加知府衔俸。是年碉堡成,明年边墙百余里亦竣,苗并不能乘晦雾,潜出没。每哨台举铳角,则知有警,妇女牲畜立归堡,环数十里戒严,于是守固矣,乃可以战。时镇筸左右营黑苗最患边,适谍晒金塘骁苗,悉出掠泸溪,即夜三路捣毁其巢,复回要伏苟拜岩,大歼之,苗气始夺。六年而贵州之变又起。盖湖南环苗东南北三面七百余里,其西南二百余里之贵州边,尚未修备,故石岘苗复思狡逞,煽十四寨,并附近湖南苗以叛。鼐以乡勇千五百驰赴铜仁,而贵州巡抚伊桑阿至,叱其越境邀功,鼐还楚界。伊桑阿遂以招抚戡定奏回贵阳。时苗众枪械皆未缴,各寨方沸然,边民往愬云贵总督琅玕,琅玕至,急檄鼐会剿。三日,尽破诸寨:其破崖屯沟也,前两路苗皆垒石守,鼐使贵州兵攻其前,而自领乡勇夜探山后径,猿引上,黎明始达,炮天降,火寨起,贵州兵望之,亦奋呼夺隘,遂连破五巢。其破上下潮也,万山一峡,苗以死守,乃夜分贵州兵,左右裹山围之,而亲督乡勇黎明攻峡,至晡,炮破之,追逼其寨,骁苗方迎死战,即分兵火寨,上潮溃,而下潮亦望风溃。又为守隘贵州兵擒斩,前后歼苗二千余,苗乱平。琅玕奏鼐兵功最,并仿湖南法建碉堡守之,而伊桑阿亦为新巡抚初彭龄所劾死。清廷因命傅鼐总理边务,至是乃得大展其雄才焉。

(七) 傅鼐苗疆之善后事业

先是鼐以永绥孤悬苗巢,形如釜底,自元年尽撤营汛后,城以外即苗地,有三难二可虑,议迁城花园,而贵州方借永绥声援,难其移。鼐乃请于贵州设螺蛳堡,移湖南守备戍之,助弹压,于是琅玕亦奏移驻。七年九月,厅既移出,群苗争占旧城,弥月枪炮闻黔境,鼐以乡勇数百深入弹压,忽远近苗大集,鼐急据吉多寨,苗数重环之,铳如雨骤。鼐按兵不动,徐以奇计穿围去,苗疑不敢逼。自此遂议缴枪械,以摧其牙,而复有永绥生苗,凤凰黑苗之剿矣。初永绥以厅城孤悬掣肘,未从深捣其巢,及是,果抗缴械,阻丈田,而石宗四等复纠众数千,大猖獗。时厅已移出,且分驻形势地,又得贵州螺蛳堡可驻兵,遂立率乡勇千余、苗兵二千败之夯都河,连烧六寨,乘胜穷追。宿阳孟冈,薄明,万苗突至,四面噪攻,时雨霰杂下,苗绳硝皆泾,清军刀槊并前,人自为战,鏖至山后,殪死二千余,生擒石宗四。是役也,石起事即戕良苗,故鼐得以驱策苗兵,深入转战月余,破寨十六,获枪炮刀矛三千有奇,余寨乞降。永绥苗一举平。由是师行所至,万山詟服,纳兵恐后,罗拜犒迎。时嘉庆十一年也。先是嘉庆元年,平苗善后案内,奏明将查出逆苗之产,分给无业穷苗佃种,其时并未查晰,多被强苗侵霸。及是查出侵占田地,逐一清厘,收作屯田,分佃良苗,岁纳租充饷。又挑留苗兵驻守,即以屯粮赡之。积久制益密,田益辟,则又垦沿边隙地二万亩,曰官垦田,赎苗质民田万余亩,曰官赎田,以之补助折耗,供廪赏,岁时修城堡及学校、育婴堂、养济院诸费,百务并举。而苗占田三万五千余亩,亦以兵勒出,其苗弁复自献七千余亩为经费。以苗养苗,即以苗制苗。于五年陈屯政三十四事,十年陈经久八事,十二年复陈未尽七事,大要使兵农为一以相卫,使民苗为二以相安。故约官与兵民曰:“毋擅入苗寨,毋擅役苗夫。”约苗曰:“毋巫鬼椎牛,群饮以糜财,毋挟枪矛,寻睚眦以酿衅。”又教以诗书礼让,广其乡试中额。先后十余年,锄莠安良,兴利除弊,建碉堡千有余所,屯田十二万余亩,收恤难民十余万户,练屯兵八千人,追缴苗寨兵器四万余件。复勤恳化导,设书院六、义学百,于是苗民骎骎向学,吁求考试,而苗事始大定云。

第五章　嘉庆之内政

二十八　颙琰之践阼

(一) 皇太子之册立

乾隆六十年,弘历已在位周甲,以临宇之初,尝焚香祷天:若得御极六十年,即当传位嗣子,不敢上同圣祖纪元六十一载之数。至是年九月,遂御勤政殿,召皇子皇孙王公大臣入见,宣示恩命,册立皇十五子嘉亲王为皇太子,以明年为嗣皇帝嘉庆元年,谕曰:

> 朕寅绍丕基,抚绥方夏,践阼之初,即焚香默祷上天:若蒙眷佑,得在位六十年,即当传位嗣子,不敢上同皇祖纪元六十一载之数。其时亦未计及寿登八旬有六也。自临御以来,仰荷昊苍垂佑,列圣贻庥,寰海升平,重熙累洽,御宇之年,庆周甲子。敬念维天维祖宗所以付托在予者,至重且巨,于继体授受之际,曷敢不倍切兢兢!朕前此不即立储之由,业经颁发谕旨,反复申明。盖以历观史册,三代而下,由汉迄明,储贰一建,其弊百端,前鉴具在。我朝太祖、太宗、世祖俱未预立储位,惟圣祖仁皇帝曾以嫡立理密亲王为皇太子,后竟为宵小诱惑,兼患痼疾,不克祗承。其时大臣中曾有以国本应行建立陈请者,仰蒙皇祖圣裁独断,训谕特颁,不复册立。迨传位皇考,十三年励精图治,内外肃清。雍正元年,皇考即亲书朕名,贮于乾清宫“正大光明”匾额之上,又另书密缄,常以自随。朕缵绍鸿业,六十年间,景运庞洪,版图式廓,十全纪绩,五代同堂,积庆骈蕃,实为史册所罕觏。

此皆仰赖皇祖皇考贻谋燕翼,用能启佑后人,绥兹多福!朕钦承家法,践阼后亦何尝不欲立嫡?以皇次子为孝贤皇后所生,曾书其名,遵皇考之例,贮于正大光明匾上。不意其早年无禄,不能承受!曾同大臣等启缄阅看,赠为端慧皇太子,此中外所共知者。嗣于癸巳年冬至南郊大祀,敬以所定嗣位皇子之名,祷于上帝,并默祷所定嗣位皇子,倘不克负荷,即降之罚,俾臣得另简元良,以为宗社延远无疆之福。又于盛京恭谒祖陵时,敬告太祖、太宗在天之鉴,是朕虽不明立储嗣,而于宗社大计,实早为筹定,特不效前代之务虚文而贻后患耳。方今纲纪肃清,宫府一体,历代权奸妇寺诸秕政,绝无其事,断不至因储位未早宣示,致滋他虑。我子孙果能效法祖宗,及朕之敬天勤民,敕几亲政,即不明诏立储,实可万年无弊。兹天恩申锡,竟获周甲纪元,寿跻八旬开五,精神康健,不至倦勤。天下臣民以及蒙古王公外藩属国实皆不愿朕之归政。但天听维聪,朕志先定,难以勉顺群情!兹以十月朔日颁谕用是诹吉于九月初三日吉日御门理事,召皇子皇孙王公大臣等,将癸巳年所定密缄嗣位皇子之名,公同阅看,立皇十五子嘉亲王为皇太子,用昭付托定制!

谕下,并追赠太子生母令懿皇贵妃为孝仪皇后,升祔奉先殿。太子名上一字,改书颙字。本字之永,不用更改。一切典仪,着军机大臣会同礼部条议以闻(嘉庆四年二月谕避名例。颙字缺书作顒。琰字改书作琂)。

(二)高宗之内禅及崩逝

诏旨之册立嘉亲王为皇太子也,次日,太子及内外文武大臣蒙古王公等皆奏请“俯顺舆情,俟寿跻期颐,再举行归政之典”。弘历以默祷之意,精诚孚格,难以听许。谓:“归政后,凡遇军国大事,即用人行政诸大端,岂能置之不问?仍当敕几体健,躬亲指教。”盖弘历之所谓归政,并非颐养南宫,优游无为,特以焚告之言,势须履行,以见诚悃耳。故嘉庆初年名义虽更,大权不移也。嘉庆元年正月元日,举行授受大典,弘历御太和殿,亲授宝玺,皇太子跪受,受贺毕,还宫,太子遂即位,即仁宗颙琰也。颙琰母魏佳氏,清泰女,以乾隆二十五年十月生颙琰于御园。六岁就傅,受书于侍郎奉宽,十三,通五经,学今体诗于工部侍郎谢墉,学古文、古体诗于侍讲学士朱珪。乾隆五十四年,封嘉亲王。及即位,年已三十有七矣。是月复举行千叟宴,赐亲王大臣官员蒙古贝勒贝子公额驸台吉年七十以上者三千人,及回部、朝鲜、安南、暹罗、廓尔喀贡使等宴。一品大臣及年届九十以上者,太上皇帝(弘历)召至座前,亲赐卮酒。其未入座者,各赏诗章、如意、寿杖、文绮、银牌等物有差。自是以后,太上皇帝仍不时御殿受朝,或赐宴自作主人,颙琰徒拥虚位,陪侍而已。二月,颙琰御乾清门听政,自是以为常。每逢朔望日,往朝太上皇(皇太子时十日一次)。嘉庆四年正月三日,上皇忽婴重疾,遂以不起,卒于养心殿,上尊谥曰“纯皇帝”,庙号“高宗”。诏曰:

我皇考大行太上皇帝御极六十年,抚御万邦,法行天健,遇郊庙大祀,必亲,必敬。崇奉皇祖妣孝圣宪皇后四十二年,大孝弥隆,尊养备至。综览万几,爱民勤政,普免天下钱粮者五,漕粮者三,积欠者再,偶遇水旱偏灾,蠲贷兼施;以及筑塘捍海,底绩河防,所发帑金,不下亿万万。至于披览章奏,引对臣工,董戒激扬,共知廉法;礼勋旧而敦宗族,广登进而育人才。征讨不庭:则平定准部、回部,辟地二万余里,土尔扈特举部内附;征剿大小金川,擒渠献馘;余若缅甸、安南、廓尔喀僻在荒服,戈鋋所指,献赆投诚;其台湾等处,偶作不靖,莫不立即歼除,此十全纪绩,武功之极于无外也!而且圣哲多能,聪明天纵,圣制文诗全集之富,尤为度越百家。又开四库以网罗载籍,刊石经以嘉惠士林,集石鼓之遗文,复辟雍之古制,精研六律,纂辑群编,此圣学渊深乂德之昭于千古也!凡兹功德之隆,宜备尊亲之典。夫继统绪则为守成,论功业则兼开创,自宜崇承祖号,以副鸿名。惟是圣德谦冲,曾面谕万年后当以称宗为是,予不敢上违遗训,惟至德难名,究非臣下所能拟议。谨按谥法,肇纪立极曰高,敬上庙号曰“高宗”,为百世不祧之庙。

(三)论乾隆治乱之源

高宗在位六十年,武功文治,堪称极盛,于时海宇清晏,民物雍熙,在有清二百六十余年中,固属绝无仅有之时代,即在我国历史上,亦可以媲美汉唐,光延史册。惟乾隆之所以能臻鼎盛者,则其故有三:

一曰康雍两朝修治之效果也　康熙六十一年间,深仁厚泽,民物丰阜,雍正十三年间,尚严任法,吏治整肃,盖如治艺者之既得培其根株,又复芟其蔓莠,则苗焉有不发荣滋长者乎?此所以有乾隆极盛之世也。

二曰高宗有综治之才雄韬之略也　虽有基业,苟乏治术,则绪业不坠,盖亦幸已!高宗英武明睿,即位之初,即以宽猛互济之政策相标榜,而天下乃得大治。准回之剿,乘时度势,一举歼之,拓地至二万余里。然高宗敬事慎谋,未尝稍存易视之心,每军报至,应机指示,必揭要领,或数百言数十言,或军报到以夜分,则预饬内监,虽寝必奏,迨军机大臣得信入直庐,则已披衣览毕召聆旨矣。撰拟缮写,待至一二十刻,犹炳烛待阅,不稍假寐。故赵翼谓"本健行不息之精神,运旁烛无遗之筹略,有如是之神圣,乃有如是之功勋"(见《皇朝武功纪盛》)也。

三曰人才之称盛也　《虞歌》曰:"股肱喜哉,元首起哉,百工熙哉!"是以辅弼明良,庶事乃康,此不易之理。乾隆之盛,斯亦用人之效已。初年有张廷玉之勤慎,鄂尔泰之练达,中年有刘统勋之干济,傅恒、兆惠之勋功,其余嵇氏父子,陈世倌、史贻直、陈大受、汪由敦、梁诗正、尹继善、孙嘉淦、陈宏谋、刘纶等,亦皆忠正有为。即晚叶和氏专政,朝纲大坏,亦尚有阿桂、王杰之持正不阿,故人才济济,得佐明堂,而后乃有政治之可言。

故有斯三者,而国运以昌。乃不幸此种局面,不能长续久持,梯其蘖者,固亦始于雄才大略之高宗也。高宗始贪事功,继骛远略,而兵备财用,耗弛不张;又乐巡游,宠贪帅,奢靡之习由此开,大祸之机由此伏。至耄期倦勤,信任巨奸,和氏兄弟,据内肆外,而政治遂不可问。观《南巡戒得》、《太上内禅》诸文,可知满盈招损,盛极必衰,教匪之乱,有由来矣。

二十九　和珅之伏罪

(一) 颙琰之待和珅

先是颙琰之册立为太子也,和珅预知其事,先跪进玉如意(满洲旧俗,凡值年节,王公大臣督抚等必进如意于朝,以取兆吉祥,入关后仍其旧),隐然以拥戴为己功。颙琰以其漏泄机密,心甚恶之。既即位,军国大事,一听上皇主持,而和珅以权相当国,恃宠骄甚。颙琰碍于乃父,强为容忍,于和珅亦竭力周旋之,至呼为相公而不名,遇有奏上皇者,皆珅代白。左右有非之者,颙琰曰:"朕方依相国理四海,何可轻也!"珅荐其师吴省兰为颙琰录诗草,借以觇动静,颙琰知其意,吟咏中不露圭角,珅心安之。一日早朝已罢,上皇单传和珅入见,珅至,则上皇南面坐,颙琰西向坐一小杌(训政后召见臣工皆如此),珅跪良久。上皇闭目,口中喃喃有所语。颙琰极力谛听,终不能解一字,久之,忽启目曰:"其人何姓名?"珅应声对曰:"徐天德、苟文明。"上皇复闭目诵不辍,移时,始麾之出。颙琰大骇愕,以问和珅,珅对曰:"上皇所诵者,西域秘咒也,诵此咒则所恶之人,虽在数千里外,亦当无疾而死,或有奇祸。奴才闻上皇持此咒,知所欲咒者,必为教匪悍酋,故竟以此二人名对也。"颙琰闻之,益骇,知珅亦娴此术,益存必杀之心。上皇既崩,颙琰欲正其罪而未得其隙,又恐迟且有变,因下谕曰:

> 太上皇之在位,英明仁慈,对于群臣,恩德备施,非仅本朝感戴,即远居外域,荒芜蛮邦,亦莫不恩沐雨露,而欢欣称颂也。但上皇遐龄既高,仁慈益甚,如文臣将士,稍著劳绩,立与封赏。即偶或兵败失机,亦不重惩,惟去职留任而已。设能戴罪立功,则前咎且不问,仍与复职,并加优奖,足证上皇圣慈,待遇臣僚之恩洪惠深,可谓至极!讵内外文武,不能体上皇之柔怀,反通同为弊,出征之师,以负言胜,略一挫敌,则历陈功绩,冀膺上赏,其心已不可问;而况丧师辱国,罪岂尚可逭乎?久之内外蒙蔽,上下欺隐,匪乱屡作,殃及良民。武政之

废,将士骄惰,有上皇近臣,为之缓颊,日复一日,几目朝廷法律,犹同儿戏,长此以往,国体何存?威信奚在?且查历年兵部军糈一项,动辄巨万,究之事实,则皆执权者从而吞没,辗转盘剥,迨及士卒,只十分之一二,则国家坐耗巨饷,非养兵也,乃为权臣谋耳。试问兵奚能强?战焉可克?盖国之强弱,与武政相关,甚为重要,今疏忽如是,后将何堪!是以特着各部院大臣着实查办,以修武政,而安天下。此谕。

谕下,举朝震惊,御史广兴、郑葆鸿,给事中广泰、王念孙等,列款劾之,立革职拿问,命仪亲王永璇、成亲王永瑆传旨,并勇士阿兰保监之以行,时距高宗崩仅五日也。

(二) 和珅之罪状及赐死

和珅既被逮,同时户部尚书福长安(傅恒次子,福康安之弟)亦以党翼和珅下狱。是月十一日,上谕和珅罪状,令各督抚将指出各款应如何议罪,并此外有何款迹,据实复奏。于是直隶总督胡季堂奏和珅丧尽天良,非复人类,种种悖逆不臣,蠹国病民,请凌迟处死。十五日,因宣布和珅大罪二十款,条列于下(依上谕原文):

一、朕于乾隆六十年九月初三日,蒙皇考册封皇太子,尚未宣布谕旨,而和珅于初二日,即在朕前先递如意,漏泄机密,居然以拥戴为功,其大罪一。

一、上年正月,皇考在圆明园召见和珅,伊竟骑马直进中左门,过正大光明殿至寿山口,无父无君,莫此为甚,其大罪二。

一、又因腿疾乘坐椅轿,抬入大内,肩舆出入神武门,众目共睹,毫无忌惮,其大罪三。

一、并将出宫女子娶为次妻,罔顾廉耻,其大罪四。

一、自剿办教匪以来,皇考盼望军书,刻萦宵旰。乃和珅于各路军营递到奏报,任意延搁,有心欺蔽,以致军务日久未竣,其大罪五。

一、皇考圣躬不豫时，和珅毫无忧戚，每进见后，出向外廷人员，叙说谈笑如常，丧心病狂，其大罪六。

一、昨冬皇考力疾披章批谕，字画间有未真之处，和珅胆敢口称不如撕去另行拟旨，其大罪七。

一、前奉皇考谕旨，令伊管理吏部、刑部事务，嗣因军需销算，伊系熟手，是以又谕令兼理户部，题奏报销事件。伊竟将户部事务，一人把持，变更成例，不许部臣参议一字，其大罪八。

一、上年十二月内奎舒奏报循化、贵德二厅，贼番聚众千余，抢夺达赖喇嘛商人牛只，杀伤二命，在青海肆劫一案。和珅竟将原奏驳回，隐匿不办，全不以边务为事，其大罪九。

一、皇考升遐后，朕谕令蒙古王公未出痘者，不必来京。和珅不遵谕旨，令已、未出痘者，俱不必来京，全不顾国家抚绥外藩之意，其居心实不可问，其大罪十。

一、大学士苏凌阿两耳重听，衰迈难堪，因系伊弟和琳亲戚，竟隐匿不奏。侍郎吴省兰、李潢，太仆寺卿李光云皆曾在伊家教读，并保列卿阶，兼任学政，其大罪十一。

一、军机处记名人员，和珅任意撤去，种种专擅，不可枚举，其大罪十二。

一、将和珅家产查抄，所盖楠木房屋，僭侈逾制，其多宝阁及隔段式样，皆仿照宁寿宫制度，其园寓点缀，竟与圆明园、蓬岛、瑶台无异，不知是何肺肠？其大罪十三。

一、苏州坟茔，居然设立享殿，开设隧道，附近居民有“和陵”之称，其大罪十四。

一、家内所藏珍宝内，珍珠手串，竟有二百余串，较之大内，多至数倍。并有大珠较御用冠顶尤大，其大罪十五。

一、又宝石顶并非应戴之物，所藏真宝石顶有数十余个，而整块大宝石不计其数，且有内府所无者，其大罪十六。

一、家内银两及衣服等件数逾千万，其大罪十七。

一、且有夹墙藏金二万六千余两，私库藏金六千余两，地窖内并有埋藏银两百余万,其大罪十八。

一、附近通州、蓟州地方,均有当铺钱店,查计资本,又不下十余万,以首辅大臣下与小民争利,其大罪十九。

一、伊家人刘全不过下贱家奴,而查抄资产,竟至二十余万,并有大珠珍珠手串,若非纵令需索,何得如此丰饶?其大罪二十。

时奉旨讯问,和珅皆一一招供不讳(供词略见于《春冰室野乘》),大学士九卿文武大员等定拟和珅罪名,请照大逆律凌迟处死。福长安照朋党律即行正法。颙琰以高宗崩未久,嫌于改父之臣,无意诛之。会御史某疏入,有"神尧在位,不戮讙兜,虞舜登庸,即诛共鲧,正见宽严互用,张弛异宜"语,遂降旨加恩赐令自尽。福长安从宽改为应斩监候,秋后处决。并着监提福长安前往和珅监所,跪视和珅自尽后,再押回本狱。和琳已死,削夺公爵,撤出太庙,并毁专祠。珅子丰绅殷德因尚和孝公主为额驸,留袭伯爵,余斥退。苏凌阿、吴省兰、李潢、李光云等降革有差。

(三) 和珅之家财

先是和珅拿监刑部,旨派庆桂、盛住、永瑆、绵恩等查抄和珅家产,列单进呈,大概如下:

正屋一所(十三进七十二间) 东屋一所(七进三十八间) 西屋一所(七进三十三间) 徽式屋一所(六十二间) 花园一所(楼台四十二所) 东屋侧室一所(五十二间) 钦赐花园一所(楼台六四座四角楼更楼十二座,更夫一百二十名) 杂房(一百二十余间) 古铜鼎(二十二座) 汉铜鼎(十一座) 端砚(七百余方) 玉鼎(十八座) 宋砚(十一方) 玉磬(二十八架) 古剑(十把) 大自鸣钟(十九座) 小自鸣钟(十九座) 洋表(一百余个) 大东珠(六十余颗每颗十两) 珍珠十八颗手串(共二百二十六串) 珍珠数珠(十八盘) 大红宝石(一百八十余块) 小红宝石(九百八十余块) 蓝宝石(大小共四千七十块) 宝石数珠(一千零八盘) 珊瑚数珠(三百七十三盘) 蜜蜡数珠(十三盘) 宝石珊瑚帽顶(二百三十六个) 玉马二匹(高一尺二寸长四尺) 珊瑚树十颗(高三尺八寸)　白玉观音一尊　汉玉罗汉十八尊(长一尺二寸)　金罗汉十八尊(长一尺八寸)　白玉九如意(三百八十七个)　玭玺大燕碗(九十九个)　白玉汤碗(一百五十四个)　白玉酒杯(一百二十个)　金碗碟三十二棹(共四千二百八十八件)　银碗碟(四千二百八十八件)　嵌玉如意(一千六百零一个)　嵌玉九如意(一千零十八个)　水晶酒杯(一百二十三个)　金镶玉簪(五百副)　整玉如意(一百二十余枚)　金镶象箸(五百副)　白玉大冰盘(二十五个)　玭玺大冰盘(十八个)　白玉烟壶(八百余个)　玭玺烟壶(三百余个)　玛瑙烟壶(一百余个)　汉玉烟壶(一百余个)　白玉唾盂(二百余个)　金唾盂(一百二十个)　银唾盂(六百余个)　金面盆(五十三个)　银面盆(一百五十个)　金面盆(六十四个)　银面盆(八十三个)　镶金八宝炕屏(四十架)　镂金八宝大屏(二十三架)　镶金炕屏(二十四架)　镶金炕床(二十架)　四季夹单纱帐(全)　老金缕丝床帐(六顶)　镶金八宝炕床(一百二十架)　嵌金玻璃炕床(三十二架)　金珠翠宝首饰(大小共计二万八千件)

金元宝一千个(每个重一百两计银一百五十万两)　银元宝一千个(每个重一百两)　赤金五百八十万两(估银一千七百万两)　生沙金二百万余两(估银一千八百万两)　元宝银九百四十万两　洋钱五万八千圆(估银四万零六百两)　制钱一千五十五串(估银一千五百两)　当铺七十五座(查本银三千万两)　银号四十二座(查本银四千万两)　古玩铺十三座(查本银二十万两)　玉器库两间(估银七十万两)　绸缎库两间(估银八十万两)　洋货库两间(五色大呢八百板,鸳鸯一百十板,五色羽缎六百余板,五色哔叽二百余板)　皮张库一间(元狐十二张,各色狐一千五百张,貂皮八百余张,杂皮五万六千张)　磁器库一间(估银一万两)　锡器库一间(共估银六万四千一百三十七两)　珍羞库十六间　铁黎紫檀器库六间(八千六百余件)　玻璃器皿库一间(八百余件)　药材房一间(估银五千两)

人参六百八十余两(估银二十七万两)

貂皮女衣(六百十一件)　貂皮男衣(八百零六件)　杂皮男衣(八百零六件)　杂皮女衣(四百三十七件)　棉夹单纱男衣(三千二百零八件)

棉夹单纱女衣(二千一百零八件) 貂帽(五十四顶) 貂蟒袍(三十七件) 貂褂(四十八件) 貂靴(一百二十双)

地亩八千余顷(估银八百万两)

外抄刘(全)马二家人财产单

宅子内外大小共一百八十二间 金银古玩(估银三百六十八万六千两) 衣饰器皿(估银一百四十一万三千两) 洋货皮张绸缎(估银三万两) 人参(估银四万两) 地亩六百余顷(估银六十万两) 当铺四座(本银一百二十万两) 古玩铺四座(本银四万) 市房二十七所(契价银二万五千两)

据是月十七日上谕,和珅家产共一百零九号,内有八十三号尚未估价,已估者二十六号,合算共计银二万二千三百八十九万五千一百六十两。惟此谕《东华续录》不载,与以上清单,俱系传抄之本,确实与否,尚难断定也。总之,私家记载,虽不无耳食之处,官书所云,亦难免隐吞之弊。故十五日上谕宣布和珅罪状,其家产亦不过数千万两,与此单相差悬绝。意者和珅定罪时,其家产尚未抄竣,而呈明入官者,仅属此数,余则流入大内,或赏赐臣下矣。和珅家财,以比例推算之,殆不下八万万两,甲午庚子两次赔款总额,仅和珅一人之家产足以当之。政府岁入七千万,而和珅以二十年之阁臣,其所蓄当一国二十年岁入之半额而强,岂非可惊之事!呜呼!以数万万之母财,而置诸不生产之地,民生焉得而不贫困耶?川、楚教匪之祸,故已为直接所生之果矣。

(四) 和珅案之余音

自和珅案起,朝臣之素为珅党与所提拔之门客等,皆惴惴不自保,其机变者亦纷纷上章弹劾,然中心则不能无所疚也。颙琰察知,且虑有挟仇诬陷之事,乃下谕曰:

> 和珅任事日久,专擅蒙蔽,以致下情不能上达,若不立除元恶,无以肃清庶政,整饬官方。今已明正其罪,此案业经办结。因思和珅所管衙门本多,由其保举升擢者自必不少,而外省官员,奔走和珅门下,

逢迎馈贿，皆所不免，若一一根究，连及多人，亦非罚不及众之义。且近来弊端百出，事难悉数，见在宣示和珅罪状，其最重各款，俱已晓然众著。傥臣工误会朕意，过事搜求，尚复攻击阴私，摘发细故，或指一二人一二事以实其言，则举之不胜其举，并恐启告讦报复之渐。是除一巨蠹，又不免流为党援门户，殊非朕之本意也。朕所以重治和珅之罪者，实为其贻误军国重务，而种种贪黩营私，犹其罪之小者，是以立即办理，刻不容贷，此外初不肯别有株连。惟在儆戒将来，不复追究既往。凡大小臣工，无庸心存疑惧！况臣工内中材居多，若能迁善改过，皆可为国家出力之人。即有从前热中躁进，一时失足，但能洗心涤虑，痛改前非，仍可勉为端士，不至终身误陷匪人。特此再行明白宣谕，各宜懔遵砥砺，以副朕咸与维新之治。傥经此番训饬之后，尚不知改过，勉立修名，则是自甘暴弃，不齿士类，必当严加惩治，毋谓教诫之不豫也。

是谕一下，人心始安。及二月，和珅家财，尚未查抄完竣，绵恩等奏呈抄得正珠朝珠一挂，谓和珅家人言："和珅日间不敢戴用，往往于灯下无人时，私自悬挂，临镜徘徊，对影谈笑，其语言声息甚低，即家人亦不得闻悉。"颙琰以正珠朝珠为乘舆服用珍物，似此情状，和绅竟有谋为不轨之意。若早日发觉，即当予以大辟，今已自尽，姑免戮尸。伊子丰绅殷德不应仍袭伯爵，着赏散秩大臣衔，当差行走。是时和珅家财之入官者，为数甚微，即赏给臣下者，亦复寥寥无几。世俗相传，谓皆入于宫禁，故民间有"和珅跌倒，嘉庆吃饱"之谚。观四月二十五日上谕，亦可略见一斑矣：

前据萨彬图奏："和珅财产甚多，断不止查出之数，必有埋藏寄顿侵蚀挪移等项情弊，刑部查审时，司员意存含混，请密派大臣严讯追究"等语，朕以其言不足取，当即详加开导。昨又据奏：向伊亲戚问出和珅家掌管金银内帐使女四名，请交伊一人至慎刑司提讯。所言更属乖谬！萨彬图系副都统，并非原派籍没和珅之员，乃忽思越俎，欲以一人独讯数女子，且开列使女之名，形之奏牍，达于朕前，实为从来未有之事。朕若即加驳饬,转恐不足以服其心,是以特派怡亲王永琅、尚书布彦达赉,同萨彬图提集使女等,再三究讯,仍无指实,果不出朕所料。……自办理此案后,王大臣等从未于朕前奏及和珅财产隐寄,乃萨彬图屡以为言,竟似利其私蓄者然,岂萨彬图视朕为好货之主,敢以此尝试乎?……自古有籍没之例,所以惩戒贪黩,初不计多寡而事株连。……此项查抄赀物,纵有隐寄,自朕观之,亦不过在天之下地之上耳。何以辗转根求,近于搜括闲陌钱等事耶?又萨彬图奏内有和珅窖埋金银,大概不离住宅之语,和珅之宅,已赏给庆郡王永璘居住,和珅之园,已赏给成亲王永瑆居住,以王府寓园,令番役多人,遍行掘视,断无此事。见在朕赐公主物件甚多,累日携运不尽,焉肯转向公主额驸追问寄顿?况连日阅查抄物件,即随时颁赐者,亦复不少耶?萨彬图谬妄冒渎之咎,实难宽贷,着交部严加议处。嗣后大小臣工,不得再以和珅资产,妄行渎奏,将此通谕知之!

次日,谕定和珅家奴刘全等罪名,均发往黑龙江为奴,并云:"自此案定后,断不许摭拾浮言,复事吹求,必欲陷朕等于贪利之主,是欲为和珅报复矣。谅诸臣亦不忍为也。"综上谕旨,则其词抑何闪烁!萨彬图之奏,与颙琰之诏,皆不免有深意存于其间,民之多言,岂无由哉?

〔附言〕 和珅之当国也,招权纳贿,识者固早知其必败。其子丰绅殷德亦不满于乃父之所为,时以为忧,壹意读书,雅好吟咏,尝揽方士讲养生术,布衣箬笠,往来古庙中,人几忘为和氏子也。又刘全承和意旨,士多侧目,全母独以淡泊自甘,有馈以食物者,全母亦无所受。且讽之曰:"我性与腐豉相近,不敢妄希厚味!"并戒全勿得受贿,和氏终不可恃,当图改过。全不悟,及和赐死,全亦被逮,而全母以善终。丰绅且自恨不能盖愆,向道益笃。时人为之语曰:"和珅有愧于子,刘全有愧于母。"又礼亲王《啸亭杂录》云:"乾隆戊午,和相妻发殡于朝阳门外,一时王公大臣,莫不往送。余亦从众而行,比至,车马壅阻,因饭于农家逆旅,苗氏有老妇云:'观君容止,必非不智者，今和相骄溢已极，祸不旋踵，奈何趋此势利，自伤其品！'"呜呼，子女资性，遗传而来，若和、刘者，未可一概而论矣。以苗氏农妇，而知大体，顾当时在位者，乃无不仰和氏鼻息，其智识何村妇之不若耶？然亦可见权利之累人，入其漩涡而不能自拔，更不自觉其卑躬屈节，弇阿依附矣。又有郭大昌者，尝于和珅微时，资以数百金，及和贵显，遣刘全诣郭于定兴，郭曰："吾始谓若主济世才，今乃招权纳贿，为赃吏逋逃薮，流毒生民。若主仆旦夕且无死所，毋累我！"遂与绝（见《燕下乡脞录》引包慎伯《郭君传》）。是亦奇士也。此可知和珅虽势炎煊赫，而当时舆论对之，只有咀咒耳。

三十　教乱声中之政令

（一）军备之整饬

嘉庆一朝，教匪扰攘，略无政治之可言。且颙琰中主之才，颇事粉饰，而运命已衰，盖已不可收拾矣。是时满兵不竞，绿旗腐败，积习已成，提镇则养尊处优，不习劳苦，营务一委之将备；将备则因循忨愒，训练无方，遇事又委之千把。或冒食空粮，私役兵丁，和珅时步营甲兵在其宅内供厮役者，竟有千余名之多。协尉笔帖，亦有坐甲十数名，是以辇毂之下，盗贼横行，外省更何堪问？颙琰亲政后，因下令整饬军备曰：

我皇考临御六十年，天威远震，武功十全，凡出师征讨，即荒徼部落，无不立奏荡平。若内地乱民王伦、田五等偶作不靖，不过数月之间，即就殄灭，从未有经历数年之久，靡饷至数千万两之多，而尚未蒇功者。总由带兵大臣及将领等全不以军务为事，惟思玩兵养寇，借以冒功升赏，寡廉鲜耻，营私肥橐。即如在京谙达侍卫章京等遇有军务，无不营求前往，其自军营回京者，即平日穷乏之员，家计顿臻饶裕，往往托词请假，并非实有祭祖省墓之事，不过以所蓄之资，回籍置产，此皆朕所深知。可见各路带兵大员等有意稽延，皆蹈此借端谋利之积弊。试思肥橐之资，皆婪索地方所得，而地方官吏，又必取之百

> 姓,小民脂膏有几,岂能供无厌之求?此等教匪滋事,皆由地方官激成,即屡次奏报所擒戮者,皆朕之赤子,出于无奈,为贼所胁者!若再加之朘削,势必去而从贼,是原有之贼未平,转驱民以益其党,无怪乎贼匪日多,辗转追捕,迄无蒇事之期也。……伊等每次奏报打仗情形,小有斩获,即铺叙战功,纵有挫衄,亦皆粉饰其辞,并不据实陈奏。……军营积弊,已非一日。朕总理庶务,诸期核实,止以时和年丰平贼安民为上端,而于军旅之事,信赏必罚,尤不肯稍从假借。特此明白宣谕各路带兵大小各员,均当涤虑洗心,力图振奋,务于春令一律剿办完竣,绥靖地方!若仍蹈欺饰怠玩故辙,惟按军律从事,言出法随,勿谓幼主可欺也!

当时军备废弛,将吏贪玩,以致教匪蔓延,民不聊生,此与和珅用事,殆有直接间接之关系。及大憝既除,军纪士气,始稍稍有转戾之机,固非一纸空文,即能立刻奏效也。

(二) 洪亮吉之上书

时教匪猖獗,朝廷之所注意,臣工之所营谋,殆无一不为救济时艰而设想。和氏既诛,会大考翰林,编修洪亮吉(字稚存,阳湖人)上平邪教疏,其大要如下:

> 今者川楚之民,聚徒劫众,跳梁于一隅,逃死于晷刻,始入白莲、天主、八卦等教,欲以祈福;继由地方官挟制万端。又黔省之苗氛不靖,延及数省。赋外加赋,横求无艺,忿不思患,欲借起事以避祸,邪教起事之由如此。然臣以为邪教实不足平。何则?自古焚香聚徒,如汉之张鲁、张角,皆起于中叶以后,政治略弛之时,然尚不旋踵而扑灭。如我朝圣贤相承,振饬纲纪,每有赈恤,皆不惜百万帑金,此不特中外知之,陷入邪教者亦知之,即邪教之首领亦知之,故临阵撑拒,必云受地方官之害,以致背皇上大德。试思此等皆身罹叛逆,万死不足赎之人,而良心不昧如此,臣故云邪教不足平。臣今敢有请者:一为

胁从宜贷。邪教入一村则烧一村,入一镇则烧一镇,仅以胁良民为贼;邪教既退,州县官又利其烧烬所余,屏民而不得归,良民于此,始不得不从贼。邪教滋扰数省,首尾三年,烧村镇愈多,无身家衣食之民,附之者愈众,邪教之徒,又不爱惜此等,每行必驱之向前,或抑之在后,以抵官兵,故诸臣入告,杀数千人或数百人者,即此无业游民,非真邪教,非真贼也。且此曹每动于州县,辄以万计,此岂可尽戮耶?即得尽戮,亦非所忍,故臣以为胁从宜贷:一以开愚民之自新,一以离邪教之党羽,党羽一散,真贼乃出,官兵刀箭枪炮之所伤,乃真邪教,乃真贼也。一则吏治宜肃。今日州县之恶,百倍于十年二十年以前,上敢隳天子之法,下敢竭百姓之资。臣所闻湖北宜昌、四川达州,虽稍有邪教,民皆保身家不犯法,州县官既不能化导于前,及事已萌蘖,即借邪教之名诛求之,不逼至为贼不止!臣请凡邪教所起之地方,必究其由,分别惩治之。然此辈一日不可姑容,如明示惩治,既可舒万姓之冤,亦可塞邪民之口。盖今日之州县,其罪有三:凡朝廷赈恤之项,中饱于有司,此上恩之不下逮一也。无事蚀冒粮饷,有事避罪就功,州县以之蒙府道,府道以之蒙督抚,督抚以之蒙皇上,此下情之不上达二也。若有功,长随幕友,皆冒得之,若失事,掩取迁流颠踣于道之良民以塞责,然此实不止州县,封疆大吏,统率将弁,皆公然行之,安怪州县之效尤?三也。一则责成宜专。楚抚守楚,豫抚守豫,陕抚守陕,战虽不足,守必有余。则以陕西言:武关、潼关、蒲关,东面三大门也;大震关、大散关、骆谷关,西面三大门也:其地皆重岩极险,豫为之备,先以百人守之,贼何以能入武关?何以能进剑阁?又何以能入鸡头,趋褒斜,东西蹂躏数千里,如入无人之境?此非封疆大吏不知地利,失于先事预防耶?夫朝廷之驭天下,不过赏罚二端。前平金川,平缅甸,所以即日告功者,赏罚严明,赏必待有功,罚不避勋贵故也。今行军数年,花翎之锡,至于千百,果安在哉?将弁弃营阵,弃堡垒,常相避贼锋;大吏又务为掩饰,咎果谁任耶?况有功,而无功者受其赏,有功者解体;有罪,而无罪者代其罚,有罪者益恣。故臣以为今日之事,朝廷则赏必当,罚必行,亲民之吏,则各本良心,封疆之臣,各守地界。削上下相蒙之弊,除彼此推诿之情,如是邪教不平,臣不信也。

洪氏意见,以为欲平邪教,必有四端:一曰肃吏治,二曰贷胁从,三曰专责守,四曰信赏罚。当时人争传诵,以其切中时弊也。尚书朱珪招之入都,欲荐于朝,亮吉斥朱崇信释道,裹装欲归,复上书成亲王等,陈言时事,于福康安之奢费,及附和珅之人皆有所指摘。末复有"群小荧惑,视朝稍宴"诸语,成亲王以闻。部议照大不敬律拟斩决,奏上,免死遣戍伊犁,即所谓"指斥乘舆"之罪也。(亮吉戍伊犁,将军保宁希旨请毙以法,得旨严饬不许。明年,京师旱,诏减释军流,被赦还。会天雨,遂谕言天人感应之理。又制《得雨纪事诗》有云"亮吉原书无违碍"并注云:"爱君之诚,实足启沃朕心,已将其书装潢成卷,常置左右,以作良规。"盖颙琰始怒而终感之矣。)

(三) 贡物之禁止(附嘉庆年间敕撰诸书表)

清俗凡外省督抚大臣觐见,或遇庆典嘉节,则必呈进贡物,借邀宠眷,京中大吏亦如之。故金玉玩好之器,古董斑烂之品,钟鼎书画之件,食用服饰之物,充陈于前,广置内府,珍异者则奖赉有加,平庸者或赏赐臣下。于是竞奇斗巧,献媚宫廷,内阉权佞,从中渔利,而群僚亦久视为定规。乾隆年间,曾两次明谕禁止,然圣训煌煌,纸上空谈耳。颙琰既恨和珅之以递进如意,泄漏机密,及治罪,乃宣谕严禁贡物,并蠲除年节呈进如意之例,谕曰:

夫贡之为义,始于《禹贡》,原指任土作贡而言,并非崇尚珍奇,所谓"不贵异物贱用物"也。我皇考颁谕饬禁,至再至三,止因和珅揽权纳贿,凡遇外省督抚等呈进物件,准递与否,必先向和珅关白,伊既擅自准驳,明示有权,督抚等所进贡物,在皇考不过赏收一二件,其余尽入和珅私宅,是以我皇考虽屡经禁止,仍未杜绝。试思外省备办玉铜磁器、书画、插屏、挂屏等件,岂皆出自己赀?必下而取之州县,而州县又必取之百姓，稍不足数，敲扑随之。以闾阎有限之脂膏，供官吏无穷之朘削，民何以堪！国家百数十年来，升平昌阜，财赋丰盈，内府所存，陈设物件，充牣骈罗，见几于无可收贮之处。且所供之物，断不胜于大内所藏，即或较胜，朕视直如粪土也。朕之所宝者，惟在时和年丰，民物康阜，得贤才以分理庶政，方为国家至宝耳。至应进土贡，原为日用所必需，如吉林、黑龙江将军每年所进貂皮、东珠、人参系该处所产之物，其他如川广之药材，九江之磁器，江浙之绸缎，及徽墨湖笔笺纸茶叶瓜果等项，原不外任土作贡之意，仍准按例呈进。所有玉如意、铜磁、书画、挂屏、插屏等物，嗣后概不许呈进！至在京王公大臣，每年所得分例，尚不敷当差之用，岂有余赀？亦不许呈进贡物！内廷翰林所录御制诗文册叶及自作书画等件，尚可呈进，断不许增入古玩。至各省盐政织造关差等并无地方理民之责，其应交盈余银两，见令户部查明，方令酌减，伊等办公，更可裕如，应进贡物，准其照例呈进。再年节王公大臣督抚等所进如意，取兆吉祥，殊觉无谓，诸臣以为如意，而朕观之，转不如意也。亦着一并禁止！

是事虽小节，而关系于隐微之中者，亦颇不细。各省官吏固有以呈进贡物为名，强行勒索者，似又未可以苞苴献纳，独责权臣也。然“转不如意”之语，亦可知颙琰之有为而发，与夫恶人及物之意矣。

〔附〕　嘉庆年间敕撰诸书：

《平苗纪略》，

《平定三省教匪纪略》，

《辛酉工赈纪略》，

《高宗纯皇帝圣训》，

《皇朝词林典故》（六十四卷，嘉庆十年敕撰，《啸亭杂录》载《续词林典故》，盖即此书也），

《全唐文》（嘉庆十九年大学士董诰奉敕撰，共一千卷），

《味馀书室集》，

《御制文初集》,

《御制诗初集》、《二集》,

《钦定天禄琳琅书目后编》(二十卷),

《八旗通志》二集(浙江《文澜阁书目》载此书三百四十二卷。卷首十二卷,目录二卷。志中档案至乾隆六十年止,尚称高宗为皇上。盖嘉庆初元敕修,于以进御太上皇者。〔据《书林清话》〕)。

三十一 吏风之一般

(一) 私造假印之舞弊(上)

雍正一朝,及乾隆之初,君相明察,吏不敢因缘为奸,及和珅专政,而官常日替。嘉庆即位,和珅虽戮,积习已成,不可挽救。兹举其大而奇者一二事,以见当时吏风之一般焉。嘉庆十一年八月,直隶布政使庆格具奏,究出司书私雕假印,勾串舞弊一案。据称:"司库历年出入银数,轇轕不清,司书狡黠枝梧,因吊齐粮册档案,详悉稽核,查出历年地粮耗羡,以及杂税银两,均有虚收之款。随又亲提各州县奉到司发批收,逐加核对,竟有假印贴改诸弊。随查传承办司书王丽南等,隔别研讯。历年以来,有将司发库收小数贴改大数者,有将领款抵解钱粮,又蒙混给发者,有串通银匠给与假印批收者,为弊不一;共虚收过定州等十九州县地粮正耗杂税等银二十八万余两。"清廷闻悉,以为司书敢于私雕藩司及库官印信,串通舞弊,为从来未有之案,实出情理之外。因命协办大学士费淳、尚书长麟驰驿赴保,严行究办。九月,费淳等审讯结果,查明自嘉庆元年起至本年止,地丁羡耗杂款项下,俱有虚收虚抵重领冒支等弊,计二十四州县,共侵盗银三十一万六百余两。此内竟有与州县讲明,每虚收重抵冒支银一万两,给与司书及说事人使费银二三千两不等。除此以外,尚有幕友长随,知情分赃。州县借领应解之款,每贿书吏将案卷销毁,或诓印库收挖改数字。因将书吏王丽南、州县官陈锡钰、徐承勋等二十余人抵法,家产查抄。其失察之督抚藩司,如颜检、胡季堂、梁肯堂、陈大文、熊枚、瞻柱、郑制锦、同兴等各以其任内虚收数目分别治罪。既而湖北藩司又查武昌五县节年解司地丁正耗银两,亦有任意侵欺,私将库收照票洗改之事。数旬之间,连破两案,可见外省积习颟顸,平日并不认真综核,书吏等乘机作弊,肆意侵欺,所在皆有也。

(二)私造假印之舞弊(下)

虽然私造假印,舞弊侵欺,又不仅外省为然,工部书吏,亦常有之。如嘉庆十四年王书常一案是已。书常及蔡泳受等私雕假印,冒领库银,或于岁修工程,皆捏造大员名姓,重复向内府、户部支领。或移咨户部,经户部凭文办札,交领三库银两物料。计得款共十四次之多,数目不下千万,真足骇人听闻也。夫河吏支领,必须司空签押毕,关知户部,度支大员,复加查核,然后发帑,定例本为详慎。乃诸部曹夤缘为奸,伺大员谈笑会饮时,将稿文雁行斜进,大员不复寓目,仰视屋梁,手画大诺而已。更有倩幕友代画者,使奸蠹胥吏,得遂其志。呜呼,照常供职之事,尚沓泄如此,又安望其兴利除弊哉?然此种现象,固不仅见于嘉庆一朝也。是案为某工头告发,书常等伏法,户部尚侍禄康、德瑛、戴衢亨、赵秉冲、刘镮之,工部尚侍英和、常福、和世泰、费淳、万承风、曹振镛、成书、蒋予蒲等均降黜有差。先是乾隆五十五年,高邮州书吏有私雕印篆,假给串票,重征厚敛之事,经巡检陈倚道访获禀报,知州吴焕意存袒庇,沉阁不办,至数月之久。倚道通详上司,巡抚闵鹗元亦置之不问。反令倚道采办硝斤,借图消弭。倚道复转托韩镤代奏,事发。巡抚以下,皆革职拿问。总督书麟,亦遭严谴。当时一省大小官员,通同舞弊,罔上行私,相护恶习,牢不可破。然犹不过私描串票,行于乡曲,浸假而藩司书吏,以假印虚收虚抵矣。浸假而工部书吏,亦以假印冒支国帑矣。州县舞弊,不过数万,省司则至数十万,部府则至千百万,此犹书吏耳,而堂官大吏,又从可知已。

(三)杀官灭口之奇冤

当时官吏书胥之贪黩黑幕,既如上述,然尤有可惊可惨之事,亦随饕餮蠹私而发生者,则官员之公正清廉,彼辈或惧其告揭败露,往往杀之以灭口。高邮之案起,清廷简派大臣,前往审办,谕旨有云"谅不能将陈倚道加以陷害灭口”。可知此种隐弥之法,即清廷亦莫不知之,而遭此毒陷者,当不在少也。嘉庆十四年,江南总督铁保,以淮安报灾办赈,派李毓昌(山东即墨人,戊辰进士,以知县分发江苏任用)赴山阳往查。山阳令王伸汉,墨吏也,捏报户口,浮冒赈款三万金。毓昌亲行乡曲,查点户口,廉得实情,具清册将揭诸府。伸汉探知惧,赂巨金,立却之,倩知府王轂代缓颊亦不从。乃谋窃其册,使仆包祥与毓昌仆李祥、顾祥、马连升合谋。李祥曰:“稿册收行箧,奈钥挂主人身,当先盗钥乃可。”包祥曰:“是无庸。吾观此人,不可以利动,不可以哀求,欲灭口,计惟有死之耳。”次日,毓昌饮于山阳廨,归渴甚,李祥等以信末投汤中进,毓昌寝,苦腹痛起,仆等急从后持其颈。毓昌张目叱之,李祥曰:“吾等不能事君矣!”马连升解己所系带缢之(或谓毓昌夜酌,仆以毒酒进,饮觉之,遂停杯,血流于颐。仆等愈惧,用帛勒之)。伸汉寻册禀稿火之,乃以疯疾自缢牒知府王轂。轂遣役验,还报曰:“尸有血也。”轂怒杖验者,遂以状上(毓昌死后,伸汉即以实情告知王轂,有求保全不敢忘恩之语,后送轂银一千两,并许随后再行报效。故轂草率了事)。毓昌叔李泰清来迎丧,伸汉厚赆之。归检行箧,旧书内有焚余残稿半纸,曰:“王令冒赈,以利啗毓昌,毓昌不敢受,恐上负天子。”盖禀稿毁而未烬者也。又查见皮衣有血迹,心疑身死不明,因自行开验,见尸身青黑。因走京师,诉都察院。清廷震怒,即将王伸汉等提解来京,令军机大臣会同刑部熬讯,俱得串谋实状。李祥、顾祥、马连升俱凌迟处死,包祥处斩。李祥以紧要渠魁(按伸汉得知毓昌密禀,系李祥密告、包祥转告者),解赴毓昌坟前,先刑夹一次,再行处死,仍着摘心致祭。伸汉、王轂皆伏诛,总督以下贬官。特赠毓昌知府衔,御制《悯忠诗》排律三十韵,勒石墓前。

〔附言〕 毕沅任两湖总督时,满洲福宁为巡抚,陈淮为藩司,三人朋比为奸。毕性迂缓,不以公事为务,福天资阴刻,广纳苞苴,陈则摘人瑕疵,务使下属倾囊解橐然后免。时人为之语曰:“毕不管,福死要,陈倒包。”又言:“毕如蝙蝠,身不动摇,惟吸所过虫蚁;福如狼虎,虽人不免;陈如鼠橐,钻穴蚀物,人不知之。”呜呼,毕沅系乾嘉名臣，学问渊博，其处官也，亦不过如蝙蝠而已，则当时狼虎鼠囊之多也，不亦宜乎？甚矣，当时吏风之败坏也！

三十二　朝臣与疆吏

（一）宰辅

嘉庆在位二十五年，朝廷重臣，虽多清廉自爱，而椎鲁无能为者，实亦居其泰半。以刘石庵（墉）、王惺园（杰）之纯谨，洪亮吉则讥为当场鲍老（指刘），刚愎自用（指王），余可知矣。嘉庆初年，刘以名相之子，继正揆席，王以先朝殊眷，恩宠有加，足与二人鼎立者，朱珪而已。董诰、戴衢亨、刘权之辈则亦被称为贤相者也。刘墉事迹，前于第八节中，已略言之。王杰当乾隆五十一年，拜东阁大学士，与和珅同列，杰接以大体，不为悻悻壮烦之事，而遇所当执，讫不与和同。及和珅伏罪，当首席裁判者，即杰也。至是杰益得发摅舒怀，无所掣肘，因上书曰：

> 窃维皇上亲政以来，恩威并济，内外臣工，无不洗心涤虑，共砥廉隅。臣年齿既衰（按时杰年已七十五），智识愈顿，更何有千虑之一得？惟是积弊相沿，有积重难返，而又不可不亟加整顿者：一，各省亏空之弊。起源乾隆四十年以后，州县有所营求，即有所馈送，往往以缺分之繁简，较贿赂之等差。此岂州县私财？直以国帑为夤缘之具，上官既甘其饵，明知之而不能问，且受其挟制，无可如何。间有初任人员，天良未泯，小心畏咎，不肯接收，上官转为说合，懦者千方抑勒，强者百计调停，务使受代而后已。一县如此，各县皆然，一省如此，天下皆然。于是大县有亏空十余万者，一遇奏销，横征暴敛，挪新掩旧，小民困于追呼，而莫之或恤，靡然从风，恬不为怪，名为设法弥补，而弥补无期，清查之数，一次多于一次，宽缴之银，一限不如一限，辗转相蒙，年复一年，未知所底。……宜广求整饬之法，以冀仓库渐归充实也。一，各省驿递，设立驿丞专司，凡有差使，各按品级乘骑之外，加增不过二三骑，多则驿丞不能派之民间也。照常给廪之外，一无使

> 费,使臣及家人等知驿丞之位卑俸薄,无可诛求也。迨后裁归州县,百弊丛生,请先言其病民者:州县管驿,可以调派里民,于是使臣乘骑之数,日增一日,有增至数十倍者,任意随带多人,无可查询:由是管号长随,办差书役,乘间需索,差役未到,火票飞驰,需车数辆及十余辆者,调至数十辆,百余辆不等,羸马亦然。小民舍其农务,自备口粮草料,先期等候,苦不堪言,又虑其告发也,则按亩均摊。甚而过往客商之车羸,核留卖放,无怪乎小民之含怨也。至于州县之耗帑,又有无可如何者,差使一过,自馆舍铺设,以及酒筵种种糜费,并有夤缘馈送之事。随从家人,有所谓"抄牌礼"、"过站礼"、"门包"、"管厨"等项名目甚繁,自数十金自数百金,多者更不可知,大抵视气焰之大小,以为报酬之隆杀。其他如本省上司及邻省大员,往来住宿,亦需供应,其家人借势饱恣,不餍不止。而办差丁胥,浮开冒领,本官亦无可稽核。凡此费用,州县之廉俸,断不能支,一皆取之库帑,而亏空之风,又以成矣!欲杜亏空,先清驿站,当亦转移之要策也。况体恤民隐,尤为急务乎?今军务既竣,皇上勤求治理,似无大于此二者,但以积重之势,不可不思至当之方,或改复旧章,或博稽众论,斟酌尽善,断自睿裁,从此仓库盈而邮政肃,天下幸甚。

疏入,颙琰颇嘉纳焉。嘉庆八年,以疾乞休,十年卒。朱珪(字石君,大兴人,朱筠叔弟)年十八,登乾隆戊辰(十三年)科进士。乾隆四十一年在上书房行走,教授颙琰诗古文,后仕至两广总督、安徽巡抚。颙琰即位,内召为户部尚书。嘉庆七年拜协办大学士,十年拜体仁阁大学士,管理工部事,明年感疾乞休,时年已七十有六矣。谕令二三日入直,且俟日出后至南书房候召对。是冬卒,颙琰亲临哭之,以其平生无瑕疵,予谥文正。(石君生平外放未受一钱,门庭卑隘,清寒益常,四十余年,即独居无妾媵,故颙琰痛诗有云:"半生惟独宿,一世不贪钱。"亦可谓难能可贵矣。屡典乡会试,取文尚引据经典,士子多为盗袭獭祭之学,文风为之一变。素嗜许氏《说文》,所著诗文,皆用古法书之,使人不复辨识。晚年酷好仙佛,持斋茹素,学导引术,多怪诞不经,故洪亮吉斥为邪教。又性醇厚,每易受欺,有贪吏故衣蓝缕谒之,谈竟日,皆安贫语,朱深信之。后以罪遣戍,赦归,力为昭雪,欲复其官。彭元瑞言其贪,朱艴然曰:“若某人者,可谓忠于朝,友于家,为今之颜、闵,安可辱以贪名乎?”惟所拔多人才,通人寒士,必扬其名。)董诰(字蔗林,浙江富阳人)乾隆五十七年拜东阁大学士,总理礼部兼户部事,充军机大臣。嘉庆四年,授文华殿大学士,仍兼刑部。时教匪猖獗,诰要拟慎勤,多所赞画。二十三年因病乞休,十月卒,谥文恭。当和珅用事时,诰与王杰持拄其间,遇事多所救正,每独居深念,处若忘,行若遗,在堂则循阶,在室则绕柱,其用意深隐,不可骤识。持躬端谨,寓籍清贫,故得两朝知遇云。戴衢亨(字荷之,江西大庾人)乾隆时以中书入直军机,累出为学政考官。嘉庆即位,颇膺殊眷,典礼巨制,皆出其手。六年晋兵部尚书,又调工部、户部。十二年协办大学士,十五年授体仁阁大学士。十六年扈从五台,途次得疾,先归,驰至圆明园赐第,遂不起,赐谥曰文端。衢亨由大魁(乾隆四十三年一甲一名进士)秉政,前后直枢庭三十年,其庥懿之谟,鸿谠之论,敷陈密勿者,非浅近所能测识也。刘权之(字德舆,长沙人)于嘉庆七年以军机大臣管理户部三库事,小心勤慎。九年调兵部尚书,出勘河工,寻调礼部尚书,协办大学士。因保奏军机章京,欲将中书袁煦列入,袁煦者,权之房师纪昀女婿也。侍郎英和劾其瞻徇,降编修。十二年迁兵部尚书。十六年拜体仁阁大学士。十八年考绩,以勤苦优叙,寻因目疾致仕,二十三年卒,赐文恪。权之精明厚重,扬历京秩五十余年,以学行结帝知,当官能举其职,叠典文衡,无所私昵云。

(二)谏臣

嘉庆初年,诏求直言,一时言官指摘朝政,多所获益。广泰、广兴首参和珅奸慝诸款,和因伏法。内阁学士蒋攸铦(汉军人)劾外省贪吏宜降革者,李奉翰、景安、秦承恩诸人,先后获罪,吏治为之一转。副都御史瑚图灵阿条陈关税盐务诸弊,又请却纳贡献,停止捐纳。马履泰(仁和人)论湖督景安畏缩偷安,老师縻饷之罪,安为之罢职。又论湖北教驿奸民宜除,难民宜抚诸条,清廷从之。继善(满洲人)虽为和珅所引,无所依附。

时缮译科场,皆近臣子弟,借以进身,顶冒传递之弊,盖不胜言,善首疏论之,场务稍肃。太仆寺卿,八旗士卒,蓄养马匹,多有冒领,干饲者十不二三,出牧时啗蒙古以金帛,为蒙古所哂,善复犯众怒言之,弊遂清。满人恨之入骨,至验马日,众误以戴璐为善,殴之几毙,事闻,诛首谋者。张鹏展(广西人)任御史,奏出师八弊政,皆中窍要。刑部郎中金光悌素便佞专擅,堂官多庇之,后迁光禄少卿,犹恋其职。鹏展劾请离任,略云:"天子之刑部,而金光悌一人专擅二十余年,其余司官,皆出门下,故使比昵为奸,无阻之者,良可慨也。"帝允其请。和靖额(满洲人)以翻译起家,而素重文士。满洲举人,旧例二科后始简选小京官,人多缺少,致患壅塞,非三十余年不能入仕版,不若汉人大挑之捷也。和深悯之,陈同汉人例一体选授县令。卫谋(济源人)年七十余始为谏官。福康安虽屡立战功,然所历封疆,苞苴广进,颙琰责那绎堂谕旨,有"福康安历任封疆,簠簋不饬"之语,谋因备论福贪婪状,不宜配享太庙。朝廷虽未允其请,一时公论与之。周栻(宁夏人)论外省大吏多有参劾属员,初无劣迹,恐悃愊无华之人,不得上司欢心,被劾者众;请嗣后照大计例,许其付咨引见,则贤否可知。大吏专擅之习,为之稍减。彭元瑞尚书入内落马,昏仆西华门内,朱珪呼其舆舁之。故事大内无特旨,不容车轿出入,栻因劾之,略云:"朱珪无无君之心,而有无君之迹。"珪坐违例镌三级留任。沈琨(归安人)于江苏生员之狱(嘉庆四年,吴中有杖责诸生之狱。王述庵《与平恕书》云:"诸生寒士居多,求贷于富户,乃事理之常。伊等或以教课为业,或以笔墨为生,无力偿还,亦其常分。赖有父母师保之责者,正宜加之怜惜,或代为宽解,或再为分限,俾得从容措缴。即使伊言粗率,亦何至不能稍贷?乃至朴责寒士,以媚富户,实无情理。此非该令平日与富户交结往来,受其馈贿,即系意存庇奸,为事后得钱之计,情事显然,不待推求。"观此则狱事之梗概可知矣),巡抚宜兴庇护属员,信任家人,苞苴日进,特造严刑以讯,有小夹棍、头箍诸名目,牵连数十,掌嘴锁项,凌辱不堪。又于高宗丧中演剧。琨一一陈之,兴罢职。逾年,颙琰欲幸盛京,琨复上疏阻之。萧芝(汉阳人)用御史时年已七十余,上疏端正风俗,以世道人心为本,洋洋数千言。王宁炜(山东人)上疏言:"上之用人行政,宜习其素,不可因保举遽加升用。”游光绎(福建人)上疏言:“今大臣未尽和衷,武备未尽整饬。愿效魏元成《十思疏》以裨治化。”帝奖之。后满侍郎某因公愤争,颙琰谓游光绎之言,不为无见。后以劾黄永沛罢职,人争惜之云。

(三) 督抚

嘉庆亲政之初,屡降谕旨,整饬吏治,故当时督抚中,如岳起辈,罔非正人。然能以清廉胜者,未必能治事,故王秉韬谓“长三、汪六皆名过其实,何足贵?”长三长麟也,汪六汪志伊也。二人皆以廉著,然汪有杀李赓芸之冤,则处事可知矣(见《李方伯赓芸事略》)。盖当官常斁败之时,即此亦难能可贵,故所谓名督抚者,不必为能督抚也。岳起(满洲人)以孝廉起家,初任奉天府尹,前任某以贪著,起入署,命仆自屋宇器用,皆洗涤之,曰:“勿染其旧也!”后与将军抗,罢官。嘉庆亲政,用为山东布政使,俄调江苏巡抚。起清介自矢,夫人亲掌签押,署中僮仆,不过数人,出门驺从萧条,瘦骖敝服,居然寒素。禁止游船妓馆,无事不许宴宾演剧,吴下奢风,为之一变。驭下虽甚宽,然不假以事权。尝曰:“若辈只可供洒扫趋走而已,署中政事,乃天子付我辈者,安可使之与闻?向来大吏不能令终,皆坐倚若辈为腹心耳。”夫人尤严正,起尝籍毕弇山产,归时已薄暮,小饮面微醺,夫人正色曰:“弇山尚书以耽于酒色,致有今日,相公触目惊心,方谨戒之不暇,乃复效所为耶?”起长谢焉。后吴人演为《岳青天歌》,以为汤斌后一人。陈大文(会稽人)乾隆中历抚两粤,嘉庆初调山东,至日剔清漕务,首劾贪吏三十余员,性深严,见下属皆温颜以对,谈论良久,然后正色申之曰:“汝某事贪贿若干,余皆悉知,若不速改,余弹章已定草矣!”故下属咸畏之。书麟,高晋子,首擢安徽巡抚,有善政,高宗最喜之,加两江总督。以忤和珅谪西域,颙琰亲政,擢闽浙总督,再调云贵,劾罢前督富纲。后调两湖,于炎暑中奔驰山谷间,堵剿教匪,构疾死。汪志伊(桐城人)起家县令,累任至福建巡抚,尝陛见热河,惟乘一车,束襆被其中,后随三奚奴而已。往来都邑数十处,皆不知其为封疆大吏也。请客惟用二簋,常疾天下废宋学,刊《幼学仪节》一书,以与当道不合,引疾去。台布(蒙古人)初任户部银库郎中,时和珅专权,补者皆以赀进,故任意贪纵,侵盗官项,又勒索运饷外吏,经年累月,不时兑纳。布至日,与员外郎和德盟诸库神,积弊一清。后任广西巡抚,粤西储粮亏缺甚多,布调停数年,仓庾充牣。初彭龄初任御史,劾彭元瑞兄子冒充吏员,元瑞罢官。任云南巡抚,又劾前抚罢之,逾年以亲老陈情,改补京职。后任伊桑阿,抚黔时即以贪著,又冒铜仁苗洞功,入境后勒索治路供用,滋扰下属,又露章劾之,伊赐死。吴熊光(别字槐江,江苏昭文人)初任章京,为阿桂所器,屡随阿桂剿匪、谳狱、治河、阅海塘事,和珅甚嗛之。高宗训政后,尝幸滦阳,一日召宣军机大臣不得,命召章京,惟熊光已上直,入对称旨。次及同直章京戴衢亨。少顷和珅至,高宗语以熊光练事,可在军机大臣上行走。和奏熊光才五品,不符体制,高宗命加三品卿衔。和又曰:"其家贫,大臣例乘肩舆,恐力不办。"高宗命赏户部饭银千两。又曰:"戴衢亨出身状头,官学士,在军机日久,与吴同,用吴不如用戴。"高宗曰:"此岂殿试耶?"和语塞。熊光在政府未数月,即出为布政使,盖和珅不便其所为故也。和珅败,授河南巡抚,时豫省遭景安、倭什布之虐,盗贼遍野,民不聊生,熊光至,定保甲,聚乡勇,堵御卢氏东境,不容一贼犯边。豫省安堵数载,士民赖之。嘉庆六年,擢湖广总督,九年调直隶。寻迁两广,力疾治事。十三年七月,英吉利兵船十三艘泊香山鸡头洋,其将领度路利以兵船三入黄埔,并有三板船入省河,声称防御法兰西,意殊叵测。故事:外人兵船或寄内洋,俱调兵立时驱逐。熊光以累年督率镇将,追捕海盗,转战重洋中,匪氛虽稍戢,而师殊老,故务为镇静,饬令回帆归国。传谕大班,停开舱以绝其望。而英船迁延至十月始起椗,熊光坐夺职,命往南河效力。旋百龄督粤,有旨饬查英船来去之由,以熊光葸懦复奏,遂遣戍伊犁,抵戍一载,召还。阮元(字伯元,号芸台,仪征人,以文学著)嘉庆五年授浙江巡抚,与提臣李长庚,戢捕海盗甚力。在浙五年,多善政。十年,父忧归里,十二年,再抚浙江,十四年以失察学政舞弊事夺官。十七年授漕运总督,十九年调抚江西,二十一年调抚河南,又迁湖广,明年又调两广。道光年间,调督云贵,入赞纶扉,承两朝之恩眷,而尤以经术文章,主持风会。其事功学业,为嘉道时最。详传当俟诸学术篇述之,其余有特别功勋,如百龄、长龄等,当附事言之,不复具陈。

三十三　河患之频仍

（一）河患之见告

嘉庆年间，河患频仍，国家靡帑防堵，为财政上一大漏卮。然乾隆以前，治河者尚多实事求是，自和珅秉政，任河督者皆出其门，先纳贿，然后许之任，故皆利水患，借以侵蚀中饱，而河防乃日懈，河患乃日亟，是亦清室中衰现象之表露较著者也。兹将各河漫口次数，表之如下：

漫口年月	漫口处	合龙年月	堵筑状况	备　注
嘉庆二年七月	永定河	二年八月		以雨诏停秋狝
二年八月	砀山境内杨家坝河		苏凌阿等驰往堵筑	
二年八月	曹汛坝河	二年十二月		次年截江西漕米四十万赈曹县等卫水灾又截漕粮二十七万石
三年九月	睢州上汛河	四年正月	并疏浚下游	截祥符米豆十二万石备赈
四年七月	砀汛邵家坝河	四年十一月		颁河神庙匾
六年六月	永定河桑干河各四处	六年十月	费荫等分勘水灾褫总督姜晟河道王念孙职	京师大雨宫门水深数尺下诏自责发帑赈恤
八年九月	衡家楼河	九年三月	刘权之那彦成驰勘	河督请开衡工捐例允行
十一年六月	王家营减坝河	十二年三月		赏戴均元徐端太子少保
十一年七月	宿南厅郭家房河	十一年十二月	军机大臣铁保等往勘	
十三年正月	南河陈家浦等处	十三年二月	频溢命长麟戴衢亨往勘	
十三年六月	荷花塘运河	十三年九月	十二月合而复蛰	铁保下部议处那彦成降职
十三年六月	七里沟运河			
十五年七月	永定河	十五年九月		

续 表

漫口年月	漫口处	合龙年月	堵筑状况	备　注
十五年十月	高堰山圩两厅			褫徐端翎顶
二十年二月	睢州二堡	二十年二月		
二十四年七月	永定河	二十四年九月	吴璥那彦宝驰堵	
二十四年八月	仪封北岸黄河	二十五年三月	吴璥驰往会琦善堵筑	南岸复刷成漫口续塌至百余丈

上表著其大概而已,其余疏浚河流,防护堤决,工费无日,冲溢靡常,不可胜计也。每有水警,必简派大臣前往堵筑。或事先查勘情形,量为预防。加之河臣滥冒侵渔,岁费无算,军饷以外,此为大宗矣!

(二)河工之积弊(附河兵河夫考)

当时治河之人,毫无建树,既不审大势以规划久远,复好贪小功而贻害目前,故河工甫竣,辄有蛰塌淤垫之事,而辗转之间,乃靡金至于无算矣。嘉庆十三四年间,开浚海口,改易河道,费银至八百万,合计南河修堵等费,数年之中,总共不下四千余万。故嘉庆十六年正月,谕言:"河工连年妄用帑银三千余万两,谓无弊窦,其谁信之?"因派托律、初彭龄等前往查办。托等仅查工员帐簿,空言入奏。清廷降旨切责,谓账簿多系捏造,何足为凭?令于滥用虚靡,妄兴工段,及浮冒侵蚀等处,确实具奏。次月托查明南河节年银款工程,分别纠参。清廷谕曰:

> 近年以来,南河巨工林立,费用綦繁,统计各项银数不下四千余万,而每年抢修各工,甫经动项兴修,一遇大汛,即有蛰塌淤垫之事。甚至上年堰圩砖石各工,掣塌四千余丈之多,恐承办工员,自不免有偷减浮冒情弊。是以特派托律、初彭龄前往澈查,兹据复奏:到江后即亲赴工次,遍加察验,并将各年文卷印领,逐层核对,所发银两,与各工所领数目,均属相符,是银款出入,尚无虚捏情弊。惟支领后该工员不能如式实心办理,以致新工未竣,旧工复生,而历任河督等又未能经理协宜,均难辞咎。其中有自乾隆五十七年起至嘉庆十四年

止,已经题销,尚未找领之款银六十万六百两零。据查此款虚悬日久,工程已无可考,且经手工员,又多升迁事故,未便复行找领,致滋冒滥等语。着照所请所有前项未领一款,竟无庸再行找发,以归核实。其十四、十五两年加倍黄运中河大堤土工夫役增价,核计多用银四万八百余两,及上年挑复海口时,酌量接济疲累工段,所借银数核计共有十万六千余两,均着陈凤翔分别勒追,以清款项。又挑挖淮北盐河一事,虽系豫行挑挖,以备宣泄盛涨,但于减坝兴工之前,该河督等未经先行奏明,殊属疏忽!且查所办工段,已有淤垫处所,所有此项工用银八万三千余两,着吴璥、徐端照数分赔完缴,均仍交部严加议处。其另单所开承办工员,除已故及革职治罪各员外,其余四十五员名,均着照所请革职。但念概令离工,一时全易生手,未免贻误,且未便令其置身事外,着将各员弁中现任者姑留本任,候补者留工效力,各限三年,如果各知奋勉,所修工段并无蛰塌,届时再请开复,如限内再有疏失,着陈凤翔随时参奏,定当加倍治罪。

是役查办之结果,终属敷衍了事。观此一谕,可以知其大略矣。虽历任河督如戴均元、吴璥、那彦成亦均降革有差,而舞弊侵蚀之事,决不能因此以稍减。(徐端自河工微员以廉能著,受特知擢至河东总河。久于河防,习知其弊,尝浩叹国家有用赀财,滥为靡费,欲见帝沥陈。同事者恐积弊揭出,株连者众,故尼其行,致抑郁而死,贫无以殓。又以查办赔累,至十余万,妻子无以存活,识者悲之。陈凤翔直省贪吏,入赀为永定河道,复得奥援继徐端为总督,后以妄淤湖水,为百龄所劾,立枷河上,未几惊悸死。百龄为两江总督,素以能事闻,其治河首治积年未疏之海口,海口大畅,乃求效于河,大要以谨守东清坝为第一义,盖仿效康熙治河诸臣之遗法也,其功独伟。)

〔附言〕　明初沿河设夫役,三时疏浚修筑,冬又征桩草银。正德间,以按臣吴阊言,罢河夫十之七,官收其直。嘉靖初,岁役尚数十万人,皆近河贫民,奔走穷年,不得休息。从御史谭鲁言,令上中人户,征银雇役,后银有余而岁征如故。徐州、吕梁二洪,先因水涸陵险,设夫二千四百余。嘉靖廿三年,黄河自西来助之,漕挽顺利,人力甚省。按臣陈其学请裁损洪夫,以宽萧砀民力。万历间,科臣按臣屡陈河夫之苦,请优其直,并免冲决赔修之虐政。礼部主事陈应芳亦言:"河工夫役,州县取之里甲,里甲视甲资为出夫之等。一家雇夫五名,则月费十金,鬻产卖子,闾阎一空。及夫至工,百计索求,致令逃去,檄移雇补,费复如前。官徒有募夫之名,而害归于借名者之家,利归于管工者之手。"此明世河夫佥派累民之略也。清初兼行召募,先从御史佟凤采言,设直隶沿河堤夫,以备修筑。又从总河杨方兴请,设临墩堡铺夫以护漕运,此皆召募而给以工食者也。顺治九年,河决封邱,起大名、东昌、兖州及河南丁夫数万塞之,此因工程浩大,特行佥派,且及邻省者也。佥派民夫,势不能不资地方之津贴,惟按田起夫,其制最善。康熙初漕督林起龙浚淮安泾河闸七十余里,用山阳、宝应二县之力,二十日而毕工。靳辅大修归仁堤,令协募人夫,以土夫工价,抵偿钱粮,一时称便。盖犹明初按田出夫之良法也。康熙九年总河罗多,以大修用夫三万余,请于山东、江南二省佥派协济。给事中张惟赤言:"部臣前主募夫之议,原定每名日给银六分,请将佥派之夫,一体议给。"于是大工佥派,而实与召募等。及凤采为河南巡抚言:河夫累民,请停佥派,按亩征银,以为雇值。然江南山东则仍旧也。十六年靳辅大修全河,初议日用夫十二万人,令邻省协募,屡经议减,犹日用三四万人。后工竣,上言:"河工兴举,无不勒之州县派募里民,用一费十。臣奉命两河并举,日需人夫十余万,若循派募之旧章,必半壁号呼矣!自易派募为雇募,多方鼓舞,遂使大工告成而民不扰。"盖大工亦用雇募,其制实自辅始。次年以坊里派募人夫十人,不得三四人之用,乃裁减河夫,设江南河兵八营。康熙三十七年于成龙再为总河,又以前议岁夫苦累,亟请变通,言:"派夫一名,约费银二十两,老弱充数,到工多逃。计岁夫七千,请每名量征银五两,编入正供,征解河工,添设河兵三千余,酌量缓急,分班抢护。"是故改编夫银,广增兵额,始于辅而继以成龙,遂使民脱佥派之苦,而工获修防之益矣。

第六章　教民之变乱与沿海之扰攘

三十四　白莲教之滋蔓（上）

（一）中国之秘密结社与白莲教会之起源

中国秘密结社，其渊源盖甚远，始于北胡侵入以后，而萌蘖则在汉时。西汉之末，有赤眉、铜马、铁胫、绿林与夫大枪诸贼；东汉之季，则有黄巾贼，五斗米道；刘关张三杰，结义桃园，约为兄弟，皆秘密结社之滥觞也。宋时宋江之徒，蟠据梁山，父天母地，啜血誓盟，永为秘密结社之模式。后此摹拟《水浒》故事，以实行种种活动者，盖不可胜计已。至秘密结社之精神，大别可分为二：一曰宗教的，二曰政治的。前者附托神怪，犹不免暗昧之习；后者虽亦袭宗教仪式，其目的则纯然政治思想，故可谓完全之秘密结社。此种结社，于清初始形见端，如天地会、三合会及汉留皆以排满复明为职志者也。至宗教的结社，其活动初无一定之目的，其组织初无一定之规程，其始也，不过假经咒以敛财，及声势渐大，乃蓄异志。近世之白莲教，即此惟一之组合也。天地、三合诸会之发生，前于上卷第三十章中已详言之。今述白莲教之运动，当先略述其起源。白莲教者，盖佛教之支流下乘，当元顺帝至正十年，栾城韩山童煽动其祖父所立之白莲会，焚香惑众，倡言弥勒佛降生，河南及江淮间愚民，多信之者。其党刘福通等，诡以山童为宋徽宗之后，应作中华正统君主，因刑白马黑牛，誓告天地，谋起兵，以红巾为号；事泄，山童就擒。刘福通遂反，迎山童之子韩林儿为小明王，国号曰宋。及朱元璋统一中夏，韩氏遂亡。尔后二百余年，惟永乐间蒲台妇人唐赛儿曾一举兵，假宗教为名，白莲会则阒焉无闻。至熹宗天启五年,而伏流乃坌起。初,蓟州王森者,得妖狐异香,倡白莲教,自称闻香教主,就其徒设大小头目及会主之号,蔓延直隶、山西、河南、陕西、四川各省。后森被捕死狱中,子好贤及巨野、徐鸿儒等踵行其教,徒党益众。好贤、鸿儒等约于其年中秋同起兵,会谋泄,鸿儒等遂先期反,自号中兴福烈帝;举兵陷郓城,连陷邹、滕、峄三县,卒为明军所围,食尽,党徒皆降,鸿儒被擒,磔于京师。临刑叹曰:“吾与王好贤父子,经营二十年,徒党不下二百万,事之不成,天也!”自是白莲教之锐气尽挫,至清乾隆晚叶,而白莲教又因时以蜂起。

(二) 教乱之近因与楚党之初起

方征苗军之起也,调兵转饷,牵动七省(两湖、四川、云、贵、两广,事具第二七节),各地失业之民,已嚣然思乱。而是时河南、湖北官吏,又以白莲教案之牵涉,行文各州县,所在穷治,民间不胜其繁,黠者乘机煽惑,乱端遂作。白莲教者,盖自徐鸿儒败后,其遗徒尚在民间,辗转托附,相传愈久,真义愈晦,故其经典云:起自明正德四年。又以“真空家乡,无生父母”八字为真言,书于白绢,暗室供之。其教以道祖为重,又有天魔女诸名位,又有牛八掌教弥勒转世等语,则自韩山童以来教徒所依托之言也。乾隆四十年顷,刘松为白莲教领袖,以祈祷及符咒治病,颇著闻。会鹿邑邪教事发,被捕,遣戍甘肃。其徒刘之协、宋之清等,复分赴川陕湖北一带布教,日久党益众,倡言劫运将至;以同教鹿邑王氏子曰发生者,诡称明裔朱姓,煽动流俗。乾隆五十八年事觉,其党先后就捕,而刘之协解至河南扶沟,乘间脱走。清廷严责所司穷缉,自河南而安徽而湖北,三省大吏,辗转根究,州县官奉行不善,按户搜缉,胥吏乘之为奸。其尤甚者,如武昌同知常丹葵,奉檄荆州、宜昌,株连罗织至数千人,民间坐是破家亡命者,不可胜计。于是刘之协未获,而荆宜之民,且公然发难矣。嘉庆元年正月,荆州之枝江、宜都,宜昌之长乐、长阳等县,聂杰人、张正谟等大起,率以“官逼民反”为词。数月之间,蔓延湖北西半部五府(襄、郧、荆、宜、施)一州(荆门)地,南及于四川之酉阳,北及于河南之邓州、新野。而襄阳党徒数万,势最盛,其渠魁自刘之协外,有姚之富及同教徒齐林妻王氏,皆杰悍出四方群党之上。湖广总督毕沅，湖北巡抚惠龄，西安将军恒瑞，各率兵进剿，总兵富志那擒聂杰人于枝江。清廷命都统永保，侍卫舒亮、鄂辉至军，复调陕西、广西、山东兵五千会剿，先后奏杀数万，而起者益炽。于是始定分地任事之策：毕沅、舒亮当荆门宜昌等江北方面；惠龄、富志那当荆州江南方面；永保、恒瑞等当襄阳方面，鄂辉与陕督宜绵等先后当郧阳方面。永保奏言襄阳贼最猖獗，宜俟诸军会集，合力分攻。诏鄂辉与将军明亮赴襄阳，命直隶提督庆成，山西总兵德龄各以兵二千会之。又赦蒙古窃马谪犯之在湖广湖南者从军，以助骑队。五月毕沅围当阳，数月不下，惠龄剿枝江亦无效，屡以大雨为解。而刘之协等分道出随州、安陆、钟祥，进逼孝感，距汉阳仅百余里，武昌戒严。不幸为大潦所隔，不得进。清廷以毕沅、惠龄顿兵久，六月，命永保总统湖北诸军，使先靖襄阳而后分攻孝感、长阳两路。会参将傅成明等击孝感遇伏死，永保命明亮驰救，复调湖南苗疆兵二万前来助战。七月至九月，清军所在胜利。（宜绵、庆成破郧阳，毕沅、舒亮破当阳，惠龄破敌枝江，明亮亦大捷孝感，汉阳始无恐。时福宁代孙士毅督四川未行，与荆州将军观成，破龙山教徒于旗鼓寨，投出二千余人。福宁诱令入城领衣粮，尽坑之。以临阵歼戮奏，诏加太子太保。〔嘉庆四年始发觉逮治〕八月，永保等破襄阳教徒于随州红土山，俱会兵钟祥。明亮奏言："钟祥贼穴，宜四面夹攻，以防漏网。今永保以九千余兵由北追压，而南路要截之兵，有三万余，以杜窜入。"诏责永保拥众自卫，又不能因势夹击。）襄阳教徒既东南犯不遂，仍折而西北，或窜入河南界。于是湖北境内教徒，北惟襄阳，南则归宜，势渐蹙。至十月而四川达州徐天德，复与太平东乡王三槐、冷天禄等并起，形势又一变。

（三）川党之起事与襄阳教徒之北上

先是金川之役，清军溃于木果木（事详第二章中），其逃卒之无归者，与失业夫役，无赖悍民，散匿四川东北境巴山老林间，以剽掠为生，世称之曰"啯匪"。及官捕之急，则投入白莲教会，资其应援。已而达州知州戴如煌老病贪墨，胥役等假检查邪教为名，遍拘富户为勒索地，而徐天德等以行贿得释。至是襄阳教徒之溃败者，或窜入川东，天德等乘之，遂聚众举事。四川总督英善,成都将军勒礼善剿之,陕西巡抚秦承恩防御兴安,皆无敢疾驰掩其乌合者。天德党遂由太平入陕,分犯兴安之安康、平利、紫阳,势日炽。而是时湖北方面,则永保总统诸军,当追剿襄阳教徒之任,惠龄、福宁等与宜昌教徒相持于长阳附近,河南方面,巡抚景安驻兵南阳,防襄徒北窜。十一月,陕督宜绵破天德党于兴安城外,移剿洞汝河教徒,川督英善等亦屡败达州东乡之众,东乡徒乘雾反击,杀清总兵袁国璜等。时永保军最众,然其对敌方略,惟尾追不迎击。姚之富等分犯枣阳,渡滚河而西蹂吕堰,向光化谷城,围景安于邓之魏家集,往来楚豫,横行无忌。清廷以永保拥京营劲旅,及大兵万余,徒尾追而不迎击,致敌东西冲躏,逮之治罪。庆成、舒亮戴罪效力,而命惠龄总统军务。惠龄奏言:“襄邓平衍二千里,无险阨可合围,且贼习地形,必不自趋绝地,惟有严防汉江潜渡,并堰唐河、白河,尽移难民于河西,守岸团练,庶可卫民而蹙贼。”乃严守汉水等地,断敌东西通路,徐分兵四出以击之。时敌分二路,每路各二万余:一、姚之富、齐王氏等向东南,恒瑞等追之;一、张汉潮、刘起荣等向东北,惠龄、庆成等追之,复南与姚之富合。惠龄等约夹攻于兴隆集,破斩二千。陕督宜绵亦败敌汉北,移攻汉南,敌入洞河五作云,据险固守。清兵乘雪夜绕出后山,火其寨,郧阳徒党略定。诏宜绵驰赴达州,助剿川党,而川督英善等亦擒徐天富于太平。此嘉庆元年间事也。二年正月,湖南苗事略定,威勇侯额勒登保奏移荆州将军兴肇兵四千回襄阳,总兵张廷彦兵二千赴长阳,都统德楞泰、将军明亮率兵六千赴达州,助剿三省教乱,军势为之一振。惠龄一路,连陷教徒数千于赵家冈、淡家冈一带,擒其首刘起荣,敌势渐蹙。而景安拥兵四千屯南阳,不出一卒截击。敌窥北面可乘,遂分三队:(一)王廷诏为北路,焚叶县保安驿,围清兵于裕州,景安、兴肇尾追之;(二)李全为西路,由信阳转应山、随州,向确山,趋淅川,奔卢氏,庆成剿之;(三)姚之富、齐王氏为中路,出南阳掠嵩县、山阳,惠龄等剿之。三路直趋河南,虏胁日众,不整队,不迎战,不走平原,惟数百为群,忽分忽合,忽南忽北,以牵制清兵,蹂躏州县二十余。遂进逼商雒,寖寻由豫而西,由陕西而南,以与川党相会合矣。

（四）川楚教徒之会合

时李全西路之众，由内乡进逼武关，复有商南新起徒五六千应之，而姚之富等亦皆追及于郧西，连兵西进，将由陕入川。景安逗留不前，及入陕，教党已先至二十余日。惠龄抵郧西，庆成亦已收复十余日矣。庆成约恒瑞夹击于汉北，恒瑞以新起党徒辞。御史宋澍奏诸臣各分畛域，心怀观望，乞专简大臣，事权划一，于是四月诏责诸将曰：

> 去岁邪教起长阳，未几及襄、郧，未几及巴东归州，未几四川达州继起，至襄阳一贼，始则由湖北扰河南，继且由河南入陕西，若不即行扫荡，非但老师糜饷，且多一日蹂躏，即多一方疮痍。各将军大臣，身在行间，何忍贸无区划？若谓事权不一，则原以襄阳一路责惠龄，达州一路责宜绵，长阳一路责额勒登保、福宁。若言兵饷不敷，已先后调禁旅及邻省兵数万，且拨解军饷，及部帑不下二千余万。昔明季流寇横行，皆由阉宦朋党，文恬武嬉，横征暴敛，厉民酿患。今则纲纪肃清，勤求民隐，每遇水旱，不惜多方赈恤，并普免天下钱粮五次，普免漕粮三次，蠲免积逋不下亿万万。此次邪匪诱煽，不过乌合乱民，若不指日肃清，其何以奠九有而服四夷？其令宜绵、惠龄、额勒登保等各奏用兵方略，及克期何日平贼，并贼氛所及州县若干？难民若干？疮痍轻重，共十分之几？善筹安恤以闻。（旋谕河南被兵最重之十五州县，免两年应征钱粮，其间被蹂躏之五县，分三年带征，其旁近供军需之二十三州县，分二年带征。自后川陕湖屡有蠲恤，视此。）

时姚之富由商州犯孝义（地通蓝田，为入西安要路），秦承恩扼秦岭御之。庆成、惠龄由山阳追击，及南走镇安，与李全、王廷诏二队合掠洵阳、安康，将由洵阳渡汉。清兵乡勇，已扼汉而守，敌不得渡，乃由北岸趋紫阳，夺船渡上游，遂以六月分道入川。先是川党之未起也，陕甘总督宜绵方统陕兵剿郧阳，及徐天德等起达州，掠兴安，乃回军而西，与教徒角逐于东乡附近。及苗事略定，明亮、德楞泰等引征苗军赴达州。而四川乡勇罗思举等，亦起助清军奋击（事详下），先后奏杀教徒不下数万。徐天德、王三槐所拥残众,止二千余矣。至是襄徒入川,达州屡败之众,及云阳、万县间新起之徒,同时响应,众顿数万。清廷以鄖阳、恒瑞、秦承恩、庆成等追贼不力,防汉不严,尽夺所得封赏,仍令戴罪追剿;而以宜绵总统川陕军务,节制惠龄以下诸军(时宜绵已移督四川,英善代为陕甘总督)。时襄阳党徒之入川者,分为三路:两路由通江入巴州,欲合方家坪、罗冉之众。一路入太平城口,欲合达州、大宁二处之众。宜绵奏言:“官兵利合不利分,贼利分不利合,且川楚贼虽同教,党各不同,计三贼必各据一隅,以牵制我师。”乃议分道要截,欲蹙群敌于一隅,以为聚歼之计。分兵三千,令德楞泰追剿达州敌党,而自同明亮率大兵赴中河、后河,先剿通江、东乡两敌,再赴太平城口,与惠龄等两路夹攻。并檄惠龄留兵四千守陕界,防其回窜。时楚党每军先后分数队,且战且走,以缀清兵。宜绵等军遇敌,敌皆不迎战,即越山遁,散则匿箐,聚则据险,日数变。会明亮兵截其后队,惠龄、庆成等骑兵截其前队,各有斩获,而太平城口之众,王廷诏等因乡勇扼其赴大宁之路,亦折而南,分屯前河,与中河、后河之襄党相近。于是川楚两党四路之教徒,约会于一地。会德楞泰方击徐天德等于白秀山,楚党三队合兵来援,突出山沟,分青白蓝为号,步队居前,骑兵居后,鏖战逾时,始分屯山冈,延亘三十余里。宜绵、明亮、庆成等兵皆会。敌还开县,惟李全与川党徐、王二渠合屯温汤井。姚之富大队俱屯南天洞,各首领均在焉。宜绵分兵三千,令副将长春击温汤井,而以大军分趋南天洞,惠龄、舒亮亦自后河城口驰至,三面会攻。时襄党以川北路险人烟少,食粮未便,欲回陕楚富庶之地。然川陕通路,已为清军所扼,遂不复北进,而分犯大宁、云阳、万县号召党徒而东。

(五) 襄党之东西驰突与明亮坚壁清野之策

是时襄党惟李全留川,与王三槐合。其东还者:首队则姚之富、齐王氏,后队则王廷诏,各拥众万余,先后自夔州趋巴东,陷兴山。乃分道:(一)东北由保康南漳以向襄阳,(二)东南由远安当阳以窥荆州。于是惠龄、恒瑞等留川当李全,而明亮、德楞泰等,自川东蹑群敌,转战至宜昌远安间,数破王廷诏军,复扼荆门州以待之。而总兵王文雄,亦击走齐王氏等于南漳;适都统阿哈保新以木兰哨兵赴援,追击诸宜城东北。又是时江汉沿岸之殷富市镇,若沙市,若樊城,皆新建堡栅,捍卫甚严,无可掠夺(初荆州城外十五里之沙市,水陆辐辏,向无城垣。自是士民捐集夫役,于南面临江树木栅,而东西北三面,周十余里筑堡环濠捍卫。此外冲要市镇,一律仿修。樊城初遭焚掠,毕沅、汪新议修未果,近亦树栅筑垒矣)。漳宜二路之教党,窥荆襄不遂,复折回房竹,佯走陕西,欲引清兵追入山,而乘间北渡汉。明亮等击敌茨河镇,敌分路来攻,马步约七千,清兵分据山冈夹攻,略有斩获。时汉防甚固,敌不得逞,乃一意西窜,蔓延及白河洵阳。明亮等邀击于郧西,劲骑五路冲之,奋斩二千。会九月,留川渠魁李全复自巴州与王三槐分党,将由陕还楚,沿汉东走。于是东西两路敌,相会于安康,亟谋北渡。惠龄、恒瑞及明亮、德楞泰两军亦先后追至会剿。时竹山、竹溪乡勇各万人,杀敌有功,清廷褒奖之。自襄党起事以来,骚扰皆在汉北,及由川还楚入陕,复经汉南之宜昌、荆门、安陆、襄阳、郧阳,焚掠十八州县,而房保、二竹,疮痍尤重。又长阳一党,由施南奔巴东,往还蹂躏几千里。诏分别蠲恤。于是明亮、德楞泰奏言:

> 臣等自楚入陕,所经村庄,皆已焚烬,盖藏皆已搜劫,男妇皆已虏掠,目不忍见。已扰者固宜安恤,未扰者尤宜隄防。查各州县在城之民,有城池以保障,是以贼匪皆不攻城,其村落市镇,仅恃一二隘口,乡勇或远不及防,或间道失守,仓皇逃避,不但衣粮尽为贼有,且备卫之火药器械,反亦藉寇而资盗。而各贼所至之处,有屋舍以栖止,有衣食火药以接济,有骡马刍草以夺骑,更换有逼胁之人,为之乡导负运。是以自用兵以来,所杀无虑千万,而贼不加少。且兵力以保城为急,村市已被焚掠,若荆州、襄阳有急,则房、竹安康已难兼顾。为今之计,欲困贼必须卫民,莫若饬近贼州县,于大镇市劝民修筑土堡,环以深沟,其余因地制宜,二十余村为一堡,或数十村为一堡,贼近则更番守御,贼远则乘暇耕作。如此以逸待劳,贼匪所至,野无可掠,夜无可栖,败无可胁,加以大兵乘压其后,杀一贼即少一贼,灭一路即清一路。近日襄阳绅士梁有谷等,筑堡团守,贼屡攻不能犯,此保障之成

效。至川东各属,多有险峻山寨,只须令乡民临时移守其中,一如守堡之法,于以御贼安民,必可刻期扑灭!

明亮此奏,包含二策:一曰人民自卫,一曰坚壁清野。此时势之所要求,非此不足以削平大难也。盖官兵之不可恃,已若定局,而当时剿击之策,又无成算,安望其能收效果乎?此仆彼兴,纷乱如麻,稍有寸功,亦皆乡勇之力,故人民自卫,优于官弁,坚壁清野,胜于角逐。惜清廷以筑堡烦民,不如专擒首逆,而明亮之策,竟未用也!

(六) 齐王氏、姚之富之死

是时宜绵虽为总统,但劲兵健马,俱在明亮、德楞泰一路,其所主剿之姚之富、齐王氏二人,尤教中首魁,故清廷盼其奏功,令不得因有总统、总督,稍存观望。此外四川王三槐、徐天德、罗冉等,则责之宜绵,巴东覃加耀等则责之额勒登保,大宁陈崇德等则责之观成、刘君辅,安康李全等则责之惠龄、恒瑞、庆成:各办各贼,不相统属。嘉庆二年十月,姚之富、李全出平利,分道而南,欲引明亮、德楞泰大军入山,而王廷诏等由安康北犯兴安,适为惠龄所败,不得渡汉,复奔紫阳、石泉。恒瑞以兵四千还汉中,与宜绵夹剿。明亮之军,所至设伏冲击,斩杀无算,复与惠龄约歼敌二千于白沔峡,几尽。姚之富、齐王氏、李全、高均德、张汉潮、王廷诏等均会合逾大巴山,运营二十余里,分队迭战,更番在前(姚之富、齐王氏为一军,王廷诏、高均德为一军,李全、樊人杰为一军,张汉潮、刘永泰为一军)。欲乘冬期水涸,自沔县、宁羌间徒涉汉源。清军追之急,乃分道阳折而南,引清军入川,而别令高均德等间道折回宁羌,乘虚疾渡。明亮等闻高均德渡汉,惧其蹂躏全陕,蔓延楚豫,景安、秦承恩等防守步兵,又不能驰击,急放任齐王氏等,而引大兵驰还汉中。于是齐王氏督马步二万,以三年二月,由西乡洋县,分道踵渡。密令高均德引清兵东北追,而自与李全、王廷诏乘势北进,合攻郿县,掠盩厔,将直薄西安。总兵王文雄以兵勇二千拒战,大破之,敌不敢北犯。遂以三月折而东南,自山阳趋湖北。明亮、德楞泰蹑其后,郧阳乡勇扼其前,诸军合团于郧西界上,敌不得脱。清军数路逼敌三岔河，教徒尚余八九千，分据左右山，欲突出沟口。清军谍知姚之富、齐王氏皆营左山，尽锐围攻，敌无走路，悉歼之，齐王氏、姚之富坠崖死，清军脔割之，乃传首三省云。于是襄党首魁，已就殄灭，其归宜间群徒，亦已于去年秋冬间，次第为额勒登保等所扑灭。惟高均德、李全以下十余头目，尚分众窜逐陕西境内，保其余烬，而川党独张。时嘉庆三年三四月间也。

三十五　白莲教之滋蔓(中)

(一) 川党之势张

先是嘉庆二年正月，川党徐天德、王三槐合陷东乡，复结巴州罗其清、冉文俦等，图据周家河，梗运道。二月，宜绵乘其未合，先为疑兵于周家河阻其前进，而夜袭其党于张家观，纵火夹击，遂复东乡。适明亮、德楞泰新自苗疆至，屡败冷天禄、王三槐等于金莪等处。宜绵嗣为总统，使德楞泰攻重石坪，明亮攻香炉坪，烧杀不下数千。六月，进围陈家坝，乡勇罗思举等由山后压入敌营，敌分二队窜。孙士凤东出，为德楞泰所追歼。孙士凤者，四川教首，王三槐等皆其徒也。清兵进围徐、王于徐家山，追斩数百，存者仅二千余矣。闰六月，襄阳大队入川，教党势复盛。明亮、德楞泰移军追剿齐王氏等，辗转由云、万东赴湖北。时云阳新起之徒方正潮等，率党人三千入襄党内，而留其后队四五千伏陈家山要隘，约合击清兵，尽为罗思举用白旗诱之下山，陷伏中，一举歼之。宜绵令知州刘清率乡勇万余，及总兵百祥、朱射斗会剿罗其清、冉文俦于方山坪，数路并进，使敌不能相顾，而刘清募勇由间道绕后山顶压攻，火其塞，敌溃窜巴州，与王三槐合。时李全亦回陕，惠龄、恒瑞等踵去，宜绵使百祥等扼通江竹峪关，防川党北窜。而徐天德、王三槐等本无意离川，但锐意欲断川东川北运道，以困清军。王三槐先窥巴州江口粮台，刘清使罗思举扼桥断之，据山与官兵夹攻，杀敌八百。逾数日，敌复合犯巴州，据对河，尽断援兵。巴州惟土垣，外环木栅，兵民退保州治后山。敌据巴州，欲从仪陇南部，分犯保宁、达州夺运道。总督英善驰赴广元，敌不敢向保宁，遂合队犯营山，逼嘉陵江,川西戒严。宜绵使刘清以乡勇扼江口,防其回达州之路,檄百祥迎击而前。敌退屯营山之黄渡河,与清兵相持,而旁掠仪陇、渠县,敌势日张。利川、官渡口、奉节各处,亦所在蜂起。于是宜绵奏言:"近日惠龄、恒瑞、明亮、德楞泰诸将皆入陕,独臣一人在川,各贼齐扰川东北运道,嘉陵江防孔亟,欲赴保宁,则川东千里,无人调度。请别简大臣,总督地方,而已亲督师专一办贼。"诏以勒保总督湖广,赴川代宜绵统军务,而以宜绵督四川,兼理军需。宜绵又奏请于新兵外添练备战之兵,川陕各万人,楚豫各五千,一月招募,二月训练。而目前随营乡勇,亦选充行伍,庶有约束。诏行之。十一月,王、徐、罗、冉复分屯二地,宜绵使刘清领乡勇专攻罗、冉,断其援。罗、冉走巴州,而白崖山林亮功党急突围与舒亮等鏖战。王三槐复分攻大竹、广安州、邻水以援之,保兴朱射斗倍道援邻水,不得陷,三槐等乘间分队突陷长寿。长寿水陆咽喉,上通合州,下连重庆,为川东门户。会勒保抵泸州,以新调贵州兵未至,先檄百祥由合州回守重庆,而罗、冉乘清兵东去,益分掠仪陇、营山,梗绝运道。

(二)政府之分定责成

川督宜绵以境内叛徒蜂起,而己所有之兵,东西驰突,日不暇给,乃自陕西咨调恒瑞,自湖北咨调额勒登保、福宁等,入川会剿。及三年正月,清廷以川省军务日棘,而事权纷属,无指臂之效;乃令宜绵回督陕甘,福宁、英善会理四川军需,景安总督湖广,而勒保以总统兼四川总督,调度诸军。时川党之尤主要者:川东则王三槐、徐天德以达州为根据,川北则罗其清、冉文俦,以巴州为根据,彼此相援系,急则并攻一方,暇则分道旁出。所蹂躏州县,不下十余城。自齐王氏、姚之富死,襄党失领袖,其余党若张汉潮、刘成栋等一股,则出没川楚陕三省边境,众尚万余。李全、高均德等一股,则欲东出武关,还湖北,而中路为清军所遮,乃折奔宁羌,谋与川北党合纵,悉众而南。以故川东北形势益恶。三月张汉潮等掠巫山归州,逼远安南漳,额勒登保由汉阴水陆东下,四月,与景安会剿于南漳,斩获千余。敌走谷城,清兵四路蹙之,斩戮漂溺五千余,生擒九百余,余众遁郧阳。时明亮既歼略阳西乡各教徒,五月即驰赴平利,与额勒登保剿楚党于镇坪。

敌弃骡马妇女由老林奔太平,清军分追入川。诏以陕楚群贼,均逼入川,诸道将帅,顾此失彼,当为之分定责成,使无所诿过。乃令明亮、德楞泰专剿李、高,且会同惠龄、恒瑞夹剿罗冉;宜绵、额勒登保专剿张、刘,景安专守楚境,防川东党徒之窜入;而勒保自专剿王三槐等一股外,仍兼侦各路敌情,相机布置,以副总统之实。然当时任事诸臣,大都受和珅风指,专以劳师靡饷、杀胁从、冒功赏为目的,纵令若何处置,其无效卒如故。及此谕下,而诸将又稍变其方略,即一意诱擒首魁,而置余众于不问是也。故自是年七月至十二月,其间诸军效果,有可得而言者。

(三) 王三槐等之擒死

勒保自任总统以来,未尝有尺寸功,屡被严旨切责。至是年七月,而有生擒王三槐之事。先是四川牧令,以南充知县刘清为循良,民称之"刘青天"。自教徒发难,清数以乡勇从征,教徒重其名,遇之辄引避。当宜绵督川时,常命清遍入王、徐、罗、冉各营,广行招抚。清偕三槐俱至约降,宜绵厚犒三槐,释归使谕众,则复叛。至是勒保思复用旧策,以贡生刘星渠尝随清至敌寨,乃遣往说三槐。三槐故狡谲,恃前此出入军中无忌,因留星渠为质,而自诣大军。勒保遂以生擒首逆,张皇入奏,得封一等威勤公。和珅及户部尚书福长安各进爵为公侯。而勒保弟永保前以失机逮问者,亦坐是得释。然三槐擒而其部众尽为彼党冷天禄所有,仍据安乐坪,抗拒如故。十月勒保围安乐坪久,寨中粮盐将尽,天禄诡降突出,而徐天德等亦屡犯川东州县,势焰不稍息。先是惠龄等奉命击罗、冉之军,以九月围罗其清于大鹏寨,寨天险广百里。时李全、王廷诏亦奔至,惠龄合额勒登保、恒瑞、德楞泰四路攻之。其清先遣党徒分劫巴渠运道,而冉文俦、徐天德亦分扰大竹、梁山,以为外应。诸将分兵进剿,严扼粮道以绝之,然后四面梯攻,纵火焚寨,斩坠死者数千人。罗其清走青观山,额勒登保不俟兵齐,即仓卒进攻,乘其未备。身先士卒,冒矢石,昼夜轰击,敌不能支,十一月克之。复追击于巴河及虚空寨。寨无水无粮,清兵合围数重,势在必克,额勒登保忽下令开围一面,敌初更溃遁,清兵不追,黎明驰进,未至三十里及之,则敌已溃散过半,追至方山坪,瓦解殆尽矣。因生获罗其清于石洞。其逸党亦多为寨民所擒献。额勒登保移剿合州,恒瑞则率兵赴陕。十二月,德楞泰、惠龄等袭破冉文俦于通江,以岁除斩之。于是川北两巨魁皆平。先是五月,户部侍郎蒋赐棨奏征剿种苗教匪,拨帑八千余万,请暂开捐例,以资储备。诏大学士九卿科道议奏,仿乾隆川运例,权宜举行,至明年乃止,谓之川楚善后例。以上嘉庆三年间事也。

〔附言〕 川楚之役,以刘清事为最奇特。尤奇者匪皆颂刘青天,被斩馘而不仇,被招抚失信而不怨。非一二匪目之特性,盖凡匪皆戴青天。清抚教徒有恩,杀贼亦最勇,转战川东数载,大小百十战,斩首万计,见奏牍等什仅二三。入贼营抚贼,出贼营杀贼,往返虎狼之穴,如慈母训挞婴儿,论者以为史册所希有。王三槐被给俘至京,廷讯时供官逼民反。帝问:"四川一省官皆不善耶?"对曰:"惟有刘青天一人。"于是刘青天之名闻天下。清廷虽已认官逼民反之语为真,而一委其祸本于和珅,不知用刘清以整率百僚,激浊扬清,使成风俗,是知嘉庆帝之度量,远逊康熙,不足以大有为也。仁宗赐清诗,有"循吏清名远迩传,蜀民何幸有青天"之句,然累进不过道员,及受藩司,勒保尚劾以"民社有余,方面不足",改降运使。在山东平扈家集功最,仅加二品顶戴,旋授总兵,以老乞休。国家爱惜廉吏之心,尚不如三省普遍之匪,此岂盛世之举措哉?

(四) 清廷戡乱之新政策

教乱之滋蔓,殆与和珅用事,有直接间接之关系,已略述如上矣,故和珅之败,实清军命运之转机也。清廷既以各路将帅玩兵养寇,奏报粉饰,掩败为功,严旨申戒;复诏暴和珅稽压军报,欺罔擅专,致领兵大臣,恃有蒙庇,虚冒功级,坐靡军饷之罪。然以将帅乏人,骤难更易,命勒保仍以总统为经略大臣,川陕楚豫督抚将帅咸受节制,以一事权。明亮、额勒登保均以副都统为参赞大臣,别领官军,各当一路。初教徒之起事,皆以官逼民反为词,及王三槐解至京师,军机大臣审讯,亦有是供。颙琰闻之,不觉恻然,因下哀痛之诏,略谓:

国家深仁厚泽百余年，百姓生长太平，若非迫于万不得已，焉肯不顾身家，铤而走险？总缘亲民之吏，多方婪索，竭其脂膏，因而激变至此。然州县之所以剥削，不尽自肥己橐，大半趋奉上司；而督抚大吏之所以勒索，不尽安心贪黩，无非交结和珅。今大憝已去，纲纪肃清，下情无不上达，各省官吏，自当大法小廉，湔除积习，民间无所扰累，亦可各遂其生。惟是教匪迫胁良民，及遇官兵又驱为前行，以膺锋镝，甚至剪发刺面，以防其逃遁，小民进退皆死，朕日夜痛之！自古惟闻用兵于敌国，不闻用兵于吾民，其宣谕各路贼中被胁之人，有能缚献贼首者，不惟宥罪，并可邀恩。否则临阵投出，或自行逃散，亦必释回乡里，俾安生业。百姓困极思劳，劳久思息，谅必一见恩旨，翕然来归！

又以地方官戴如煌、常丹葵等，肇祸引乱，逮京治罪。难民无田庐可归者，着勒保督同刘清，熟筹安置，相度经理。时三载军需，至逾七千余万，为从来所未有，皆由诸臣内恃和珅护庇，外踵福康安、和琳积习，在军惟酒肉笙歌自娱，以国帑供其浮冒。而各官兵乡勇之饷，稽迟不发，致令枵腹无裈，牛皮裹足，跣行山谷，相沿为例。令勒保、福宁严行察核。罗其清解京审讯，供称惠龄一军较弱，清廷责其为敌所轻，令回京守制。宜绵奏报虽多，然终岁屯驻无敌之地，曾未一战，且已老病，清廷令解任来京。上年襄党入陕，进逼西安，秦承恩反回省城，不即督剿。且官声平常，交部治罪。景安本和珅族孙，平日趋奉阿附，剿堵皆不尽力，驻军南阳，任楚党犯豫，惟尾追不迎截，因有“迎送伯”之号。甚至居民裹粮请军，拒而不纳，武员跪求击贼，不发一兵，为参将广福面诮，反挟愤诬劾。其获封伯爵，亦攘他人之功，特下狱拟重辟，而以倭什布总督湖广。又诏以“前年襄阳贼犯孝感时，独随州未被焚掠，由居民村庄预掘沟濠，垒土山，严守御，贼无所施其技，旋为官兵所击败，此保障民生良策。若川、陕、河南仿行，何至任贼蹂躏？其令勒保会同各督抚晓谕州县居民，扼要团练，使贼无可掳掠，与官军相犄角”。至是始实行坚壁清野之策。先后三四年间，勒保用龚景瀚（合州知州）议，首倡于川东北，那彦成、松筠、台布、长麟、书麟、吴熊光继行之于陕、甘、湖北,而堡寨告成,教徒亦次第销灭云。然其端则明亮、德楞泰发之而未蒙采用者也。是时清军临阵,辄令乡勇居前,绿营兵次之,满洲吉林索伦又次之,而敌营亦先驱难民相抗,教徒则在后观望。故乡勇日与难民交锋,而清兵教徒,常不相值。每次奏报斩敌若干,虽浮冒不少,而葬身于锋者,皆无辜之民。是以贼不加少,而叛徒且日多。又乡勇伤亡,无庸注册报部,可掩败为功。至京师禁旅,伤亡必当具奏,更非如绿营止须咨部之比,是以不令前敌。及战胜,则后队又攘以为功,而冲锋陷阵之乡勇,反不得与。是以保奏皆满兵居多,绿营兵间有之,而乡勇则百无一二。至是诏以征调黑龙江兵往反数千里,供亿浩繁,不习水土,不谙敌情,计调一黑兵,可募数十乡勇。且应募者可以卫身家,免胁虏,至乐为用。嗣后乡勇有功,一例保奏,阵亡一例议恤,以收敌忾同仇之效。且以各教徒不过往来掠食,并无称号据城之事,并许悔罪投诚,不复追其既往。综上所述,清廷新施之政策:一曰宽赦胁从,二曰坚壁清野,三曰优恤乡勇,四曰许敌投诚。于是和氏既除,庙谟一新,而后戡乱之效,始有可言矣。

(五)勒保之经略与获罪

勒保既任经略,责额勒登保、德楞泰以合剿徐天德、冷天禄之事,责明亮以殄灭张汉潮、肃清陕境之事,而自往梁山、大竹适中之地,调度督率。自正月至六月,惟额勒登保一军,歼阆中渠魁萧占国、张长庚于营山(额勒登保追冷天禄于大竹,遣总兵杨遇春、百祥等分击包正洪于文虫溪。适萧、张以五千众复至营山,回军击斩其半,令朱射斗绕截其后,回扼险要,敌全队逼上谭家山,山后绝壁无走路,乘夜鏖攻,短兵格杀,陨崖死者二千余,生擒数千,萧、张死之,余歼焉)。斩冷天禄于岳池,逐仪陇渠魁张子聪于通江(额勒进剿冷、包,适包正洪已与张子聪合,窜邻水,乃冒雨突击冷天禄于岳池,冷狃于安乐坪之役,藐视清军,令大队先行,惟自留八百人殿后,杨遇春、穆克登布以劲骑二千至,一战歼之。又进追其大队于石笋河,五舟迭渡,方渡千人,余数千方临岸争舟,都司杨芳以九骑越山先至,即麾帜大呼驰击,敌隔山不知后队虚实,争赴河,陷淖溺浅者三千余,其五舟离岸，亦射覆之，敌隔河不能救。俄大军至，骑浮而济，并追歼其先渡之众），所至有功。而德楞泰一军，则使赛冲阿率兵勇六千，击徐天德于大宁，自以六千击樊人杰、龙绍周等于安康、紫阳，连日斩获，复角逐于川东一带。时总兵朱射斗斩敌首包正洪于茅坪。七月，德楞泰由奉节进剿巫山大宁，与赛冲阿、朱射斗夹击。又五路邀敌于房竹，敌窜入川。德楞泰复分朱射斗追张天伦于巴东，而自剿徐天德等于房竹、竹溪，因转战入于郧阳境。明亮一军，所领兵三千，除落后留养外，仅存千余，堵剿不能兼顾，则踦区秦岭山脉间，东至商雒，西至秦州，往返千余里，迄未获敌。而川北教徒之在广元、宁羌间者，且西寇阶州，犯巩昌，折奔秦州，蔓延甘肃东南。加以高均德等一股，又分队取道川东，思乘间还楚。沿途胁从新起之众，数且日增。计川东北各府厅州县所禀报，多者万余，少亦数千，其不得主名者，尚不知凡几。而勒保顾安坐达州，不能出一策。于是福宁奏："贼愈剿而愈炽，饷虚靡而罔益，乞特申乾断，早决大计！"清廷乃诏曰：

> 勒保经略半载，莫展一筹，惟汇报各路情形，按旬入告。近据倭什布奏川贼接踵入楚，不下二万，有北趋荆襄之势，并无追剿之师。又蓝白二贼（先是王三槐、冷天禄称白号，徐天德称青号，樊人杰称黄号，新起之众称蓝号，略以旗色区别之。此所谓蓝白二贼者，盖王冷余部，三张〔汉潮、士龙、天伦〕与杨开甲等是也），由秦陇折回川北，亦未闻遣堵截之师。是勒保竟择一无贼之处，驻营株守，罪一。且屡奏均言不必增兵，而附奏又请拨饷五百万，若迫不及待，自相矛盾，意图浮冒，罪二。各路奏报，多王三槐余党，勒保只将首逆诱擒，而置余匪于不问，罪三。军营保奏，大半亲随之人，而兵勇钱粮，并不按期发给，以致枵腹跣行，冻馁山谷，几同乞丐，士马何由饱腾？罪四。勒保上负两朝委任之恩，下贻烝民倒悬之苦，其即令尚书魁伦，副都御史广兴，赴川逮问治罪，经略事务，以明亮代之。

清廷既以明亮代勒保，并令魁伦署理川督，广兴留理军饷，令俱赴达州。又因川楚事急，诏额勒登保等移军赴剿。会倭什布破敌南漳，德楞泰复分兵令朱射斗、七十五剿川党,而自以步骑六千,进军房县,乃止。

(六) 额勒登保之任经略与诸将之被惩

自军兴以来,诸将中战功最著者,无逾额勒登保。福宁、勒保尝交章荐其知大体,得士卒死力。(福奏言:“川陕转运军需,烦难万状,诸将中惟额勒登保一人,能知大体,遇饷运偶缺,即自行筹办,从无借口,余皆不问挽运之难易,惟归咎于粮饷之不充,明亮、德楞泰皆所不免。”勒保奏言:“欲增兵必先筹将,目前诸将,惟额勒登保最得兵心,非惟久从征战者不见其疲,即疲兵归其营亦成劲旅。以此士皆用命,贼皆畏惮,虽以明亮之久历戎行,尚所不及。”)清廷因以额勒登保奋勇忠荩,戒饬诸将。及是更易经略,颙琰念胜任者莫彼若,顾以其不识汉字,不能治军书,而明亮老于用兵,资望为诸将冠,故姑以代勒保,而意实未惬也。会永保代秦承恩抚陕西,方以张汉潮一股迁延未灭之咎,与明亮互讼。清廷密谕陕督松筠,审两人曲直,松筠奏言:“永保前在镇安移营,一旬不出镇安境内,其后久屯孝义厅之大山岔,两旬有余,惟以防守北面为言,无谋无勇,惟知利己,归过于人,不但将兵非所长,而地方百姓,亦不能休养。明亮老将,惟精力已惫,追贼不能神速,偾事之罪,永保为上,明亮、庆成次之。”而副都御史广兴乃奏明亮挟私怨望,有意玩寇。清廷恐其终不足膺重任,命军机大臣尚书那彦成佩钦差大臣关防,率盛京、吉林兵三千,赴陕监其军,兼会同松筠勘问,而卒以经略属额勒登保。时嘉庆四年八月事也。是年九月,明亮、恒瑞破张汉潮于留坝,敌杀马骡塞山路,由老林窜徽县,欲越洮河走阶岷赴川。明亮、恒瑞、庆成、广厚等四路会剿,攻之雪水河,又围之天赐山,先后擒斩千余。探知山后悬崖,奏言贼趋绝地,必可歼灭,而敌缒险宵遁,明亮由宝鸡大道北趋五郎邀之。诏革明亮参赞大臣,降为副都统。比松筠等以明亮、永保二人互讦情实,具疏定拟以闻,而明亮适以十月斩张汉潮于五郎,生擒李潮。清廷以其挟嫌偾事,功不蔽罪,与永保并逮入京,而命那彦成代治陕西军事。先是景安劾湖北襄阳道胡齐仑冒功侵饷,逮交刑部审讯,齐仑自服于嘉庆二年同总兵马瑜诬杀夹河州难民二百余,诡称教匪冒功,伏法。倭什布籍其产,得支放军需簿,馈送提用,动以万计,毕沅、永保数尤多,诏各籍其家。又以贼起四载,楚蜀秦豫,匪有宁宇,皆由诸臣防剿不力,或逼往邻境以塞责,或偶获贼首以邀功;甚至拥兵避贼,养寇殃民,积薪不熄,遂至燎原,特罪状永保纵贼湖北,景安纵贼河南,宜绵、秦承恩纵贼陕西,英善、勒保纵贼四川,惠龄纵贼渡汉江,除景安、永保逮拟重辟外,秦承恩、宜绵均遣戍伊犁,英善以四品顶戴驻防西藏,惠龄曾著微劳,降级调用。自后责成各督抚将帅,各歼敌本境,倘有逸出邻境者,即治以纵贼之罪,其邻省边备不严者,即治以疏防之罪。清廷又以教匪强半胁从,何以终不就抚?闻福宁在湖北杀旗鼓寨降人二千余邀功,谅各路若此者多,致坚乱民从逆之心,失朝廷招抚之意,命逮福宁交刑部按杀降律定罪。于是诸将帅之贪玩者皆遭严惩,而新命之臣,略能革心矣。

三十六　白莲教之滋蔓(下)

(一)教徒之蔓延甘肃及川西

是时陕西境内教徒,除张汉潮余党外,复有高均德等,悉众屯兴安南境,将西渡汉水上游。会德楞泰自湖北逐徐天德等入陕,急分兵千余防后路,而自冒雾雨败之于放马场,追杀千余,生擒高均德于西乡,斩蓝号首领张士虎,尽驱党徒而南赴通江、南江。德楞泰移兵入川,与额勒登保夹剿。时川党徐天德、王登廷最桀悍,出没东乡、太平间,而均德将冉天元者,复自陕统余众来合,势益盛,时时分窜,以牵清兵,阻运道。额勒登保自任经略,九月,即奏定逼贼归川北之议,(略谓教匪本内地编氓,原当招抚,以散其党,然必能剿而后可抚,且必能堵而后可剿。从前湖北教匪多,胁从少,四川教匪少,胁从多。今楚贼尽逼入川,其与川东巫山、大宁接壤者,有界岭之险可扼,是湖北重在堵而不在剿。至川陕交界,自广元至太平千余里,随处可通,陕攻急则折入川,川攻急则窜入陕,是汉江南北,则剿堵并重。川东川北,有嘉陵江以限其西南,余则崇山峻岭,居民大半依山傍水,向无村落,任贼焚掠,近俱扼险筑寨,大者数千人,小亦数百家,团练守御。而川北形势更便于川东。若能驱各路之贼,逼归川北,必可聚而歼旃。是四川重在剿而不在堵。虽贼未必肯逼归一处,但使所至俱有堡寨,星罗棋布,而官兵鼓行随其后,遇贼即迎截夹击,所谓以堵为剿,宁不事半功倍?)而分兵扼广元栈道,截蓝白二号杨开甲、张子聪回南江,与王登廷、阮正隆、苟文明、鲜大川合。比闻冉天元入川,以十二月进剿之苍溪。天元故以雄黠善战豪敌中,额勒登保特令杨遇春、穆克登布合左右翼全力击之,俟其败却,再分队绕击。穆克恃勇先进,绕出其前,杨遇春追其后,鏖战山半。遇春右军据旧寨垣墙截拒,敌不能过,冒死冲突穆克后帐,左军因之腹背受敌,短兵格斗,阵亡副将以下二十四人,兵勇二百余人。敌复以全力攻额勒登保营,血战竟夜,始退走开县。额勒登保先后具奏请罪,清廷以其直陈无隐,且未几擒王登廷于南江,诏嘉奖之。额勒登保病留太平,遣杨遇春、穆克登布等与德楞泰夹剿,以必克为期。而川北之王廷诏、杨开甲等以寨勇守御甚严,难以虏掠,复乘间由老林北窜城固、南郑,王文雄力疾御之宁沔间,敌分二路,牵制清兵。前路由略阳夺渡嘉陵江,西犯秦陇;而西乡、汉阴、石泉、紫阳、江岸之徒,亦纷纷由川逼陕。额勒登保乃奏令魁伦督朱射斗、百祥两路兵勇八千,与德楞泰合办川北之贼,而自率兵勇五千力疾驰赴陕。时德楞泰闻陕甘事急,亦已率兵冒雪西上,既奉额勒登保留川之檄,则已至汉中,遂不复回。那彦成拥劲兵万余,接剿张汉潮余党冉学胜等于老林,数月无功,严旨切责。诏明亮宿将功多,且籍其家赀无几,令以领队大臣驰赴湖北。额勒登保、德楞泰即相继西北行,独魁伦留达州,川东川北,兵备顿虚。于是徐天德等复分犯郧阳。冉天元等收残众数百且以嘉庆五年正月,由定远东境渡嘉陵江,虏胁万余,成都、重庆,同时戒严。魁伦不直趋渠县,而绕梁山赴邻水,二十日始至,由顺庆渡江,乃檄七十五回守重庆。七十五病不能军,总兵李绍祖将其兵赴川西。清廷以数载扰攘,皆在川东北,其军饷则仰赖川西、川南,而魁伦按兵纵寇,致川西完善腹地,复遭蹂躏,先革职留任。诏德楞泰由昭化、广元回军赴援,并赦勒保以蓝翎侍卫赴川。又调贵州兵五千,命总兵施瑨率之以援川西。

(二) 川西之血战

时蓬溪界成都、重庆之间,敌渡江即趋蓬溪。魁伦遣朱射斗、阿哈保、百祥以兵三千进击,约自率后队继进;及朱射斗逐敌文井场,被围数重,魁伦拥兵不救,反回屯城内。射斗力战死,百祥以千人断后,亦几殆。射斗骁勇敢战,屡立奇功,敌所惮者,额勒登保、德楞泰二军外,惟杨遇春及射斗而已。至是败死,清军夺气。二月敌由蓬溪分掠南部、盐亭、射洪,盐枭啯匪皆入之。南部知县王赞武,有政声,曾单骑赴苍溪敌营,包正洪等拔营去。及是复卑词假道,赞武率乡勇二千奋击死之。时值冉天元生日,群雄大会南充,置酒作乐,皆酣醉,清兵不能乘势击之;而魁伦自朱射斗败后,复以防潼河为名,退屯潼川;益以李绍祖兵四千余,止令扼守沿河,对岸敌焚绵州,不出一兵救援。难民数万由金山驿渡潼河,魁伦禁其舟不许渡,知州刘印全尽以西岸舟济之,乃得免。时天元众已西犯梓潼、江油,拟趋龙安,北与陕甘之徒合。德楞泰兼程赴援,邀击江油之西,遇冉天元等于马蹄冈,步骑数万,分道来攻,清兵五路冲击,敌且战且走。至新店子,忽伏党大起,环攻左右前三营,围之数重,铳矢几尽。德楞泰以中军驰救,内外冲击,鏖战至暮,围乃解。三月,诏授德楞泰成都将军,专办川西之贼,授勒保四川提督,专办川北之贼,责魁伦严守潼河。德楞泰进捣江油敌众与重华堰,敌宵遁,分屯林箐口。德楞泰遣兵扼龙安白水之路,转战而入,连夺险厄。天元以大队俱屯马蹄冈,而伏万人于火石垭后。清兵四路进攻,德榜泰督大队直趋马蹄冈,已过敌伏数重始觉。俄伏起八路来攻,人持束竹湿絮,以御矢铳,鏖战三昼夜,敌更番迭进,清兵饥疲,数路皆败。德楞泰率亲兵数十,下马据山巅,誓必死。冉天元督众登山,直取德楞泰,德乘高据险,大呼冲击,注矢射之,殪天元之马,马踣,天元仆,德奋勇擒之,敌众瓦解。山后乡勇亦至,乘胜逐北二十里,饮羽怒追,擒斩无算。天元雄黠冠川党,专用伏以陷清军,既败额勒登保于苍溪,号令群雄,横行川中,蹂躏数十州县。至是与清军五日四战,层层设伏,誓死决胜,却者刃之,不幸而遇德楞泰,卒以被擒。是役为军兴以来,第一血战。天元余众万余,走剑州,设伏石门寨,为德楞泰击破。又窥魁伦守梓潼不严,乘间宵渡,焚太和镇(潼川府属)。势复盛,西震成都。清廷以魁伦既失嘉陵江于先,复失潼河于后,使群徒得纵横川西,实为偾事之尤,乃褫职逮问(寻赐死)。命勒保署川督,率施璠贵州兵由中江迎击。会德楞泰追及渡潼之教徒于渡口,歼其后队千余,次日,及于蓬溪。派兵击其分攻民寨之众,而大军突击新店子,敌溃奔大铜山,沿途旗帜委弃如林。清兵大呼胁从免死,弃械散者二千余人,首渠雷士干、孙嗣凤死焉。

(三) 川西之肃清

是时清兵云集潼川,敌不敢犯成都,乃分军:一留白号张子聪、庹向瑶于川西以缀官兵,一为黄号徐万富渡潼河将趋嘉陵上游,以会甘肃诸党。勒保截其后队于太和镇,乃议以川西付德楞泰,而自率施瑨任潼东追剿事。四月,德楞泰破张子聪等,乘胜长趋,沿途难民,随虏随散,追及潼河西岸,击其未渡后队二千,擒斩漂溺殆尽,潼西告平。徐万富屡谋渡嘉陵江不遂,西走保宁,合白号之众,尚万余人。泅夺东岸三千余舟,甫半济,而勒保等两军俱至。敌惊溃赴水死者数千,炮沉其舟十余,生擒八百,散胁从千余,获牛马器械无算。由是嘉陵江以西,始告肃清。先是扰甘教党高天升、马学礼为那彦成所剿败,自德楞泰东还,复裹胁二三千由阶文折入龙安,分掠松潘番地,川西再震。于是德楞泰自剑州进扼广元,绝川陕通路,而勒保并将魁伦兵,回御龙安之敌。时川北党徒以堡寨险固,乡勇劲悍,无可虏掠,且陕境及嘉陵江岸复为清兵所扼,乃群窜川东。苟文明犯巫山、奉节,鲜大川奔开县,龙绍周、唐大信扰太平;又涪州有鹤游坪之贼,群徒皆向云万,分窜江岸,将窥大江南渡。德楞泰进军开县。闰四月,遣李绍祖追剿于岳池、大竹,遣许文谟追剿于梁山、忠州,而自败蓝号徒于长寿,又连破白号徒于忠、梁,敌不敢突江岸,复弃开、达而西。五月,德楞泰追白号张子聪、庹向瑶于达州,屡有斩获,仅余数百,尽弃衣粮器械,奔东乡太平。时川东惟刘朝选,汤思蛟各有众千余,李绍祖剿之。其樊人杰、鲜大川、苟文明、龙绍周、唐大信、冉学胜、阮正隆等并走川北,清军追及通江、巴州,而龙、唐已冒清军红旗走西乡。其勒保一路,遣薛大烈扼水泉关,杜其折窜阶文之路,遣百熙败之于松潘。而高天升、马学礼乃合攻勒保营,相持竟夜,适施瑨由石泉迎剿而至,与勒保夹攻。大军夺山冲压,敌奔溃,突施瑨兵,夺路而走,施瑨所将贵州新兵未练,阵动,瑨中矛死。闰四月,敌奔老林,勒保分扼江油、石泉、安县之路,敌数日无从掠食,而广厚复以甘肃兵严守泉江,不得北渡。五月,复折入番地,路险阻,骑多踣毙。会七十五病愈，与阿哈保攻敌于旧关，于新寨，进围诸番地之铁炉寨，敌乘雨夜窜。勒保仍回川北，遣七十五等冒德楞泰旗帜追击，敌尽弃牲畜枪矛，亡命山谷，由卓泥土司，北走岷州。闻清军追之急，复走秦州。自川党起数载，其纵迹所及，止川东北一隅，清军饷需，颇赖川西、川南协济。及冉天元渡嘉陵，而川西州县遭蹂躏者复十余城。至是始逼归东北，成都因得解严云。

（四）甘肃之大定及教首刘之协之缉获

额勒登保自王廷诏一股窜入甘肃后，急移师追剿。同时那彦成亦以秦岭余匪（张汉潮旧部）付陕抚台布搜捕，而自率所部追西窜之众，与额勒登保会于伏羌，并力邀击。至五年三月，陇州、巩昌间群徒，尽为清军逼归渭水南，复分道狂窜，或东趋商雒，窥河南，或南出阶文，迫川西。额勒登保并杨遇春、岱森保两军倍道还陕，而那彦成追南窜之徒于文县。敌攻狼卡寨，寨民万余岌岌，敌占据河高岸，清兵以炮遥却之，军乃得济。三路仰攻，庆成率劲骑横冲敌为数队，溃奔石峡，清军扼峡口前后围攻，敌自相蹂躏，攀崖挤坠者尸遍地，散其胁从千余，余千余人南窜入川，即阴平入蜀路也。那彦成以道险不利骑兵，乃檄总兵百祥迎击于龙安，而自率兵回陕。清廷责彦成剿贼不尽，将复蔓延弃前功，诏广厚严备边界。时东窜之徒，先后奔陕，额勒登保以川徒入陇，陇徒折秦，必皆由栈道出入，欲严扼各栈要害，杜其交通。乃令王文雄等分扼南栈之铁索关、新集各隘，总兵索费英阿等分扼北栈之留坝江口、方柴关各隘。先是，台布搜剿终南余众，而川党五家营复至，皆各七八千人，时以居民结寨，野无可掠，锐意向东北。台布使总兵刘之仁领精兵千人并募练猎户千余，分伏间道；扼其通郧西、商州两路，敌折奔镇安。诏台布回汉中理饷。会恒瑞所追杨开甲等东奔山阳，而张士龙、张天伦二队各万余，为额勒登保驱逼出栈，亦窜镇安，群雄皆驻汉北山内。额勒登保声言出宝鸡大道，防敌北窜峪外，而大军追入老林，逾四日始出华阳。敌由茅坪奔五郎，山深无所掠，日食骡马，东向商雒。额勒登保趋商州，令杨遇春以精兵三千扼龙驹寨，遏其赴豫，与恒瑞夹击，先后擒斩二千余，敌始不敢东窥。额勒登保乃遣杨遇春剿冉学胜于孝义厅,而自移军镇安,与那彦成会。时商雒各教徒窥豫不遂,复折奔楚。杨辛等犯郧西,樊人杰犯平利,额勒登保乃议合兵而南。会马高犯川西,势复炽,那彦成坐前纵敌罪,诏罢其一切差遣。又以诸将东驰西击,未得要领,而军情难以遥度,命彦成驰驿回京,面询方略(至京召对,屡失旨,诏谓其"游词荧惑,纯任私心,甚至以议剿议堵,筹兵筹饷,皆为无益,如蝗蝻非人力所能捕尽,惟委于劫数之未完"。革去尚书都统,念为阿桂之孙,降侍读学士)。闰四月,杨辛、张天伦等,围恒瑞军,庆成驰至夹攻走之,敌直趋渭南。额勒登保遣杨遇春、杨芳倍道扼其东窜,并遣兵守商雒。群雄议复西窜,惟留张汉潮余党三千在后,以缀清军。杨遇春绕扼两河口去路,而大军三路逼攻,连破之大小中溪,斩千有五百,合窜溪口,伏兵四面击之,沟水尽赤,生擒千余,汉潮余党歼焉。其杨辛、二张等皆西行。五月,额勒登保扼镇安,而杨遇春、穆克登布破五金柱于首板崖,敌折奔山后,欲复由黑水河东窜山阳。适清军三路要其前,杨遇春等两路蹑其后,二十里内之敌,皆逼归铜钱沟,山后绝壁无路,敌死突欲出沟口,清兵数路围攻,先后擒斩五千余。复进攻杨辛、二张等于茅坪,斩杨开甲,敌大队西窜华阳,而后队东窜四亩地。乃留遇春剿东,而大军西追。时冉学胜、张士龙等已突栈道逼秦州,而高天升、马学礼亦由岷至秦州,陕甘军皆赴之。额勒登保严军栈道。会河南布政使马慧裕适以是年六月,访获教主刘之协于叶县,槛送京师诛之。清廷以罪人斯得,谕诸道将帅布告群党,俾知教徒劫运之已尽。又御制《邪教说》以"但治从逆,不治从教"之恉,宣布中外,以安反侧。于是元年以来,骚乱五省之教徒,既失其原动力,而大局之镇定,自此始矣。

三十七　堡寨与乡勇

(一) 堡寨之兴建

川西、甘肃之骚乱,皆不久即定,既略述如上矣;而教徒蹂躏四省,东奔西突,亦足见当时混乱之情形,盖已达于极点,及人民自卫,堡寨普建,于是乃有可堵可剿之机会,夫然后名将如额勒登保、德楞泰、明亮、杨遇春等乃有勋功之可言。换言之,教徒平定之最大主力,即乡勇与堡寨二者。非乡勇则不足以平乱,非堡寨则不足以御敌,盖官军之不可恃,加以教徒流动虏胁,若但风云追逐,终必如明末之倾亡而后已。故欲知教乱之平定,必先知堡寨乡勇之情势。堡寨之建,初于襄阳、孝感一二村市,后长江沿岸之沙市诸镇踵行修筑,而捍卫之效大著。嘉庆二年,明亮因上书请饬近敌州县劝筑堡寨,实行坚壁清野之策,诏以累民不许。四年,颙琰亲政,一变从前颟顸之政策,而更新剿抚之方略,即有实行坚壁清野之计,前节已略述其梗概矣。其后关于此项诏令,累见不一,如五年谕:

> 治流贼如治水,水之奔溃,必堤以防之,故办贼无出剿堵二端,不堵其去路,则剿无所施,不杜其虏胁,则多剿无益。以川陕楚情形而论,川民自结寨守御以来,贼艰掠食,日剿日减,即溃窜数队,每队亦止千百,未尝有新增之贼。何以一入陕界,每队辄七八千?良由川东川北,寨坚民奋,遇贼逼近,则各寨民百十成群,乘夜劫营,使贼不得休息,故小贼只出没边界,不敢深入。汉中兴安居民散处,虽亦修堡,止知自顾,而任贼寨前奔逸,或贼攻他寨,即不相援应,是以川东川北各贼,每思窜往他境。自后以剿捕责成领兵将帅,而团练守御,则责成督抚,务期众志成城,人自为战,限期半载,修筑告竣!

既而又以州县官吏,知贼不攻城,往往关闭城门,任其焚掠饱飏,但免失陷城池之律,然城外乡镇,多有烟火万家,较城内更为殷富者,徒以无城被燹,生灵荼毒,令陕甘湖广督抚严饬所属,山地则扼险结寨,平地则掘濠筑堡,团练防守,有效者保奏,违者罪之。自是各处堡塞林立,而坚壁清野之策行矣。

> 〔附言〕　教乱平定,长麟条奏善后事宜,议收器械,毁堡寨。于是勒保奏言:"川民庐舍,皆与田亩相连,多散少聚。自贼氛日炽,民皆围筑高险大寨,以自守卫,而别分小寨于平地,以便耕作贸易,皆迫不得已。自戡定以来,争还平地故居,并无恋据险阻之人,不俟官为

遣散,间有近田亩,成村落者,原可听其安聚。即如东乡、太平各县,皆有前明古寨,即昔人避流寇之所。若虑其藏垢纳汙,悉勒除毁,非特势所难行,亦可不必。惟有设立寨首,仿保甲之法,约束民户,禁习邪教,则守望可以互助,于诘奸兴教两益。”而堡寨得不毁。

(二) 乡勇之奋起

教徒倡乱川楚,扰攘经年,人民既苦于流离转徙,被其胁迫,复以家室田园之关系,辄思有以保护之,于是自卫之乡勇出矣,捍避之堡寨建矣。有堡寨而必有防守之人,有乡勇而必有掩护之地,二者同时兴起,以挽此莫大之劫运焉。乡勇之设,原为保护乡里,至后官兵之力,剿逐有所不逮,恒调乡勇往营,随之征讨,或竟以乡勇为前锋,而绿营、八旗,坐观其成。故乡勇又分为“守”“战”二者。其守者,若襄阳、郧西、竹山、竹溪、龙驹寨等处,皆有殊绩;其战者,若刘清、尹英图、孔继榦等亦著显功。惟刘等文吏,虽领率乡勇,而非真正之乡勇领袖也。以乡勇起家有声者,盖莫罗思举若,桂涵则其亚也。兹先言乡勇之奋起,而后胪举罗、桂之事于以下二目。乡勇之起,即略如上文所述,而其交战与奏恤之法,又已散见于前三节中,今述清廷关于乡勇之诏书,有曰:

至乡勇原为保护乡里而设,若仅募他乡游民,无田庐室家之恋,既去其乡,安望其勇!目前在多报开销,事后则易聚难散,何如省此养疲兵募散勇之资,以团练本地之乡勇,实为事半功倍!果尽如刘清、尹英图、孔继榦、林岚、雒昂等之寇不能犯,又如郧西乡勇之截御齐、姚剧贼,使官兵得以成功,何至民为贼掠,兵为贼疲?总之,他省未练之新兵,不如本地之乡勇;而本省隔属召募之乡勇,又不如本乡守堡之团勇。自后各县练勇,各守寨堡,不许调往军营,致村庄反遭荼毒。其乡勇固守卡寨,以堵为剿,及州县实心倡率者,与军功同赏。

观于此,则乡勇之战守与清廷之注意可知。然又以见乡勇于守战之外,更可分为自卫与外募两种。盖乡勇初本于自卫,特以随征之结果,有外募之者，此则失乎乡勇之性质已。故清廷谕戒之。其后新兵之增设，概以随征之乡勇充之，而卒酿成各处之哗变。嘉庆五年，谕谓“乡勇本地自卫者，聚则为兵，散则归农；其外募者，聚则为兵，散易为匪”。因以乡勇入伍，借得安插，此新兵之由来，亦可知乡勇之随征外募者，迥非固守自卫之乡勇矣。

（三）罗思举

罗思举者，嘉庆中以乡勇杀贼，擢至节镇，威名亚二杨（遇春及芳）。其用兵善因险出奇，以少破众，又长于劫营、设伏、行间，而得名则始于丰城之役。王三槐之初起也，聚众数万屯丰城，矛槊成林，清军莫敢撄之。适三槐以三千人出掠，将近罗家坝，坝中团勇，皆乡民，不习战。思举厕其间，遇敌前锋数百，诡呼曰“数十贼耳”。直前搏战，众闻敌少气倍，争奋击之，献俘于游击罗定国。定国使侦敌丰城，还请率死士夜捣其巢，而伏官兵五百为外应，谓可一举灭贼也。军中咸狂之，或指为间谍。思举愤官兵之养寇，乃自请火药数斤，夜独往敌寨，深入得以积火焉。风烈火炽，敌黑夜自相蹂杀，欢噪震天，夺路走奔南坝场，蹈死无算，弃械山积。思举以一夫走敌数万，名震川东，乡勇从之者如归，于是自成一队，号“罗家军”。嘉庆元年，川督英善邀隶副都统佛住于东乡。时川党最强者，川东则王三槐、徐天德，川北则罗其清、冉文俦，适徐、王合窥东乡，思举说佛住以增垣浚濠，积石以守，佛住不听。思举策其必败，遂赴知县刘清军于方山坪。罗其清素德清，清欲招降之，无敢随往者，思举请行。慷慨说贼，终无降意，而徐、王已陷东乡，分据石子坪、香炉坪矣。思举复请夜袭香炉坪，参赞德楞泰许之，梯缘绝壁而上，伏火药十余处，会天雨，不遂。翌日，敌弃寨宵遁。自是以蓝翎千总常将乡勇分道为奇兵，与川东相犄角。云阳张长庚据陈家山起事，思举冒王三槐白旗驰抵山下，贼四百鱼贯出迎。思举坐垒门，令能诵经咒者，释械入后营见老师傅，悉诛之。死者犹号呼我实白莲教，非红兵也（呼清军为红兵）。长庚望觉奔遁，出兵掩击，歼擒四千人，一举除之。宜绵奏补夔州千总，其战功始达于清廷云。三年，三槐被执，冷天禄犹据守安乐坪，思举复请劫寨，梯绝壁上，守栅徒恃险酣寝，尽刃之,缒引死士千余,入其三栅,乃纵火焚巢,敌溃围走。清兵邀斩无算,川东党徒由此不振。会德楞泰围罗其清等于大鹏寨,三月不能破,思举从山后悬壁宵登,设伏要隘,围斩殆尽,获其清于山硐,奏擢守备。川东党自此不东扰。四年,随德楞泰于马蹄冈,中冉天元伏七重,思举令乡兵拾雹石击之,转败为胜。自后随七十五转战川、陕、湖老林间,贼无定势,兵无定向。其在房竹间缺粮七日,煮马鞯皮啗敌肉以追剿,视前战川东北时尤艰苦。复逼苟文明等自湖北入川,由大宁、太平出山,向通江、巴山。时乡勇半载未领粮饷,衣狗皮,蹑草屦,人皆呼曰"丐兵"。及战胜则笑曰"丐兵破贼"。至是追敌过达州六日,补领兵饷,士气始饱。会七十五以事被逮,思举檄赴德楞泰军。而张天伦等焚掠仪陇,屡攻总兵田朝贵。七年正月,勒保檄思举往援,敌狃田易与,专蹈其瑕,思举乃绕道还,冒田朝贵旗,敌往见,争趋之,为思举所破。而他乡勇冒思举八卦旗者,敌望见辄反走。后大破敌于东乡,斩张天伦等。又擒刘朝选于老林,破齐国点于通江,又擒张简、罗道荣于巴州,勒保皆以其功予他将。八年秋,三省肃清,奏以宁陕镇总兵杨芳专搜陕贼,而思举以太平协副将,专搜川贼,深入太平、大宁、开县、通江各万山中,又二载始靖云。其后西乡兵变,思举急引军蹙之,故未至于滋蔓。至奉命讨中瞻对土酋,剿永州苗赵金龙等,则在荐擢重庆总兵以后,尚当别述。思举为副将时,尝自檄川、陕、湖北各州县,销积案数十,云所捕剧盗罗某,今已为国宣力,毋复株连!世始知其所自来。然"罗必胜"之名,固已薰灼于人之耳目矣。

(四)桂涵(附录严如煜《乡兵行》)

桂涵与罗思举皆东乡人,胆智趫捷,不知生产,横行乡里,屡干刑禁,遂不知所之。时或见于人家屋瓦上,及幽嵒邃洞荒寺败舍间,足尝裹铁沙数十斤,蓬头敝裾行千里外。闻川楚军兴,官募义勇,则来归,各起乡兵以拒敌。时蹈敌瑕,或昏夜独入敌营,往返数四;敌来报复,辄远飏,已复左右扰之,往往数十骑走贼万众。由是罗、桂义旅,为川东北最。涵初从父天聪率族党起义,屯镰子山,万贼来攻,涵率数十壮士伏隘,大呼跃出,敌辟易走。尝从官军战溃,涵率其伍伏林莽,伺贼过,反击其后,转大胜。暮营山上，遍帜草树为号，敌知涵兵少，虚张声势，夜半袭之，则空营忽鼓噪，伏四起，敌不测，反走，归路已为木石塞断，大溃，天明仍不见一卒。其权奇多类此。嘉庆三年三月，随总兵朱射斗攻王三槐等于金莪寺，垂破，掷火触栅，倒热，硝桶尽轰，骁贼乘势出突，官兵且战且退。至山半，被围数重，涵率寨勇据山旁二硐，乘敌与官兵战，出截其尾，袭其巢，敌始溃退。回攻二硐，积柴岩下熏之，硐中扇以风板，烟焰四散；掘山沟灌硐，硐中开窦泻之。又两山筑望楼，谍来探者，辄铳毙之。敌患寨勇与清兵犄角，移屯重石子，香炉坪。朱射斗蹑其后，涵及思举各伏乡勇伺敌渡溪河，突出扼击之，敌自相蹂躏，溪为不流。五月，清军追香炉坪敌而西。时达州、东乡、太平、新宁民被贼焚掠团报复者，闻之争挟矛矢来追，及贼净土庵，德楞泰、明亮、穆克登阿、朱射斗四军扼其四面。敌攻朱射斗营自晨至午，营垂破，忽乡勇四山蜂拥而出，不知其数，各标树叶为号。涵及思举倡先陷阵，呼声震山谷，敌寨火药忽发，烟尘涨天，势土崩，尸积数丈，斩教首孙士凤。清兵又炮击其逃窜者，敌缢林中，树为之折。余敌二三千北走太平，泥没顶踵，无复人形，沿途寨民争击，东西鼠窜。川党徐、王最狡悍，至是大蹙，使非齐王氏、姚之富等相继入川，则不再战而灭矣。四年二月，德楞泰击徐天德于长寿之云台铺，参赞额勒登保引劲骑横冲之，敌大溃，追及平井铺，敌诡令妇女肆酒食以待。追兵前队正饥渴，就饮食为伏所害。涵及思举领乡勇至败之。又转战及开县之白桥，敌伏骑桥左右，而整队桥东以待。德楞泰望之曰："是有伏。"令涵、思举出其左，他将出其右，自率中队驰之，敌大北。五年闰五月，涵从阿哈保等追高马于龙安，分营两山左右，涵率乡勇百人驰之，敌辟易，官兵不继进，敌回攻两山军，军溃入林。会暮微雨，敌退，涵集溃卒从林中突出截之，敌疑中伏，亦大溃。是时有旨招抚，胁从罔治，而敌探骑所至，揭去誊黄，解散无几。至是涵从朱射斗败王光祖于云阳，降敌数千，纵其首李甲归营，招其余党，列械前行，于是降者日至。明年，涵从薛大烈、阿哈保等别属勒保，始与罗思举分路。六年正月，歼李显必于店子河。九月，追敌垫江，敌畏索伦射手，夜走邻水、大竹。涵料敌必趋达州，先往伏卫家沟，蓐食待战，敌果至，伏起，与清兵夹歼之。十一月，涵以游击随薛大烈追李彬、冉天士等于通江，至小中河，天大雪,敌谓清军必不出,酣歌不为备。涵领乡勇冒雪宵进,清军不得已随之;四鼓抵敌垒,而柝者皆畏寒伏帐中,黎明乘之,敌望平旷奔逸,遇索伦劲骑,无一免者。七年六月,涵以参将追徐天德至丝罗坝,垂获,而左右寨民不辨,疑清军为贼,截其追路。适总兵田朝贵伏兵于前,徐天德误奔入,涵至夹攻,获焉。大抵贼将至,辄以探骑先,一骑被杀,则他骑皆反报大队先遁,或预备以待。涵每伏劲卒俟其探骑过则全歼之,而突冲其大队,辄获奇捷。自后转战开县、新宁、太平、大竹、东乡、长寿、忠州、邻水、江北厅等斩获二三千,皆残败之余,无大战,故不具书也。涵后以川北镇总兵,擢至四川提督,道光十年卒。

〔附录〕 严如煜《乡兵行前篇》曰:“红旗悠悠上城头,绕城画角云惨愁,羽檄星驰募乡勇,大旗小旗森戟矛。乡中豪侠子,亡命身未死,乘时得入骠骑营,誓取功名如折矢。夜宿沙场刁斗鸣,酒酣高唱气骄横,黄巾十万势汹涌,来压军门云不动,排弩架炮守垒营,将军有令须持重。岂无中黄贲育士?军令森严禀相奉。乡兵愤怒火出鼻,大呼陷阵万夫辟,顷刻驱狼若驱羊,诸军鼓噪踵相继。爬岩翻箐无处寻,岩悬削瓜箐屯云,凭高负险侮我军,仰视堕帽徒怒嗔。将军下令悬重赏,孰擒贼首银千两,几辈贪赏不顾生,前者顶糜后者上。藤绳累缚献军门,一军欢喜得好仗,椎牛飨士军筵设,夜奏甘泉月三捷,几番开库赏乡兵,谢恩叩头头有血。归来就地作博场,俄顷千金如沃雪。前日班师撤归里,中有一人泣不止,千年百战扫欃枪,两手依旧空男子。悔要银钱不要官,那有功名夸闾里!”《后篇》曰:“大红旗,小红旗,大小红旗共迷离,七星蜈蚣称健儿,五日十日道路壅。居人栗栗行人悚,听说前途撤乡勇,乡勇十人九顽劣,中有一人独悲咽。哀哀细从召募说:忆昔苗疆岁乙卯,乌巢河畔随征讨,蛮枪乱射百无虚,火伴都死一身保。听说妖氛起荆襄,达州剧贼尤披猖,惭无颜面回故里,报名再吃乡兵粮。夔府作军探,湖北又河南,最后随营过峣关,辗转黑河大巴山。老林百日无完衣,肘见踵决血流腓,一馍二十钱,甜米斗二千,披得包谷作晚爨,青㭎树湿烧不然。昨到兴安城,粮船如鱼鳞，又见守营卒，个个衣履新。杀贼要乡勇，受赏偏说册无名。十年凯撤人已老，欲补新兵粮额少，赏金多被领旗抽，区区微劳谁见收？功不收，亦无愁，依然无面回乡里，甘心老向南山死。”读之可知乡勇之缘起、结局，与勇敢贫苦之情状，杀敌无赏，补兵粮少，清廷处置之不善，几何其不酿成大变耶？

三十八　教乱之戡定及兵变

（一）教徒势力之渐衰

徐天德自四年冬窜湖北后，出入襄郧、荆宜间，与明亮相持。其余诸方骁徒，先后驱至汉北，虽时或溃围一出，皆不久即复逼归。六年正月，德楞泰以川东北团练堡寨，所在林立，足制敌死命，乃以肃清余贼事属勒保，而自赴额勒登保军，议并力先清汉北，而后移军汉南，清川陕交界。是月，德楞泰分击高天升于山阳，杀敌千余，释其胁从千。遣赛冲阿蹑余敌，而自选轻骑冒雪绕出镇安之北，与赛夹击，天升歼焉。诏以德楞泰迅扫巨敌，与前此肃清川西同功，晋封一等子。德回军汉南。二月，清廷责额勒登保困于南山零匪，乃奏冉伍责成穆克登布、长麟，而自以兵三千渡西乡与庆成迎击高（天升）、马（学礼）等。时高、马等为杨遇春所追，犯陇不遂，折而向川。遇春绕出沔县黄和驿，长麟赴鸡头关，各伏兵以待。敌全出沟口，突出掩杀，擒斩二千，余者数百亡命入川。遇春留军休息而自选精骑，并沿途抽各营兵勇，急驰追之，一昼夜行四百里。敌不暇虏掠，且以川中团寨綦严，乃折回两河口。遇春由南郑、西乡追敌回陕，与庆成会击，擒斩三百，生俘王廷诏，搜获画像经卷，槛送京师。惟高、马遁巴山，其后队留南山者，亦为长龄邀击擒斩大半。三月，高、马与川党陈魏、颜辛等窜西乡，窥江岸。额勒登保遣庆成、札克塔尔两路迎击，先后擒斩千余。而高、马亦未几为遇春所擒于大宁之二郎坝。于是两月以来，陕西境内教首，自王、高等以下十余人，俘死过半，其仅存者，皆窜湖北，而教徒之势，乃大衰矣。德楞泰自与额勒登保分军后，以三月与明亮、长龄、书麟等会于竹山境，议使明亮北扼二竹，而自绕出兴山之东，与长龄夹击。时明亮转战荆、郧已岁余,先后杀敌近万。徐天德亡命,往来三省边境,党众略尽,与苟文明等窜长房河西北老箐,荒僻淤阻,二百余里无人迹。德楞泰使竹山乡勇执己旗入山蹑追,而大兵由松露河绕出其前,会天德已出山北遁,而苟文明尚未出山,乃以长龄一军伏山口邀击,德楞泰率军追天德,击诸山峡,擒斩千数,余三千奔土毫,复为明亮所破,尽窜川楚交界。五月,德楞泰追天德于均州两河口,覆其舟,天德溺死。其余党留汉北者,由洵阳夺舟渡江,亦为知县严如熤乡勇所覆,并获张天伦,于是川楚之党,乃略尽矣。清廷乃以明亮老病,诏解军事还京。又诏各路征兵驰驱五载,其伤病未愈,及家无次丁者,量遣归营,别简精锐,以作士气。

(二) 第一次奏报戡定

六年六月,额勒登保奏言:"川陕各贼,除冉(学胜)、龙(绍周)、戴(仕杰)、苟(文明)等尚自成队外,其余辛聪、王国贤及樊(人杰)、徐(天德)余众,率皆官兵剿败之余,残喘山林,有此队入彼队者,有数队合为一队者,无定名亦无定数。目前陕中已无大队之贼,皆窜匿万山老林堡寨较少之地,陕剿急则入川、楚,楚剿急则入川、陕。由贼中掌柜元帅外,尚有总兵先锋等目,一经剿散,则其总兵先锋,又各自为首,而首逆转莫测所向。即歼毙首逆,而去一人,复立一人,并非贼党有所增益。至其党与人数,往往彼贼附入此贼,则此贼之数骤增;被剿溃散,则数又骤减;合计不过二万四千余人。此时堡寨完固,即有耕耘贸易猝被虏掠,人皆能乘间逃出,不为贼用,而各路兵勇,十倍于贼,屡次斩获,自必有减无增,业已逼贼入川,为一举扫荡之计。"是月额勒登保与德楞泰会军平利,议一军自东北,一军自西南,驱敌至三省交点,聚而歼之。至十月,余敌尚称大队者凡六(汤、刘、李、苟、樊、戴),每队千余人。其分匿陕、楚者,皆无名之贼,都不过六七千。而满汉官兵,共七八万,额勒登保议次第酌减,令三省提镇各尽本省兵力,分地搜除。又令地方官联合堡寨乡勇,以数十寨为一组,佐兵力所不及。诏以额勒登保调度有方,将川、陕十余万贼,扫除殆尽,仅存什一,封三等伯。以德楞泰功在川西,数歼渠魁,封二等伯,期今冬肃清。时川东各路败敌窜老林者,皆冰雪冻馁之余,更无斗志。惟苟文明纠合残众尚二千余,复驰突陕、甘,亘半岁不灭。七年五月,清廷以额勒登保困贼山内,仍不能绝其粮道,或纵令西窜,大兵蹙之。盖自用兵以来,从未有老师若此者,诏夺其爵。令悬重赏购募,限六月中蒇事。六月,苟文明妻子被获,余众三百人,由孝义窜秦岭。杨遇春知老林无食,设伏要隘以待,敌途虏居民知有伏,复折窜老林。额勒登保请展限一月。七月,苟文明分余众三百为三路,遇林径错杂,或遍践足迹,或乱掷衣物,以疑清军。清兵以降敌为向导,斩其先锋王世贵。敌复分百人为数路,散窜老林,而清兵皆欲擒获邀赏,亦百十为队,冒雨潦深入,绝壑穷崖,无所不至。卒搜斩苟文明于秦岭山脉之花石岩(孝义厅西)。时德楞泰专剿湖北余党,所至有功,至十月而楚党略尽。而陕西南山余徒,亦为杨遇春、杨芳分兵排搜,所遗无几。惟余党入川者,尚不下二千人,额勒登保乃分道入川,约勒保、德楞泰三路夹击,聚而歼之。是年十二月,三省首逆已尽,惟残匪千余,归善后事宜筹办。额勒登保等始会同三省督臣(川督勒保,陕督惠龄,湖督吴熊光),以大功戡定奏闻。诏祭告裕陵,宣示中外,晋封额勒登保、德楞泰并一等侯,勒保一等伯,明亮一等男,其余诸将亲王军机大臣,户兵二部及各承办军需之督抚司道,锡赍有差。

(三) 第二次奏报戡定

时三省腹地,虽已肃清,而山林边界,余党犹有存者。于是额勒登保屯西乡,扼川北窜陕之路,德楞泰屯太平、大宁,扼川东窜楚之路,而勒保往来东乡、新宁,堵余党之南窜腹地。其杨遇春所追汉南之宋应伏、苟朝九复纠巴山余党,分队入川。八年春,额勒登保使遇春迎击湖北余匪于博坪,而自督罗声皋等剿朝九于通江,使穆克登布歼姚馨佐等于南江,馨佐,姚之富之子也。而南江复有宋应伏出没,其党冯天保、余佐斌、熊老八等皆百战之余,诱清兵入林搜捕,而突出格杀,穆克登布中矛死焉。穆克登布与杨遇春俱以善战闻,为额勒登保左右翼长,时年仅三十余。额勒登保分军痛剿,卒以六月擒熊老八于太平,传首京师。德楞泰自正月追剿余党于湖北,奏将各路分捕之兵再分多路,裹粮五日,会哨排搜,令其具结保无余匪。诏川陕仿行之。四月额勒登保奏言:“陕境已无贼,惟楚贼仅二三百,川贼山内山外,亦各二三百,皆散窜延喘,其势已成啯匪,拟别筹变通之策。”六月额勒登保与勒保会于开县,督诸将分二十余路排搜老林而西,而各寨勇亦沿途截杀。会德楞泰亦扫荡川楚边境,移师来会。七月,额勒登保等始二次会奏肃清,诏德楞泰、额勒登保先后更迭入觐。于是清兵凯旋,而各营之随征乡勇,皆令缴兵械回籍。每人以银五钱缴刀矛,二两资遣。乡勇故多骁桀亡命,无家可归,所得归资,又不足用,乃勃郁山林间,或纠合余贼,戕兵官,聚散出没为患。此曹皆百战之余,腾趠如猱,具悉清军号令,及老林径路,故数虽甚少,而三省不得解严。且变勇与清军前队(亦乡勇也)多旧相识,每临阵观望,致损及副将以下数十人,于是德楞泰、额勒登保先后出都,劳师转战者,又一年有奇。至九年九月,事始大定。自军兴至此,阅时九载,用军费达二万万两,所奏杀教徒以数十万计。而清兵乡勇之阵亡,与五省良民之被难者,尚无得而稽焉。国势之衰,盖自此始。然卒克平定肃清者,迥非出于官兵之力,实乡勇、堡寨二者有以助成之,则乱世官军之不可恃,亦可以憬然矣。

(四) 宁陕新兵之变

白莲教之役,清廷既以汉满额兵征发不便之故,而广募乡勇,佐临时之战守。同时又以三省(川、陕、湖北)边地形势阻奥,建置疏阔,艰于统治之故,而议增郡县营汛,保将来之治安。终乃即以各营随征之乡勇,挑补各地增设之兵额,谓之新兵。于是湖北则襄阳置提督一,郧阳置总兵、道员各一,凡增兵三千五百。陕西则五郎置总兵一,改称宁陕镇,增兵六千。四川则达州升为绥定府,设副将一,驻太平。而固有之太平都司,移驻城口。其余保宁、夔州所属要害地,各增设守备,凡增兵千。就中宁陕扼秦岭之腹,地险而粮贵,建议者惧例饷不足以养兵,乃于例饷外月给盐米银人五钱,议三年而减一钱,嘉庆十一年六月,当实行减给之议。布政使朱勋以未奉部文,并四钱停发,新兵大哗。时陕西提督杨遇春方入都,宁陕总兵杨芳调署提督,而副将杨之震护宁陕镇,辄以威力笞治哗者。于是左右二营兵陈达顺、陈先伦谋变,纠众二百余,焚掠新旧二城,戕副将游击,劫库狱以叛。遇春行次西安闻变,即奏调满、汉兵二千余,固原、河洲兵二千余剿之,诏以德楞泰(时方为成都将军)为钦差大臣,赴陕督剿。遇春驰赴宁陕,尽调各汛新兵归大营,以绝其响应。变兵已奔华阳二郎坝,破洋县,虏胁二千余人。八月,德楞泰驰抵汉中,奏言贼势猖獗,宜厚集兵力,复调四川兵五千,湖北兵二千,及木兰进哨兵百人助剿。变兵攻石泉,总兵王兆梦拒守,杨芳亦以固原兵二百驰抵石泉,变兵折回。时宁陕城已毁,参将胡定泰等退守焦家堡,略有杀伤。变兵退走四亩地,东犯镇安,诏湖北巡抚全保严备郧阳,河南巡抚马慧裕严备商雒。九月,变兵攻孝义厅,分队窥子午峪,杨芳驰抵峪口。清廷责德楞泰拥兵不进,致敌势日张,德楞泰乃使杨遇春等以兵五千由洋县入山击之,而自以四千兵继进。变兵又西趋斜峪,攻鄠县,杨芳复驰救,鏖战竟夜,身受数创,黎明,变兵知为芳军,始南转入山。时变兵起事头目百四十人,各招党羽,每人所招或百余,或数百,旬月万计,因选其能战步骑三千为前锋,以陈先伦、陈达顺不得众心,改推蒲大芳为首,变兵皆听指挥。遇遇春军于方柴关,两方兵士,尚有相揖讯者,及战数合,互有杀伤。大芳陷阵力战,冲清兵为数队,又伏众绕出阵后,清兵且战且走,遂大溃。遇春收溃兵扼关,次日,杨芳亦驰至。先是川陕军中,二杨齐名,而芳尤得士心。新兵之叛也,大芳先护送芳家属出石泉而后举事。至是芳议叛兵皆百战之余,骁悍习地利,而官兵勤劳九载,疮痍未复,且与叛兵多同功一体之人,以兵攻兵,终无斗志。乃请遇春按兵缓攻,而己单骑入敌垒,晓譬百端,声泪呜咽。万众感动,皆伏拜乞降。陈氏(先伦、达顺)不降,为蒲大芳等所诱缚,献遇春军。德楞泰令尽释叛卒归伍,而以变兵震慑兵威穷蹙乞命奏。颙琰震怒,责德楞泰专擅废法,夺职留任,降杨遇春宁陕镇总兵,以杨芳平日纵兵酿变,遣戍伊犁,使率降卒出关,而文吏停饷激变者置不问。是年十二月,而四川复有绥定府新兵之变;明年正月,而陕西复有西乡瓦石营新兵之变,皆旋踵即定。清廷以四方新兵效尤,为宁陕纵叛所致,令尽诛无赦。论者谓宁陕之役,叛兵袭流寇故智,议将分道突秦、陇、川、楚,向令芳招抚之议,迁延数日,将不知祸之所终。芳以奇勋获罪,盖任事之难如此。然德楞泰既劾戍芳,恐物议不平,复密奏申雪之(先是德于叛卒招降后,奏不及文吏停饷激变之事,亦不叙杨芳招降之功,而转以芳前在镇时,骄待新兵为其罪),故芳至戍未逾月,即蒙恩得释,亦以见舆论之足多也。

三十九 东南海寇之役

(一) 海贼之起源

当教徒发难,西北骚动之际,而东南沿海,有海贼之乱,其剧烈盖亦不下于教匪。自康熙二十四年海禁大开,内外市舶往来江浙闽粤沿岸者不绝。及乾隆末,安南阮光平父子,以力征经营得国,生财政上之困难,不得已而以海盗劫掠为补苴之策。乃招濒海亡命,资以师船,诱以爵赏,令劫近海商舶佐国用。自是夷艇出没粤海,夏至秋归,大为商民患。而内地悍民附之,或受安南总兵若王侯敕印,为之向导,益深入闽浙,有凤尾帮、水澳帮等目。于是夷艇土盗,互为声援,往来三省洋面各数千里,我北彼南,固不相遇。且夷艇高大多炮,即遇亦未必能胜,土盗狡狯,又有内应,每暂遁而旋聚。是时川陕教匪方炽,清廷注意西征,不遑远筹岛屿,以故贼氛益恶。嘉庆元年,福州将军魁伦,两广总督吉庆,先后奏获乌艚船海盗陈天保等,有安南总兵及宝玉侯敕印,敕安南国王阮光缵查奏,尚谓国王不知也。四年,广南旧阮王与新阮王交兵,擒送海贼莫扶观等,皆内地奸民受安南封东海王及总兵,清廷始知安南发纵指使之罪。顾以西事方急,亦不暇穷治,惟责地方大吏,自为防御。五年六月,贼艇百余艘(夷艇三十余艘,水澳、凤尾各六七十艘),皆萃于浙,逼台州,将登岸。巡抚阮元,提督苍保奏以定海镇总兵李长庚(同安人,字超人,号西岩,乾隆武进士。卒谥忠毅。有《水战纪略》及诗文遗集),总统三镇水师,进击诸松门卫附近。时贼泊龙王堂松门山下,会飓风雷雨大作,贼船撞破,覆溺殆尽,仅余一二艘漂出外海,其泅岸及附败舟者,皆为水陆兵所俘。获安南侯爵伦贵利等四总兵磔之,以敕印掷还其国。安南乌艚船百余号,总兵十二人,分前中后三支,每支四总兵,伦贵利等其后支也。会广南王后裔阮福映得法兰西人之援,以七年八月,恢复旧领,求中国册封;乃一变前政府之方略,杜绝海贼。然海贼虽失安南政府之保护,而其中尤雄桀者,辄兼并群盗,自谋进取。一时蔡牵朱渍之徒,复纵横海上,患且益亟。

（二）李长庚之剿击

蔡牵者，福建同安人，奸滑善捭阖，能用其众，既并有夷艇夷炮及水澳、凤尾余党，乃以闽海为根据，号令商船出洋者，纳通行税四百圆，入港者倍之。又交通陆地会匪，使阴济饷械，以故储蓄日富，公然握海上之霸权。时官修战舰，笨窳不能放洋，转雇商船为剿捕之用，广东总督长麟仿商船之式，捐修米艇数十，剿贼有效。于是浙江巡抚阮元率官商捐金十余万，付李长庚赴闽造大舰三十，配以大炮四百余门，号曰霆船。广东巡抚孙玉庭奏言："从古但闻海防，不闻海战，粤洋三千余里，贼踪飘忽，兵分势单，终年在洋奔逐，讫无成效。不如专力防守海口，严禁岸奸，为以逸待劳之计。其官运盐船，及贸易商船；皆配兵船巡护，是海防亦非置舟师于不用。"诏行之。是冬李长庚以功擢浙江提督，新造霆船，任浙海之防。蔡牵以五十艇踞闽海，而水澳帮首林亚孙为浙兵歼于东白。有侯齐天者，收水澳及凤尾余帮，有船十七，自为一队，为牵所诱杀。其党张阿治复魁其众，号新兴帮，居浙海。八年正月，牵以进香普陀故，至定海。长庚出牵不意，掩袭几获，昼夜穷追入闽海。牵舟在下风，又粮硝俱尽，度不得脱，乃伪乞降于闽督玉德，请檄浙师收港，而乘间遁去。浙兵追击于三沙，于温州，凡夺舟、沉舟、烧舟者六。牵畏霆船甚，因厚赂闽商，更造新舰，令高大过霆船，先后载货出洋，伪报被劫。于是牵连得巨舟，复以九年夏劫台湾米数千石，分饷广东海盗朱渍，连艅八十余，猝入闽海，闽师不敢击。会温州总兵胡振声以二十四艘，就闽运造舟木材，玉德遽檄令击贼，而不发本省一兵出援，振声竟战死浮鹰岛洋面。诏以李长庚总统闽浙水师，率温州海坛二镇为左右翼，专剿蔡牵；其金门、黄岩、定海诸镇各守其地，候总统追贼至境，出师策应。是年八月，牵、渍联合舰队百余艘，共犯浙，长庚合诸镇击贼于定海、北洋、渔山附近，几粉碎其舰。贼乘大风雨遁去。自是畏长庚如神，不敢复犯浙。

（三）李长庚之战死

闽中自乾隆中叶以来，历任督臣，如雅德、伍拉纳等率贪冒不职，习为风气，吏治军政之坏，几达极点。至是玉德益以废弛掣长庚肘。牵败归，则根据闽海如故,刷新战具,啸聚转众。复以十年冬,率百余艘寇台湾,沉舟塞鹿耳门,号召土匪万余,围攻府城(台南),自称镇海王。而福建水陆官兵七万余,赴援者不过三四千。十一年二月,清廷方严旨诘责,议调德楞泰督川兵往剿,而长庚已以浙师三千余渡台,牵败遁去。清廷罢德楞泰之行。初贼塞鹿耳门时,惟二汕二港尚通小舟,长庚扼南北二汕外,别以小澎船五十,令总兵许松年、王德禄由大港绕安平港入攻之,焚获三十余船,俘贼千余,水陆并进,五战皆捷,以二月朔尽焚洲仔尾之栅,与南汕来袭之船。贼大败困守北汕,如兽在阱。牵乃使腹心蹈小舟伪降,欲刺长庚,长庚搜其衣,得刃,斩之。牵又以赕钱数十万,遍赂闽兵,会七日风潮骤涨,北汕所沉舟,为风浪掀起漂去。牵冒死突围,闽兵守港者纵之,竟得以残舰三十,扬帆出海。于是长庚奏言:“蔡逆未能歼擒者,实由兵船不得力,接济未断绝所致。臣所乘之船,较各镇为最大,及逼近蔡牵坐船,尚低五六尺。其余诸镇之船,更为不及。曾与三镇总兵,愿预支养廉,捐造大船十五号,海门、金坛二镇,亦愿捐造十五号,而督臣以造船需数月之久,借帑四五万之多,不肯具奏。且海贼无两载不修之船,亦无一年不坏之杠料,桅柁折则船为虚器,风篷烂则寸步难行。乃逆贼在鹿耳门窜出,仅余三十船,篷朽硝缺,一回闽地,装篷燂洗,焕然一新,粮药充足。贼何日可灭?”清廷乃褫玉德职,逮问治罪,以阿林保代之。阿林保忌长庚益甚,又闽文武吏以不协剿不断岸奸惧获罪,交谗长庚于新督,阿林保因密疏劾之者三。时浙抚阮元以忧去,颙琰密询浙抚清安泰,清力白其诬,言:

> 长庚熟海岛形势,风云沙线,每战自持柁,老于操舟者不能及;且忘身殉国,两载在外,过门不入。以捐造船械,倾其家资,所俘获尽以赏功,故士争效死。且身先士卒,屡冒危险,八月中剿贼渔山,火器瓦石雨下,身受多创,将士亦伤百有四十人,鏖战不退。故贼中有“不畏千万兵,只畏李长庚”之语,实水师诸将冠。惟海艘越两三旬,若不燂洗,则苔粘蛮结,驾驶不灵,其收港并非逗留。且海中剿贼,全凭风力,风势不顺,虽隔数十里,犹数千里,旬日尚不能到也。是故海上之兵,无风不战,大风不战,大雨不战,逆风逆潮不战,阴云蒙雾不战,

日晚夜黑不战。飓期将至，沙路不熟，贼众我寡，前无泊地，皆不战。及其战也，勇力无所施，全以大炮相轰击，船身簸荡，中者几何？我顺风而逐，贼亦顺风而逃，无伏可设，无险可扼，必以钩镰去其皮网，以大炮坏其柁牙篷胎，使船伤行迟，我师环而攻之，贼穷投海，然后获其一二船，而余船已飘然远矣。贼往来三省数千里，皆沿海内洋，其外洋灏瀚，则无船可掠，无岙可依，从不敢往，惟遇剿急时，始间以为逋逃之地。倘日色西沉，贼直窜外洋，我师冒险无益，势必回帆收港，而贼又逭诛矣。且船在大海之中，浪起如升天，落如坠地，一物不固，即有覆溺之忧，每遇大风，一舟折桅，全军失色，虽贼在垂获，亦必舍而收泊，易桅竣工，贼已远遁，数日追及，桅坏复然，故尝屡月不获一贼。夫船者，官兵之城郭营垒车马也，船诚得力，以战则勇，以守则固。以追则速，以冲则坚。今浙省兵船，皆长庚督造，颇能如式，惟兵船无定制，而闽省商船无定制，一报被劫，则商船即为贼船，愈高大多炮多粮，则愈足资寇。近日长庚剿贼，使诸镇之兵，隔断贼党之船，但以隔断为功，不以擒获为功，而长庚自以己兵专注蔡逆，坐船围攻，贼行与行，贼止与止。无如贼船愈大，炮愈多，是以兵士明知盗船货财充积，而不能为擒贼擒王之计。且水陆兵饷例止发三月，海洋路远，往反稽时，而事机之来，间不容发，迟之一日，虽劳费经年，不足追其前效，此皆已往之积弊也。非尽矫从前之失，不能收将来之效，非使贼尽失其所长，亦无由攻其所短。则岸奸济贼之禁，尤宜两省合力，乃可期奏效。

奏入，颙琰责阿林保莅任旬月，即以去长庚为事，假轻信其言，岂不自失良将，嗣后剿贼事责成长庚一人，阿林保倘忌功掣肘，玉德即其前车之鉴。并饬造大同安梭船三十，其未成以前，先雇大商船备剿。十月，长庚追蔡牵于粤海，歼其侄蔡天来之船。十二年春，又击之大星屿。十一月，又击牵于闽之浮鹰岛。十二月，率福建水师提督张见升等追牵入南澳，穷其所向，至黑水外洋。牵仅存三舟，长庚击破牵舷篷，又自以火攻船，贼急发艄尾一炮，适中长庚喉而殒。时闽粤水师十倍于贼，少持即可歼灭，而见升庸懦,且狃于闽师左次无咎,遥见总统船乱,遽麾舟师退。牵乃遁入安南海中。清廷闻变震悼,追封一等壮烈伯,谥忠毅。以其部将王得禄、邱良功嗣其任,勉以同心敌忾,为之复仇。

〔附记〕《啸亭杂录》云:"阿林保见贼势难结局,置酒款长庚曰:'大海捕鱼,何时入网?然海外事无左证,公但斩一假蔡牵首至,余即飞章报捷,而以余贼归善后办理,则不惟公受上赏,余亦当邀次功,孰与穷年冒鲸波侥幸万一哉?'长庚慨然曰:'石三保、聂人杰之事,长庚不能为。且久视海舶如庐舍,不畏其险也,誓与贼同死,不与贼同生。'闽督不怿。丁卯十二月,贼以三舟舣某岛,去官军半里,长庚以舟师围港口,计日就擒。闽督飞檄促战,动以逗挠为词。长庚斫舷怒下令,誓一日擒贼,贼决死战。有卒跳上贼船,几擒牵者再,牵奴林阿小素识长庚,暗中由篷窗出火枪,中长庚胸而死。"事并见《李忠毅公事略》。

(四) 海贼之消灭

先是八年定海之役,牵与朱濆合师犯浙,为长庚所败,牵责濆不用命,濆怒,遂与牵分,而牵势亦少衰矣。自后又屡受长庚大创,虽以闽师协剿不力之故,一时幸免,然精锐储蓄已略尽。十三年牵自安南回棹,得朱濆资助,复联合游弋浙海。并与土盗张阿治相应。时阮元再任浙抚,用反间策离之,濆独窜闽,为总兵许松年轰击。牵亦为浙兵击败窜闽,其党骆亚卢歼于邱良功,于是阿治率五百人、炮八十余乞降。明年闽督易以方维甸,而大学士戴衢亨在军机与相得,所请无不允,于是朱濆弟渥亦率众三千余,缴船四十二,炮八百余,降于闽。而浙江提督邱良功、福建提督王得禄合剿蔡牵于定海之渔山,俱乘上风,贼惧,东南遁,转战至绿水深洋,逼贼船火攻之,夜半风浪并怒,不得登贼船,随浪戗出。明日仍据上风截之,各舟师环攻,贼且战且逃。傍午逾绿水洋,良功惧贼暮遁外洋,骈舟血战,伤腓不退。时牵船尚三十余,惟炮弹已尽,乃用番银代之,得禄亦受伤,挥兵火其尾楼,复以坐船冲断其船,牵知无救,卒举炮自裂其船沉于海。牵余党千三百人,以十五年降于闽,于是浙闽两海之巨盗敉平,而粤海之夷艇独存。初安南夷艇败窜,其余党留粤者,共五帮:曰林阿保,曰总兵保,曰郭学显,曰乌石,曰郑乙。嘉庆十年,有会匪李崇玉与艇贼通,官捕急,逸于海舶,两广总督那彦成诱擒之,给给五品顶戴,又招降洋匪三千余,请赏顶戴银两。清廷以那彦成不剿先抚,滥给官职,且皆悬赏购募,非穷蹙求生,致有"为民不如为盗"之谣,恐贻后患,召还,以吴熊光代之。十一年,熊光奏言:"高州府之吴川,雷州府之遂溪,为通洋盗薮,宜塞港以清其源,并禁商民代驾暹罗货船,及冒买暹罗米船,以防代销盗赃之弊。并于进口夷船,收买其压舱硷沙,以杜煎硝之弊。"从之。十四年,百龄代熊光督粤,禁岸奸接济益严,尽改粤粮水运为陆运,其南澳厅及琼州隔海者以兵护送,其硝磺各厂亦改商归官,贼外洋无可劫,乃冒死拨小船入掠内河。是秋,总兵许廷桂击歼盗首总兵保,围其数十船。适郑乙帮之张保仔三百余艘蜂拥而至,据上风,众寡不敌,廷桂败死。张保仔遂入掠香山之大黄埔,百龄调兵内外夹攻,断其走路,贼旋突围遁。时粤贼惟郭学显、郑乙两大帮,乙死已久,其妻代领其众。至是学显决计出降,与郑乙帮力斗,夺其船,遂并己众五千余,大小船九十余,入平海投献。而郑乙妻亦于十五年二月诣省城乞降,令其伙张保仔率众万有六千,船二百七十余艘,炮千余门,赴香山海口,百龄亲往受之,赦令随军自赎。乃檄各镇会剿乌石帮于儋州洋,尽俘其众。又降东海帮林阿发等三千四百余,粤贼平。诏以"粤东严断接济,力行团练,各贼不能上岸掠食,而安南臣服以来,又无处销赃,是以穷蹙投诚,皆百龄号令严明所致",赏轻车都尉世职。至是三省海疆之巨患,始告肃清云。

四十　天理教之变

(一)天理教徒之逆谋

自嘉庆七年川陕戡定,十五年靖闽粤海寇,十六年春,颙琰方举行西狩之典,幸五台,示得意,越二年又有天理教之变。天理教者,亦白莲教之支派,自白莲依托二氏,造作经卷画像,流布内地,四方不逞之徒,窃其余绪,自立名目,以为惑众敛财之计者甚多。其传习京南一带者,有八卦、荣华、红阳、白阳诸目。八卦教党徒尤众,遍布直隶、河南、山东、山西等省,而河南滑县李文成,直隶大兴林清[1]为之魁。复变名天理教,勾结日广。会十六年秋,彗星见西北方,钦天监谓其占主兵,奏改十八年闰八月于次年二月。诸教徒窃喜,谓清朝不利闰八月,又以其经有"二八中秋黄花落地"之语,转相附会,指星象应在十八年九月十五日午时,约于其期举事。称九月以后为白洋劫,凡在教者,教主给白布小旗树于门,可免杀戮,无旗者尽屠之。其留者乃区为上下之分。诀云:"位列上中下,才分天地人,五行生父子,八卦定君臣。"盖严阶级之陋见如此。又谓白洋劫,山西洋头,河南洋腹,山东洋尾,因定拟先收山西,次河南,又次山东。主收北方者,则林清任之,其经有"专等北水归汉帝,大地乾坤只一传"语,谓即指清云。时文成党数万最盛,县吏牛亮臣、冯克善、宋元成等皆附之。而清密迩京师,交通内侍刘金、刘得才、杨进忠、阎进喜等,外依文成之众为援,将乘是年颙琰巡幸木兰时袭据京师。滑县老安司巡检刘斌,闻将有变,因微服行村中,夜气惨淡,闻治兵仗声甚厉,侦铁工,具知文成等谋起事,告守令,均笑置之。越日,知县强克捷始拘铁工讯,因得李文成、牛亮臣,亲致之县,讯文成折其胫(九月五日事)。并密封白抚臣高杞及卫辉知府,教徒以事迫,不能为预定之行动,遂于九月七日,聚众三千陷滑,出文成于狱,屠杀克捷及其家属数十人。刘斌持械街战,亦阖家死焉。于是直隶之长垣、东明,山东之曹、定陶、金乡同时响应。曹及定陶皆陷。时林清等之谋乱京师者,大抵皆市井无赖,谋又不秘,颇为人所知,有司以株连太监,不敢究诘也。其党祝现者,本豫王府包衣,充庄头,弟富庆颇不善兄所为,奔告豫王。豫王裕丰初欲举发,旋因曾宿林清家,畏不敢奏。芦沟司巡检陈某因居民逃窜,访知其谋,于数日前申报宛平县,县令已有签派弓兵会同擒剿之札,既而不果。步军统领吉伦,贪吏也,营员申报,伦以事干禁御,不肯究。方托言迎驾白涧,携酒游西山香界寺,参将某攀舆以告曰:"都中情形,大有叵测。"伦厉色曰:"近日太平如此,尔乃作此疯语乎?"挥舆竟去。时滑县起事数日,颙琰方自避暑山庄启銮,谒东陵,中途闻变,立命温承惠发兵驰剿,而禁门之变遽作。

(二) 禁门之变

滑县教徒,既仓卒举事,不及赴林清外应之约。清党曹福昌度十七日颙琰次白涧,留守诸王大臣且出迎,欲以是日乘虚窃发。而清狃经谶,不欲改期。密令党徒二百人(先是清欲聚数百人入内,诸太监以禁中不广,难容多人,妄恃林清果有邪术可致胜,而清又倚恃内监谙熟为导引,遂以二百人为额),分二队约由东西华门入。其东入者以祝现、屈五为首,其西入者,以李五、宋进才为首,各以白帕为号。十五日,教徒集菜市,由宣武门潜入,各藏兵器杂酒肆中,待日晡行事,约太监刘得才、杨进忠等分道引入,阎进喜等为内应。而林清自伏黄村,尚觊河南援集而后进。至期,东华门护军以觉察较早,得闭关格拒,教徒阑入者仅十余人,余悉奔散。其入西华门者八十余人,反关以拒官军,闯入尚衣监文颖馆,肆其暴动,遂从集隆宗门,或手执白旗,登垣指挥。时皇子等在上书房闻变,皇次子绵宁立命进撒袋鸟枪腰刀,饬太监登垣以望。俄有手白旗攀垣将逾养心门入者,绵宁发鸟枪殪之,再发再殪。贝勒绵志亦以铳续毙其一,群徒乃不敢逾垣入。其二人潜至内膳房者,众内监击杀之。诸王大臣闻变,先后率禁旅自神武门入卫,败贼中和门外,竭二日一夜之力,搜捕教党略尽,其通谋内监,亦就擒焉。十六日,皇子大臣皆飞报行在。先是颙琰行猕至伊玛图,将进哨,忽山潦骤发,遂旋跸,命皇子先归,及得警报,则已至白涧矣。是时京师连日雷电风霾,白昼晦黑,讹言四起,惊扰已达极点。十七日,颙琰自白涧回跸,驻烟郊,下诏罪己,并责中外大臣泄沓尸素,致酿亘古以来未有之奇变。以功封绵宁智亲王,绵志晋郡王衔,诸大臣赏黜有差,以尚书英和代吉伦为步军统领。是日英和遣番役擒获林清于黄村,盖清犹冀曹福昌之党,应承于十七日起事者,或可徼幸,故未逃也。福昌侍郎曹寅之后,父独石口都司曹伦,尝得林清助,因命福昌聚徒为内应。是晚,福昌党流言城破,沿街传呼,一时人声喧沸,扰攘午夜。至十九日颙琰还宫,始有回复治安之望焉。二十三日,颙琰御丰泽园亲讯教党,即日磔林清及通谋诸内监。后十月,英和始访护曹福昌并逮其父曹伦,处以极刑云。

(三) 天理教乱之平定(附兰簃外史《靖逆记》林清李文成事)

李文成既据滑,称“大明天顺李真主”。盖亦有反清复明之意焉。遂出兵围浚,而萃精锐于道口,号召直隶、山东诸党徒。而温承惠督兵大名,巡抚高杞军浚,皆按兵不动。山东巡抚同兴闻报,逾旬不发兵,盐运司刘清力争始发。乃诏以陕甘总督那彦成代承惠,佩钦差大臣关防,节制山东、河南,以固原提督杨遇春副之。又调满洲健锐火器营兵千,及西安、徐州兵数千。十月,遇春至卫辉,即日率亲兵八十,由运河西进规道口,遇敌数千,即大呼突击,敌辟易,追渡河,擒斩二百余,敌败入道口。遇春出阵,数亲兵少二人,复冲入敌队,夺还二尸,敌众夺气。遇春还北岸,断浮桥,焚渡船,欲即营其地,扼敌咽喉,高杞等不可。时那彦成已至卫辉,闻教党势盛,请俟调山西、甘肃、吉林、索伦兵五千而后进,诏切责之,亦驰至军。遇春以固原兵连击,颇有斩获。是月二十七日,清兵会攻道口,遇春自冲其前,所向敌望见髯将军辄披靡。又败滑城来援之众二千,遂夺道口,烧敌万计,复击走桃源党徒三千于城东,进围滑。方是时清廷命尚书托津统吉林索伦兵以办直隶开州教徒,又命副都统苏尔慎往山东助剿曹州。时金乡以知县吴阶守御,得不破,而山东盐运使刘清故在四川将乡兵剿贼有名,至是以文吏将官兵,大破曹州教徒于定陶之嵝山,复定陶。十月,清复破敌韩家庙,再破于扈家集,皆身先士卒,而总兵陈某,反从后策应云。于是山东略定。命苏尔慎回开州,助托津会剿,十一月,破敌数千于汤二庄,署直隶总督章煦,复奏擒滑党渠首冯克善于献县,直隶亦略定。乃诏索伦兵悉赴河南,助攻滑。滑县为古滑州旧治,城壁坚厚,敌运道口粮峙其中,足支一载。清军围滑三面,惟北门隔芦塘未合围,于是桃源教首刘国明潜入滑,护李文成出收外党,西入太行为牵制之计。文成胫创不能骑,乃轻车出北门,招党徒四千入辉县山,据司寨。那彦成遣总兵杨芳追之,十九日,伏骑白土冈,诱敌出司寨,佯走,伏起败之。又追击于南首山,杀敌二千余,进夺司寨。文成纵火自焚死,获其尸。清兵齐集滑,昼夜环攻,而陕西又有三才峡之变。于是清廷督诸将刻期破贼。先是城外连掘地隧十余,皆为敌觉,或水灌之,或濠截之,至是杨芳佯筑他栅进攻,而潜掘旧隧,满实火药,至期,清军皆三里外甲骑以待。十二月十日平明,城西南角雷轰地震,崩裂二十余丈,砖石满空,敌烧震而死者千百。清军奋前夺城,及晡,诸将各蚁附而入,巷战至夜,又歼其昏夜突围之众三千,先后共杀敌二万,俘牛亮臣、徐安国等槛送京师,滑县平。加那彦成太子太保,封三等子,杨遇春三等男,诸将士赏赉有差。

〔1〕　兰簃外史《靖逆记》云:"林清大兴县人,居黄村之宋家庄,少无赖,父捶挞之,不克悛。屏居药市,习贾人业,体生疡疽,贾人逐之。清大困,辗转为江南署役。清有口给,能营贿赂,所得即散弃若粪土。及事觉,官绳以法,清潜逃。后窘甚,附粮艘以归。嘉庆丙寅,依其甥董国太家。夏五月,太族人董伯旺,引清往见宋景耀,入宋华会,一名天理会。会党分列八卦,景耀列坎卦中,坎卦之主为郭朝俊,朝俊性吝啬,遇事畏葸,众不之惮。清代之,乃帖服。清传教以'真空家乡无生父母'为八字真诀。命其徒日夕拜诵。自言预知未来事,审祸福,明吉凶,入教者俱输以钱,曰种福钱,又曰根基钱。事成,偿得十倍。凡输百钱者得地一顷。愚民惑之,远近踵至,家遂饶,资其挥霍,有告贷者,辄给之,乡村仰食者万余家。清乃潜蓄逆谋,诡言己为金星下降,金王于秋,酉年秋月,将举大事。祀金神于西方,色尚白。又诡言前世系卯金刀,遂改姓刘,名安国,人呼为刘真空,又称刘林,字霜牧,或作双木,辗转变易无定名。清以事至保定,阴纳教党,河南滑县书吏牛亮臣因避罪亦在焉。清与之盟,遂因亮臣以通于李文成。自是以书币相赠答。辛未春,清往滑访亮臣,亮臣之僚婿冯克善,善表兄李文臣,皆与清为刎颈交。冯有武力,习兵械,教中号为骁勇,性骄悍,不可制。及见清辩给如悬河,乃折节下之。文成在滑,掌震卦教,震卦为七卦之首,各听约束。其后兼理九宫,统领八卦。文成见清大悦,奉清为十字归一,于是八卦九宫,林、李共掌。林清僭号天皇,冯克善僭号地皇,李文成僭号人皇。约分地土,清取直隶,李得河南,冯割山东,党徒裂土而封,各言其所欲据者。是年清三至滑县。壬申正月,清率陈爽等往滑,大会教徒于道口,三月归黄村。十一月,文成来黄村,约明年九月十五日午时,三省同日起事,且曰:'公此间

兵少,滑邑兵不下数万,仆当选精兵,先期诡作商贾,陆续驰至,以助公,蔑不济矣。必俟滑兵至,公乃发,毋轻举!'清曰诺。十八年春正月,冯克善至黄村,清以将帅军伍旗帜号令告之,命其调遣诸贼。七月,清复偕陈文魁往滑,八月归。李文成遣其养子刘成章报清云:'九月十五日,河南兵必至京,公专为内变。'清大喜。禁门之败,后二日,晨起,闻步卒声,以为河南兵到,而不知其为官兵也,清出,遂就擒。"又云:"李文成河南滑县人,世居谢家庄,少孤,为木工佣保,人呼李四木匠。文成耻之,乃弃去,从塾师习书算,粗解意义,辄疑难,相辩驳,塾师厌之,遂请绝焉。文成专研算术,旁涉星家象纬,推演颇验,见人必夸其术。人有闻者,共非笑之,文成自若也。会齐豫奸民,纠结死党,曰'虎尾鞭''义和拳''红砖社''氏刀社',其最大者曰'八卦教'。文成欲入党,无所适从,夜梦魔神语之曰:'君乃十八子明道震宫九教主也,得东方生气,居河济之中,协付大运。'文成惊异,益自负,乃收聚诸无赖及有罪亡者匿与居。闻河南有谣云'若要红花开,须待严霜来',遂自号'严霜十八子',入震卦教。教中事有条理不当者,文成厘次剖晰,众推服之,无异词。时林清为坎卦教首,传教北方,乾卦教首张廷举,山东定陶人,坤卦教首邱玉,山西岳阳人,巽卦教首程百岳,山东武城人,艮卦教首郭泗湖,河南虞城人,兑卦教首侯国龙,山西岳阳人,离卦教首张景文,山东城武人,俱分隶震卦,震为七卦之首,取帝出乎震之意,习教者共听约束。文成兼掌九宫,统管八卦,众至数万,争以金帛相赂遗,谓之种根基。文成家遂富,益豪横,私买战马,蓄养士卒,铸造甲仗,颁分旗号,贼党响应,约期谋反,与林清相犄角为声援。清之会文成于道口也,以坎卦人少。欲乞师于震卦,诸贼察林清无勇谋,妄自尊大,请绝之,伪军师牛亮臣固请。文成曰:'大事骤起,非广为树敌,何以持久?林清密迩京师,与之兵为我牵制官军,使我无北顾之忧,策之上者也。'众曰善。先是辛未秋,星象亦变,文成以为星射紫薇垣,主兵象,应在酉之年,戌之月,寅之日,午之时,故以十八年九月十五日午时起事。……文成在滑,伪开帅府,设羽帐,帐中出令,军士传呼,声彻数里,帐后树大纛,书‘大明天顺李真主’七字。伪军师牛亮臣,伪大元帅宋元成分理军事,文成判曰可,乃次第施行。诸贼不得军师令,不敢入议事。文成亦不数召见也。……文成死后,其妻张氏,率众夜捣官军,三入三出,官军被戕者甚众。滑城破,牛亮臣、徐安国劝张氏诡作被难妇女出城。张氏云:‘城亡与亡,不死者非英雄。’乃挥刀巷战,击杀数人,阖户自缢。”

(四)箱工之变乱

当清军之攻滑也,而陕西又有木商夫役之变,其性质虽与天理教有不同,然二事适相首尾,故附述之。岐山三才峡有木商集于老林,伐木作薪,贸易山外,谓之“木箱”。佣作者多无赖子。十八年秋,岐阳大饥,谷价腾贵,木商停工,伐木者无工作,遂纠众掠食。吏捕之,有万五者,煽众入山,沿途裹胁,至独独河、佛爷滩等处,尽焚木箱,箱工从者日众,遂攻破伍家堡。而山南新起之徒复来合,众三千余人,欲南窜入蜀道。其东窜者,约千余人,推尤九为首。陕西巡抚朱动,以状上闻。诏总督长龄兼程赴剿,并命杨遇春等移兵击之,诫谕勿得以招抚了事,使教徒之潜伏者,无所忌惮,相率效尤。万五部署其众,分青号、绿号,大旗手、小旗手,正元帅、副元帅,皆冠服鲜美,被曳锦绣,徒众互相夸耀,声势转振。十二月二十七日,陕西总兵吴廷刚、祝廷彪等败之于西江口,平木山,获其骡马器械无算。十九年正月,万五入太白老林,吴廷刚令都司党联升、守备刘藻合击之,五窜入盩厔山中。长龄、杨遇春等会帅老君岭,侦知五为联升等穷追,日夜东窜,必出于宽沟口,因设伏以待。翌日,万五等果由老林窜入宽沟,伏发被擒,磔死军前。其后尤九亦为贼党所杀。尤党陈四,复据金竹园之手板崖,为祝廷彪所擒。其余三才峡南山之徒,亦大半窜死,乃以一律戡定奏闻。以后各地乱民,蠢然欲动者,尚时有所闻。其著者:如江西民胡秉耀等,以购获残书,见其中所载阵图及俚语,辄拥一朱氏子,假托明裔,建号“后明”,遍发书札,图谋革命(十九年十月。其事当于下卷另详,盖天地会之党也)。临安边外夷民高罗衣等以内地商贩,出边贸易,侵夺夷人生计,遂假逐汉人为名,聚众劫掠江外土司,窥伺边郡(二十二年三月)。罗衣从子老五,旋又僭称王号,渡江薄临安府(二十三年六月)。均起事不久,即为地方官所捕灭,致不得酿成大乱云。

〔附记〕 林清之变,其酝酿已非一时。先是嘉庆八年二月,颙琰谒东陵归,二十日进宫斋戒,将入顺贞门,突遇成德(《东华录》作陈德)之行刺。成德者,内务府之厨役也。行刺时,变起肘腋,猝不及防,幸定亲王绵恩及额驸拉旺多尔济等六人奋勇擒之,因命军机严讯。成德所吐无实供。又添派大学士六部九卿会审,亦矢口不移,但云"事若成,则公等所坐之处,即我坐处"而已。复命后,颙琰自咎己过,不欲穷追,遂命并其二子诛之。既至菜市,缚诸桩,乃逮其二子至。长禄儿,年丨六;次对儿,年十四:貌皆韶秀,盖尚在塾中读书也。至则促令向成德叩头讫,先就刑。成德瞑目不视,已乃割成德耳鼻及乳,从左臂鱼鳞碎割,次及右臂,以至胸背,初尚见血,继则血尽,但流黄水而已。割上体竣,成德忽张目呼曰:"快些。"监刑者谓之曰:"上有旨,令尔多受些罪。"遂瞑目不复言。至成德行刺,以无实供,世莫知其所由。及十八年变起,山东金乡令吴堦,捕获林清党崔世俊,究出八年成德曾偕祝现至世俊家,宿一日,御车者为支进才。始知成德本林清党,非有他故。而山东巡抚,以事属既往,删不入奏,遂为千秋疑案。又当十七年春,守备赵崇华摄台湾淡水同知,甫下车,即访获妖言惑众之高妈达,讯之。具供刘林、祝现将于次年秋在京师举事,徒党遍中外。刘林者即林清别名也。清尝谓"吾教是南京人所授,山东曹县有刘林,为先天祖师,吾为刘林后身,是后天祖师"。因一名刘林,同教徒皆呼为刘爷(见《靖逆记》)云。崇华亟通详请奏,大吏以其语不经,匿弗以闻。仅依寻常传布邪教律拟决,至次年而天理教之变作矣。

第二篇　清代前期之经济状况

第七章　国家之经济(财政)

四十一　概　论

(一)顺康时代之财政

一国之财政,与其社会之经济、人民之生活,有密切之关系,所谓"百姓足,君孰与不足?百姓不足,君孰与足?"者,即其例也。清承明季民穷财匮之后,库藏空虚,天下悬罄,又除三饷加派,岁入不足,乃议节流。故当时政费,除军饷外,止不过二百余万两(顺治初年,岁入额赋银一千四百八十余万两,出数一千五百七十余万两,内各省兵饷一千三百余万,各项经费不过二百余万。见给事中刘余谟疏)。然终顺治之世,岁支常浮于入(顺治八年,征地丁银二千一百一十万一百四十二两,米豆麦五百七十三万九千四百二十四石;十七年,征地丁银二千五百六十六万四千二百二十三两,米豆六百一万七千六百七十九石,盐课银二百七十一万六千八百一十六两。然三藩协饷,岁在五六百万两左右)。至康熙初年,财政又渐呈窘迫之状。盖三藩之协饷,初时岁仅五六百万两,渐增至一千余万两,几糜天下财赋之半。于是筹款之说兴,改折漕贡,量增课税,裁停俸工,开捐事例等,踵事增华,额外征科,亦相继而起矣。当时官吏亏空库银,恒累巨万,其俸禄与养廉,但取给于耗羡。政府停止发放官薪者数年,财政之紊乱,已可见一斑,而犹屡次蠲免全国粮赋,以博宽大之名,其矛盾不亦甚乎!顾康熙末年,岁入地丁银二千八百七十九万,盐课三百三十七万两,关杂等税三百万两有奇,米麦六百九十万石,出入相抵,有盈无绌,户部库存者,恒不下数千万;虽实际上未必有如此数目,然较之顺治入不敷出,固已为休养撙节之效已。康熙帝之对于财政,似盲无计画,以致军旅之费,堤防之费,蠲贷之费,相乘而起,为国库盈虚之消息。户部当局,颇引为虑(参看第二十五节)。惟有一事足以为财政史上之纪念者,则滋生人丁永不加赋之谕旨是也。盖斯时人丁之编审,浸成具文,实在之增加数目,无从得悉。帝因将钱粮册内现有丁数作为定额,而以后所生人丁,不更增加钱粮。故雍正间,各疆吏奏请以次摊入地亩,于是输纳征解,通谓之地丁,无地之丁,不输丁税,丁税遂全失其为人头税之性质矣(参看卷上第一百五节)。其时财政上之最大弊害,厥为职司财政者之侵渔亏空,内自户工诸部,外自藩司以逮州县,旁及关盐各差使,无不相习成风。各省挪缺侵蚀,动辄千万,督抚亦串同作弊,为之容隐掩覆,勒限追补,视为故事,而归完者绝少。其新任者,上司逼受前任交盘,虽有亏空,不得不受。又因以启效尤之心,任意侵用,辗转相因,而弊害遂不可究诘矣(见雍正年间谕旨)。

(二) 雍正财政之整理

雍正继位,对于财政,亟思整理,甫即位,即下严谕,抉发州县亏空之弊害无遗。并谓"揆厥所由,或系上司勒索,或系自己侵渔,岂皆因公挪用?皇考好生如天,不忍即正典刑,故伊等每恃宽容,毫无畏惧,恣意亏空,动辄盈千累万。本应即行澈查,重加惩治,但念已成积习,姑从宽典。"因令除陕西外,限以三年,无论已经参出,及未经参出者,务得如数补足。如限期不完,从重治罪。又以山东亏空数十万,以俸工补足为名,实则额外加派,取之民间,一省如此,他省可知。因并严禁苛朘,顾全民生。自是凡遇亏空较多之省份,辄特简钦使,勘治查究,轻者黜革,重者死徒,以故亏空之风,得以顿息。向来各部院动用钱粮,俱系各衙门自行奏销,往往无从稽考。雍正初年,设立会考府,以司察核。各省奏销,积弊甚大,户部需索贿规,谓之部费;若有部费,即糜帑金百万,亦无不准,若无部费,虽档项分明,往来驳诘。嗣后俱着会考府会同办理。自元年至三年,办过各部院奏销钱粮事共五百五十件,内驳回应改正者共九十六件,其成绩颇有可观。乃无端忽将会考府停止,但谕"各部堂司官,宜秉公抒诚,以尽职业,勿谓无人稽查,遂草率朦混,致自干罪戾”云。不知官吏不审核而能尽职责者,宁有几人?既认会考府为有益,(停止之谕有云:“部院事件之不能无误,而会考府之有益于察核可知矣,但恐设立日久,多一衙门,即多一事端。”)复自毁之,不亦重可惜耶!凡此皆雍正初年,整理财政之消极的方法,亦扫除积弊之著有实效者也。帝进而又以积极政策,讲求国库之收入,最著者如耗羡之归公,常例之捐输,盐课之增收,关税之征实,前于第四章中,已略言其梗概矣。于此当注意者,即耗羡归公之议是也。耗羡起于有明,本为一种额外加征,顺治之初,悬为厉禁。康熙两次申诫,许人民以控告之权,然实际则云:“州县官取一分火耗,此外一分不取,便称好官。”(康熙四十八年九月训谕河南巡抚鹿祐语)是则耗羡不啻为政府所默认,所厉禁者,附加过多而已。年羹尧总督陕西,以耗羡有加至四五钱者,请酌留各官吏之用度,以其余捐出,供弥补之用,玄烨不可。(谓:“私派之罪甚重。由于州县之用度不敷,略加些微,本为私事。朕曾对陈瑸曰:‘加一火耗,似尚可宽容。’瑸以‘圣恩宽大,但不可明许其如此’为言。今年羹尧虽系密奏,朕若批答公布,竟变为奏准之事,加派之恶名,朕岂忍受哉?”)至雍正二年,山西布政司高成龄以是为言,帝因谕曰:

> 火耗原非应有之项,因通省公费及各官养廉,有不得不取给于此者。朕非不愿天下州县,丝毫不取于民,而其势有所不能。且历年火耗,皆州县经收,而加派横征,侵蚀国帑,亏空之数,不下数百万。原其所由,州县征收火耗,分送上司,上司日用之资,皆取给于州县,以致耗羡之外,种种名色繁多,故州县有所借口而肆其贪婪,上司有所瞻徇而曲为容隐。此从来之积弊,所当剔除者也。与其州县存火耗以养上司,何如上司拨火耗以养州县乎?今提解火耗,原一时权宜之计,将来亏空清楚,府库充裕,有司皆知自好,则提解自不必行,火耗亦可渐减,以至于尽革,此朕之愿也。

自是耗羡归公之议遂定,各官养廉及地方公用,皆于耗羡支之。六年,又清厘各项陋规,归为公款。至此,文官给养廉以杜其病民,武官给名粮以禁其刻扣营伍。财政经此一番之整顿,田赋之火耗,关税之赢余,盐课之公费,捐纳之事例,增加岁入者,大约不下六百万(元年岁入,地丁三千二十余万,米豆麦四百一十二万余石,盐课四百二十六万,后又加耗羡三百余万,关税二百余万)。且亏空既清,各库实存之数亦夥,以致雍正年间虽屡次用兵,而经费不虞匮之。并得积蓄二千四百余万之巨款,以畀诸乾隆朝云。

(三)乾嘉财政之大况

乾隆狃于承平日久,渐开侈靡之端。寿典则铺张辉煌,巡狩则踵事增新,盘游无度,穷兵黩武,又叠免全国钱粮漕粮,以博政尚宽大之虚声,故财政之充裕,渐不如前。河工之费,糜帑数千万,用兵于金川、准、回、缅甸、台湾、安南、廓尔喀等,总计不下一万二千余万(参看第二五节第二目《乾隆年间之糜费》)。乃不得不采用各种筹款之方法以资挹注:一曰开行报捐事例。捐例顺治、康熙已行之,雍正用兵西北,亦颇仿行。至乾隆初年,因江皖之灾,捐例重开,有捐银米者,可得尽先纳用等花样。后因河工、军需,亦有特捐,又有常平事例捐,专捐贡监,为买储仓谷之需。二曰商人报效。军需、河工及庆典皆有之,多出淮浙盐商,亦有广东洋商,合计其数不下千万。三曰关税加盈余。先是,康熙年间,关差各有专员,恣意侵蚀,不但无盈余,并不敷正额。雍正加以清理,于是以盈余报者相属,而缺额之事不闻。又功令以近三年为比较,收税者因而贪多求胜,故乾隆四十一年,粤海关收四十余万,五十九年遂增至一百一十七万。四曰盐斤加价。有加数文者,有加一文或半文者,其初本为例外,后乃习为故常。至乾隆十八年,其数约达七百一万四千九百余两,较康熙增加一倍有奇云。五曰公摊养廉。凡河工、军需等项,例不能销,及弥补亏空赔累者,皆取之于此。甚至州县一缺,所摊之数,有浮于养廉者。至于亏空之弊,乾隆初叶,势又渐炽,弘历叠谕严惩,并令于侵盗库帑,身故事发者,即将伊子监追。至晚叶则一时亏空成风,虽治之甚严,如山西巡抚和其衷,湖南巡抚李因培,皆为属员弥补亏空,或弃市,或赐尽,而卒不能挽回颓运者,则以官方不能整饬,上下皆耽于货利。上司对于属员,有派买貂参金珠之文;

属员对于上司,有玄狐珍珠之馈。而和珅当国,贿赂公行,以官为市。其源已浊,而欲求其流之清,讵可得耶?嘉庆四年,和珅伏罪,其家产先后查抄,凡百有九号,约其价值,当不下八万万两(参看第二十九节)。说者以政府岁入七千万(乾隆五十六年,实征银四千三百五十九万,实支银三千一百七十七万,故尚有盈余。此所谓七千万者,殆合各种杂项而约略言之耳。岁入未必真有此数也),而和珅以二十年之阁臣,其所蓄当一国二十年岁入之半额而强。虽以法国路易十四之厚敛多金,其私产亦不过二千余万,犹不足望和氏之项背云。则其贪墨之程度,不难察知矣。夫以数万万之母财,而置诸不生产之地,民生焉得而不贫困乎?以故嘉庆一朝,凋敝之景况见焉。加之教徒扰攘,沿海不靖,先后糜帑数千万,而河道屡决,宣防并急,不特司农竭蹶,即社会经济,亦呈停顿之状态。逊至道光,国力益疲,有清末叶财政上之危机,实已胚胎于斯时矣。而政府所恃以补苴者,无他良法,仅数开捐例已耳。常捐如江苏藩库,自嘉庆五年至道光四年,收捐监银三百七十六万两。安徽则收一百七十四万两。合计各省总数,当在五千万两以上。又屡开特捐,川楚、土方、衡工、工赈、豫东诸例,相继而起。其数又不下二千万。军需、河工、赈济,多于此筹拨焉。财政窘迫之结果,不得不仰给于此等不正当之收入,以资挹注。然当时议者,多以贼起由于吏鸮民困,复开捐输,是以吏治重弊也。故有请复名粮,开矿厂(尚书英和),请京兑秤赢二两(大学士董诰),请增典商息三分(两江总督百龄)者,帝皆以空言难行。呜呼,帝固认此为不得已之举,而生财裕饷之道,究无术哉?盖极盛之后难为继,财力渐不如前矣(嘉庆十七年,岁入四千一百十三万有奇,出者三千五百一十万有奇,虽出入相抵,尚有盈余,然实征之数,视乾隆季年减至一千三百余万,故仍入不敷出也)。

(四) 道光财政之紊乱

嘉道两朝,为清代由盛转衰之枢纽,亦财政上盈绌理乱之最大关键。惟嘉庆之时,虽以教匪、海贼之乱,先后糜费无算,然报捐事例,收支尚可相抵。至于道光,则一耗于回疆,再耗于库案,三耗于河决,而中叶鸦片之战,丧师赔款,国力衰敝,不可问矣。秦豫二年之旱,东南六省之水,加以连年干戈,社会不靖,人民不能安居乐业,以从事生产,国计民生,胥感穷匮。是时清廷所借以挹注者,亦仅数开捐例,而经常款项,则仍任职司财政者之拖延侵蚀。道光十九年六月户部奏:查明积年欠解银数,除盐务悬引未完,及帑利等款分别展缓者外,拖欠二千九百四十余万之多。而初年户部奏催各省欠解银,仅六百三十二万,财政紊乱之程度何若,无难推知矣。自来国用不足,理财者不外裕源、节流两法,清代君主,对于本身之消费,尚能自知撙节,无大过分,惟理财之法,不知开发富源,澄清吏治,而反以不正当之捐纳以重弊之,深可慨已!自康熙以后,各君主皆能遵守永不加赋之祖训,故政府虽有财政竭蹶之时,而表面上亦不肯有增重人民负担之行为。然就实际上言之,则嘉道以前,有可指为加赋者三:一曰火耗。火耗之名,前已言之。因由本色变而折银,解部之成色有定,镕销之际,不无折耗;于是州县征取此款,不得不稍事取盈,以补其折耗之数。迨行之已久,州县重敛于人民,上司苛索于州县,火耗之增,日甚一日。一遇公事,加派私征,皆以火耗为名。未归公之先,大小官吏,朋分其款;既提解之后,政府且承认为正额,实即一种之加赋也。二曰平余。平余归公之例,创自四川,乾隆初,四川巡抚硕色奏:川省恒例相沿,火耗羡余外,百两提解六钱,名曰平余。盖其时有严旨饬禁四川戥头暗中加重之弊,遂不得不提解归公,不久即成公例,推行于各省。三曰漕折。嘉道之间,各省漕粮,多收折色。漕粮每石折银或钱若干,征收官吏,因之以作弊。所折之银钱,往往浮于粮价甚巨。是亦一种无形之加赋也。

〔附言〕 道光二十一年,库丁盗帑事发,亏银九百余万,宣宗责管库诸王大臣分年赔缴。又通饬内务府部院各衙门裁减浮费,三苑三山珍货,命有司变价,库亏之数,数年弥补全完。自二十一年至三十年,户部奏每岁入数三千八百万至四千二百余万不等,出数三千六七八百万不等,岁计略有盈余。其内库之数,嘉庆十九年存银一千二百四十万(见是年英和疏)。道光三十年,犹八百余万两。广西用兵,屡颁内帑济军需。至咸丰二年,存银三百万两(《畚塘刍论》,见《中外大略》引)。观此则嘉道之间,财政虽极紊乱,亦不若咸同以来之竭蹶也。故吾于有清财政,略分二期述之。

四十二 田 制

(一) 田地之种类

我国以农立国,述国计民生者,以土地为惟一之要件,故应于国家收入、人民生计之先,将田地之制度,一剖晰之,盖非此则无由说明也。清代田制,极为复杂,综其大要,可分四类:

一、民田 民田谓属于民有之地,其区别亦有种种:

(一) 民赋田 民间恒产,听许买卖转移之赋税地。

(二) 更名田 一名更名地,明朝藩属之所领,至清而改为民田者。

(三) 农桑地 适于农桑之地,因气候及土宜而别。

(四) 蒿草籽粒地 劣等旱田,硗确之地。

(五) 芦课地 沮洳生苇之地。

(六) 归并卫所地 明末清初为卫所管辖之地,其后为民田者。

(七) 河淤地 河边淤积之地。

(八) 退圈地 已圈给于旗丁,及后退还之地。

(九) 灶地 制盐场之土地。

(十) 山荡溇滩地 山坡水滩砂涨之地。

(十一) 草地 刈草之地。

(十二) 田塘 蓄水之地。

(十三) 官折田园地 明代职官没入之田,及废寺所有之田,准折谷价,改为民田者。

(十四) 熟田。

(十五) 泥沟车池地。

(十六) 土司田 苗族土司所辖地。

(十七) 番地 番人所有,计户纳粮。

(十八) 回地 回族所有地。

(十九) 苗田 苗族所有地。

(二十) 瑶田 瑶族所有地。

(二十一) 狼田 狼族所有地。

(二十二) 僮田 僮族所有地。

二、官庄 清兵入关时,所有王室八旗圈占之地,大别之又分四种:

(一) 皇室庄田 为清室所有之地,直辖于内务府,故一称内务府官庄。

(二) 宗室庄田 赐予王公贝勒贝子及将军等之田也。

(三) 八旗庄田 八旗有京营与驻防之别,京营环卫京师,八旗庄田,即分给于京营屯驻之八旗者,此皆定为世业,不归州县管理。

(四) 驻防庄田 驻防有在畿辅盛京及各省者,故或区为三类。要皆为旗产,与八旗庄田同。

三、官田 公有之土地也。其最重要者,为牧地、学田、籍田、祭田。

(一) 牧地 始于顺治,以供马粮之用者也。凡荒地使壮丁开垦之,以开垦之余地为牧场,其后牧场之地质,渐适于耕作,乃许开垦为田地,而令其地与牧地,以沟为界。开垦地,须依税率,纳税于官。

(二) 学田 以其收入专供贫士修学之费用者也。

(三) 籍田 天子亲耕之地;如先农坛,即籍田也。天子常植籍以为稻麦之祥瑞焉。

(四) 祭田 以赐圣贤之后裔,使充祭祀之费者也。

四、屯田 本官地,而兵卒商人屯垦之者也。其制始自明代。盖欲减少兵粮之支出,故对于防守之兵,给以月粮,使开垦荒田,以助军实,固一种兵农之制也。清撤屯军,以屯田归州县管辖,惟漕运尚存,故各省犹留运丁,使之耕作屯田。及漕运改由海道,运丁惟以耕种为业,日久与平民无异。此内地屯田之沿革也。及新疆入清版图,而西北屯垦之事业渐兴。今以地为标准,区分四种:

(一) 直省屯田

(二) 新疆屯田

(三) 西路屯田

(四) 北路屯田

屯田亦曰赡军田，清初定屯田官制：设卫所，每佐领拨壮丁十名，牛四头，于旷土屯田。顺治元年准州县卫所荒地无主者分给官兵屯种。旋即另定租例：果树菜畦水田苇地每亩科租一斗，麦地六升，杂粮地四升五合云。

（二）田地之总数

田地之数，历年概有增减，稽诸《东华录》、《户部则例》、《三通》、《会典》诸书，不难得悉其详。兹将田地总额，历朝亩数，表示大略，至各省民田之分计，官田旗产之配布，当另于下章述之也。

年　别	总　数	附　记
顺治二年	凡已垦田地山荡四百三万三千九百二十五顷四亩有奇畦地二万二千九百八十顷	按照明代直省州县鱼鳞老册原载地亩坵段坐落田形四至等项亲至丈量十二年部颁弓尺丈地五尺为弓二百四十弓为亩其畸零土地听民开垦永远升科甘肃伊犁四川云南四省番地回地夷地皆计户纳粮免其查丈喜峰口外赤峰朝阳等县昌图多伦诺尔等厅游牧地皆仅分别界址不计顷亩
十八年	田地山荡畦地共五百四十九万三千五百七十六顷四十亩	是年冬明桂王被执于缅甸十八行省悉隶版图故经界较为扩张也
康熙二四年	共六百七万八千四百三十顷一亩有奇	卫所田土归入州县征粮者并载于内
雍正二年	共六百八十三万七千九百一十四顷二十七亩有奇	较康熙二十四年增田七十五万九千四百八十四顷二十六亩
乾隆十八年	共七百八万一千一百四十二顷八十八亩	较雍正二年增田二十四万三千二百二十八顷六十一亩
三一年	共七百四十一万四千四百九十五顷五十亩有奇	较十八年增三十三万三千三百五十二顷六十二亩
嘉庆十七年	共七百九十一万五千二百五十一顷有奇	较乾隆三十三年约增五十余万顷
道光十三年	共七百三十七万五千一百二十九顷有奇	较嘉庆约减五十余万顷

中国关于数目之记载,向来无精确之调查,故所举不甚可靠,然大致之趋势,可以窥见一斑矣。清人入关后,虽将满洲并入版图,然地广人稀,且多未辟之土,以上所列,只就内地各省言之。顺治当大乱之后,耕地减少,一切档册,以明万历年间所调查为根据,末年数目,虽较初年增加百有余万顷,然系疆土之扩张,并非垦地加多,故以较崇祯时代,尚少七分之二也(崇祯总数七百八十三万七千五百二十四顷零)。康熙初年,开辟渐多,然当时四川一省,仍属地旷人稀,故较顺治时代虽增加不少,而实则荒废尚多也。至雍正二年,西宁、山、陕、张家口等地渐次开发,多于康熙初者七十余万顷。逊至嘉庆,为清朝最盛之时代云。

四十三　收入(上)赋制与赋额

(一) 赋役之制

国家之收入,在此时期中,可以地租、杂赋二项统括之。地租之中,又有地丁、羡耗、漕粮、租课之不同;杂赋之中,又有盐课、关税、茶税、牙税、当税、契税、落地税之区分:而要以地丁为大宗。兹先说明赋役之制额,与征收之方法,而后将各种税收依次述之。

清初赋役之制,颇为明备。其正赋之额,多以明万历为准,天启、崇祯间所加派者,悉行蠲免,其法详于敕定之《赋役全书》。《全书》定于顺治三年,总载地亩、人丁、赋税定额及荒亡开垦招来之数,为征敛之大纲。订正于顺治十一年,至康熙二十四年重修,止载切要款目,删去丝杪奇零,以杜飞洒苛驳之弊。名曰《简明赋役全书》。廷议旧书遵用已久,遂罢颁行。雍正初归并各省地丁,十二年,修《全书》,分载原额新增总散之数,务为精核,定自后十年一修纂。及乾隆三十年,以《全书》多载不经名目,而奏销册前列山地田荡,版荒新垦,次列三门、九则、额征、本折、地丁、起解、存留,极为明晰;令嗣后《全书》依奏销条款,止将十年内新坍旧垦者添注,其不经名目,一概删除。于是《全书》与奏销册之例合一。凡赋税册籍,有存于官者,有征于民者,历朝以来,各有因革,今分别述之于后:

一、存于官者:

(一) 赤历　使粮户自登纳数,上之布政司。后以州县日收流水簿解司,赤历遂停(康熙十八年事)。

(二) 黄册　岁载户口之登耗,丁赋取焉。后以五年编审者为黄册,亦谓之粮户册,而停岁造之制(康熙七年事)。

(三) 会计册　专载解部之款而上之,后并入奏销册(亦康熙七年事)。

(四) 奏销册　合通省地丁完欠支解存留之款,报部核销。即所谓四柱册也。

(五) 丈量册　田之高下邱亩皆载焉,故曰鱼鳞册也。

自赤历与会计册既停,上计专以奏销册,官司所据以征敛者,黄册与鱼鳞而已。黄册以户为主,而田系焉;鱼鳞册以田为主,而户系焉。自并丁赋以入地粮,罢编审而行保甲,于是黄册积轻,鱼鳞积重。有司者或期会簿书,未遑稽核,惟按一州县之赋入,责之都图之胥吏,而某地有某田属某户,官既视册籍为筌蹄,事遂据都图为奇货。胥吏侵欺,盖有由矣。

二、征于民者:因明一条鞭法,以州县每岁夏税秋粮存留起运之数,通为一条,总征而均支之。至运输给募,官为支拨,而民不与焉。其法亦有变迁。

一曰易知由单　由单之式,以州县上中下则正杂本折钱粮,刊给花户。始颁于顺治六年(十五年将申饬私派之令,刊入由单,康熙六年以由单款项繁多,小民难以通晓,令将上中下则地,每亩应征实数开明),停止于康熙二十六年。

二曰截票　列地丁实数,按月分为十限,完则截之。其票钤印中分,官民各执其半,即串票也(顺治十年行二联串票,而奸胥作弊。康熙二十八年乃行三联串票,一存官,一付役应比,一付民执照。雍正三年更刻四联串票,一送府,一存根,一给花户,一于完粮时令花户别投一柜。至八年仍行三联)。

三曰滚单　康熙三十六年行征粮滚单,每十户五户,止用一单,分为十限,依次滚催。

四曰顺庄编里　雍正六年行顺庄编里之法,以的户为主,凡寄庄寄粮,悉更正之,乃改十截之法,复三联串票,自是以后,遵行无改。

清初法制未定,顺治八年以后,各省始有奏销数目(见《张文贞集》)。及康熙初,乃除均役提编之弊(详《熙朝纪政·免徭役篇》),故给以易知由单,后以繁费累民,一改而为截票,而软抬硬驮(时官吏科派,名色不一,阖邑通里,共摊同出者,谓之软抬,各里轮流独当者,谓之硬驮),未能尽绝;再改而为滚单,滚单不行,三改而为的户,因革损益,其要使民易知而吏不得多取而已。然实际之效力,固亦不能免官吏之从中作弊也。

(二)征收之方法

《乾隆会典》载催科之法,大纲凡四:以分限纾民力,以输催免追呼,以印票征民信,以亲谕防中饱。输催印票之法,上目已略述其沿革,兹更分别详陈,庶于征收之方法,可以得其梗概矣。

一、分限　《会典》分限之法,谓"州县按《全书》所编赋额,分为夏秋两限,及期榜谕,俾纳户周知其数。二月开征,四月输半,五月停征,八月续征,十一月完征。若物土异宜,四月未能输半者,督抚察所属农事女红,收成早晚,以定征输之期"。按此即所谓上忙下忙也。夏限谓之上忙,秋限谓之下忙,其时期各省不同。有以二月至七月为上忙,八月至十二月为下忙者(江苏、陕西、四川);有以七月八月为上忙,十二月至一月为下忙者(广东);亦有九月至十二为上忙,一月至三月为下忙者(云南、贵州),然大部分皆依法定之例,即以二月至五月为上忙,八月至十一月为下忙也。

二、输催　输催之法,则以滚单,记粮户之姓名田亩赋税银米之定额,分发各地方之团保,使催促之,作为一种之通知书。

三、印票　印票用三联之法,名曰联票。书纳户所完赋额,编号钤印,而三分之:一附簿,一留县,一给纳户。附簿即存根,帐房收之;留县者,比限查截,备检对之用;给纳户者,即收款之执照也。式如下:

票　根

某州县为征收地丁钱粮事今据　郡　里　甲花户
完纳
康熙　年分　月　限钱银　已经收明入柜给
照合存票根以候查对须至票根者
康熙　年分　月　日收吏
正堂押　里　字　号

合同三联粮券

纳户执照

某州县为征收地丁钱粮事今据　郡　里　甲花户
完纳
康熙　年分　月　限钱银　照数自封眼同入
柜合给票照
康熙　年　月　日收吏
县押　里　字　号

合同三联粮券

比限查截

某州县为征收地丁钱粮事今据　郡　里　甲花户
完纳
康熙　年分　月　限钱银　已经收明合给票
查截候比须至票者
康熙　年　月　日收吏
县押　里　字　号

四、亲输　置匦署前,听民封银亲投,以部定权衡,准其轻重。若奇零之数,愿以钱纳者,每十钱当银一分。

收税之时,州县官厅,设置银粮红簿,纳税者登记其所完纳于该粮户姓名之上,由粮房给以粮券,用为完纳之证。知县于其征收之期内,每经十日,报告其征收之额于上司。征收既终,则查征收实额之中,本县存留若干,解送藩库若干,详算而报告于布政使,然后将粮银解送云。

(三) 科则之表额

科则之制,《赋役全书》所载极为苛细,一州县中,或多至数十则,大抵视其土壤肥硗,户口多寡以为赢缩,纷繁不可悉记。要之三则(上中下三则),九等(每则又分上中下三等),各有差别,而各省又不能一律。甲省之上则,或与乙省之中则,丙省之下则相当,各就其历史之习惯,地质之异同以编制之,不必有理论之标准与统一之计画也。且田地之中,种类各异,纳租纳税,定制不一,兹约其大凡,表之如下:

省别	地别	科则额	征收总额
直隶	民赋田	亩科银八厘一毫至一钱三分有奇　米一升至一斗不等　豆九合八抄至四升不等	共征银二百四十一万千二百八十六两遇闰加征银六万四千九百余两 征粮共十万千二百二十九石草九万四千四百余束遇闰不加征
	更名田	亩科银五厘三毫至一钱一分七厘三毫不等	
	农桑地	亩科银一厘六毫八丝有奇	
	蒿草籽粒地	亩科银五分至七钱二分五厘一毫有奇不等	
	芦课地	亩科银一分至六分不等	
	归并卫所地	亩科银七毫二丝至七分九厘三毫不等　米八合九勺七抄至九升七勺二抄不等　豆四合三勺八抄至三升六合不等　草一分九厘二毫至四分一厘七毫不等	
	河淤地	亩科银二分九厘至二钱五分六厘五毫不等	
	学田	亩科银一分至二钱六分七厘八毫不等　小麦粟米各六升	
	各项旗地		征租银五十万二千二百余两
	屯庄		征租谷七百七十余石
	续垦荒地	亩科银二分七厘六毫八丝一忽五微至一分五厘不等	共征银一千一百六十三两一分六厘八丝三忽二微二纤
	无粮黑地	亩征银三分二厘至一分二厘不等	征银二千六百六十四两五钱四分五厘六毫一丝九忽

续　表

省别	地　别	科　则　额	征　收　总　额
山东	民赋田	亩科银三厘二毫至一钱九厘一毫不等　麦一勺至四合三勺有奇不等　米二勺至三升六勺有奇不等	共征银三百三十四万六千二百五十七两遇闰加征银九百余两粮五十万七千六百八十石各有奇
	归并卫所地	亩科银一分至六分五厘有奇不等	
	更名田	亩科银一分至三钱七毫有奇不等　麦三合二勺米一升八合有奇	
	学田	亩科银九厘至三钱不等	
	灶地	亩科银二分六厘五毫至四分四厘一毫不等　麦一勺至四合一勺不等　米一升八合至二升八合四勺不等	
	卫所屯田	亩科银一分至五分三厘八毫不等　条银一分二厘至二分四厘不等	
	卫所更名籽粒等地	亩科银一厘七丝至一钱有奇不等	
山西	民赋田	亩科银一厘七丝至一钱有奇不等　粮一合五勺至二斗七升不等	共征银二百九十七万二百六十六两遇闰加征银三千一百余两征粮共十万一百六十余石遇闰不加征
	屯田	亩科银二厘三毫至一分四厘有奇不等　粮一升八勺至一斗九合有奇不等	
	更名田	亩科银五厘至一钱四分不等　粮七勺至二斗不等	
	归并卫所地	亩科银一分四厘	
河南	民赋田	亩科银一厘四毫至二钱二分七厘不等　米七勺至二升二合不等	共征银三百三十万三千八十两遇闰加征银五万三千七百余两粮二十四万八千八百六十五石各有奇
	更名田	亩科银一分一厘至一钱二分九厘有奇不等	
	归并卫所地	亩科银一厘六毫至一钱八厘有奇不等	

续 表

省别	地　别	科　则　额	征收总额
江苏	民赋田	亩科银九厘至一钱四分一厘一毫不等　米豆一升四合七勺至一斗九升二合六勺不等　麦二抄至三勺不等	共征银三百三十七万千三百三十四两遇闰加征银三万一千七百余两 征粮共二百十五万五千二十一石有奇
	地	亩科银九厘至三钱三分三厘不等　米豆七合三勺至四斗一升六合九勺不等　麦一抄至八厘有奇不等	
	山荡溇滩	亩科银九厘至一钱四分五毫不等　米豆三合四勺至一斗六升五合二勺　麦一勺至三勺不等	
	归并卫所地	亩科银九厘至一钱四分一勺一毫不等　米豆一升四合七勺至一斗九升二合六勺　麦二抄至三勺不等	
	城基仓基屋基	每间科银五分七厘至一钱二厘四毫不等　米豆五升五勺至一斗二升六合三勺　麦一勺至二勺不等	
安徽	民赋田	亩科银一分五厘至一钱六厘不等　米二合一勺至七升一合不等　麦五勺至八勺不等　豆八勺至九合一勺不等	共征银一百六十八万八千余两粮共十八万七百余石
	地	亩科银八厘九毫至六钱三分不等　米七合九勺至五升九合不等　麦八勺至三合二勺不等	
	塘	亩科银四分四厘至一钱零九厘不等　米四合七勺至七合八勺不等　麦一勺至二勺不等	
	草山出滁州全椒县	每里科银八分三厘三丝每两正征银三分六厘有奇不等	
	归并卫所屯田	亩科银一分至六分不等　粮一升八合至八升六合不等	
	卫所管辖屯田	亩科银一分七厘九毫至二两七钱二分二厘九毫不等　粮三合至二斗五升四合一勺不等	

续　表

省别	地　别	科　则　额	征　收　总　额
江西	民赋田	亩科银一厘三毫三丝六忽至一钱一分七厘一丝三忽不等　米一合四勺至一斗七合二勺五抄不等	共征银一百八十七万九千八百十两闰加征银二万三千三百余两 征粮八十九万九千六百三十余石遇闰不加征
	地	亩科银五丝四忽至二钱一分一厘一毫二丝八忽不等　米五勺二抄至五升一合二勺八抄不等	
	山地	亩科银五忽至六分二厘七毫二丝不等　米一合一勺三抄至一升四合七勺八抄不等	
	塘	亩科银五丝四忽至二钱七分六毫七丝七忽不等　米一合一勺三抄至六升八合三勺七抄不等	
	归并卫所屯田	亩科粮三升九合五勺九抄至二斗七升三合有奇每石折银五钱每石又摊征余徭等银二厘九毫七丝五忽至四分八厘三毫八丝四忽不等	
	屯地	亩科粮七升九合七勺三抄至二斗二升八合三抄不等　每石折银二钱	
	归并卫所余地	亩征余粮银四分一厘六毫六丝	
	自闽改归屯田	亩科银九分零四丝七忽至一钱一分四厘二毫四丝不等	
福建	民赋田	亩科银一分六厘九毫至一钱六分二厘五毫不等　米一勺九抄至二升四合七勺不等	共征银一百十七万七千八百九十九两 征米十六万八千四百五十余石遇闰均不加征
	紫菜萛地	亩科银二分	
	官折田园地	亩科银八厘七毫至四钱一分七厘五毫不等	
	学田	亩科银六分四厘三毫至六钱九分九厘五毫	

续 表

省别	地 别	科 则 额	征 收 总 额
浙江	民赋田	亩科银一分五厘三丝至二钱五分五厘不等 米三撮至一斗九升不等	共征银二百八十一万六千四百四十九两遇闰加征银五万一百余两 征米一百十三万四百八十一石遇闰加征米六千三百六十余石
	地	亩科银二厘四毫至二钱一分三厘二毫不等 米八抄至一斗九升三合五勺不等	
	荡	亩科银五丝至一钱九分六厘三毫不等 米六抄至五升三合七勺不等	
	塘	亩科银二毫至一钱二分四厘五毫不等 米七撮至一升六合八勺不等	
	湖地	亩科银三分七毫 米九勺五抄	
	灶地	亩科银一分六厘一毫一钱四分一厘四毫不等 米三合七勺至三升七合不等	
	归并卫所地	亩科银五厘五毫二丝至一钱四分九厘不等 米一斗五升七合五勺至二斗四升不等	
	桑地	每株科银一厘九毫至五厘六毫不等 米一抄	
	茶地	每株科银一厘五毫 米七勺	
湖北	民赋地	亩科粮六抄至二斗九升一合四勺八抄不等 每石折银二钱五分四厘五毫至二两九钱七分四厘一毫	共征银百一十万八千一百五十三两遇闰加征银八百余两 征米二十八万六千五百五十四石遇闰不加征
	更名地	亩科粮四合九勺九抄至六升三合一勺不等 每石折银四钱六分六厘	
	归并卫所屯地	亩科粮一升五合至九升九合六勺不等	
	卫所管辖屯地	亩科粮一升二合至一斗八升不等 每石折银三钱至一两三钱一分六厘六毫不等	

续 表

省别	地 别	科 则 额	征 收 总 额
湖南	民赋田	亩科粮二勺九抄四撮至一斗四升六合九勺不等 每石折银二钱二厘三毫八丝至一两八钱四分四毫不等	共征银一百十六万三千六十三两遇闰加征银一百四十余两 征米二十七万七千六百四十余石遇闰不加征
	更名田	亩科粮五合至一斗二升不等 每石折银三钱七分三厘五毫至九钱二分四厘四毫不等	
	归并卫所屯地	亩科银一厘九毫至一钱四厘三毫不等 粮三合八勺至二斗不等 每石折银一钱七分七厘四毫至一两六钱五分三厘一毫不等	
	岳州卫管辖屯地	亩科粮一升至一斗二升五合不等 每石折银五钱六分	
	苗疆地	亩科银一厘五毫至三分六厘七毫九丝不等	
陕西	民赋田	每亩科征本色粮一勺至一斗一合六勺不等 折色每石征银一两五分九厘至二两七钱七分三厘不等	共征银一百五十三万九千九百余两遇闰加征银八千一百余两 征米十六万八千四百五十三石
	屯地	亩科银二厘至九分八厘不等 粮一升五合至二斗不等	
	更名田	亩科银六厘九毫至七分五厘一毫不等 粮四升三合五勺至一斗四升八合不等	

续 表

省别	地 别	科 则 额	征 收 总 额
甘肃	民赋田	亩科银二毫至一钱五分四毫不等 粮三勺至八升一合一勺不等 草三分至四分六厘不等	共征银二十五万七千七百二十余两遇闰加征银一千七百余两 征米五十万三千四百七十六石草五百五万一百七十四束遇闰不加征
	归并卫所屯地	亩科银一厘二毫至六厘不等 粮五升至六升不等	
	更名田	亩科银四厘八毫至一分七厘一毫不等 粮二合二勺至一升四合二勺不等 草一分至九分二厘不等	
	土司地	亩科银七分五厘 粮二升四合二勺五抄	
	卫所管辖屯地	亩科粮四升一合八勺七抄 草五分八毫有奇	
	番地	亩科粮四合至三升不等草二分一厘五毫至三分不等 每户输银三钱粮一斗至二斗至二斗五升不等	
	监牧地	亩科银六厘	
四川	民赋田	亩科银一厘五毫九丝至八分四厘九毫一丝不等 粮每斗折银四分估粮每石折征银七分一厘二丝至七钱一分二厘不等	共征银六十五万九千七十五两遇闰加征银二万三千二百余两 征米一万四千三百二十余石遇闰不加征
	归并卫所屯地	亩科银一分二厘五毫至三钱不等 粮二斗七升二合七勺 每粮一石征米五斗至八斗不等	
	土司地	亩科银三厘四毫至二分三厘一毫不等	
	卫所管辖屯地	亩科银一分二厘五毫至二分不等 米一升九合二勺九抄至八斗不等	
广东	民赋田	亩科银八厘一毫至二钱二分三厘二毫不等 米六合五勺至二升二合九勺不等	共征银一百二十五万七千二百八十二两遇闰加征二万两征米三十四万八千九十五石遇闰加米一百六十余石
	归并卫所屯地	亩银照民地科则 米每亩八升八合八勺	
	泥沟	每条科银四钱五分三毫有奇	
	车池	每方科银三钱九分四厘	

续　表

省别	地　别	科　则　额	征　收　总　额
广西	民赋田	亩科银二分四毫至二钱一分二厘二毫不等　米三升七合至五升三合五勺不等	共征银三十八万二千五百九十七两遇闰加征银一万二千四百余两　额征米一十三万三百七十五石遇闰不加征
	官田	亩科米六升四合二勺至二斗七合七勺不等	
	瑶田	亩科米三升至五升三合五勺不等	
	种田	亩科银九厘至二分二厘三毫不等　米三升七合四勺至五升三合五勺不等	
	狼田	亩科银九厘　米四升二合八勺	
	学田	亩科银九厘　米二斗四升八合四勺	
云南	民赋田	亩科银五厘五毫至四分六厘五毫不等　粮一升九合四勺至一斗五升不等	共征银十五万三千七百五十两　征粮二十三万八百四十八石
	归并卫所地	亩科粮五升九合二勺至八升一合八勺不等	
	马场地	亩科银二分至三分	
	夷地	亩科粮一升	
贵州	民苗地	亩科银一分至六钱五分不等　米五合一抄至四斗五升不等　豆一斗	共征银十万一百五十六两遇闰加征银一千四百余两　征粮共一十五万四千五百九十余石遇闰不加征
	土司田	亩科银八厘至一钱不等　米七合二勺二抄至一斗五升不等	
	官田	亩科米二斗五升至五斗不等	
	归并卫所屯田	亩科银一分四厘一毫至二钱三分四厘不等　米五升三合五勺至三斗七升三合三勺不等　豆三斗　莜二斗三升三合三勺至三斗一升一合四勺不等	
	学祭田	亩科银一钱至四钱不等　米二斗至四斗不等　谷二斗至一石一斗七合八勺不等	
	租地	亩科银三分至一钱不等	
	山地	亩科银一分三钱六毫至五分不等　米五升　莜一斗	
	旱祭田	亩科银一钱　豆一斗	
	官庄赈恤田	亩科米一斗四升九合至五斗不等　谷四升一合三勺至一石二斗五升一合二勺不等	
	屯陆地	每分科莜五石三合七勺九抄有奇	

续　表

<table>
<tr><th>省别</th><th>地　别</th><th>科　　则　　额</th><th>征　收　总　额</th></tr>
<tr><td rowspan="3">奉天</td><td>民赋田</td><td>亩科银一分至三分不等　米二升八勺至七升五合不等</td><td rowspan="3">共征银三万八千一百十两遇闰加征银二千二百余两
征粮七万六千二百六石遇闰不加征</td></tr>
<tr><td>退圈地</td><td>亩科银一分至三分不等　豆四升三合至一斗不等　银豆各半分征每银六钱作豆一石</td></tr>
<tr><td>增赋余地</td><td>亩科银八分　米四合四勺二抄零</td></tr>
<tr><td rowspan="3">吉林</td><td>民地</td><td>亩科银一分下则二分中则三分上则</td><td rowspan="3">共征银并米折银七万九千一百余两</td></tr>
<tr><td>征米地</td><td>亩征米六升六合上则四升四合中则二升二合下则</td></tr>
<tr><td>续行查出地</td><td>不分等亩征银八分　米四合四勺二抄零　米一石折银一两</td></tr>
</table>

〔附记〕　科则之数,历朝大致相同,即有增加私派之事,亦必以他种名目行之。盖为君主者,恒避加赋之恶名已耳。惟各省征收总额,则视田亩之增减,固难确定。本表系据《乾隆会典》,以十八年之奏销册计者,其后则略有盈缩云(惟加征额系据同治《户部则例》)。

四十四　收入(中)地租

地租之征收,分为两种:有直以谷米完纳者,有折用银钱完纳者,所谓钱粮是也。以谷米完纳者,又有二:一即漕粮,须解送于北京,一则不须解送。以银钱完纳者,又分为二:其一为赋,课之于普通之民田,称地丁银;其一为租,课之于民赋以外之地,如学田、芦地等是,凡此统称之曰租课。租课之外,又有耗羡,耗羡者,田赋之附加税,以为官吏之经手等费,固亦不失为地租之一种也。

(一)地丁

地丁者,地赋、丁银二者,前者为土地税,后者即人头税也。自康熙五十年,谕定以后滋生人口,永不抽税,而丁银乃有并入田亩之趋势。故康熙末年,广东先已行之(《熙朝纪政》载康熙五十五年准广东所属丁银,就各州县地亩摊征,每地银一两,摊丁银一钱六厘四毫不等,故王氏谓丁随地起见于明文者,自广东始)。田载丁而输纳,丁随田而卖买,公私称便焉。至雍正初,直隶巡抚请丁银随地起征,部议允之,每地赋一两,摊入丁银二钱二厘。福建山东踵而行之,不数年间,推及各省。惟奉天、贵州以户籍无定,仍旧分征(贵州于乾隆四十二年亦已摊征)。山西则于乾隆元年以后陆续摊派。于是地丁二赋,合而为一,是为正赋。此后奏销册虽另计丁银,而征于人民之手续,固与田赋无所区分也。今将各省推行之次第,与丁银摊征之数,表之于下:

年代	区域	摊征数目	附记
康熙五十五年	广东	每地赋一两摊入丁银一钱六厘四毫	
雍正元年	直隶	每赋一两摊丁银二钱二厘	
二年	福建	地赋一两摊丁银五分二厘七毫至三钱一分二厘	宁洋寿宁南平三县于乾隆二年始摊台湾于乾隆十二年始摊
同年	山东	地赋一两摊丁银一钱五分五厘	会典事例作三年
四年	河南	地赋一两摊丁银一分一厘七毫至二钱七厘	
同年	浙江	地赋一两摊丁银一钱四厘五毫不等	一钱或作二钱
同年	陕西	地赋一两摊丁银一钱五分三厘遇闰加四厘零	
同年	甘肃 河东 河西	地赋一两摊丁银一钱五分九厘三毫一分六毫遇闰不加	康熙五十三年准甘肃无业贫民免纳丁银至是乃摊入地亩又河东地粮轻而丁多河西地粮重而丁少故不一例
同年	四川	每粮五升二合至一石九斗六升不等算一丁征收	四川向系以粮载丁征收惟威州十一州县不同至是画一

续 表

年代	区 域	摊 征 数 目	附 记
同年	云南	?	屯军丁银每丁二钱八分至六钱二分
五年	江苏 安徽	每亩摊一厘一毫至六分二厘九毫不等	屯丁亦摊入屯卫田
同年	江西	地赋一两征丁银一钱五厘六毫　屯地二分九厘一毫	
六年	湖南	地粮一石征丁银一毫至八钱六分一厘不等	
同年	广西	地赋一两征丁银一钱三分六厘不等	
七年	湖北	地赋一两征丁银一钱二分九厘六毫	江夏十九州县所摊尚重详见会典事例
乾隆四十二年	贵州	每亩摊丁银五厘四毫有奇	
按山西以经商称盛,故富人田少,贫民种地,代纳丁银,非均平之道。至乾隆元年,奏请改归者,只十八州县。八年,奏请改归者,又十八州县。二十三年,又请改归者五州县。其余或将丁银一半及三分之一归入地粮,或将丁银统按下则征收,以余额归地,或将无业穷丁删除,以应征银摊入地粮,如此调剂者三十七县。此外二十六州县,仍丁粮分征。其后御史疆臣,屡以为言,道光十七年,始渐次全摊归地赋云			

地丁为国家收入之大宗,应视田土垦荒之数,以为盈缩。历朝田额,前已略著之矣,今将粮赋总目,表之于下:

年 代	赋 银	漕 粮
顺治十八年	二一五七六〇〇六两	六四七九四六五石
康熙二十四年	二四四四九七二四	四三三一一三一
雍正二年	二六三六二五四一	四七三一四〇〇
乾隆十八年	二九六一一二〇一	八四〇六四二二
三十一年	二九九一七七六一	八三一八七三五
嘉庆十七年	三二八四五四七四	四三五六三八二

至各省总额,历朝亦有损益,不可悉记。前于科则表中,已略记其大数矣。惟以官吏胥役舞弊侵渔之故,实征之额,每不能与应征之额以相应。况强豪抗拖,贫玩逋欠,逐年积累,亦无复有清还之望。而州县私派加征,人民完纳之税,又必较法定之数为多也。是以国家计画之收入,不惟不能得实在之数,尤不能以此衡定人民之负担,今只将道光二十年以后

应征、实征之额，略示于后，可以借知其大凡矣。

省别	额　征	实　征 道光二十一年	实　征 道光二十二年	实　征 道光二十五年	实　征 道光二十九年
直隶	二五五六八六六两	二六二一九一二两	二五四六七四六两	二五一六八七二两	二六一一〇七九两
奉天	四三八六五	三七六二八	全完	四九〇六六	四九一一九
江苏	三六二五八一四	三五六三六八六	二五三一三二〇	二八九一〇二三	
安徽	一八〇七五六三	一八七七二八五	一七九八八〇〇	一七九七三三二	一三三〇一九一
江西	二二四九三三〇	二二九二三六〇	全完	二二三七一三三	二一六三二八二
浙江	二八〇八七一八	一八八七〇四六	二一六〇八六一	二三二〇二二二	一六〇八四〇一
福建	一四二一五四四	一四五一三六二	全完	一四六〇二二一	一三九四〇四三
湖北	一一四四二〇八	五二八四八六	六四〇七六五	七四三二〇三	三三四一七九
湖南	九一二六四三	八七一三七七	八八五六三一	八九九八六四	八二五七四八
河南	四三五四五四三	二九二五五二四	三五六九二九四	三七三〇二一三	二八二四七〇三
山东	三五八九六九四	三〇三四一五一	二九四〇二九三	二七九五五七六	二一〇八三三四
山西	三一五八八九〇	三一四〇三〇三	三一二三八七九	三一〇九九〇九	三〇九九三三六
陕西	一六七四九三五	一六九一六三五	一八九一六四八	一六七五九三一	一六七九七六八
甘肃	三二四七二四	三三〇四四三	全完	三二七四一四	三三三八二九
四川	一〇六二三八〇	一〇八九一七六	全完	一〇五七三八一	一〇九七一四九
广东	一一一九〇六六	一一三六八八九	一一〇七九二〇	一一〇七六五八	一一三〇一六五
广西	六九四九八四	九六〇二二一	全完	六八八三九三	七七八一〇五
云南	六六九一四四	八六二九二九	全完	六八二六八三	六五三一二五
贵州	一三〇三〇七	一二九四三一	全完	一二五八〇六	一二三五〇二
总计	三三三四八〇三七	二九四三一七六五	二九五七五七二二	三〇二一二八〇〇	三二八一三三〇四

据上表:道光实征之额,惟二十九年之数最多,亦与嘉庆十七年之数目大致相同。溯之乾隆十八年时,其数与道光二十二年略等,故一百年间,政府收入,无大变化。大要言之:顺治时代,地丁收入,总不过二千万两左右,康雍则增至二千五六百万。乾隆以后,大约在三千万两上下,其数直至清末,皆无大出入云。

(二) 耗羡

一称火耗,自明已有之。然考唐之制,尝于地方官征税有羡余者赏之,因此争于定额之外,另加科派,以为进身之阶者,盖由来远矣。火耗本为州县私加之附税,清初屡有厉禁,然禁之而不能,则微示其意而为之限,限之而不能,乃明定其额而归公。自火耗归公,各省文职养廉二百八十余万两,及各项公费,实取诸此。火耗之征收,与田赋一制,或纳银钱,或纳谷米。至其科则,则各省不同,而一省之中,彼此州县亦异,要视各处历史之惯例,与官吏之贪否而定,固不必问政府法定之额若何也。康熙之时,各省耗羡,每两多不过一钱,独湖南加至二三钱,清廷为择廉介大吏,令禁约所属;然至末年,则陕西又有加至四五钱者,亦可见此风之有加无已矣。雍正初年,加耗不过几分,而江南自六年以后,已递增至一钱,故乾隆继位,即有"可减而决不可增"之谕。若就各处之均额计之,大概在一钱以上,若四五分者,实居少数也(少自浙江仁和、钱塘二县,每两加耗四分,多至云南二钱,惟直隶、涿州、良乡、昌平、顺义、怀柔、通州、三河、苏州不加耗)。今将各省征额,表示如下:

直 隶	三〇二二六六两	山 东	四七三一三四两
山 西	三六九二五四	河 南	四二一一一七
江 苏	四七八四八〇	安 徽	二三八二七三
江 西	三三三〇三二	福 建	二二六六九七
浙 江	一六二三六二	湖 北	二八五九〇八

续　表

湖　南	一五八九四六	陕　西	二三四一七四
甘　肃	一五二八三〇	四　川	二九二九〇〇
广　东	二三二七六三	广　西	四三一〇七
云　南	一八〇〇〇〇	贵　州	六二八六一
奉　天	〇九二七八	合　计	四六四五三一〇两
注：以上系随正赋征银之火耗，其纳谷者，亦有定额，当于下目述之。			

（三）漕粮

漕粮征于各省，以输送于北京，供官兵俸饷之用者也。有正兑、改兑、白粮、改征、折征之分。各省原额米三百三十万石，以运输于京师之仓者，为正兑；各省原额米七十万石，以运输于通州之仓者，为改兑。自历年折改荒阙，至乾隆十八年，实征正兑米二百七十五万，改兑米五十万各有奇（以是年奏销册为准）。其随时截留蠲缓者无定数。白粮出于苏、松、常、太、嘉、湖六府，原额糯米二十一万余石，乾隆二年，以民间输纳白粮，费用较重，乃定宾祭所需二千余石外，其余王公官员俸米，禁城兵丁内监食米，减半以杭米抵给，于是实征白粮不过十万有奇。改征出于特旨，无常例。如雍正十一年，改征山东、河南黑豆十二万石，乾隆间亦屡有改征以抵额漕之米。折征之目有四：一曰永折米。江苏等省通折三十六万石有奇（每石折银五钱五分至八钱）。一曰灰石米折。初有给军办运灰石之米，顺治十七年，改征解部（每石征银一两六钱）。二者本额粮，而征折色。一曰减征。河南州县，有折征于此，而酌拨代征本色于彼者，以水次远近别之。一曰民折官办。其制不同：有先动正项购运，而照价征还者；有民户折纳，而后官为办运者；有拨运别县耗米，而从民折纳者。兹将各省漕粮，列表于下：

	正兑正粮米麦豆等	耗　粮	改兑正粮	耗　粮	附　记
山　东	一七五三二四石	四三〇三二	八三五八〇	一四一七六	山东河南除正改兑粮外有截存蓟州之粮各二万八千五百石又江南白粮正米六九四四七石浙江正米三五五三石耗米江苏每石加征三斗浙江四斗共三万四千五百八十二石九斗有奇
河　南	一一五六九八	三一〇一〇	五六二二二	九五五七	
江　南 江安属	二八八〇七六	一〇三三〇五	一〇一〇六四	二五八二五	
江　南 苏松属	一〇四〇〇三三	四一六〇五三	九四八三二	二八四四九	
浙　江	五八五三八五	二三四一五四	二九三六五	一一七四六	
江　西	三五一二三七	一八六一五六	一五一三七九	八〇二三一	
湖　北	九四二四六	三七六九六			
湖　南	九五五一一	三八二〇四			

其总征之额,可以类别如下:

正兑正米	耗　米	改兑正米	耗　米	共　计
二五七八三三三石	一〇四三〇一四	四三五五〇八	一五六二六〇	四二一三六一五
正兑正麦	耗　麦	改兑正麦	耗　麦	麦豆惟征于河南山东二省共计麦六九四五九豆二八八三三〇
三四五六八	九〇六七	二二〇五八	三七六六	
正兑正豆	耗　豆	改兑正豆	耗　豆	
一七一四五六	三八三三一	五八五八四	九九五九	

上表为道光九年之定数,历朝增减不一,大概皆视此为少,其总数当不外原额四百万石左右也。至于耗费,皆随粮征收,科则甚重。大概正兑米一石,耗三斗五升,改兑米一石,耗一斗七升,皆或多至四斗。而南粮又

有随船作耗之米,自五升至二斗三升,以途之远近为多寡。山东、河南无船耗,其麦豆之耗与米同(耗粮之数已见上表)。费则以银,若米,米仍折银,其目曰赠帖银米(初军民交兑,常多取焉。顺治九年,定官收官兑,征赠帖银米以给军)。曰漕耗银米(耗外之米,以供官军兑漕及州县办公之用)。曰轻赍,易米折银(耗米之外,又征余耗米折银两,正兑谓之轻赍,改兑谓之易米折银)。先期征解仓场,为转运脚价之用。又出运,则有官军行月银米,有红拨船价,而席片、喲木、松板、毛竹,亦随漕附带。皆官定其额,取之于民以饷军。而蠹胥猾吏,因得料军之所入而取之,不盈不流,不竭不止。漕项之重,漕运之弊,盖有难言者矣。兹将总额列下,以见烦费扰民之一端也。

漕　　项　银一百八十五万三千九百两

白粮经费　银二十三万二千六十一两八厘　米五万七千五百四十八石九斗九升

虽然,清用官收官兑之制,其扰民究较前代为浅。惟经理漕运之官吏,则不免因之加多,既有漕运总督总理粮储,又有督粮道分掌督运,此外更有巡漕御史四人,监兑官押运官多人,所耗甚巨。而船舶之建造修缮,兵丁之沿途骚扰,地方官吏之供给,运河水道之疏浚,每年所费,为数不赀。末年改为折色,而政府收入,因之大增,是亦财政制度当然进化之现象矣。

(四) 租课

租课为学田、芦地所征之税,亦一种之地租也。芦课《会典》则列为杂赋。兹分别说明于后:

一、学租　政府为培养人材起见,于各省设置学田,以为兴学之用,凡一切学费及春秋祭典,皆以其租银办理之。据《乾隆会典》所载十八年之统计,全国学田计一万一千五百八十九顷有余,今将各省田额租粮,表之如下:

	额　　数	租　　银	租　　粮
直　隶	一四二九顷八八亩	二七七六两	一九一六石
山　东	四一七顷七二亩	一三二九两	
山　西	二七七顷九八亩	二五七两	一六石
河　南	二一〇顷七一亩	九六五两	
江　苏	四一八顷五八亩	五四九一两	
安　徽	二二〇顷一八亩	一六四〇两	
江　西	六八顷	一八两	八四一七石
福　建	九〇顷七〇亩	一五四两	一二四九石
浙　江	三〇〇顷一七亩	三〇五〇两	
湖　北	一二〇顷五七亩	八三二两	一九二石
湖　南	七三〇〇顷八〇亩	二九两	四三五八石
陕　西	五五顷二〇亩	一五四两	一二四九石
甘　肃	三一一顷二五亩	八九两	一二九四石
四　川	二三顷(田不起租以赋给贫士)		
广　东	一五一顷一六亩	一九三〇两	
广　西	一三四顷七亩	一〇七三两	三二石
云　南	一四顷八八亩	三六两	五九一石
贵　州	四四顷一八亩	二四六两	四八七石
共　计	一一五八九顷三亩	二〇〇六九两	一九七〇一石

二、芦课　江苏、安徽、江西、湖南、湖北各省，沿海沿湖沿河之地，其岸多为芦苇丛生之田，此等芦田，荒芜既久，人民渐占领而开垦之。地方官因查勘其地，课之以税，谓之芦课。芦洲虽年生年缺，然亦定亩分类，每亩之税，亦各不同。今据《政典类纂》所载，分记芦课于下：

江 苏	(芦地)四四七九七顷九八亩	(芦课)一五三二〇〇两
安 徽	二七七六二顷五六亩	五〇三四七两
江 西	四四一六顷九七亩	六〇五三两
湖 北	一〇七一顷三一亩	一〇六六三两
湖 南	二四五七顷	一五九四两
合 计	八〇五〇五顷八二亩	二二一八五七两

课额增减不定,至光绪末,则共减为十二万四千九百七十四两云。

四十五 收入(下)杂赋

(一) 盐课

齐国征渔盐之利,是为盐政之起源。自是以后,历代政府,亦无不注意于此,以为国家财政之一大收入。清初特设盐政,不久废之,使各督抚兼摄。其运使等官,已分别说明于前矣(见卷上第十九章七十七节中)。产盐之区,长芦、山东、河东、两淮、两广、福建、甘肃、四川、云南凡十余处。各处销售之法,亦至不一:有官督商销。即政府给引票与商人,据引购盐,以贩卖于行盐引地者也。有官运商销。即政府自购盐场之盐,运于官设之栈(大者为督销局,小者为盐公堂),俾盐商购卖者也。有官运官销。即政府运栈而自卖者也。有包课。即偏僻省分之产盐地,许民间自制自用,而课以税银者。四者之中,以官督商销最为通行,即如今世之所谓特许商也。行盐有引票,引票者,贩卖食盐之特许证也。引票运销之量,皆有定数,不得妄加。其数量以引为单位,每引斤数,各处不同,亦时有增减。引有引地,引地者,一定之专卖区域也。票无一定之专卖区域,可任意通行于全国,惟关卡税厘,必须按定则完纳;若引则可免也。兹就各省岁课,列表于下(据《熙朝纪政·直省盐课表》):

出盐区域	行盐引地	引额	每引斤数	每引征课	盐价每斤	灶课	引课杂课税课包括在内
长芦	行销直隶河南	引一百一万六千零四十六道	行盐三百斤	四钱六分六至五	二文五毫至十四文	八场征银一万三千余两报拨	额征银六十四万七千三百七十三两零
两淮	江西湖南湖北安徽江苏河南	南引(两江两湖)百三十九万五千五百十引北票(江南河南)二十九万六千九百八十二道	行盐四百斤	八钱三分四厘零至一两一钱七分二厘不等	一分七厘至三分不等	二十三场征银九万五千八百八十余两	额征三百三十五万五千三百二十七两有奇
山东	山东江苏	引五十五万五百道票十七万一千二百四十张	二百二十五斤余	一钱六分七厘至二钱四分五厘不等	五文至十八文	八场征银一万五千余两	额征三十一万六十七两有奇内民运票课征银二万四百余两商课征银十七万四千六百余两
河东	山西陕西河南	正余引七十万八千八百二道土盐引四万二千百五十一道	二百四十斤	四钱一分六厘零征公务官钱银二钱九分二厘	自二十三文至二十八文不等		征银五十三万三千三百四十七两
两浙	浙江安徽江苏	引七十万四千六百九十八道票十万六百九十八道	三百三十五斤至四百斤八百斤不等	一钱九分零至四钱二厘零不等	同前	二十九场征银十一万四千余两	征银九十万七千二百八十一两有奇
福建	福建	引九十三万二千四百八十五道额外引十二万三千道	百斤至六百七十五斤不等	七分五厘至二两八钱三分零	同前	十六场征丘折银万四千余两	征银三十三万三千十两有奇
广东	广东广西贵州福建	两省共引八十一万四千五百九道	二百三十五斤至二百六十四斤三百二十三斤不等	一钱五分三厘零至一两三钱三分四厘零不等	每包价银自八钱九分至五两一钱不等以百五十斤为一包	二十二场征银万四千余两	额征银六十一万二千百六十二两有奇
广西	引地同广东						西税征银七万八千二百九十三两有奇

续 表

出盐区域	行盐引地	引 额	每引斤数	每引征课	盐 价 每 斤	灶 课	引课杂课税课包括在内
四川	四川湖北	水引二万九千五百十六道陆引十三万七千八百七十八道余引五千道	水引行盐五千斤陆引行盐四百斤	水引三两四钱五厘零陆引二钱七分二厘零		八千六百二十九井征锅课银万四千余两	额征银二十八万八千二百四十七两有奇
云南	云南	票十三万二百二十七张(由道给)	每票行盐三百斤	二两一钱一分五厘零	(三省盐价随时涨落无定)		征银三十七万三千七百七十一两
甘肃	甘肃	引七万二千六百八十八道	百七十八斤五两至二百斤及三百斤二两不等	二钱一分五厘零至一两一钱七分三厘不等			花马小池等处征银二万九千三百九十五两零
贵州	广东引地						盐税征银七千六百十五两
合计						共征银二十八万余两	共应征岁额银七百四十七万五千八百七十余两

上表均系定额征数,实际上恐未必能准此而无所变更也。各课总计岁额银七百四十七万余两,据道光年间户部实征数目,都不过五百万两上下,所差如此之多,盐政之弊,亦从可知矣(《乾隆会典》直省共行销六百三十八万四千二百三十一引,课入五百五十六万五百四十两有奇)。复次,则略述嘉道以前,盐政之大况:明末,天启、崇祯之际,盐课加派,名色甚多。清初减轻人民负担,但就万历年间旧额,按引征课,加派者悉行蠲除。康熙初,诏蠲免各省积欠盐课。其后屡减免广东、山东、两淮、浙江等处盐课。盖其时财政充裕,不恃盐利以资国用。然而员司额外科派,其弊害业已大著矣。至雍正时,官吏之诛求,更甚于前,盐商遂不得不与之结纳;盐商既结纳官吏,遂有所恃而朘削小民。自是官与商皆得法外之利益,而国家与人民两蒙其害。迄于乾隆,国用浸广,盐课岁入五百余万两,较清初加至十倍。开报效之端,定帑息之法,盐务渐至败坏。每遇庆典军

需稍大者,淮商报效数百万,广东亦以百万为率,尔时盐商之富,略可知矣。然乾隆四十七年豁免淮南商人未完银二百万两,四十九年又豁免两淮价引余利银一百六十三万余两。以非法之报效,而免经常之课额,可谓是非颠倒矣。

(二) 关税(附《竹叶亭杂记·嘉庆核减关税赢余数目》)

清初之关税,即今所谓常关税者也。其江苏、浙江、福建、广东四省之海关,则与现在所谓新海关者性质相近。迄今仍与新海关并存,其与新海关有别,不待论矣。关税有正税、商税、船料税三种:正税按出产地道征收之,商税则按物价,均为对于货物之税;船料税按船之梁头大小征收之,以船舶为课税之客体者也。清初税制极为谨严,刊刻关税条例,竖立木榜于直省关口孔道,晓谕商民,以杜员司之滥征苛敛。然至乾隆初年,税制渐就紊乱。已有私增口岸,滥设税房之举。又有铺户代客完税,包揽居奇积习。而关吏各种需索陋规,亦已相继而起矣。道光二十二年,鸦片战争之结果,与英国订五口通商之约,于是关税之征收方法,大异于前。而关税收入,亦骎骎为经常入款之大宗。然而旧时海关,虽屡经改革,迄今犹不能裁撤也。

各省关税表(一)附工部关税表

	关别(尚有分关纷繁不具列)	征收总额(大清会典乾隆时数)
京　师	崇文门　左翼　右翼　通州	十三万四千八百十八两
直　隶	天津　张家口　山海关　龙泉关　紫荆关　独石口　蟠桃口　古北口	十四万三千六百八十八两
盛　京	奉天关　湖纳湖河　辉发莫钦　白都讷　中江关	二万四千一百十九两
山　东	临清关　东海关	四万三千二百零五两
山　西	杀虎口　归化城	一万六千九百十九两(?)
江　苏	江海关　浒墅关　淮安关　扬州关　兼由闸　兼庙湾口　西新关	一百二十二万九千七百二十一两
安　徽	凤阳关　芜湖关	六十万四千七百四十五两

续　表

	关别尚有分关纷繁不具列	征收总额大清会典乾隆时数
江　西	九江关　赣关	四十四万四千九百十六两
福　建	闽海关	三十三万七千八百十三两
浙　江	浙海关　北新关	三十万四千二百十六两
湖　北	武昌关　荆关	九万五千五百八十四两
湖　南	辰关	一万六千四百二十二两
四　川	夔关　打箭炉	十八万二千七百八十九两
广　东	粤海关　太平关　北海关	六十五万二千四百八十五两
广　西	梧厂　寻厂	十万八千八百二十九两
	合计	四百三十二万四千九百七十七两

附工部关税表(《会典》:“凡天下之关津,户部掌之,其隶于工部者,专税竹木,若商旅辐辏之地,兼税船货,因地制宜。”)

蟠桃口	七千六百四十五两	古北口	一千十二两
杀虎口	七千六百四十六两	武元城	一千二百三十一两
宁古塔辉发莫钦	三百七十两	砖版闸	四千五百七十二两
龙江关	五万七千六百七两	宿迁关	四万八千八百八十四两
瓜仪由闸	七千六百六十六两	芜湖关	七万一百四十六两
南新关	三万二百四十七两	荆　关	一万七千十九两
辰　关	一万二千五百两	渝　关	五千两

各省关税表(二)据《石渠余纪》填录

户部二十四关	定额	道光二十一年实征	道光二十五年实征	道光二十九年实征	留支岁出
崇文门	一〇二一七五两 盈余无定额	三二三一六六	三一五六二七	三二三七三九	三五一〇三.二五
左翼	一〇〇〇〇 盈余无定额	一二一〇八	一一七八八	一〇六三三	八六三二.六一
右翼	同前	一一二〇〇	一〇八一三	一〇五八一	八六六二.七
坐粮厅	一二三三九	一二三八七	一二三八九	一二四一九	八九一四.〇九
淮安关	三二八六七九	二五五七六〇	一八一〇二二	一四六九一六	一四六九一六.九一 尽数拨支
浒墅关	四四一一五一	二七二五四〇	三二二三六四	三四〇二八〇	三四〇二八.八四九 尽数拨支
扬州关	一六三七九〇	一六三八〇八	一一八〇四九	一一八四五三	一一八四五三.〇六三 尽数拨支
芜湖关	二二九九一九	二七二九四七	二七四一一七	二七四三二九	二四三〇四三.五三
西新关	七四三七六	四二六一二	四一四八一	四一八九二	尽数拨支
凤阳关	一〇七一五九	一〇七一七九	一〇七二七八	一〇六三〇三	尽数拨支
江海关	六五九八〇	五七〇四六	七九八二一	七二九九七	尽数拨支
天津关	八八一五六	八三六一八	八二五二八	五三五四七	四四八九四.五七
临清关	四八三七六	五五〇九五	五九七三九	八五四四一	六八三九七.一八
九江关	五三九二九一	五六二九三二	四五一七四〇	五七九〇一三	尽数拨解
赣关	八五四七〇	九三〇四八	九三一八四	九三七七一	八五三一四.八七四

续　表

户部二十四关	定　额	道光二十一年实征	道光二十五年实征	道光二十九年实征	留支岁出
北新关	一八八〇五三	一八八五六六	一八八五二五	一八八四九八	一五八九五五.九三九
浙海关	七九九〇八	如额	七八〇一八	如额	尽数拨支
闽海关	一八六五四九	一九九四六五	一八五九五五	一九三〇一二	一八六〇一二.八〇八
太平关	一二八一七五	一三五二四五	一三五二五三	一一八六四三	一五〇六三.一六四
粤海关	八九九〇六四	八六四二三二	二三六二一六四	一四二九七六六	八〇七七六八.六二
山海关	一一一一二九	六一七六〇	六一七〇二	六二六九五	四一四九四.一三七
张家口	六〇五六一	二〇〇〇四	同上	同上	二〇〇〇〇
杀虎口	三二三三三	一六九一九	同上	同上	一一八八.三
归化城	一六六〇〇两 又钱九〇〇〇串	二三五六五	二三四一八	二二七四九	六〇五〇.二二
共　计	三九八九二二三两 又钱九〇〇〇	三九一五一〇六	五二三八八九七	四四〇一五〇八	三二二五二六一
工部五关					
龙江关	一一二六〇七	九五七四〇	一〇〇九〇〇	一二〇九三七	
芜湖关	一三六八五三	一〇一〇二一	一一七一九六	一一七〇八一	
宿迁关	五六六八四	五九四二六	二六九三四	二七六四八	
临清砖版闸	八三七二	六一五五	七二七一 （二四年奏销）	七四五三	
南新关	四九四六九	三〇二四七	同上	同上	
共计	三六三九八五	二九二五八九	二七二五四八	三〇三三六六	

就上二表,通计户工各关,正税盈余银四百三十五万二千二百八两有奇。而道光二十一年实征银四百二十万七千六百九十五两,二十五年实征银五百五十一万一千四百四十五两,而二十九年则又四百七十万四千八百七十四两云。

〔附记〕 姚元之《竹叶亭杂记》云:“各关征税,国初定有正额,后货盛商多,遂有赢余。而司榷者竞货取以求胜,于赢余一项,更有比较上三届最多年份之例,见好者固日渐加增,缺数者亦时多赔累。上洞悉其弊,嘉庆己未三月,分别减核,著为定额。其三年比较之例,永停。而是年有德御史新以山海关减数,较每年所解,少至二万五千余两,请增二万两,其余仿此酌增。上掷还原折,切谕其非。然自核减后,九江关犹亏缺二十六万余两,后其任者,遂于木料过时,多报其数,厚征以补其缺。国家之税,量货而征,加则不可。于是以少为多,商虽怨而无如之何。余过九江关,船户言:‘此船向报税银五两,今当七两有余。’盖本一丈者,量为一丈数尺,以此取盈焉。”

嘉庆四年核减工关赢余数目:

辰关三千八百两　武元城二两　临清关三千八百两　宿迁关七千八百两

芜湖关四万七千两　龙江关五万五千两　荆关一万三千两　通永道三千九百两

渝关　由闸关　南新关　潘桃口　潘家口　古北口　杀虎口
以上本税正额之外向无盈余。

嘉庆四年核减户关赢余数目:

太平关七万五千五百两(额税四万六千八百二十九两零)

粤海关八十五万五千五百两　九江关三十六万七千两　淮安关

十三万一千两

海关庙湾口三千八百四十两　闽海关一十一万三千两　芜湖关十二万两

扬州关七万一千两　浒墅关二十五万两　西新关八万八千两

凤阳关一万七两　江海关四万二千两　赣关三万八千两

北新关六万五千两　浙海关四万四千两　天津关二万两

临清关一万一千两　坐粮厅六千两　崇文门十七万三千二百两

左翼一万八千两　右翼七千三百二十两　夔关十一万两

武昌关一万二千两　归化城一千六百两　梧州厂七千五百两

浔州厂五千二百两　打箭炉向无例额照例尽收尽解　山海关四万九千四百八十七两零

杀虎口一万五千四百一十两零四　张家口四万五百六十一两零

(三) 茶课

清初沿明旧制,定陕西茶马事例,设专员理之,曰巡视茶马御史。茶马者,召商茶以易番马,上马给茶十二篦(十斤为一篦,十篦为一引),中马给九,下马给七,所易马牡者给边兵,牝者付所司牧孳。康熙中,停止巡视茶马专员,归巡抚兼管。茶马之事渐衰,而茶税之征收,亦渐有定制矣。先是明季茶引,系茶马御史自行印发,故引有大小之分。清引俱从部发,然仍以为中马之用而已。至雍正八年以降,始定茶税征收例。由户部颁发茶引于各地方官,茶商必有引,始能往产茶处购茶。无引者谓之私茶,其犯禁与私盐同。其初川省行茶,皆论园论树,以定税额。八年,以此制未尽允当,改照斤两收纳,定每斤征收银一厘二毫五丝,令各商人于茶价银内扣存,即随引税赴地方官照数完解。凡引各省有无多寡不等(直隶、奉天、山东、山西、河南、福建、两广无茶引,余或多或少),纳课轻重亦不一(有课、有税、有纸价,各省不同。浙江以茶课办黄茶)。惟乾嘉以还,各省产茶日旺,茶引亦渐增,是时共行茶六十九万八千六十三引云(此数见日本东亚同文会所编之《中国经济全书》,惟各省分额,凌乱不确,或系抄印之误,故下表不能据此开列也)。兹将各省定额,据《皇朝通典》所载者,表之如后,各省产茶之多寡,亦可于此觇之矣。

江苏省　一万五千道

安徽省　六万九千九百八十道(正引)余引一五一〇〇道

江西省　二千四百三十八道额征银三百六十五两七钱(《户部则例》作二六三八道)

浙江省　十四万道北新关每引征税二分九厘三毫

湖北省　二百三十道额征银二百三十两(《户部则例》作二四八道)

湖南省　二百四十道额征银二百四十两

甘肃省　二万八千七百六十六道额征银六千二百六十六两三钱二分六厘

四川省　十万六千一百二十七道额征银一万三千一百二十八两二钱七分五厘税银四万五千九百四十二两三钱七分八(《户部则例》作一一四七四八道余引五〇〇〇道)

云南省　三千道额征银九百六十两(每引纸价三厘税银三钱三分)

贵州省　二百五十道(福建为产茶区,而无茶引,可异也)

按茶课除江、浙额引,由各关征收无定额,湖广、江西课不过千余两,即甘肃、四川,号为边引,亦只六七万金而已(《石渠余纪》)。咸丰以后,普设厘卡,而茶税始重。江西每引征银二钱,出省加一钱五分。

(四) 牙税与当税

凡城厢衢市山场集镇,舟车所辏,货财所聚,择民之良者,授之帖以为牙侩,使辨物平价,以通贸易,而税其帖,曰牙税。故牙税似一种营业牌照税。清初于各省设牙帖之额,由藩司颁发牙帖,而收其课,报部存案。(雍正十一年谕内阁:“各省商牙杂税,额设牙帖,俱由藩司颁发,不许州县滥给。近闻各省牙帖,岁有增添,即如各集场中,有杂货小贩,向来无藉牙行者,今概行给帖。而市井奸牙,遂借此把持抽分利息,是集场多一牙户,即商民多一苦累,甚非平价通商之本意。着直省督抚,饬令各该藩司,因地制宜,着为定额,报部存案,不许有司任意增添。")后以给帖征税之权,操诸各省,中央收入,不能增多,乃更改旧制,凡牙帖皆由部发,各省按所给多寡,以其税解部。其税则大约分为三等:上则纳银三两,中则二两,下则一两,亦有减为二两、一两五钱,或八钱、六钱、四钱者,纷繁不可悉记。牙帖之数,以河南为最多,约七万六千九百九十二张,以云南为最少,只九十二张。合京城各省奉天计之,约十七万八千八百余张,其税额则不详云。当税者,对于典铺及小押铺所征之税也。其性质与牙税相近,牙税由牙帖而生,当税亦由当帖而生。顺治九年,规定直省各当铺,年纳税银五两。康熙三年,令京城当铺,纳税如外省例。嗣又规定各当铺按其等级,每年纳税银五两,或四两,或三两,或二两五钱不等云。

(五) 契税与落地税

契税之法,清初变更綦多。顺治四年,定凡买田地房屋,增用契尾,每两输银三分。康熙十六年至三十一年,增定江南、浙江、湖广、山东、山西等省契税。雍正七年,准契税于额征外,每两加征一分,以为科场经费。是时田文镜创为契纸契根之法,预用布政司印信,发给州县,行之既久,书吏夤缘为奸,需索之费,数十倍于从前。十三年奉谕停止,令嗣后民间买卖田房,仍按旧例,自行立契,按则纳税。乾隆元年,经广东巡抚杨永斌奏请仍复契尾旧例,至十二年因议覆河南布政使富明之奏,量为变通,申定税契之例:凡民间买置田房,令布政使司颁发契尾格式于州县,编列号数,前半幅照常备书业户等姓名,买卖产业数目,价银税银若干,后半幅于空白处,预钤司印,以备投税时将契价税银数目,大字填写钤印之处,令业户当面截开,前幅给与业户,后幅同季册汇送布政司查核。所以杜衙门停搁,胥吏改换之弊也。此制亘清末而未改,即所谓红契者是矣。未税之契,谓之白契,清制对于不投税无契尾者,有事发照漏税例治罪之律,然实际上则白契与红契固亦有同等之效力也。故人民完纳此税者甚少,而税亦岁无常额。落地税者,水陆之珍,自远至者,由官吏课以相当之税也。清初沿明末陋习,各市集乡镇,均有落地税。其收入之款,交由地方官留作地方公费,不入国税正额。可视为吾国地方税之起源。然当时虽美其名曰留充地方费用,实则不过以之饱贪吏之囊橐,非善政也。且落地税无专法,附于关税则例,地方随时酌收,无定地,无定额,故其流弊所及,即属箕帚、薪炭、鱼虾、蔬菜之微,亦一律在课税之例。且贩于东市,既已纳课,货于西市,又复重征,遂为恶政之尤。雍正十三年,谕令落地税在府州县城内人烟凑集,贸易众多,且官员易于稽查者,照旧征收。若乡镇村落,则全行禁革,然后其弊始稍戢(事在乾隆即位后,谕旨见第一章第二节中小注)。

清代赋制,除以上所述者外,尚有矿课、渔课等,前者为开采金属之税,后者为川泽捕鱼之税,矿课视出产之众寡,岁无常数。渔课沿明旧制,设河泊所大使,江西二,广东三,以稽其征,岁课约二万四千余两(只江南、江西、福建、浙江、湖南、广东数省,依乾隆十八年统计)云。

四十六　支　出

凡岁出之款十有五:一曰陵寝供用之款,二曰交进之款,三曰祭祀之款,四曰仪宪之款,五曰俸食之款,六曰科场之款,七曰饷乾之款,八曰驿站之款,九曰廪膳之款,十曰赏恤之款,十一曰修缮之款,十二曰采办之款,十三曰织造之款,十四曰公廉之款,十五曰杂支之款。此内占岁出之大宗者,厥为饷乾、公廉、俸食之数项,皆官兵之经常费也。他如修缮之糜于河防,驿站之每多流弊,采办织造之奢饰,廪膳赏恤之济民,皆当分别详述,余或附见,不具悉也。

(一) 官吏之薪俸(俸食、养廉、公费、红白事例)

官吏之报酬,其类有三:曰俸食,曰养廉,曰公费。俸食者,国家酬庸官吏之正薪也。养廉者,国家以官吏之俸食过少,为养成其廉节计,别授以银,补其俸食之不足也。公费者,则名为办公之用,实亦官吏之囊物也。三者皆有定额,兹分别述之如下:

一、俸食

1. 宗室功臣世爵岁俸表

宗室世爵	岁俸银	禄米	功臣世爵	岁俸银	禄米
亲王	一〇〇〇〇两	五〇〇〇石	一等公	七〇〇两	三五〇石
世子	六〇〇〇	三〇〇〇	二等公	六八五	三四二.五
郡王	五〇〇〇	二五〇〇	三等公	六六〇	三三〇
长子	三〇〇〇	一五〇〇	一等侯兼一云骑尉	六三五	三一七.五
贝勒	二五〇〇	一二五〇	一等侯	六一〇	三〇五
贝子	一三〇〇	六五〇	二等侯	五八五	二九二.五
镇国公	七〇〇	三五〇	三等侯	五六〇	二八〇
辅国公	五〇〇	二五〇	一等伯兼一云骑尉	五三五	二六七.五
一等镇国将军	四一〇	二〇五	一等伯	五一〇	二五五
二等镇国将军	三八五	一九二.五	二等伯	四八五	二四二.五
三等镇国将军	三六〇	一八〇	三等伯	四六〇	二三〇
一等辅国将军兼一云骑尉	三三五	一六七.五	一等子兼一云骑尉	四三五	二一七.五
一等辅国将军	三一〇	一五五	一等子	四一〇	二〇五
二等辅国将军	二八五	一四二.五	二等子	三八五	一九二.五
三等辅国将军	二六〇	一三〇	三等子	三六〇	一八〇
一等奉国将军兼一云骑尉	二三五	一一七.五	一等男兼一云骑尉	三三五	一六七.五
一等奉国将军	二一〇	一〇五	一等男	三一〇	一五五
二等奉国将军	一八五	九二.五	二等男	二八五	一四二.五
三等奉国将军	一六〇	八〇	三等男	二六〇	一三〇
奉恩将军兼一云骑尉	一三五	六七.五	一等轻车都尉兼一云骑尉	二三五	一二七.五
奉恩将军	一一〇	五五	一等轻车都尉	二一〇	一〇五
			二等轻车都尉	一八五	九一.五
			三等轻车都尉	一六〇	八〇

续 表

宗室世爵	岁俸银	禄米	功臣世爵	岁俸银	禄米
固伦公主皇后所生之女	四〇〇	二〇〇	骑都尉兼一云骑尉	一三五	六七.五
和硕公主诸妃所生之女	三〇〇	一五〇	骑都尉	一一〇	五五
郡主亲王女称和硕格格	二五〇	一二五	云骑尉	八五	四二.五
县主郡王女称多罗格格	二二〇	一一〇	恩骑尉	四五	二二.五
郡君贝勒女	一九〇	九五			
县君贝子女	一六〇	八〇			
乡君镇国公女	一三〇	六五			

2. 外藩岁俸表

	科尔沁		喀尔喀杜尔伯特等		回部系住京者	厄鲁特
亲王	二五〇〇两	四〇缎匹	二〇〇〇两	二五匹		副都统之秩七十七两五钱散秩大臣三品总管及乌梁海总管皆六十五两
郡王各世子同	一五〇〇	二〇	一二〇〇	一五	米三八〇石	
贝勒	八〇〇	一三	各长子同			
贝子	五〇〇	一〇	同上			
镇国公	三〇〇	九	同上			
辅国公	二〇〇	七	同上		九五	
台吉一等	一〇〇		同上		四七.五	
台吉二等	八〇		同上		三八	
台吉三等	六〇		同上		二八.五	
台吉四等	四〇		同上		一九	
内大臣					四二.七五	九〇两

3. 官员品俸表

<table>
<tr><th>品　级</th><th>在京文武官员岁俸银京外文官同</th><th>俸米京外文官无</th><th>在外武官岁俸</th><th>薪　银</th><th>蔬菜烛炭银</th><th>心红纸张银</th></tr>
<tr><td>正从一品</td><td>一八〇两</td><td>九〇石</td><td>九五.八三二八一.六九四</td><td>一四四</td><td>一八〇</td><td>二〇〇</td></tr>
<tr><td>正从二品</td><td>一五五</td><td>七七.五</td><td>六七.五七六五三.四五八</td><td>一四四</td><td>一四四七二</td><td>一六〇</td></tr>
<tr><td>正从三品</td><td>一三〇</td><td>六五</td><td>三九.三四</td><td>一二〇</td><td>四八三六</td><td>三六</td></tr>
<tr><td>正从四品</td><td>一〇五</td><td>五二.五</td><td>二七.三九四</td><td>七二</td><td>一八</td><td>二四</td></tr>
<tr><td>正从五品</td><td>八〇</td><td>四〇</td><td>一八.七〇六</td><td>四八</td><td>一二</td><td>一二</td></tr>
<tr><td>正从六品</td><td>六〇</td><td>三〇</td><td>一四.九六四八</td><td>三三.〇三五六</td><td></td><td></td></tr>
<tr><td>正从七品</td><td>四五</td><td>二二.五</td><td>一二.四七一</td><td>同六品</td><td></td><td></td></tr>
<tr><td>正从八品</td><td>四〇</td><td>二〇</td><td></td><td rowspan="3" colspan="3">蔬菜烛炭心红纸张等银顺治五年定是时直省文官亦有薪菜炭烛纸张案衣家具等银至十三年京内文武官员及各省文官俱裁惟外省武官尚存其旧云</td></tr>
<tr><td>正九品</td><td>三三.一一四</td><td>一六.五五七</td><td></td></tr>
<tr><td>从九品未入流同</td><td>三一.五</td><td>一五 七五</td><td></td></tr>
</table>

案京内文官，于正俸外，加增一倍赏给曰恩俸，乾隆二年所定也。各省八旗驻防官员，除按品支给正俸外，各家共给口粮；将军都统以四十口计，副都统以三十五口计，协领以三十口计，佐领以二十口计，防御以十四口计，骁骑校笔帖式皆以十二口计，每口月给米二斗五升。凡颁俸文武官岁以仲春仲冬，外藩蒙古则专以仲春云。

二、养廉　一称公廉，外省文官，皆自耗羡银内支给，武职初以分扣兵丁名粮为养廉，乾隆四十八年始照文官例议给，所扣兵饷，令挑补实额，于是国家增一大支出，而为异日财政上虚耗之源。养廉之数，各省不同，要视所收耗羡之多寡而定其额，分表如下：

1. 文官养廉表

省别	总督	巡抚	布政使	按察使	道员	知府	知州	知县
直隶	一五〇〇〇两		九〇〇〇	八〇〇〇	二〇〇〇	二六〇〇 二〇〇〇	一二〇〇 六〇〇	一二〇〇 六〇〇
山东		一五〇〇〇	八〇〇〇	六〇五九	四〇〇〇	四〇〇〇 三〇〇〇	一四〇〇 一二〇〇	二〇〇〇 一〇〇〇
山西		一五〇〇〇	八〇〇〇	七〇〇〇	四〇〇〇	四〇〇〇 三〇〇〇	一五〇〇 八〇〇	一〇〇〇 八〇〇
河南		一五〇〇〇	八〇〇〇	八四四〇	四〇〇〇 三八九三	四〇〇〇 三〇〇〇	一八〇〇 一〇〇〇	二〇〇〇 一〇〇〇
江西		一〇〇〇〇	八〇〇〇	六〇〇〇	三八〇〇 二四〇〇	一四〇〇 一〇〇〇		一九〇〇 八〇〇
浙江		一〇〇〇〇	七〇〇〇	六〇〇〇	四五〇〇 二〇〇〇	二四〇〇 一二〇〇	一四〇〇	一八〇〇 五〇〇
湖北	一五〇〇〇	一〇〇〇〇	八〇〇〇	六〇〇〇	五〇〇〇 二五〇〇	二六〇〇 一五〇〇	一〇〇〇 二〇〇	一六〇〇 六〇〇
江苏	一八〇〇〇	一二〇〇〇	九〇〇〇 八〇〇〇	八〇〇〇	八〇〇〇 六〇〇〇	三〇〇〇 二〇〇〇	二〇〇〇 一〇〇〇	一八〇〇 一〇〇〇
安徽		一〇〇〇〇	八〇〇〇	六〇〇〇	二〇〇〇	二〇〇〇	一〇〇〇 八〇〇	一〇〇〇 六〇〇
福建	一三〇〇〇	一三〇〇〇	八〇〇〇	六〇〇〇	二〇〇〇 一六〇〇	二八〇〇 一六〇〇	一二〇〇	一六〇〇 六〇〇
湖南		一〇〇〇〇	八〇〇〇	六五〇〇	四〇〇〇 二〇〇〇	二四〇〇 一五〇〇	一三〇〇 九〇〇	一二〇〇 六〇〇
陕西		一二〇〇〇	八〇〇〇	五〇〇〇	二四〇〇 二〇〇〇	二〇〇〇	一〇〇〇 六〇〇	六〇〇
甘肃	二〇〇〇〇		七〇〇〇	四〇〇〇	三〇〇〇	二〇〇〇	一二〇〇 八〇〇	一二〇〇 六〇〇
四川	一三〇〇〇		八〇〇〇	四〇〇〇	二五〇〇 二〇〇〇	二四〇〇 二〇〇〇	一二〇〇 七五〇	一〇〇〇 六〇〇
广东	一五〇〇〇	一三〇〇〇	八〇〇〇	六〇〇〇	三四〇〇 三〇〇〇	二四〇〇 一五〇〇	一六〇〇 六〇〇	一五〇〇 六〇〇
广西		一〇〇〇〇	六〇〇〇	四九二〇	二四〇〇 二二〇〇	二〇〇〇 一三〇〇	一五二五 八二七	二二五七 七七六
云南	二〇〇〇〇	一〇〇〇〇	八〇〇〇	五〇〇〇	五九〇〇 三五〇〇	二〇〇〇 一二〇〇	二〇〇〇 九〇〇	一二〇〇 八〇〇
贵州		一〇〇〇〇	五〇〇〇	三〇〇〇	二五〇〇 二〇〇〇	一五〇〇 一二〇〇	八〇〇 五〇〇	八〇〇 四〇〇

2. 武职养廉表

驻防八旗				各省绿营	
盛京将军	二〇〇〇	副都统	七〇〇	提督	二〇〇〇
吉林将军	一五〇〇	副都统	七〇〇	总兵	一五〇〇
黑龙江将军	一五〇〇	副都统	七〇〇	副将	八〇〇
江宁将军	一五〇〇			参将	五〇〇
杭州将军	一五〇〇	副都统	六〇〇	游击	四〇〇
成都将军	一五〇〇	副都统	一〇〇〇	都司	二六〇
荆州将军	一五〇〇	副都统	六〇〇	守备	二〇〇
宁夏将军	一五〇〇	副都统	六〇〇	千总	一二〇
福州将军	一五〇〇	副都统	七〇〇	把总	九〇
广州将军	一五〇〇	副都统	七〇〇	经制外委	一八
西安将军	一五〇〇	副都统除附属将军者外尚有热河凉州乍浦江西京口归化青州山海关等处各一人或二人四人每人养廉银自五〇〇两至七〇〇两不等其余防城守尉二〇〇两各衙门笔帖式五〇两此驻防旗兵官员养廉之大略也			
绥远城将军	一五〇〇				

养廉支出之数，历年不能一致，今据《政典类纂》所载，分列于下：

文官养廉银　二八二〇三四三两
武职养廉银　一三五三五九七两
驻防养廉银　五一三七一两
合计　四二二五三一一两

三、公费　官员公费，自一品至九品，月给银五两至一两不等。各省计之，约二十余万两云。公费之外，又有役食，有杂支。役食或月给，或季给，或岁给，杂支则辨其款而给之。

又八旗绿营中，有所谓红白事例者，即官兵遇婚嫁、寿诞、丧葬、祭祀时之恩赏也。红事每人自一两余至四两各处不等,白事自二两至八两。合直省绿营计之,约二十三万余两,驻防八旗六万余两,京营十余万两云。

(二) 兵丁之饷糈

兵饷之制,前于卷上第二十章中已略述之矣。兹复详表如下:

一、八旗兵饷

甲、京营

前锋、亲军、护军催雇、弓匠长	月给银四两	皆岁支米四十八斛
(由觉罗补前锋亲军护军者月加饷一两)		
骁骑、铜匠、工匠	三两	
步军领催(炮手同惟岁支米三十六斛)	二两	岁支米二十四斛
步军(教养兵同惟不给米)	一两五钱	
铁匠	一两四钱	

官畜马驼每匹月给豆草折价银三两

乙、驻防(陆兵水师同)

骁骑、炮手	月给银三两月支米二斗五升
弓匠、铁匠	一两
水手、艌匠	一两至二两

马月支豆九斗至七斗五升草四十束至三十束

二、绿营兵饷

1. 京师巡捕二营

马　兵	月支银二两	皆月支米三斗
步　兵	一两	

马一匹月给豆草银二两五钱

2. 各省镇兵

马战兵	月支银二两	月支米三斗
步战兵	一两五钱	
守　兵	一两	

马一匹春冬月支豆九斗夏秋六斗草均三十束

三、亲兵坐粮　亲兵即护兵也，内自领侍卫内大臣，都统副都统以至参领副参领，自一名至八名不等，皆月给银三两，米折银一两。公、侯、伯、子、男、大学士、尚书、侍郎、学士、散秩大臣、王府长史，自一名至四名不等，皆月给饷银一两，米二斛。外直省绿营亲丁，则提督多至八十分，把总四分，马步不等，饷糈亦异也。

八旗京营驻防之人数，与绿旗各营之兵额，总计不下八十余万人（详数见前卷第二十章中，可参阅。大概京营八旗合巡捕五营共十万有奇，驻防兵约十万有奇，绿营合十八省计之，亦不下六十万人，故总额八十余万），而马驼则十一万六千余匹。故每年经费，虽岁出无常，平均估计当亦不下二千万两云。

（三）修缮之费（附河工另案表）

修缮之费，在国家岁出，亦为一大宗，其数常不下于官吏之正俸。就中用之于坛庙、城垣、府第、公廨、仓廒、营房等项者，每不及河工塘工之重大，兹特将河塘工程略记于后：

一、河工　河工之经费：有修防之费，有俸饷之费，有役食之费，有岁报图册之费；司其出纳者，江南有河道库，河南以开归陈道及彰怀道，山东以运河道，直隶以天津道、通永道、永定河道、大名道。出纳之数，由河道总督报销。凡工之当于冲溜者，用长桩大扫，增加其岁筑之费，而有定额，谓之岁修。或河流迁徙，及于三汛（一为桃汛。自清明节阅二十日为期。二为伏汛。自桃汛至立秋前为期。三为秋汛。以立秋至霜降为期。届期须各率其部下之官弁兵夫，预备物料，昼夜分防。如工固，河督乃驰奏安澜），偶被损坏，随时防护之，谓之抢修。抢修之外，复有专案。盖临时新兴之工程，别开报销者也。三者工费情形，嘉庆十年工部疏陈颇详，兹节录于后：

查河道工程，以岁修为最多。盖抢险之工，惟临时补救，岁修之工,则先事预防。每年水落归槽之后,通查各厅境内新旧之扫工,应行补厢加厢折厢各处,逐一估计,于桃汛前一律修竣。如春修后,偶有蛰刷,即随时厢垫,果实估实修,毫无偷减,则大汛经临,自足抵御。即或迎溜生险,应行抢护,而岁修之工已固,则抢修之费无多。以是岁修册内,每段用银自数千两至一二万两;而抢修之工,则每段旧例不得过五百两,即今加倍,每次亦不得过千五百两,且已划定制限,不得出此以外。专案听其报销,无论所费若干,不加限制。盖专案者,无工之所,新生扫工,或有工之所,添接归段,或旧经停修者,突经蛰刷,皆岁抢所不及之处,于其常案外,别开报销。而近年以来,遇河溜生湾之处,则奏办护扫工程,业已鳞次栉比,但当于岁抢两案内,使其实力修防,毋令流生他险,故奏请专案,不得以为常有。从前岁修抢修之工,其工项规定不得过五十万两,故厅员等因列价不敷,往往借专案之名目,虚估开报,通融办理。嘉庆十年,蒙恩加价两倍,岁修抢修之项,每年用银一百四十万,厅员等不得借口不敷,仍旧浮报,则专案工程,自当减少。近来见奏办之专案,比之从前工减之年,仍不见少,每年至需银二百万。又加价之后,滥工屡见,正溜旁趋,专案着重,则工程当少,而统计所销之钱粮,仍与常年相仿。

观此,则知河工岁修经费,乾隆以前旧规,至多不得过五十万。河员苦于列价不敷,往往借专案虚报开支。嘉庆以来,欲惩其弊,渐次增加经费至一二百万,而专案之浮开者,仍不见少,每年至需银二百万两,此工部所以有“实力查悉”之疏也。然每年总经常临时各费计之,其数固不下四百余万矣。

〔附〕 河工另案表

	道光二十五年	二十六年	二十七年	平均每年
东河	二〇五八〇〇七两	一九四七一二三	一七九八九八七	一九〇〇〇〇〇余
南河	三三〇四八〇八两	二九五三五二四	二七八五〇〇〇	三〇〇〇〇〇〇余

二、塘工　海塘工程之修防,江南以苏松太道,浙江北塘以嘉湖道,南塘以绍宁道,沿塘有塘长(江南每塘四里或五六里设塘长一人),有塘汛(沿塘五里或十里为一泛,每泛设一守兵,以资巡防),其工程,或用石,或用土,或用木柴,岁修由该管道察其境内之应修者,于冬至前核计,以上之督抚,督抚核实,方准兴工,工竣则以四月内具案报销。其经费究须若干,尚难确知,惟以乾隆南巡之时,海宁石塘之修,一掷动辄千数百万,则工费之浩巨,盖可知矣。

(四) 驿站及经费

各省于其阨要之处,设置驿站,以司邮递,州县官及驿丞掌之,以司道总其成。驿站起自京师,达于各处者,分四路:

(一) 东北路　自京师至盛京,以达于吉林、黑龙江。

(二) 东路　自京师至山东,分为二路:一达于江宁、安徽、江西、广东;一达于江苏、浙江、福建。

(三) 中路　自京师至河南,分为二路:一达于湖北、湖南、广西;一达于云南、贵州。

(四) 西路　自京师分二路至山西:一由关内,一由关外,更自山西以达于西安、甘肃、四川。

驿站之支销,有工粮银,牛马价,廪粮船费,租船费,夫役费,驿舍租银,医药费,杂项开销,各省款目,随在所定。直省均于田赋编征,遇钱粮蠲免,或州县有驿而无征,有征而不足时,则于藩库地丁银内拨用,奏销时由兵部、户部会核具疏。每年支出之银,据清末调查,约有二百万两云。驿站之中,有夫、马、车、船四项,兹分记如下:

一、驿夫　驿夫有水驿、陆驿两种:陆驿供当牧、舆台、奔走之役;水驿供舟楫牵挽之役,视事繁简,以为工食之标准。平常所雇驿夫,有定额,需用之时,就事差遣,若不敷用,则临时雇用民夫,计里授值。

二、驿马　按冲僻以差多寡,各有定数。若饷秣失宜,以致罢瘦,并强索民马充用者,皆以罪论。驿马死亡之数,岁有常额,故发给补买之价,亦各有差。

三、驿车　计人之多寡,物之轻重,以定应给之数,由兵部核给车票,沿途司驿官验票拨用官车,无官车者准扣雇。

四、驿船　江苏、安徽、浙江、湖北、湖南、四川、广东、广西均设船以供差使,船各烙号于上,以杜私赁私借。小修大修改造均责成驿传道经理,届期督抚报兵部,会工部察核题覆。

驿站之弊,由来已久,历朝官吏之论之者,时见不鲜。至嘉庆五年,湖南按察使百龄请裁汰长夫,以节经费,谓"各省驿站,原为驿递重要公文而设,近者地方擅行轻动,即无关于紧要公件,往往插羽飞驿,转形纷扰。甚或往来简程,亦用邮递,相沿既久,遂成故事。马匹疲劳,事务烦冗,宜饬裁汰,而杜弊端"。百龄所论,亦仅驿递纷扰之一端已耳。而州县之视为利薮,克扣饱私,腐败情形,诚有出人意料之外者,观于历代诸臣之屡以裁驿为言,则其徒糜巨帑,当不虚矣。

(五)采办与织造

采办按市价而定,由正项钱粮中支用,若报销有不敷银价之时,则取于公存之款。今据《政典类纂》所载,得各省采办之物件及银数列下:

山东　牛筋黄蜡黄丹　六三二两

山西　铁片纸张农桑绢生素绢　九六五四两

河南　绵布牛筋黄蜡　三六六三两

江苏　飞金桐油白矾灯草黄熟铜乌梅银朱各色布　六四四〇八两

安徽　白麻黄熟铜铁斤银朱桐油　四一五一两

江西　银朱桐油五倍子紫草　四七一九两

福建　台连纸黑铅黄熟铜　七七六五两

浙江　黑蜡黑熟铜桐油等茶黄茶丝棉年无定额嘉庆十七年一一五一两

湖北　白蜡　八三一两

湖南 白蜡木植 一〇六二五两

广东 白蜡檀香胶靛花梨木柴榆木高锡 一〇六七〇两

云南 天青石黄银 三三七〇两

上表总额,每年采办支出之银,不过十二万一千六百余两。虽未必能为确数,然以较《光绪会计录》所载光绪二十年有五百三十六万七千余两之多者,则嘉道以前之节俭可知矣。

江宁、苏州、杭州有织造局三,专办御用官用绸缎纱罗布匹及祭帛诰轴等物。绸缎需用之工价水脚及机匠口粮,均由正项钱粮内支拨,每年造册报销。祭帛分七等:郊祀告祀用者,其色青黄,奉先祀神用者,其色尚白。各祭帛之上,均织其名,素而无文者,乃由江宁织造入贡,以供太常寺祭祀之用也。诰称奉天诰命,敕称奉天敕命,织满汉文于其轴端,敕以龙文。诰命四品以上者,用纻丝五色,五品以下者三色。敕命用白绫,一品为玉轴鹤锦面,二品为犀轴螭锦面,三四品为裹金轴花锦面,五品角轴花锦面,六品以下轴同五品,小团花锦面。此织造司织之大略也。其经费亦岁无常额,大约嘉道以前,总不过数十万两,非若清季之动辄盈百也。

(六) 赏恤

赏恤费之所包括者甚多,大别可分二项,一曰保息之政,所以养万民也;二曰救荒之政,所以拯饥馑也。二者皆为专制时代之仁政,颇带有社会政策之意义,故不惮烦琐,条述于下:

一、保息之政

甲、赐复 赐复天下一年,计地之远近以为先后,凡三年而遍,盖旷典也。

乙、免科 各省赋浮于田,升科不实者;山侧岭畔,辟地奇零者;江渚海壖,田圮于水者;或利兴于山薮,旺竭不常;货集于关津,往来靡定者;以及蘖杂之课,累积于因沿;科敛之条,弊生于豪猾者:悉与豁除。

丙、除役 凡有兴作,皆出公帑,计工授值,古所谓力役之征,并弛之。

丁、养济院　鳏寡孤独残疾无告之人,随在收养,岁给银米冬给棉衣。民有力者,能出资佽助,为嘉奖以劝之。

戊、育婴堂　收养婴孩之遗弃者,给库帑立产,岁收租息,以为乳哺之费。直省中亦有人民义捐者,则任其自行经理。

己、栖流所　收养贫病无依之人,日给钱米。病者扶持之,死者棺瘗之,其费由户部关支。又京师五城每自十月至三月,设粥厂为饭,以食羁旅行乞者,其米由通仓关支。

庚、安节孝　妇女守节养舅姑无遗孤者,或贫无以自存者,察访给粮以养之,岁终汇报。

辛、恤薄宦　直省丞薄以下,罢官回籍者,资斧维艰,给以道里之费,身故给以归丧之费。学官出本邑五百里外者,回籍亦如之。

壬、矜罪囚　罪囚日给食米盐菜,隆冬给棉布襦袴。至解送军流人犯,沿途复有口粮。

癸、抚难夷　外国人之航海贸易,猝遇飓风,流落内洋海岸者,加意抚绥,赏给糗粮,修完舟楫。

二、救荒之政

子、救灾　川泽水溢,田湮庐漂,有司率众救济,并给费修理。有伤人者,加恤之。

丑、拯饥　水旱成灾,督抚疏闻,即行抚恤。谅被灾之轻重,贫穷之极次,以定与粮之月数,自一月至七八月。又因时因地不等,每户计口,日授米五合,或折时价,以钱代之。

寅、平粜　谷贱伤农,则增价以籴;谷贵伤民,则减价以粜:皆由官府预存谷米于仓,仓名“常平”,此常法也。若岁大饥,则减价出粜,以济民食,不足则动帑告籴于邻省,或截留漕粮以济之。

卯、贷粟　人民之被灾或贫乏者,得由公家贷以谷米,克期偿还,或酌加利息。

辰、蠲赋　年不顺成,视被灾轻重,而定其宜蠲之数。

巳、缓征　因歉收而延其纳租之期,视被灾轻重,分年带征。

午、通商　被灾之地，令邻省出粜，或奖励商旅，贩米谷以赴之。

未、劝输　士民捐赈者，官与纪录，民与品衔，以旌奖之。（案顺治十年，奏定士民捐助赈米五十石或银百两者，由地方官题匾赐之。米百石或银二百两者，赏以从九品衔，以上递次增加。是为清捐例之始。十一年复奏定官吏之在任者，或地方绅士捐助米千石银千两以上者，加二级；银五百两米五百石以上者，记录二次，银百两米百石者记录一次。生员之捐助米三百石者赏给贡生，二百石者，赏给监生。以后历代水旱用兵或财费不足，皆假是以资助之，名为捐赈，实则鬻爵，病民之尤，此一端也。）

申、严奏报之期　州县官遇水旱，即申上司，以达于巡抚，具疏以闻。夏灾不出六月，秋灾不出九月，愆期论罚。至下部覆勘，报可举行，亦有定期。

酉、辨灾伤之等　水旱风雹虫各有轻重，宜定其分数，以为蠲缓之等。

戌、兴土工　使民就佣得食，以免于饥。即所谓以工代赈也。

亥、反流亡　郡邑被灾州县晓示百姓，毋得远行，轻去乡土，即给粮以安抚之。至不得衣食流亡各处者，有司劝谕远乡，计其费资给之。

以上保息救荒之政，项目繁多，帑费甚巨，诚国家之一大支出也。虽确数不可知，然只就蠲免赈饥以考之，则数十百万之数，殆亦年不绝书也。

（七）廪膳膏火与科场之经费

顺治元年定官学生满洲、蒙古每名月给银一两五钱，汉军每名月给银一两，国子监肄业监生每名月给米三斗，教习按季支米三石。四年，又定直省学官及学生俸廪。教授学正教谕照从九品支给，廪膳生每名给膳夫银六十两，廪生每名给廪粮银十二两，师生每名皆日给廪米一升。此京内外学官学生俸廪之大略也。各省支给之额，支给之数，皆不能一定，故确数鲜得其详，大略计之，亦不过十余万两而已。自书院兴起，各省依次设立，而义学师生，亦皆有膏火之资，即官府对于贫穷士人之津贴也。兹仅

就各省书院义学之经费,表其最著者如下:

顺天义学	四〇〇两	承德府所属义学	三〇六〇两
直隶莲池书院	?	奉天沈阳书院	八〇七三两
山东泺源书院	一五五二两	山西晋阳书院	一五一九两
河南大梁书院	二四〇〇两	江苏钟山书院	一〇〇〇两
安徽紫阳书院	一四四〇两	江西豫章书院	一〇〇〇两
甘肃兰山书院	一八〇四两	广东端溪书院、粤华书院、粤秀书院	六九三三两
贵州贵山书院	七一二两	福建鳌峰书院、海东书院	一九四八两
浙江敷文书院	一二六〇两	湖北江汉书院、经心书院	九〇〇两
湖南岳麓书院、城南书院	二四一六两	陕西关中书院	一六五三两
四川锦江书院	八三六两	广西秀峰书院、宣城书院	一九〇五两
云南五华书院	二四八四两		
合计	二十四书院　二义学		四三二九五两

此额并非确数,时有变更。至科场经费,约有数项:(一)主考路费银在各省存公银下支用。出京之时,由户部每员预发二百两,再通知各省,令于应给之定额(云南八百两,贵州六百两,福建、湖南、四川、广东、广西五百两,山东、山西、河南四百两,江南、浙江、江西、湖北、陕西三百两)内,照数扣存报拨。(二)科场供应银及花红筵宴费。从各省编征银及地方耗羡存项等款内开支,年无定额,每年按数扣存,事竣则核实报销,有余则报拨。(三)旗匾银在藩库正项银内拨发,顺天乡试,则由国子监顺天府咨行户部领给。(四)坊价银各省无定额。文进士每名一甲八十两,二甲三十两,外给表里一束。武进士每名十八两,外给顶帽银五两。此项支出,除直隶省编解银八千二百三十四两外,余皆自户部发给,归福建司专核。至会元文者不给表里,仅赐朝服一袭,武者不给顶帽银,而赐以盔甲,此则工部所发给者。(五)公车费每年由州县编征,解送于藩库,值会试之时,以本款及地丁银给发之,以为川资,且定制给驿马一匹。合各省科场经费及花红筵宴银,约十二万九千三百余两;合各省之旗匾银,约二万二百余两,加以主考川资,当不下二十万两。此外如祭祀之费,各省坛庙

及京师等处,总额约二十余万两。乡饮之费,陵寝之费,亦不下数万。至交进仪宪之费,则颇难得其详云。

四十七 收支总额

(一) 收支之约数

收支之数,岁无常额,即历朝亦盈缩不齐,前节所论,只就乾嘉以后而述其大较,其与以前以后有显然之差异者,亦只附记其约略而已。大概嘉道以前,财政状况,无多变更,故历代之收支亦不甚悬殊,今再就约略之数中,而括其收支之总额如下:

一、收入项内

1. 地丁银 约三〇〇〇〇〇〇〇两乾隆以前皆不足三千万嘉庆一朝则恒浮三千万道光或绌或盈平均计之总不外三千万两左右也

2. 耗羡 约四六〇〇〇〇〇两前记四百六十四万五千余两系乾嘉时额兹取约数故削其畸零

3. 漕粮 约四〇〇〇〇〇〇石前记道光实征粮米共四百五十五万七千四百余石原额则四百万石

4. 漕项 约二〇〇〇〇〇〇两合白粮经费计之约如上数

5. 租课 约二六〇〇〇〇两合学租芦课约计之

6. 盐课 约七五〇〇〇〇〇两引课灶课额征总计

7. 关税 约四〇〇〇〇〇〇两

8. 茶课 约七〇〇〇〇两

其余杂赋收入甚少,姑不计,以上除漕粮本色外,尚约银四千八百余万两,而乾嘉以后,实在之所征收,不过四千三四百万两有奇。盖实征与额征,二者本不能相应,而此又系约举之数,当然不甚精确也(其中盐课一项,缺额最大,定额七百余万两,实征者不过四百余万两,再加他种涨折之数,大略如此)。

二、支出项内

甲、中央经费:

1. 王公百官俸 约九三〇〇〇〇两上述无此数目今按通考用额为九三八七〇〇两取其约数

2. 兵饷 约六〇〇〇〇〇〇两应领之数为五百零三万三千四十五两饷钱一百余万两每年实领之数共计约四百万两云

3. 盛京热河官兵俸饷 约一四〇〇〇〇〇两通考载一百三十至一百六十万不等

4. 外藩王公俸银 一二〇〇〇〇两

5. 京官公费饭食银 一一〇〇〇〇千

6. 内阁等处饭银 一八〇〇〇两

7. 吏部礼部养廉银 一五〇〇〇两

8. 内务府工部太常寺光禄寺理藩院备用银 五六〇〇〇〇两

又内务府五〇〇〇千

9. 国子监膏火 六〇〇〇两

10. 刑部朝审及兵部管所钱粮 约一〇〇〇〇两朝审六千

11. 宝泉宝源局料银 一〇七六七一两

12. 各衙门胥役工食 八三三三〇两

13. 兵工二部理藩院太仆寺内务府上驷院奉宸院四译馆牺牲所三营象房等各刍牧银 八三五六〇两

14. 外藩蒙古朝鲜入贡赏银 一〇〇〇〇两

以上岁用之数,盈缩不齐,兹就乾隆三十年奏销约举,至用之本无常额者不列。合计约有九百五十四万余两云。

乙、地方经费:

1. 官吏俸薪

2. 养廉 四二二〇〇〇〇两

3. 公费 二〇〇〇〇〇两

4. 红白事例 四〇〇〇〇〇两

5. 兵饷 一五〇〇〇〇〇〇两康熙二十八年会典为一千三百六十三万三千九百两嘉庆会典为一千七百二十四万道光二十九年户部档案拨饷数目为一千六百八十二万一千六十一两三者平均合约数

6. 修缮 四〇〇〇〇〇〇两

7. 其余驿站采办织造赏恤廪膳等 约一〇〇〇〇〇〇〇两

以上约举之数,总计不下二千五百八十余万两,合前中央经费计之,当在三千五百万两左右云。

(二) 收支之确额

每岁出入之数，雍正以前，备列于《东华录》，乾隆以后则否。考乾、嘉、道三朝出入之银数，乾隆五十七年岁入银共四千三百五十九万两有奇；岁出银三千一百七十七万两有奇，收支相抵，约余一千一百八十二万两。嘉庆十七年，岁入银共四千一十三万两，岁出银三千五百一十万两各有奇，收支相抵，约余五百三万两。道光二十二年岁入银共三千八百六十八万两有奇，岁出银三千一百五十余万两。顾上年及本年因鸦片战争一役，临时出款极大，除经常收入之盈余全数支销外，尚拨用部库银七百三十余万两。兹录《石渠余纪》所载道光末年直省出入总数表，更可藉以了然于清中叶以前之度支状况矣。

	岁入	岁出	盈余
道光廿一年	三八五九七七五〇两	三七三四〇〇〇〇余	一二五〇〇〇〇
道光廿二年	三八六八八〇一八	三七一四〇〇〇〇	一五四〇〇〇〇
道光廿五年	四〇六一二二八〇	三八八一五八九一	一七九六三八九
道光廿六年	三九二二二六三〇	三六二八七一五九	二九三五四七一
道光廿七年	三九三八七三一六	三五五八七四六七	三七九九八四九
道光廿八年	三七九四〇〇九三	三五八八九八七二	二〇五〇二二
道光廿九年	三七〇〇〇〇一九	三六四四三九〇九	五五六一一〇

上表所列岁出之数，系红册数目，此内尚须除去协拨之数，方能得岁出之确数也(盖邻省之协拨者，既作出数奏销，而受拨省分，将所拨之款，又作出数奏销，此各省奏销总数，而非国家经费岁出确数也。如道光二十二年，甘肃不敷银三百七十八万，四川不敷银三十四万余两，云南不敷银六十六万余两，贵州不敷银八十万余两，皆在邻省协拨，邻省已有奏销，受拨各省，即当除去此数，是年湖南、湖北两省，又有部拨之款，今当从三千七百十四万中，除去协拨五百六十万，以三千一百五十余万，为二十二年岁出之确数)。协拨之数，不另赘述，兹再将各省岁出分表之，若与前列科则表中各省征收总额(见第四三节)比较观之，则一省出入之概况，与

夫存留起运协拨之数目,可以知其大略矣。

	道光二十八年各省岁出	道光二十九年各省岁出
直隶	二二八四四三三.八九八两	二二二四九一三.一四五
奉天	六八九八二.六二	八七七一五.〇七三
江苏	一五一六〇一二.五	二三六〇六一七.五九七
安徽	七六九一八八.三一	八五八九九三.七四六
江西	一一三二四二二.〇三一	一三一八二九三.三二二
浙江	一六六二五四七.六七六	一八九四〇〇四.〇〇一
福建	九九〇六五五.八六五	一〇二四六〇一.七六八
湖北	二一二六〇〇五.八九四	一八〇四五二五.一七七
湖南	一九七三二一九.四四一	一八五〇六七七.二九五
河南	二六七四七〇九.四三六	二二六〇二二八.五三一
山东	二九一一六三四.一六一	二八九七三三四.六一一
山西	二二九五七六四.六六四	二五四五四三六.三一
陕西	一五〇五二一〇.八七七	一四四二九七八.二一九
甘肃	四一七三八〇〇.九二九	三九八四四七七.九〇七
四川	一六二一一六五.九〇三	一四五一七七四.七二一
广东	一六五二三八五.三一二	一五〇二五八七.〇七六
广西	七五九九二六.六七五	七四九一〇八.八三
云南	一三一三三〇三.五四六	一二一七四七五.八九六
贵州	一一三一〇九二.九五九	九四九九九七.八三六
盐课拨解	四一九二六九.二六七	
关税拨解	三四六二一七七有奇	

清代国家之收入支出,皆权以银,故直省解款由布政司者,曰地丁银,由运使者曰盐课银,由粮道者,曰粮项银,由关监督者曰关税银。须合零星银块,倾镕成锭,然后起解。火耗平余之发生,盖亦有所自来。而支出方面,初制亦概行给银,康熙以后,议令直省官役俸工及兵饷等,用银钱配搭之制,或银七钱三,或银二钱八,或银钱各半,时有变更云。

四十八　财务行政

（一）皇室财政及其与国家财政之区分

国家收入支出之大较,前既言之详矣。惟国家财政与皇室财政之如何划分,中央财政与地方财政之有无区别,更不得不连类述之,庶财务行政之状况,更可借以了然也。清初定制,国家财政与皇室财政,略有区划。总司皇室财政者曰内务府,府内设广储、会计两司,专掌皇室一部分之财政。广储司有六库:曰银库、曰段库、曰衣库、曰茶库、曰皮库、曰瓷器库(顺治十六年,改御用监为广储司,十八年分设银段皮衣四库,康熙十八年始设茶磁二库),各有专司,物相类者,则兼掌之,所以储物致用者也。会计司掌管皇庄田亩,收支等事,其庄田课目如下表:

	等类	数目	每庄岁纳粮数	杂　征	附　记
盛京庄	一等	三五	三八二石	每庄均岁输鹅一	除给三旗丁粮外以三万石贮窖万石贮奉天府仓
	二等	七	三五二		
	三等	八	三〇七		
	四等	三四	一九二		
山海关外庄	一等	六六	三二二石	鹅一并纳茜草线麻及蒌蒿黄花薤诸疏	每粮十石折银二两每庄于正数外不论等次各纳杂粮二十九石一斗六升折银四十一两有奇
	二等	四	二九二		
	三等	二〇	二六二		
	四等	一二一	一九二		
畿辅庄	一等	五七	二五〇	一二等庄岁纳豕三三四等减一并纳麻麦稻秫红花蓼子会子菜子瓢箒飘翎之属	每粮十石折银五两一二等庄于正数内纳杂粮三十三石折银六十八两三四等庄纳杂粮二十九石折银六十两
	二等	一六	二二〇		
	三等	三八	一九〇		
	四等	二一一	一二〇		
外口	一等	一三八	二五〇		每粮二石折米一石正数内各纳杂粮三十三石折银四十两
归化城庄		一三	二〇〇		贮本城旗仓由都统征收

续 表

	等类	数目	每庄岁纳粮数	杂征	附记
捕牲乌喇庄		五	六〇四石八斗		以二万石贮仓余粮平粜由总管征收
驻马口外	弥院山庄	一五	二〇〇		贮本处旗仓由右卫将军征收
畿辅	半庄	七一	六〇		
	豆粮庄	六	共纳菽二二二五 刍八一九四〇束		
	稻田庄	三	每亩纳米二斗四升至三斗六升		

每庄设庄长一人,共庄五百四十有五,地一万三千二百七十二顷八十亩,赋粮九万三千四百四十石,菽二千二百二十五石,刍八万一千九百四十束各有奇。清初内府经费不敷,时常咨取户部库银以为接济。乾隆时,高宗亲为裁定,岁支只六十余万两,然后岁有余积。道光朝更称节俭,内府岁出之额,不过二十余万两。道光二十一年户部奏各省办理军需河工赈灾临时经费甚夥,乃发广储司银数百万,以补不足。尔时皇室财政之充裕,与内府国库之区分,可见一斑矣。惟皇室收入,多靠官吏献纳,而部府提拨解用之时,又往往含混不清,故亦难得显然之规划焉。

(二) 财务行政之机关与概况

清初财政之权,完全操于中央之户部,故地方虽征赋计入,而开支动帑必先得户部之允许,即经常存留公费,亦须按时奏销焉。惟晚叶太平天国灭后,疆吏以就地筹饷之结果,地方财政,始有渐趋独立之趋势,而督抚之权亦浸重。后各省成尾大不掉之势,即此地方财政独立,有以贻之也。户部总司国家财政,设三库:曰银库、曰段匹库、曰颜料库。分掌银币物料,解纳收支,国家经费,取给于此。所属十四清吏司,分稽各省民赋收支奏册之事。其设于各省者:曰布政司库,为一省财赋总汇,布政使稽收支出纳之数,汇册申巡抚,达于户部。盖地方财政之大权,布政使握之,督抚不得而与焉。晚叶此制稍有变更。曰按察司库,贮藏罚锾银钱,岁输刑部为公用。曰督粮道库,管于督粮道,贮漕赋银,由州县征输之。曰驿道库,贮驿站夫马工料。曰河道库,贮河饷。曰兵备道库,贮兵饷,或由布政使照数移送,或由部拨邻省运往备用。曰盐运使库,曰盐法道库,均贮盐课,凡场大使之征解商人之输纳,咸入焉。各税务由部差者,有监督库,贮关钞,分四季输部。各道府厅州县官兼理者,即贮兼理官库岁终输户部核收。曰州县卫所库,贮本色正杂赋银,存留者照数坐支,输运者输布政司库。此财务行政之大略也。户部制天下之经费,凡国用之出纳,皆权以银。量其岁之入,以定存留起运之数,春秋二季报拨焉。凡动款有坐支、有给领、有协解、有部拨,皆按其实而销,旷则存之。州县征收田赋,如期运解布政使司,以待部拨。其应充本地经费者,如数存留,以待支给。布政使司受其出入之籍而钩考之,以待奏销。凡奏销必用四柱清册式,备载(一)旧管,(二)新收,(三)开除,(四)实在四柱。条析起运、存留、支给、拨协、采办为数若干,申巡抚以达于户部,部司按所隶而核之,汇疏以闻。协饱者,一省入不敷出,由户部按邻省所报实存之册,以应协之数,移文拨助者也。此则清代财政之特征,亦可见地方财政无独立之资格矣。

第八章　社会之经济

四十九　引　论

（一）农本主义之由来

经济上之要件有三：一曰土地、二曰人口、三曰资产。国家收支与人民生计之盈缩，皆视此三者之消涨而后定，故三者之中，一有变动，则国计民生，亦必随而蒙其影响。上章述国家经济之状况，既已略示土地与财政之关系矣，兹更进而论社会经济之全体，并先述吾国人之根本的经济思想。吾国人之根本的经济思想，即所谓农本主义者是也。《白虎通》曰："古之人民，皆食禽兽肉，至于神农，用天之时，分地之利，制耒耜教民农作。"是为吾国农业之起源。自后稷教民稼穑，其孙均改耦耕而发明犁耕之法，农业乃臻于极盛。汉文帝诏"农天下之大本也，民所恃以生也"。《管子》曰："民无所游食，必农，民事农则田垦，田垦则粟足，粟足则国富。"若是则农又为富国之本矣。衣食充足，乃免饥寒，农业虽盛，不能保无凶旱水溢之灾，于是乃注重贮蓄，以为之备。《礼记王制》曰："国无九年之蓄曰不足，无六年之蓄曰急，无三年之蓄曰国非其国也。三年耕必有一年之食，九年耕必有三年之食，以三十年之通，虽有凶旱水溢，民无菜色。"衣食足而贮蓄备，民无饥寒之忧，乃始教民以道德，所谓"制民之产，必使仰足以事父母，俯足以蓄妻子，乐岁终身饱，凶年免于死亡，然后驱而之善，故民从之也轻"（《孟子》）。亦即所谓"用天之时，分地之利，谨身节用，以养父母，此庶人之孝也"而"教之所由生也"（《孝经》）。班固释《洪范》八政食货之条曰："食足货通，然后国实民富而教化成。"李觏曰:"《洪范》八政,一曰食,二曰货。孔子曰:'足食足兵,民信之矣。'是则治国之实,必本于财用。盖城郭宫室,非财不完;羞服车马,非财不具;百官群吏,非财不养;军旅征戍,非财不给。礼以是举,政以是成,爱以是立,威以是行,是故圣贤之君,经济之士,必先富其国焉。"盖吾国人数千年来历世相守之观念,所谓修齐治平之道,必衣食备而后可行,欲衣食之备,则非仰给于农事不为功,故以农为立国之本,此即我国人所笃信之经济的观念也。我国人之经济根本思想,在既于食,则食以外之货物,当视为无关轻重。故刘陶曰:"民可百年无货,不可一朝有饥。"晁错曰:"明君贵五谷而贱金玉。"《农政全书序》言:"夫金银钱币,所以衡财也,而不可为财。方今之患,在于日求银钱,而不求五谷,宜其贫也益甚!此不识本末之故也。"荀卿曰:"田野县鄙者,财之本也;垣窌仓廪者,财之末也。"所谓本者,即尊食重农之念,而农本主义之所从出也。因是以农业为本务,则工商之人,自摈居于第二部位,国家法令,亦以强本抑末为职志,以孝弟力田为明训,故若禁止商人衣绢素,禁止商人与科考,种种限制商人,提倡农耕之举动,乃时见于诏书中矣。日本人所编之《支那经济全书》谓:"中国既贵农而贱商,其弊害致使人民之经济的活动,趋于消极,人心亦因而重保守,不能应时势之进化,固世所共见者也。"(何译本第一编)然吾国人所以相守数千年而不变者,则固由于他种产业之不发达,简括举之,尚有三因:(一)农为社会进步之原动力。盖上古草昧初开,人民由游牧而进为农业,始敦乡党亲族之谊,正君臣上下之分,而政治道德、社会经济并为长足之进步。(二)农为衣食生产之泉源。《盐铁论》所谓"衣食者民之本,稼穑者民之务",又"种树繁,躬耕时,而衣食足,虽凶年人不病也"。(三)农能使人民易治。《吕氏春秋》所谓:"民耕则朴,朴则易用。"晁错所谓:"务民于农桑,民可得而有也。"是则重农非仅为辟地利,殖嘉谷,而政教之本,实系于此矣。

(二)教学上之农本主义

支配我国人思想之教义,亘数千年而不变者,儒教也。儒教即以农本主义为倡率者。孔子所谓富庶,孟子所谓恒产,皆以衣食为先,衣食既足,而后振以修齐之教。杜佑曰:“夫礼道之先,在乎行教化;教化之本,在乎足衣食。”《农政全书》曰:“古者崇本抑末,其教民也,以孝弟为先,其制刑也,亦以不孝不弟为重。加意于立身之本如此。当其生也,宅不毛者有里布,田不耕者出屋粟,民无职事者出夫家之征。及其死也,不蓄者祭无牲,不耕者祭无盛,不树者无椁,不蚕者无帛,不绩者无衰,加意于养身之本又如此。”盖儒教教义,实不出修身养身二途,其理想之治,亦即调和士农两种阶段。传有之曰:“圣人使天下之人,莫不衣其衣,而食其食;亲其亲,而长其长。”然其教之者莫先于士,养之者莫重于农,士之本在学,农之本在耕,是以士为上,农次之,工商为下,本末轻重,昭然可见。盖必如此,然后社会之人民,悉归于农,归于农然后为之立序兴学,以振教育,庶家无饥寒之子弟,乡无不学之游民,而修齐治平之道,可见诸事实矣。马一龙《农说》曰:“农为治本,食乃民天,天畀所生,人食其力。”亢仓子曰:“人舍本事末,则其产约,其产约则轻流徙,轻流徙则多诈,多诈则巧法令,巧法令则以是为非,以非为是;是故圣王之所以理人者,先务农业,农业非徒为地利也,贵其志也。人农则朴,朴则易用,易用则边境安,边境安则主位尊。人农则重,重则少私义,少私义则公法立,力专一。民农则其产复,产复则重徙,重徙则死其处而无二虑,是天下一心矣。天下一心,轩辕凡蘧之理,不是过也。古先圣王之所以茂耕织者以为本教也,是故天子恭率诸侯耕籍田,大夫士庶有功级,劝人尊地产也。后妃率嫔御蚕于郊桑公田,劝人力妇教也。男子不织而衣,妇人不耕而食,男女贸功,非孝不休,非疾不息,一人勤之,十人食之,当时之务,不兴土功,不料军旅,男不出御,女不外嫁,以安农也。”盖儒家自社会风俗上观察,以为民归于农,则风俗厚,人心朴,而太平可致,化育可期。此农本主义之所以见尊于儒教者也。若从经济学上以观察吾国人之农本主义,则《吕氏春秋》曰:“夫稼,为之者人也,生之者地也,养之者天也。”《管子》曰:“天以时为权,地以财为权,人以力为权;失天之权,则人地之权亡矣。”此与近世所谓天然劳力为生产之要素者,若合符节也。

（三）政治上之农本主义

《淮南子》曰:“圣人不耻身之贱也,愧道之不行也,不忧命之长短,而忧百姓之穷。是故禹治水,以身解于阳盱之河,汤有苦旱,以身祷于桑林之祭,神农憔悴,尧瘦臞,舜黎黑,禹胼胝:由此观之,则圣人之忧劳百姓亦甚矣。”又曰:“食者民之本,民者国之本,国者君之本,是故人君上因天时,下尽地利,中用人力,是以群生遂长,五谷蕃殖,教民养育六畜,以时种树,务修田畴,滋殖桑麻,肥硗高下,各因其宜。”汉文帝曰:“农事修则食用赢,衣用裕,器用精,财用饶,而生养遂矣。是故天子者,君人养人者也,士以上皆裨君长民者也。君不知稼穑,逞欲殄物,民困以极,民火动而元命阽,医论且然,况君以民为命者哉?”观于此,可知农本主义在政治上之势力,而君主对于农民,忧勤惕厉之心切矣。历代政治既以农本为骨髓,故君主专注意于农事以求达此目的者,一方讲劝农之道,一方教蓄积之法焉。

一、农政　天子亲耕,皇后亲织(汉文帝躬耕籍田,劝农桑,禁商人子弟为官吏。《礼·祭仪》有王者亲耕,王后亲蚕之训),或遣官吏以至农家验作之,皆所以劝农桑也。此外重农人之待遇,使得衣绢帛之衣,而商人则禁之。或蠲复薄税以恤之,或下诏温谕以奖劝之,择老农无过举者,给以顶戴(八品。康熙年间例,后相沿未改)。有灾必祷于天,祭祀祈福于民,为政之要,尽于此矣。

二、荒政　其防患于未然者,方法有二:曰教蓄积,曰劝节俭。吕祖谦曰:“先王有预备之政,上也;修李悝平粜之政,次也。”预备之政者,即所以教蓄积也。雍正五年谕曰:“治天下之道,莫要于厚风俗。而厚风俗之道,必当崇俭而去奢。”乾隆元年谕曰:“厚生之道,在于务本而节用。”是即教民以节俭者也。其施救于已然者,则赈灾平粜等,前已于《赏恤》中述之矣。

总之农政、荒政,在我国历代政治上为惟一要事,故贾谊曰:“夫蓄积者,天下之大命也,苟粟多而财有余,何为而不成?以攻则取,以守则固,以战则胜,怀敌致远,何招而不至?今驱民而归之农,使天下各食其力,末技游食之人,转而缘南亩,则蓄积足而人乐其所矣。”凡此之论,举不胜举。要之,农本主义之在我国,盖已根深而蒂固矣。

(四) 清代农本主义之趋势

我国沿守农本主义数千年,至清末而未尝变更,盖由于社会之环境,与政教之旨向然也。虽然,人口日增,欲望日高,月异岁差,则制造工作,交易货物之需要,亦自有人力不可遏止之势。虽国家崇本抑末,而商工之利益,究远出于农家之上,于是农民之趋于商者又日多,非法律训令之所能禁也。汉谚曰:“以贫求富,农不如工,工不如商。”又曰:“刺绣文不如依市门”(见《史记·货殖传》)。由是农夫多弃耒耜而出市井,妇人多习歌舞而事游惰,社会经济之危机,遂逐渐萌蘖矣。商业既盛,则资本尽以为营利之用,而贮蓄次之,一遇天灾,失财害命,遂以见多。且以守农本主义之故,国家赋课之财源,专求之农,而农之负担日以重,往往税敛不时,至有鬻田园以输纳者。而商贾乃乘之以贮财,衣必文采,食必粱肉,是农之贫困,而商人之富裕也。商以其富,交通王侯,其势力不惟兼并农民,并足压抑官吏,且进而占政治上之势力,农人遂日趋于衰微。法虽贱商,而商人常富贵,法虽尊农,而农人常贫困。故近世择业之趋势,乃由农而工而商,由田野而城市。且自东西洋交通以来,外国经济思想输入,而沿海人民,趋重贸易。鸦片战争而后,吾国更不得固守其闭关政策,乃开放门户,任外国经济势力之侵入。国人推源列国富强之由,由于工商,于是识时者,务重商而抑农。二者内外交击,农本主义之论据,遂亦发生动摇之现象矣。直至近日,农本主义仍牢固于吾国人之思想中而不可破,然工商之占优越地位,此又不可掩之事实,则农固已失其为本之性质矣。民国以后,众议纷纭,言主义者,或归咎于农本震撼,而创为农村救国之说;谈革新者,则又恶农之重保守,少进步,不足以与列强抗衡,而提倡工业化。吾以为提倡工商,奖励工商,诚是已,舍吾国经济上之根据——农业——而惟惊于负贩轧机之业,亦殊非计之得者。苟能以农为本,而工商化之,因势利导,一免重农轻商与工业社会偏枯不齐之弊,庶不悖于经济学上之原理，与夫世界潮流之趋势，则郅治之隆，或可期矣。

五十　土　地

（一）土地之垦殖与荒闲

土地为经济学上之自然要件，而尤以在地大物博之中国，居极重要地位。关于此所欲论者，则消涨、分配与交换三问题。其变动如（一）地幅之广狭，（二）地形之利否，已于前述疆域田制中略可窥察矣（见第三章及第七章中）。兹进而论土地之垦殖与荒闲，而后述土地之如何分配，以交换之事殿焉。清代已垦之地，大部分在于内地十八省，观以后土地之分配表中，可以知之。至满洲则虽为清朝建兴之地，而开展殊未易言。诚以满人不事生产，赖有口粮以供给之，而汉人之移殖者，又设种种之限制也。清初汉人之移住满洲有禁，除八旗满人及蒙古王公外，绝对无土地所有权。其不能归内地者，乃由政府恩给土地，然有限制也。（一）充当旗军，（二）纳粮税，（三）充水夫，（四）充驿卒。此等人大都内地军流，以后来者日多，数年间，竟多至数千。政府欲逐之返内地，又恐为失业之盗匪，不得已，乃亦听之。康熙时代，吉林西南部因汉人来者甚多，亦渐开放，其勤俭非渔猎之满人所能及，故地方一切权利，大半操诸汉人之手。至乾嘉时，遂自西南部侵入吉林内地。其时汉人已达六千余户，所垦之地，不下三十六万五千亩。道、咸、同间，内地兵乱时起，清政府之力，不暇兼顾，于是向所封禁之吉林东北富于金矿人参之区，燕、赵、鲁、豫之民，渐次移殖。始租借满人土地，迨后立约典当，规定年限，期满不赎，满人即失其所有权。然大都不赎者多，故满洲土地，表面虽为租借，实则汉人乃其地主也。至同光之际，始将长白一带地方，完全开放，而满洲已不啻汉族之殖民地，其详当于下卷述之，兹不具赘矣（本章论清代前期经济，而稍浸及咸同，盖立言不得不然，非能为之显然划分也）。蒙古地方，以旗为中心，政府对于蒙古政治，纯然放任，听其自治，故蒙古土地，政府不得课地租，然彼以游牧为生，亦殊无地租之可言也。汉人亦不得移住该地。虽然近边之人,自乾隆以来,亦有逐渐移往者,此种垦殖之事实,至清末而始著,非本章之所欲论也。惟近蒙之地,尚多地旷未辟,现时始有注意于西北开发问题者,则当时之荒闲可知已。新疆地处西北,缠回人居其大半,然自天山南北,悉隶版图,中央亦颇注意于屯垦之事,论者谓边防与屯政相表里云。东自巴里坤,西至伊犁,北自科布多,南至哈喇沙尔,天山左右,水土沃饶,前后垦辟十余万亩(嘉庆十八年奏销册,计新疆民屯田地,除回民所种者外,约一千一百十四顷五十七亩)。边民永无馈饷之劳。其各城回民,纳粮以帕特玛(每一帕特玛合官量五石三斗),纳普尔钱以腾格(每五十普尔为一腾格,每二腾格为一两),是则疆里及于戎索矣。若西藏则关系于中国农业者更少,固不待论。清代对于垦殖之事,亦颇注重。顺治六年,令州县以劝垦多寡为优劣,道府以督催勤惰为殿最,于是报垦者渐多,康熙十年,令士民垦地二十顷,试其文艺通者,以县丞用,百顷以知县用;又展升科之年以劝之(起科之例,清初定以三年,康熙十年改定三年后再宽一年。十一年令宽至六年之后,十二年,复宽至十年。十八年始复六年起科之例。雍正元年,又定水田六年,旱田十年起科)。雍正年间,劝农之诏屡下,各边外皆以次招垦。乾隆初,编纂《授时通考》。五年,有零星土地,永免升科之谕,然犹限以亩数。至十一年以广东高、雷、廉等府所垦荒地,本非沃壤;十八年以琼州海外瘠区,三十一年以云南山头地角,尚有荒土:皆听民耕种,不限亩数,概免升科。是不特无催科之扰,亦且无查勘之烦,奖励政策,可谓至矣(参看本节所附之《清代丈垦表》)。

(二) 田地之分配(上)(民田)

分配问题,当然属于已垦之田,清代已垦之田,分为四类,前已言之,但就此四类而表其大数,即可知分配之状况,若再就地域而略为区划,则更可借以明了矣。兹参此二义,先表各省之田额如下:

	大清会典以乾隆十八年奏销册计	奏销册嘉庆十七年	政典类纂记道光以后之数目同治户部则例同
直隶	民田六五七一九一顷八七亩	各项田地 七四一四三四顷七一亩	各项田地　六八八四一〇顷六四亩 入官旗地　三八七五五顷余 屯 庄 地　九七顷九五亩 畦　　地　二七一亩 续垦荒地　四七八顷五四亩 无粮黑地　一三三一顷〇五亩
山东	九七一〇五四顷〇七亩	九八六三四五顷一一亩	各项田地　九八四七二八顷四六亩
山西	三二九五八六顷二一亩	五五二六七二顷五三亩	各项田地　五三二八五四顷〇一亩
河南	七二二八二〇顷三六亩	七二一一四五顷九二亩	各项田地　七一八二〇八顷六四亩
江苏	六八九八八四顷四五亩	七二〇八九四顷八六亩	江宁等属　四〇二〇三二顷二九亩 苏州等属　二四五五一五顷〇一亩
安徽	三三八一二〇顷九三亩	四一四三六八顷七五亩	各项田地　三四〇七八六顷三三亩 草山　　　三〇二〇里
江西	四七九二〇七顷六二亩	四七二七四一顷〇七亩	各项田地　三四七八六〇顷三三亩 又续垦四顷三亩免升科田九顷五一亩
福建	一二八二七〇顷八七亩	一三六五三六顷六二亩	各项田地　一二八四八二顷八五亩 台湾府属田园　四八〇一三甲 又　田园　二〇二九顷八八亩 又续垦田　八顷五八亩有奇
浙江	四五九七八七顷七〇亩	四六六〇〇三顷六九亩	各项田地　四六三八八一顷二六亩
湖北	五六六九一三顷四九亩	六〇五一八五顷五六亩	各项田地　五九四四三九顷四四亩
湖南	三一二二八七顷九八亩	三一五八一五顷九六亩	各项田地　三一三四〇二顷七三亩
陕西	二五二三七一顷〇三亩	三〇六七七五顷二二亩	各项田地　二五八四〇二顷一一亩
甘肃	一七七八三一顷三三亩	二三六八四一顷三五亩	各项田地　二三五三六六顷二一亩
四川	四五九一四六顷六七亩	四六五四七一顷三四亩	各项田地　四六三八一九顷三九亩 印州淤出河地　一五顷二二亩有奇 （作为书院公地征粮银十一两余）

续 表

	大清会典以乾隆十八年奏销册计	奏销册嘉庆十七年	政典类纂记道光以后之数目同治户部则例同
广东	三二八八三二顷九三亩	三二〇三四八顷三五亩	各项田地 三四三九〇三顷九亩
广西	八七四〇〇顷六〇亩	八九七六〇顷四三亩	各项田地 八九六〇一顷七九亩 又陆田 六六四一玮有奇 膳 田 三三九户
云南	六九四九九顷八〇亩	九三一五一顷二六亩	各项田地 九三一七七顷九零亩 官庄地 八二二顷二十余亩 夷 田 八八三段
贵州	二五六九一顷七六亩	二七六六〇顷零七亩	各项田地 二六八五四顷
奉天	二五二四三顷二一亩	二一三〇六顷九〇亩	各项田地 一八七七五三八亩 退 圈 地 七五六六九一亩 增赋余地 一八二一五亩 各城旗地 七四三六六三五亩 各城余地 一四三五〇九二亩
吉林		一四九二二顷五一亩	官庄 一二六座 各项田地 一四三九五五六亩 官庄 九〇座
黑龙江		八一六顷	将军所属官庄 一三六座
台湾	新辟噶玛兰地方	二九七顷二一亩	垦熟田 四〇七三甲有奇 园 一一七六甲 续垦田园 一三〇〇余甲
	新福庄圳头等庄		垦熟上则田 一〇〇甲 上则园 一六甲
	噶玛兰新兴汤卫率仔罕白石山脚四庄		垦熟田 九五甲 园 二六甲 下则田 一七三一甲 下则园 一四三甲

以上各省民田,据《会典》所载,其总额七百八万一千余顷,嘉庆奏销册所载七百九十一万五千余顷,而《政典》则又七百三十余万顷。特此必非垦殖确数,盖此仅就征课报税者计之,其漏税与免科者,固不得而详焉。

(三) 田地之分配(中)(庄田)

民田而外,官庄、官田、屯田三项,亦占土地之一大部分。兹先述官庄旗田之名称沿革,而后表其数额,官田二项,当别述之。

一、官庄　清初以近京各州无主荒田,设立庄屯,为旗人世产。嗣后盛京古北口外咸隶焉。其官庄有四:一皇室官庄,二宗室庄田,三八旗官兵庄田,四驻防官兵庄田。设为纳银庄头,各给绳地,每二十四亩为一绳。奉天、山海关、喜峰口亦令设立,诸王贝勒贝子公等,于锦州、盖州各设庄一所。大庄每所地四百二十亩至七百二十亩不等,半庄每所地二百四十亩至三百六十亩不等,园每所地六十亩至百廿亩不等。又有稻庄、豆秸庄、有园;又有蜜户、苇户、靛户、瓜园、果园、菜园、牧地、网户地、猎户地。乾隆二年,设立黑龙江呼兰地方官庄。六年:增设呼兰庄屯五所,二十七年,部请积存地亩,分设庄头。

二、圈地　顺治元年,顺天巡按柳寅东以安置庄头,无主地与有主地,牙错易争,请允将州县大小,定用地数多寡,使满洲自住一方,然后以察出无主地与有主地互易。遂设指圈之令。凡指圈改换他处者,视其田产美恶,速行补给,务令均平。凡直隶人民田地被圈者,以连界州县地亩拨补。八年、十年,停圈拨民间房地之例,旗人无地者,议以张家口、杀虎口、喜峰口、古北口、独石口、山海关外旷地拨给。二十年,停给圈地。又民地拨给旗下者,以别州县卫所额外开垦之官屯地补还。乾隆四十四年,八旗赎回入官之老圈地,仍准官员兵丁分买,官为取租解部,分给八旗,赏赉兵丁。

三、驻防地　清初以盛京为驻防重地,承德县、塔山、沙河所、宁远、锦州属之。直隶、江苏、陕西、河南驻防官兵,均量给庄田地。顺治七年,山西直隶驻防,拨给官地。乾隆三十一年,以山西、阳曲、太原二县屯地,给与驻防官兵耕种。五十七年,以山西右卫荒地,自苎麻口外,西至十家铺,东至弥陀山,共二千余顷,安设庄头十五名。五十八年,以河南南阳府扬河地方垦荒田亩,给与驻防官兵耕种。

四、拨给田地　顺治七年,辽阳、铁岭、山海关八旗庄地有在边外者,令照旧种住。十八年,令蒙古察哈尔大臣侍卫等各照品级,拨给庄屯。康熙十二年，定旗人在奉天守护坟墓拨给荒地之例。十八年，定分给伊彻满洲地亩例。二十年，停给蒙古新编归旗者园地。二十六年，令索伦达呼尔官兵耕种墨尔根地方，奉天官兵，耕种黑龙江地方。二十八年，令奉天等处旗民，至本界内垦种，不许互相侵越。

五、井田　雍正二年行井田之法，将内务府退出余地，及户部所收官地内拨一部，共三百四十一顷，制为井田。挑选无产旗民耕种，自十六岁以上，六十岁以下，各授田百亩，周围百亩为私田，中百亩为公田，造庐舍，给口粮，牛种农具咸备，又设管理劝教以董之，而愿往者卒少。五年，议将欠粮及犯法官兵发往井田效力，则试为徒作之地，操耒耜者，皆非安分食力之人。乾隆元年，遂改井田为屯户，于附近州县，按亩纳粮。井田始行于新城、固安，雍正七年，复设于霸州、永清县。乾隆二十三年，赏给出旗为民之汉军，随带向日永种井田、屯田，仍旧耕种。

六、旗地入官公产　乾隆二年，令将八旗入官地亩，立为公产，收租解部，按旗分给，以资养赡。此等地亩，内除原圈官地，不许民间置买外，其旗民自买有粮之民地，现在入官者，不论旗民，准照原估价值变买，交部生息。四年，定八旗公产及入官地，并赎回民典旗地，令八旗闲散下乡种田之令。九年，定民典旗地，减价取赎之令。十一年，令八旗公产编设庄头。十八年，定旗下奴仆及开户人等典买旗地，限期自首，减价取赎，否则作为公产，官收租息，赏给贫旗。

七、牧厂　畿辅牧厂一处，八旗牧厂各一处，在武清、宝坻、天津西北瓮山、通州、顺义、天竺、马房村、半台、王兰、草桥等处。清开基东土，耕牧兼资，入关从龙者，不下四十万匹。乃以近畿垦荒余地，斥为牧厂。分亲王郡王以里计，分上三旗及正蓝旗以数十里计，余四旗以顷计，亦圈地也。顺治六年，始立限制，停止弃地为厂。康熙二年，令锦州大凌河牧场，不许民间开垦。三十九年天津报垦升科者二万一千余顷。雍正二年，清查八旗存留牧场地，可耕者牧垦，约六万余顷。乾隆二十一年，清丈直隶马场地，给民为业。三十七年定民人开垦马场例。三十九年，蒙古招民开垦辅国公马厂地百余顷。

以上述官庄田地之沿革大略，兹分表宗室庄田，八旗庄田，驻防庄田于后。至皇室庄田(即内务府官庄),前已著之,不复赘列(见上章四十八节)。

一、宗室庄田(《旗职授地表》附)

	整庄	半庄	园	庄	整园	半园	合计共地
镶黄旗宗室	四所	一所	一所	所	所	所	三六顷六〇亩
正黄旗宗室	五	一二	三	四			一〇六顷五六亩
正白旗宗室	四		二	一			三六顷〇〇亩
正红旗宗室	一四五	三	四		五〇	一〇	一二四四顷一六亩
镶白旗宗室	一七六	五	二〇	八	八		一七一七顷一四亩
镶红旗宗室	二九六	二三		五	一一一	二	二六三〇顷〇一亩
正蓝旗宗室	五四四	一五一	七三	二二	一〇三	一九	一五三一三顷二四亩
镶蓝旗宗室	二三一	六三	三	九	一〇二	二	二二五四顷七四亩

〔附〕　顺康时代旗职授地表

职　　别	地别	授　地　分　数	附　　记
亲王郡王	庄园	大庄四百二十亩至七百二十亩半庄二百四十亩至三百六十亩园六十亩至百廿亩	顺治元年定七年改定亲王园十所郡王园七所
贝勒	庄园	同前	顺治七年改定园四所
贝子	庄园	同前	顺治七年改定园三所
镇国公辅国公	庄园	同前	改同贝子
镇国将军	地	二百四十亩	以下皆顺治七年定
辅国将军	地	一百八十亩	
奉国将军	地	一百二十亩	
奉恩将军	地	六十亩	
内务府总管	园	四十八亩	以下皆顺治元年定
守卫陵寝大员内大臣	园	九十亩	康熙二年定总副管有差

续　表

职　　别	地别	授　地　分　数	附　　记
亲王府管领	园	三十六亩	
郡王以下府管领	园	三十亩	
王以下各官所属丁壮	地	三十六亩	停止口粮
各府给事人员	地		无考
副都统以上官	地园	园一百八十亩地六十亩	
参领以下官	地	六十亩	系给二名壮丁每名三十亩
佐领	地	三十亩	康熙二年定
领催	地	十八亩	同前
本家公侯伯	园	各三百亩	以下顺治五年酌定
子	园	二百四十亩	
男	园	一百八十亩	
都统尚书轻车都尉	园	各一百八十亩	
副都统侍郎骑都尉	园	各六十亩	
一等护卫 侍卫参领	园	各四十二亩	
二等护卫 侍卫	园	各三十亩	
三等护卫 侍卫云骑尉	园	各二十四亩	
督抚布按总兵	园	各三十六亩	以下二项均官员改任者
道员副将参将	园	各二十四亩	
府州县游守等官	园	各八十亩	
新来壮丁	地	每名三十亩	
公主(一)　郡主(二)	园	(一)三百六十亩(二)一百八十亩	以下顺治七年定
县主郡君县君	园	各一百五十亩	

按本表系清代对于旗族之优待事例,于政治经济,颇为重要,故附于此。但详于顺康者,以两朝创业时代,规模略定。而乾嘉以后之事实,又已散见于庄田沿革中,故不赘列

二、八旗庄田

旗名	军名	初次之给地	二次之给地	三次之给地	合　计
镶黄旗	满洲	一一六三一顷六〇亩	二五三八顷九〇亩	一三一三顷一〇亩	
镶黄旗	蒙古	一七九四顷三〇亩	一七〇〇顷一〇亩	四一三顷九〇亩	
镶黄旗	汉军	二〇〇〇顷四〇亩	一一八八顷二〇亩	一〇五三顷〇〇亩	
					二三六三三顷〇四亩
正黄旗	满洲	四四〇六顷四〇亩	九一七四顷九〇亩	一八七三顷八〇亩	
正黄旗	蒙古	七五六顷九〇亩	一一二七顷一〇亩	一八八四顷六〇亩	
正黄旗	汉军	一二七四顷二五亩	一八七八顷七八亩	一一六七顷一五亩	
					二三五四三顷八五亩
正白旗	满洲	五七二七顷三〇亩	三三二六顷七〇亩	四三五四顷一〇亩	
正白旗	蒙古	一二九三顷七五亩	一二四七顷五五亩	一〇九四顷五八亩	
正白旗	汉军	八六七顷六〇亩	一四六五顷二〇亩	一四三九顷七〇亩	
					二〇七九六顷四八亩
正红旗	满洲	二一二九顷八八亩	五三一〇顷八四亩	二一二〇顷七〇亩	
正红旗	蒙古	三五顷六八亩	七六五顷六〇亩	五五五顷三〇亩	
正红旗	汉军	二七八顷一〇亩	六四〇顷八〇亩	三七〇顷二〇亩	
					三二〇七顷八〇亩
镶白旗	满洲	六二六八顷五〇亩	二六七四顷二〇亩	二二九〇顷二〇亩	
镶白旗	蒙古	一〇一四顷三〇亩	一八六一顷九〇亩	九五六顷一〇亩	
镶白旗	汉军	六〇九顷〇〇亩	三〇三顷三〇亩	四六八顷八〇亩	
					一六四四四顷三〇亩
镶红旗	满洲	一一〇〇顷七〇亩	五七八七顷一五亩	二六一二顷二八亩	
镶红旗	蒙古	三五顷四〇亩	三四五顷〇五亩	六四三顷二〇亩	

续 表

旗名	军名	初次之给地	二次之给地	三次之给地	合 计
镶红旗	汉军	三〇七顷八〇亩	六三〇顷〇〇亩	五九三顷七〇亩	
					一三〇五三顷七〇亩
正蓝旗	满洲	六一九八顷七五亩	三九九二顷七〇亩	二〇七九顷四〇亩	
正蓝旗	蒙古	一二〇三顷〇〇亩	七二三顷九〇亩	七一一顷六〇亩	
正蓝旗	汉军	八八三顷九五亩	七三二顷九〇亩	四一〇顷四〇亩	
					一七一三六顷六〇亩
镶蓝旗	满洲	六五〇二顷八〇亩	二三四〇顷九〇亩	四六〇顷四〇亩	
镶蓝旗	蒙古	五四八顷三〇亩	二四〇顷七八亩	三二二顷二〇亩	
镶蓝旗	汉军	七五八顷七〇亩	四八三顷六〇亩	四五三顷六〇亩	
					一四一〇一顷二八亩

三、驻防庄田

地　　名	地　　额
盛京兴京开原辽阳界内之两黄旗及内务府三旗所属壮丁地	一八〇四步二七九顷亩
盛京兴京辽阳铁岭秀岩界内盛京礼部六邑官所属壮丁地	五〇〇步九九三顷
盛京界内之制造库匠役人等之地	二二步二二〇顷
盛京界内盛京工部仓官庄之地	三二二四步一一〇顷
盛京界内盛京礼部庄头壮丁地	四七步〇五顷五亩
盛京界内盛京兵部站丁地	六二步七四顷八亩
盛京界内盛京工部庄头壮丁之地	七六步五六顷三亩
盛京界内八旗所属王公大臣及官员闲散人兵丁地	一七八三步二二顷五亩
抚顺内左翼四旗所属王公大臣之地	一七〇二步五〇顷三亩
开原界内八旗庄屯地	五三三步六四顷〇亩
辽阳城界内八旗官员兵丁地	八八八步五五顷〇亩
铁岭界内左翼四旗庄屯地	八六五七步四四顷二亩

续 表

地名	地额
法库边门庄屯地	六七八步五五顷〇亩
威远边门庄屯地	二二八步八七顷〇亩
英额边门庄屯地	一二六步七二顷二亩
凤凰城八旗巴尔呼地	一九四八步六四顷〇亩
凤凰城正黄旗屯地	六〇步〇九顷〇亩
唐河边门分种地	二四步三四顷〇亩
四台门屯地	六一步五九顷〇亩
复州界八旗分种地	一七二九步四〇顷〇亩
熊岳城界内八旗满洲蒙古巴尔呼官军庄屯地	二八八三步三九顷〇亩
金州界内八旗属蒙古汉军官员兵丁地	三三四一步〇四顷〇亩
水师营地	二六步一八顷〇亩
山海关界官员兵丁寡妇闲散人等之地	一〇三步五七顷七亩
正白正红镶红三旗下闲散人等之地	三步六七顷〇亩
秀岩界内八旗官员兵丁地	二一二一步〇二顷七亩
盖州界内八旗官员兵丁地	四六步三八顷〇亩
牛庄界内八旗官员兵丁地	二九二三步〇〇顷〇亩
广宁城所属巨流河白旗堡等之界内八旗官员闲散人等之地	一五一九四步九八顷二亩
锦州界内王公宗室额驸等之地	二七一七步〇七顷八亩
锦州界内八旗兵丁闲散人等之地	一〇五七步五〇顷四亩
义州界内八旗庄屯地	五四七一步二五顷〇亩
清河边门总屯地	五三四步二三顷〇亩
九关台门总屯地	二三二步一八顷〇亩
吉林乌拉界内官员兵丁开垦地	二七三四步九四顷〇亩
宁古塔界内官员兵丁开垦地	二九三六步三〇顷〇亩
王战春界内官员兵丁开垦地	五三三步六四顷〇亩
三姓地方界内官员兵丁开垦地	六六〇步六〇顷〇亩
伯都纳界官员兵丁开垦地	一一三四步一〇顷〇亩
阿勒楚喀界官员兵丁开垦地	二九四步四八顷〇亩

(四) 田地之分配(下)(官田)

官田中最主要之部分,为学田牧地,屯田亦官田也。三者而外,有免税地、开垦地两种,虽私田亦含有公的性质,盖介于民田、官田之间者也。兹分表如下:

1. 学田、屯田及免税地

	免税地	学田	屯田
盛京	一顷四一亩		
直隶省	一九顷六四亩	一四二九顷八八亩	二七八顷六〇亩
山东省	九八顷九六亩	四一七顷七二亩	二二〇〇〇顷八九亩
山西省	九八顷六七亩	二七七顷九八亩	九九九九顷三〇亩
河南省	一〇一顷七四亩	二一〇顷七一亩	七二五二顷九八亩
江苏省	一〇顷八八亩	四一八顷五八亩	一一五九六顷九二亩
安徽省	一三顷一三亩	二二〇顷一八亩	一一八五六顷八六亩
江西省	一四顷三一亩	六八顷〇〇亩	六四五五顷六六亩
福建省		九〇顷七〇亩	七八四五顷三一亩
浙江省	七六顷五四亩	三〇〇顷一七亩	一七四一顷六四亩
湖北省		一二〇顷五七亩	二〇四一六顷二三亩
湖南省		七三〇〇顷八〇亩	五一一顷一八亩
陕西省	一六顷二三亩	五五顷二〇亩	三九二三六顷〇八亩
甘肃省		三一一顷二五亩	一〇七二〇四顷七八亩
四川省	一五顷一九亩	二三顷〇〇亩	一三四顷八二亩
广东省		一五一顷一六亩	五二七一顷八四亩
广西省		三四顷〇七亩	一九九六顷六二亩
云南省		一四顷八八亩	五九一五顷三七亩
贵州省		四四顷一八亩	㊀一六三一五六顷余
(山东)孔林地庙基	三二顷六八亩		一六〇顷一六亩
(山东)衍圣公奏用	二一五七顷五〇亩		其他
㊀贵州有屯军,其数八九三九户,每户给上田六亩,或中田八亩,或下田十亩			

2. 牧地

	所在地	面积
镶黄旗	武清县　宝坻县	东西七〇里南北九〇里
正白旗	天津	西北至东北四二里西南至东南六五里
正红旗	瓮山(一)芦沟桥(二)	(一)一五顷(二)二七顷六〇亩
镶白旗	通州	二四顷八〇亩
镶红旗	顺义县天笠马房村	三五顷二八亩
正蓝旗	丰台　王兰庄	东西三〇里南北五〇里
镶蓝旗	落草桥(一)庙房(二)	(一)一〇里(二)一八里
杨柽木牧厂	锦州　广宁县属彰武台边门外	东西一九〇里南北二五〇里
御马厂	独石口之东北搏罗城	东西一三〇里南北一九七里
元部牧厂	张家口之西北察喜尔图察罕城	东西四六里南北六五里
太仆寺左翼牧厂	张家口之东北喀喇呢	东西一三〇里南北五〇里
太仆寺右翼牧厂	张家口之西北齐齐尔罕河	东西一五〇里南北六五里
镶黄正白镶白正蓝四旗牧厂	张家口之西北诺穆罕搏啰山	东西一三〇里南北二五〇里

3. 开垦地

伊犁商民垦种地	三九六一八亩	民户共种地	三〇三〇亩
绿营兵丁分户子弟垦种地	三四二〇亩	安插垦种地编入民籍民户共种地	一四〇〇〇亩
商民开垦地	三三九三亩	亚古苏兵丁屯种地	一五〇亩
乌什屯兵共种地	五〇〇〇亩	乌鲁木齐商贾民人垦种地	九五二五亩
吐鲁番屯兵共种地	一四九一〇亩	其他	——

（五）土地之转移（附清代垦丈表）

土地权利之转移，有永久的与一时的，前者即所谓买卖，后者则或典或租，其性质，截然不同也。盖前者系属所有权之转移，后者则让出使用权收益权之两部分：此在法律习惯上，俱有规定。兹先列三者契券之书式，而后分述习惯法律之手续于下：

（一）卖契书式

> 立杜绝卖房/地文契人○○○今因乏用愿将自置（或祖遗）房/地一所/段共若干间/亩坐落在○○○地方凭中说合出卖于
>
> ○○○名下永远为业言明时值价○平银若干两整其银即于笔下交足并无短少亦无拖借折准等情自卖之后任凭置主营业倘有亲邻争竞有卖主一面承当恐后无凭立此卖契永远存照
>
> 四至　东至○○○　西至○○○
> 　　　南至○○○　北至○○○
>
> 原买老契几纸并交新主收存（或原买老契日后寻出作为废纸）
>
> 立卖契人○○○押
> 中　　人○○○押
> 地　　保○○○押
> 经　　纪○○○押
> 年　月　日

（二）典契书式

> 立典契人○○○今因正用不足情愿将自置房屋坐落○○○地方○房○间门窗俱全烦中说合出典于○○○名下言明典价○○银若干两或钱若干千文自此典后以○年为限年满之日照价回赎倘年限不满须给○姓按年包租自典之后倘有族人争竞违碍者有业主一面承管恐后无凭立此存照
>
> 立典人○○○押
> 中　人○○○押
> 年　月　日

（三）租契书式

立租地基人○○○今有自置（或祖遗）坐落○○○地方水
旱地一段计○亩○分四至地邻○姓凭中人说合情愿租与
○○○名下造房营业言明租价每年交租地价银○○两永无长落按年（或四季）交纳如租价不纳即将地退回其房或拆或卖认租主自便惟租价不欠业主不得索退此系三面言明两厢情愿各无反悔俟后如有地邻或本族子侄出头争竞违碍情事有地主一面承管不与租主相干恐后无凭立此租契存照

主租地基人○○○押
中　　　人○○○押
地　　　保○○○押
年　月　日

房地转移之契约，其性质虽只以上三种，而情形则各有不同，故字句之间，不无变换。可以意求之，不能尽举也。两方当事人经中人之撮合，磋商同意后，即以契据为准，过割清楚，然后纳税于官，谓之税契。此近世法律之所谓登记也。《大清律例》规定："凡典卖田宅，不税契者，笞五十，契内田宅价钱一半入官。""不过割者，一亩至五亩笞四十，每亩加一等罪，止杖一百，其田入官。"然雍正年间，免其税契义务。《户律》典卖条例又有"凡民间活契典当房屋，免其纳税。其一切卖契，无论是否杜绝，俱令纳税。其有先典后卖者，按明卖契银两实数纳税"之律，是故卖则税契，典则不税，然事实上卖亦不税者多矣，习惯仍认为与税契有相等之效，则法令之不行可知（参看前章税契）。兹更分别说明三种转移形式之习惯与法规。

一、买卖　卖有绝卖非绝卖之别，绝卖即永不回赎之谓，非绝卖系普通卖契。似尚有回赎之可能的习惯也，乾隆时律例规定，卖契须在契内注明永不回赎字样，则当时因契载不明之争执，可想见矣（乾隆十八年定例以前典卖契载不明之产，如在三十年以内，契无绝卖字样者，听其照例分别找赎。若远在三十年以外，契内虽无绝卖字样，但未注明回赎者，即以绝卖论,概不许找赎)。

二、典当　清例规定,典期十年(但旗产为二十年),过期不赎者,由典主报税过割执业,民间习惯,大率遵此。惟报税过割执业,并无不准告找告典字样,苟非出典人与承典人有特别条件者(如过期不赎即归典主管业不再告找告赎之类),则虽十年以后,出典人仍有回赎之权(惟旗产二十年限满,无论如何皆不准回赎)。故乾隆十八年,定典契须注明回赎之条,所以杜纷扰也。

三、租借　借房屋者曰赁,借土地者曰租。佃亦租也,乃佃户常不能与业户立于同等之地位,以订定契约,则习惯之于农民,轻侮甚矣!租赁房屋者出房租,其计算以月以季以年无定准;租佃土地者纳地租,其计算或银钱或粮米或柴草,各有区别。佃有永佃之权者,惟升垦及旗地有之,其规定如"准原佃子孙,永远耕种","业户虽换,佃仍世守","地虽易主,佃户仍旧"等,是盖惧业户之夺田别佃,而人民经济,必大受影响也。佃户与土地相终始,则与西人之所谓农奴者何异?吾国佃户之被视为轻贱,盖亦有由矣。

〔附〕　清代垦丈表(据《中国历代经界纪要》作)

地域	顺治时代	康熙时代	雍正时代	乾隆时代	嘉庆时代
直隶	明季变革正定府荒地十居六七御史请行清丈编审之法因定开荒之例人民愿出山海关耕田者由道造册报部分地居住		张家口外地亩分为十分限年招垦设同知一员管理之	五年定承垦官民地之例凡荒地如土著承报在先即准土著承垦流寓承垦在先即准流寓承垦官地亦如之民地则先尽业主承垦业主无力始许他人承垦业主不得追夺	

续　表

地域	顺治时代	康熙时代	雍正时代	乾隆时代	嘉庆时代
山东	寇掠荒芜河臣请以现在熟地为数荒弃者有主无主悉除之亦垦荒例发生之原因也故明藩田沿用五百四十步为一亩令照民地例概以二百四十步为一亩各省不均者悉令丈正	元年以民地错杂灶地有在本省者有在直隶南皮县者令巡盐御史及地方官清丈各正疆界	户部议山西河南山东等处闲旷之地令督抚转饬各州县卫所确查从前有无种地之人劝谕开垦无力者官给牛种起科之后给印照永为世业		
河南	令镇协官兵开垦荒田三年起科原熟抛荒一年供赋			巡抚雅尔图言豫省旱田可改水田者尚多只以旱田赋轻水田赋重小民既费工本又增粮赋未免因循观望因谕令旱田改水仍照原地科则	

续 表

地域	顺治时代	康熙时代	雍正时代	乾隆时代	嘉庆时代
陕西	酌调步兵开垦	五十五年以赤斤达里等处荒地甚多特招人民开垦	户部议无主荒田官为插标招垦给照为业若本地人力无余准令邻近无业之民承垦即编入土著保甲之内该管保长等察其平衍易收之地每一壮丁授地五十亩山冈砂石之地授地百亩如父子兄弟均系壮丁酌量增加其现在割漆砍竹采取木耳等项听民自便地方官不得目为荒地强令垦种亦不得以现获微利勒报升科七年定佃户开垦例凡佃户系原垦之子孙业主不得擅夺如业主之子孙欲自种者准将肥瘠地亩各分一半立券报官如耕主他徙承种之户久已应差纳课即业主子孙回籍亦不全令给还过期三十年以外者概不分给		
山西			大青土墨特干五沟之地亩均准招垦		

续　表

地域	顺治时代	康熙时代	雍正时代	乾隆时代	嘉庆时代
甘肃		五十三年以村堡之中未种荒田拨与无地之人耕种并拨库银资给牛种	西宁布隆吉尔地方遥远赴垦者少议将直鲁豫秦晋五省军流人犯连家口坐遣之人有能种地者到日地方官拨给地亩给予牛种宁夏东北察汁托辉地延袤百有余里其地平衍可垦为田遣大臣会同督抚浚治河渠召民垦种凡陕西无业民户愿往者计程给费每户按百亩以为世业		
四川	荒地听民开垦官给牛种	采川湖督臣蔡毓荣言蜀省可垦之地招徕流民三百名以上安插得所垦荒成熟者文武官员不论俸满即升其各省候选杂佐及举贡监生有力招民者授以署县职衔俟起科时实授本县知县	谕以苗民不知开垦之法令择湖广江西在蜀之老农给食教工并派员前往丈量已垦之地入川民人酌给水田三十亩或旱田五十亩若有子弟及兄弟之子成丁者每丁水田增十五亩旱田增二十五亩实在老少丁多不能赡者临时酌增除拨给成数外或有多余三五亩之地亦准一并给垦其畸零不成丘叚之处就近酌量安置给印照为业	屏山大竹堡等处招民开垦	

续 表

地域	顺治时代	康熙时代	雍正时代	乾隆时代	嘉庆时代
湖广		三十八年以湖广幅员辽阔履丈难遍先令民自丈出首然后官查抽丈又以湖广省属滨江修筑堤塍为堤身所压及就取土之地丈明亩数估价摊银补偿本主又四十五年丈出滨州芦州地亩三千七十余顷皆系新淤泥滩草地定为下则起科		湖北旱田改水田者一照河南之例行	
江南			新淤高地数千顷自安河淀至水家墩一带差员覆亩丈勘其山阳盐城二县丈出海口新涸之地六千余顷分别年份分给土民	三年谕以常州府属坍涨田地五年清丈之例从未举行至是令遴员履亩确查升免实数造册提报	
浙江			温州府之玉环山设驻同知一员招民开垦		沙民准地劝复之例田压垦西给修费水石法江亩二钱水冲被淤设照每亩给银二钱每亩给田亩每银一钱籽种银一钱

续　表

地域	顺治时代	康熙时代	雍正时代	乾隆时代	嘉庆时代
福建		三十三年以福建沿海界外田地历来界址混淆因将福州之闽长乐连江罗源兴化府之莆田仙游泉州府之晋江南安惠安同安漳州府之龙溪海澄诏安福安福德等县及福宁州沿海地概行清丈			
广东			谕选河南山东善种旱田者往教高廉琼等处平陂山麓及沿海一带之种旱田者	广东令高雷廉三府荒地听人民垦种概免升科永为世业琼州荒地二百余顷召民开垦亦照高廉之例	
云南			两省准广行开垦	令山头土角及于滨河尾之地俱听民垦	
贵州				种概免升科嗣经户部议奏凡内地及边省零星地土以此而推	

续表

地域	顺治时代	康熙时代	雍正时代	乾隆时代	嘉庆时代
奉天					四年谕旗民私垦余地为日已久限以二年令各业户将浮多地亩自行首报逾限隐匿者准地邻人等首告丈出余地即拨给首告之人耕种纳租　查出各城旗可垦马厂地亩听各城旗开垦仍按开垦年份据实报部起科每亩征银四分余系自行首报者每亩三分以示优异
吉林					宁古塔十二佐领及驿站官庄地因值连年霜雹旗人无力耕种查明未经抛荒之地仍留该兵为业已抛荒者给民耕种俾课项有着旗民不至受无地之累并限一年秋后升科

续　表

地域	顺治时代	康熙时代	雍正时代	乾隆时代	嘉庆时代
黑龙江					九年谕黑龙江所属齐齐哈尔爱珲墨尔根公田耕种甲兵今改设养育兵同齐齐哈尔原拨水师营水手俱令耕种其新种公田开垦伊始每名给籽种二石当年减半交粮次年按额满交
蒙古					郭尔罗斯蒙古游牧处所蒙古等不安游牧招民垦种得收租银有裨生计不必照吉林地丁收租俾蒙古民人两有裨益
其他	八旗退出晌地首告清出地各省注防所遗地三项悉照垦荒例开垦		谕以滨江近海之地向例十年清丈恐未及期坍涨令各州县卫所官不时清丈坍者豁免涨者升科	边省内地无论山头土角及河滨溪畔但可垦者悉听人民垦种并严禁强豪争夺	
清代度量权衡，本有定式，而习俗相沿，颇违部例，以致名实纷歧，大小异致。即如丈量一事：部定五尺为弓，广一弓，纵二百四十弓为亩（弓或称步）。然亦有六尺为弓，或三尺二寸为弓，又有以五百四十弓，或一百四十弓为亩者，实纷繁不可悉记					

五十一 人 口

(一) 清初户口之编审

清初赋役之制,悉沿明万历一条鞭法,而户籍制度,亦仿前明里厢坊之制,定三年一编审。责成州县印官,察照旧例,缮造清册。每百有十户,推丁多者十人为长,余百户为十甲,甲系以户,户系以口,编为一册。城中曰坊,近城曰厢,在乡曰里,各置一长。造册时,人户各登其丁口之数,而授之甲长,甲长授之坊厢里各长,坊厢里长上之州县,州县合而上之府,府别造一总册,上之布政司。督抚再据布政使所上之册,达于户部,而编审之制成矣。盖坊长、厢长、里长所负编审之责任甚重,除轮年应役,催办钱粮,勾摄公事外,调查为其惟一之事务,颇类于近世之户籍吏也。《大清律》"若里长失于取勘,致有脱户者,一户至五户,笞五十"益足明矣。通常州县得坊厢里长之户籍簿,而以之与从前户籍簿对照,明其异动,别为副本,盖印而始上之府,府具总册,上之布政司,市政编制黄册,民年六十以上者开除,十六以上者增注,别其籍丁,总其成数。是户籍编制,至布政使已终结矣。督抚不过据以报部而已。顺治十三年,改编审时期为五年一举行,《乾隆会典》因取之以为定则。然编审不过为征丁赋而已,丁赋征法,各有不同,率因其地之旧而异其宜,科则轻自每丁一分,重至每丁四五两乃至八九两(《皇朝通考》载直省丁税甚详。河南每丁科银一分至一两五钱不等。山西自一钱至四两五分三厘不等,而巩昌有八九两者,据《石渠余纪》引),以贫富为差,别为等则,如科田赋,谓之徭里银,其丁银之重如此,无怪乎逃户避差,数丁纳一,人口之无实征,盖亦有由来矣。康熙五十一年,诏以见今丁册为额,将来增加人口,永不加赋,惟以其实数奏闻。至雍正年间,丁银摊入地亩(参看上卷第二十六章及本卷第七章),征收手续,为之简易,而赋役册之编制,遂失其效用。浸假而户籍编审之事务,亦为之废弛,乃专恃保甲,掌户籍编审之任焉。乾隆三十七年上谕:

编审人丁旧例,原因生齿繁滋,恐有漏户避差之弊,是以每届五年,查编造册,以备考核。今丁银既摊入地粮,而滋生人户,又不加赋,则五年编审,不过沿袭虚文,无裨实政。况各省民谷细数,俱经该督抚于年终专折奏报,户部核实具题,付之史馆记载,是户口之岁增繁盛,俱可按籍而稽,更无需另行查办。嗣后编审之例,着永行停止!

乾隆四十年又谕:

直省滋生户口,向惟册报户部,朕临御之初,即饬各督抚岁计一省户口食谷实数,于仲冬具折以闻。并缮册由部臣汇核以进。盖仿《周礼》司民掌登民数,拜献于王之意(《周礼》"司民掌登万民之数,自生齿以上,皆书于版,辨其国中与其都鄙,及其郊野,异其男女,岁登下其生死。及三年大比,以万民之数诏司寇,献之于王,王拜而受之,登于天府"。郑玄《周官正义》"登上也,男八月女七月而生齿,版今户籍也,下犹去也,每岁更著生去死"。案我国编审之制,实起于是时,亦以是时为大备,司民则纯粹之户籍吏也。或谓禹平水土,即肇编审之制云),借以验海宇富庶丰盈景象,法至善也。顾行之日久,有司视为具文,大吏亦忽不加察,谷数尚有仓储可核,而民数则量为增减,所报之折及册,竟有不及实数什之二三者,其何以体朕周知民生本计之心乎?现今直省通查保甲,所在户口人数,俱稽考成编,无难按籍而计。嗣后各督饬所属具实在民数,上之督抚,督抚汇折,上之于朝,朕以时披览,既可悉亿兆阜成之概,而直省编查保甲之尽心与否,即于此可察焉。

观此,清之由里厢坊定期编审之法,而递变为保甲制者,盖可睹其由矣。

(二) 清代户口之概数(前期)

清自三藩平定,郑氏纳土,海宇乂安,号称盛世,丁口繁衍,是亦宜然。故王氏《熙朝纪政》谓:"国家户口之登耗,视其时之治乱。若夫以治继治,无兵革凶荒夭札疵厉之凋耗,日繁月衍,不数十年,辄自倍以登,此可验之一乡而知天下者。”康熙五十一年谕曰:“海宇承平日久,户口日增,地亩并未加广。”雍正二年谕曰:“……但我国家休养生息,数十年来,户口日繁,而土地只此数,苟非率天下农民,竭力耕耘,兼收倍获,欲家室盈宁,必不可得!”观此,则尔时户口日繁,而朝廷反以食料不增,纾其荩虑矣。顾稽核版章,自清初至于雍正,其数虽涨,而其率则甚徐。大抵自康熙九年至三十九年,户数增殖,不过百分之五;其后雍正八年,增加率稍大,然亦未尝超过百分之二五也。自乾隆六年以后,其数陡长,更自嘉庆以迄道光,数十年间,人口由二万余万加为四万余万,实增百分之九十三。是清代人口之消涨,盖以乾隆一朝为之分水脊矣。兹参合诸书纪载,先表历朝人口之数目如下:

顺治初年	一〇六三〇〇〇〇余口(俞正燮《癸巳类稿》)王氏《东华录》顺治八年人口为一〇六三三〇〇〇盖似此
顺治九年	一四四八三八五八　口(同前)
顺治十七年	一九〇八八〇〇〇余口(王先谦《东华录》)
顺治十八年	二一〇六八六〇九　口(《皇朝文献通考》)
康熙九年	一九三九六〇〇〇余口(《东华录》)
康熙十九年	一七〇九五〇〇〇余口(同前)
康熙二十一年	一九四三二七五三　丁(《癸巳类稿》)
康熙二十四年	二三四一七四四八　丁(《皇朝通典》)
康熙二十九年	二〇三六四〇〇〇余口(《东华录》)
康熙三十九年	二〇四一一〇〇〇余口(同前)
康熙四十九年	二三三一二二〇〇余口(《癸巳类稿》)《东华录》较此数减少一千余口
康熙五十年	二四六二一三三四　口(《通考》)《石渠余纪》所引亦同惟《类稿》为二四一七〇九九九丁

续　表

康熙五十二年	二四六二二五二四　丁(《癸巳类稿》)
康熙五十九年	二四七一〇〇〇〇余口(《东华录》)
康熙六十年	二七三五五四六二　口　内滋生人丁不加赋者四六七八五〇云(《通考》)
雍正二年	二四八五四九一八　丁(《癸巳类稿》)
雍正八年	二五四八〇〇八〇　口(《东华录》)
乾隆六年按此始为保甲报告之年	一四三四一〇五五九　口(《东华录》)《类稿》异此
乾隆八年	一五〇〇〇〇〇〇〇　口(《中国近世史讲义》)
乾隆十四年	一七七四九〇〇〇〇余口(《东华录》)《癸巳类稿》《通考》所揭俱同
乾隆十八年	一〇三〇五〇〇〇〇余口(《大清会典》)
乾隆二十二年	一九〇三四八三二八　口(《皇朝通典》)《类稿》同惟《东华录》不详此年口数
乾隆二十七年	二〇〇四七二四六一　口(《通典》)
乾隆二十九年	二〇五五九一〇一七　口(《通典》)《类稿》《东华录》俱同
乾隆三十二年	二〇九八三九〇〇〇余口(《通典》)
乾隆三十六年	二一三八九七〇〇〇余口(《中国近世史》)
乾隆四十一年	二六七三九九〇〇〇余口(同前)
乾隆四十五年	二七七五五四四三一　口(《皇朝文献通考》)
乾隆四十六年	二七九八一六〇七〇名口(《东华续录》)
乾隆四十八年	二八三〇九四〇〇〇余口(《中国近世史》)
乾隆五十年	二八八八六三九七四名口(《东华续录》)以下俱同
乾隆五十三年	二九四八五二〇八九名口
乾隆五十五年	三〇一四八七一一五名口
乾隆五十八年	三一三二八一七九五名口

续 表

乾隆六十年	二九六九六八九六八名口
嘉庆元年	二七五六六二〇四四名口(湖南湖北及福建之福州等府未经册报在外)
嘉庆三年	二九〇九八二九八〇名口
嘉庆五年	二九五二三七三一一名口
嘉庆八年	三〇二二五〇六七三名口
嘉庆十年	三三二一八一四〇三名口
嘉庆十三年	三五〇二九一七二四名口
嘉庆十六年	三五八六一〇〇三九名口
嘉庆十九年	三一六五七四八九五名口
嘉庆二十二年	三三一三四〇四三三名口
嘉庆二十四年	三〇一二六〇五四五名口
道光元年	三五五五四〇二五八名口
道光三年	三七五一五三一二二名口
道光七年	三八三六九六〇九五名口
道光十年	三九四七八四六八一名口
道光十三年	三九八九四二〇三六名口
道光十五年	四〇一七六七〇五三名口
道光十八年	四〇九〇三九七九九名口
道光二十一年	四一三四五七三一一名口

以下据《大清会典》、户部档案(William Woodville Rockhill 得之户部者。An Inquiry into the Population of China,Reprinted in annual Report of the Smith Sonian Institution,1904〔《中国经济史》引〕),分表各省之户口如下:

		乾隆十八年(《会典》)	嘉庆十七年(户档人口)	道光二十二年
直隶	户 口	三〇七一九七五 九三七四二一七	二七九九〇八七一	三六八七六八三八
山东	户 口	四五三九九五七 一二七六九八七二	二八九五八七六四	三九五二九八七七
山西	户 口	一七七九二四七 五一六二三五一	一四〇〇四二一〇	一七〇五六九二五
河南	户 口	三〇二九五二八 七一一四三四六	二三〇三七一七一	二九〇六九七七一
江苏	户 口	五四七八二八七 一二六一八九八七	三七八四三五〇一	三九六四六九二四
安徽	户 口	四一三六一二五 一二四三五三六一	三四一六五〇五九	三六五九六九八八
江西	户 口	二一八五一九五 五〇五五二五一	二三〇四六九九九	二六五一三八八九
福建	户 口	一一二七七四六 四七一〇三九九	一四七七九一八五	二五七九九五五六
浙江	户 口	三〇四三七八六 八六六二八〇八	二六二五六七八三	三〇四三七九七四
湖北	户 口	一七五六四二六 四五六八八六〇	二七三七〇〇九八	二八五八四五六四
湖南	户 口	一六六四七二一 四三三六三三二	一八六五二五〇七	二〇〇四八九六九
陕西	户 口	一〇三三一七七 三八五一〇四三	一〇二〇七二五六	一〇三〇九七六九
甘肃	户 口	一〇〇二五一八 二一三三二二二	一五三五四八七五	一九五一二七一六
四川	户 口	七五〇七八五 一三六八四九六	二一四三五六七八	二二二五六九六四
广东	户 口	一二四一九四〇 三九六九二四八	一九一七四〇三〇	二一一五二六〇三
广西	户 口	九四三〇二〇 一九七五六一九	七三一三八九五	八一二一三二七
云南	户 口	三七一二八四 一〇〇三〇五八	五五六一三二〇	五八二三六七〇
贵州	户 口	六二九八三五 一七一八八四八	五二八八二一九	五六七九一二八
盛京	户 口	五九二一二 二二一七四二		
合计	户 口	三八八四五三五四 一〇三〇五〇〇〇〇[1]	三六〇四四〇三九三	四一三〇二一四五二

〔1〕王庆云谓乾隆十八年直省人口,万有三百五万丁,不应反少于十四年七千余万(据《通考》十四年为一万七千七百余万)。斯言诚韪。然亦因当时调查尚未认真,督抚州县一仍具文,任意增减故也。但户数大概可靠,以户推口,可知其略,参看下目可也。

(三) 乾隆户口增涨之原因(附中国人口之推定)

乾隆人口之盛,较之顺治初年,不啻增加二十余倍,较之雍正季世,亦增加十倍有余,前后数十年间,人口增殖,必不能若是之速,其膨胀之率,何以大异若此?抑尝求之,盖有三因:(一)乾隆以前,有口赋丁银之征,民皆以身为累,每有调查,辄不肯据实以报,而有司惧增赋追索之为累,亦不肯十分甄察,故颇多隐匿。康熙五十一年上谕:“凡巡幸地方,所至询问,或一户五六人,仅一人交纳钱粮,或九丁十丁,亦一二人交纳钱粮。……各省督抚有司,编审人丁,所以不开具报实数者,特恐加征钱粮。”盛百二《编审论》云:“编审之时,百姓恐及差役之身,并户减口,平时按籍,常见其少。不幸天灾流行,朝廷有大恩恤,计口发给,则数又骤增,于是编审试恤之二册,自相矛盾,虽有才能,亦无所措手足。”凡此称述,则编审不实之情形可知。自乾隆以后,实行丁随地起之法,并全国丁银,以入地亩,而人民遂无丁多粮重之虞,故亦无事隐匿矣。此其一也。(二)乾隆四十年上谕:“从前历办民数册,如应城一县,每岁只报滋生八口,应山、枣阳只报二十余口,及五六七口,且岁岁滋生数目,一律雷同,实属荒唐可笑!各省岁报名数,因以验盛世闾阎繁庶之征,自当按年确核,岂有一县之大,每岁仅报滋生数口之理?可见地方有司,向竟视为具文,而历任督抚亦认其随意填造,不复加察,似此率略相沿,成何事体!”观此,知乾隆民数册之征求,地方官吏,仍不能实事求是,任意捏报,丁赋虽摊而不征,仍无益也。然自是以后,三令五申,督率疆吏,务求核实,一扫具文敷衍之风。而民数乃渐臻于实在,此其二也。(三)从前计丁输徭,妇女老弱,皆不在内。且特别之阶级,若奴隶,若贱民,皆不得与平民为伍,故不在编审之列。自雍正以来,凡贱民阶级,一概视为编氓之例,列入保甲(参看上卷第二十九章)。而乾隆又欲以超越皇古,夸耀盛世,炳彪史册,故不论老弱男女,皆入户籍,人口之数,乃大增焉。此其三也。或谓乾隆意在张皇,疆吏逢迎夸大,往往超过实数,而王庆云则云:“各省册报民数,固不能无一舛漏,大抵有少开而无多报”(《石渠余纪》)。此言深中肯綮。余按户口多寡,昔时调查统计,既不精密,无正确数目,盖难讳言。然因编制保甲之故,乃以住户为调查统计之基础,丁口多少,虽可以任意增减,而户之数目,则当与实际不相悬殊。吾人由户之多寡,以推测人口,而以折衷之数平均之,则户口之真,虽不能无漏无溢,要亦所差不远矣!若此以取乾隆十八年之户数为例,据《会典》为三千八百八十四万五千三百五十四户,平均每户五口(孟言八口之家,古尚如此,五口殊不为多),尚一万九千余万口,况以吾国数千年崇向大家庭制度之结果,又不止于五口之家乎?至乾隆二十二年人口之数,乃适与推测之数相符,是则一方知据此推测之不谬,一方可为渐趋于实在之明证也。若但依官书增加之数,殊难征信,盖民人繁殖之率,决不能如是之速,又况各书所载,多不相同乎?惟以户为标准以衡之,必无大差。是以户之数目记载,反较丁口之数为可贵,而消极论者谓中国近不过二三万万人之谬说,亦可以不攻自破矣。

〔附〕　中国人口之推定　消极说者,谓乾隆以后丁口之数,过于夸大,而四万万之说,尤近虚张。多不过二三万万之间耳。就中白皙种人,旅居中土较久,倡之最力,并有以东方人食盐之量为验者。谓日本人年约需二十二斤,华人称日费四五钱,年约费十斤,而中国食盐消费总额,合私盐计之,不过二十六万余万斤,以此推算,中国人口,但有二万五千余万。不特此也,消极说者更罗具诸多障碍之点,以为人口减耗之证,如独身生活,婚嫁艰难,或则丧乱劫贼,江河泛滥,生活不安,固为减耗之媒,而天灾事变,杀人之多,尤难数计。吾以为此皆不足辩。以食盐为证,则吾人食费之数量,与销售真确之总额,两者皆难得确实之数,而差之毫厘,谬以千里,是大小前提,既皆不能成立,能谓其结论之可靠乎!至以诸多障碍为减耗之证者,此事实之不然,以马尔塞《人口论》(Malthus, *Theory of Population*)之率,则死亡虽可惊人,究不如比例级数增加之速也。茅谦《水利刍议》议曰:"吾家京口,有驻防旗兵丁口档册,生卒极详,四十几年前,男丁不足三千,半未婚者。及辛亥改革时,已有一万几千,是四十余年除去死亡,男女已增一倍余也。宣统初年,旗民以限于粮额,男女之三十不婚配者,又已有千计,倘使生计稍增,尚不止此数,是吾四百兆之人民,就令凋丧灾害,由光绪中叶以来,自少亦加至半倍,则为六百兆人民矣。”而王庆云《熙朝纪政》亦云:“不数十年,辄自倍以登,此可验之一乡而知天下者。”以此推之,吾国人民,尚不止四万万矣!

(四) 户籍之意义与类别

户籍又单称曰籍,或版籍,其义实同,盖户者计家而言之,籍者指家所属之地方区划也。律有“人户以籍为定”之条文,故例有“发还原籍”之规定。近人所谓出籍、入籍、籍贯,皆此类矣。虽然,籍简册也,《周礼》书民数于版,郑玄谓版今户籍也。可知户籍者,载户之簿册耳。后人因籍而知其所属,并以代表其地方之区划,故不以地方为区划者,亦可谓之籍,如旗籍是已。然则近人以户口册为户籍簿者,不亦同于宪法之谬误哉?(宪亦法意,吾国沿袭日本之名词而用之,实属谬误而不自觉。Fundamental law,译言根本法,宪法何所取意?若强解之为法的法,意虽可通,无乃穿凿?故亦同于籍簿之无意义耳。惟相沿既久,则原意已失,另具一种新的解释,此亦文字之所以有变迁也。〔《史记》常有复字,系加重语气,非此可比〕)清代户籍之类别,约析为二:其属于特别籍者,如满洲、蒙古、汉军之户籍,及蒙古札萨克所属人民之户籍是也。其属于普通籍者,则一般人民之户籍是也。普通户籍之编制,清初以来,时经变易。顺治三年,定户籍律,凡军、民、驿、灶、医、卜、工、乐诸色人户,并以原报册籍为定。故当时户籍,分此八类。顺治五年,定编审之法,分籍为四:曰军、曰民、曰匠、曰灶,又各分上中下三等。丁则有民丁、站丁、军丁、卫丁、屯丁、匠丁、灶丁、土丁、渔户、寄庄丁、寄粮丁诸名目,要亦归于四类而已。《大清律》成于顺治三年,故所揭类别,为军民驿灶医卜工乐八籍。而《乾隆会典》不载户籍类别,《嘉庆会典》则改匠为商,区为民、军、商、灶四籍,而苗、瑶、回、番无明白之规焉。兹综合全国之户籍,而先就其普通者,分户别、籍别两类述之:

一、户别

(一) 民户

各直省人民土著之户,谓之民户。其流寓而定住者,八旗而销除旗籍者,及汉军而脱离旗籍者,按其定著所在之地,皆编入民户。

（二）军户

初为屯卫之兵，或并归于州县者，或仍隶于卫所者，皆为军丁。其处于军流者，及同居于流地之家族，或生于流地之子孙，亦皆编入军户。

（三）匠户

匠户者，诸职人之户也。先是各省设户别，其壮丁顺次服劳役，后乃以丁税代之，称为匠班银。嗣丁银归纳地租，而匠户无特为区别之处，要皆编入民户焉。嘉庆因除其籍而代以商，即《会典》及《赋役全书》亦但存其空名而已。

（四）灶户

各盐场之使役者，特标其户曰灶户。

（五）渔户

各地渔民，亦别设以户籍，属于河泊所之管辖，嗣渐次编纳于民户焉。

（六）回户

回教徒之户为回户，其散在于各省之回教徒，虽无殊于常人，而编入于民户，然甘肃之撒拉尔，及其他之回教徒属于土司之管辖者，故特设其户籍。而镇西府、迪化府、伊犁等地方，及南路各城所属之回教徒，亦同此例。

（七）番户

甘肃之循化、庄浪、贵德、洮州，四川之杂谷、懋功、打箭炉，云南之维西，中甸等地，置理番同知，使统治番人，称为番户，台湾熟番，亦同此例。

（八）羌户

甘肃之阶州，四川之茂州所属羌户也。

（九）苗户

湖南之乾州、凤凰、永绥、城步、绥宁，四川之酉阳、秀山，广西之龙胜、怀远、庆远、泗城，贵州之都匀、兴义、犁平、松桃等地方所属之苗户也。

（十）瑶户

湖南、广东二省置理瑶同知，使统治所属瑶人，即瑶户也。

（十一）黎户

广东琼州有黎人，其户别为黎户。

（十二）夷户

云南之云龙、腾越、顺宁、普洱等地方所属之夷户也。

上列十二种之户，总称曰烟户，然实际则匠户、渔户无区出之必要，而回、番、羌、苗、瑶、夷、黎等亦远在边徼，户籍之编审，固未尝从户别之数也。

二、籍别

（一）民籍

民籍者，一般户籍而不属于他之三籍者皆纳入之。

（二）军籍

即属于军户之户籍，又谓之卫籍。

（三）商籍

商籍何属？解释殊难。《嘉庆会典》附注："商人子弟准附于行商省份，是为商籍。"然则商籍者，不但涉于一般商人之编制，而商人之子弟，于本籍地以外，从事于商业者，则于其所辖省份编入附籍，故苟非商人子弟而为户主者，其本人纵在他省，仍编入于本籍地之民籍。质言之，商人子弟，得有二重户籍是也。

（四）灶籍

属于灶户之户籍也。

若户别与籍别较，则军户编入军籍，灶户退入灶籍外，而民户、匠户、渔户、回户固皆编入民籍，其番、羌、苗、瑶、夷、黎诸户，亦一并得编入之也。至商籍则本于特殊之理由而编制者，亦可征工商业之渐趋于发达，寖寖焉与军民对立矣。

（五）旗籍藩籍之编制(附包衣旗)

普通户籍之编制，既略述如前矣。特别户籍，分为两种：曰旗籍、曰藩籍，其与普通户籍别者，即不设户别、籍别而一体编制者也。分述于下：

一、旗籍　旗籍者，满洲、蒙古、汉军之户籍也。又称旗档或册档者。先是此等旗人，俱无簿籍，但以长五六寸之木片，书以满字，记家口之数，以代簿籍，或以牛皮贯之，称曰档子。故其后犹沿旗档册档之称焉。满洲入关,旗人世列兵籍,为亲卫军,享有俸禄及特殊恩典,在法律上社会上皆立于特殊之地位,其不同于民籍,固无足异也。旗者,满洲固有之编制,统人统兵,胥于是属,前既叠言之矣,故此所谓旗籍者,乃对于满蒙汉人之受编入籍者言,并非专指充役之兵。盖八旗之兵,固皆属于旗籍,而属于旗籍者,非必皆是兵。如闲散家口余丁皆旗籍也,而皆非充役之兵。观清代臣僚之属于某旗者,每可以跳旗,汉臣赦罪,又或发入旗籍,包衣官至尚书,可以抬旗[1]。种种事实,可以了然矣。

旗籍编审事务,属于各旗佐领。旗人勿论在京或驻防外省,其本籍常在于所辖旗焉。《嘉庆会典》(卷六十七)云:"凡隶驻防者,以在京之佐领总焉。"即此意也。惟旗人驻防户口之调查,将军、都统,副都统固负有专责,而各省督抚,亦分任之。要之,最初之调查,由各该旗主之,而八旗都统总括之,加以编审,达于户部。雍正三年谕:"若将未成丁及非正身之子弟,假冒入册,或将应入册及不应开除之壮丁,隐匿开除,在京将各该都统,在外将各将军、都统、副都统以至领催,悉行治罪。"是足为验矣。至旗户事务,虽亦统于户部,而与普通户籍异者,在专掌于户部附属之官厅,所谓八旗俸饷处是也。俸饷处所以掌旗人之给养,兼理户籍之编制。然通常以户籍隶于户部者,出于赋役之必要,旗人世为兵户,与赋役无关,应隶于兵部,而仍隶于户部者,本于给养也(户部职掌,正天下之户籍,旗籍故亦当在职掌之内,特旗籍设俸饷处以理之,盖专为给养计也)。若夫旗籍编制细则,据《乾隆会典》:"凡编旗丁,每户书某氏,某官,未仕者曰闲散。其上书父兄、书父兄官职名氏,旁书子弟、兄弟之子,及户下若干人,或在籍,或他往,皆备书。"《嘉庆会典》:"以编审之法,周知壮丁之数。凡生子女,则告于所司,三年乃编审,自十有六岁以上,皆登于册,而书其氏旗官爵,无职者曰闲散某。凡父子兄弟及兄弟之子与其家奴皆书焉。幼丁之食俸饷者亦如之。"是二者之所规定,虽微有差异,而丁册之形式,略可明矣。丁册种数,《乾隆会典》云:"驻防及居外省者,编二册,一申部,一咨旗检校。"又雍正五年例:"凡已成丁者皆入册,病故者开除,各佐领造户口清册二本:一咨部,一存本旗。其各省驻防旗员以及外任文武各官子弟家属,皆行文各该将军督抚查审,照此造具清册咨送。俟各处册籍到齐之日,各该旗附入佐领册内,钤印报部存案。”是则旗人户籍,总为二通,虽由各佐领任编制之责,其驻防及外省居住者,由本旗照会各该地之将军督抚而嘱托以审查焉。八旗户口,有正户,有附户,《乾隆会典》“凡八旗氏族载在册户者曰正户”,而附户无明文规定,盖伯叔兄弟之不得别为正户者皆附户耳。《会典》“凡户下人随主出征,有先登得城者,准其出户,其亲伯叔兄弟,亦准随出,编入正户册”,则以功出户,另编正户之规定也,又“僮仆而本主听出户者,曰开户。由所隶佐领别宗支,核真伪,稽远近,考其谱系,以时除注”。是亦出户之例也。

二、藩籍　内外蒙古之旗长即札萨克所属人民特设之户籍也。其部落等称为旗,且与八旗以旗统人之意相符,虽亦可名为旗籍,但蒙古向列于藩属,地隶理藩院,故副以专称。内外蒙古之行政组织,大抵即以旗为区划,与满洲同。旗有旗长,即札萨克,旗之下分若干佐领,每佐领设领催六人。十家置什长一人,以管理佐领内所属之庶务。管旗章京,则每旗一人,副章京则十佐领以下之旗一人,十佐领以上之旗二人,参领则每六佐领一人,骁骑校则每佐领一人。此外辅佐之职,置协理台吉每旗二人,或四人(参看第四篇第一章第四节)。所有户籍事务,俱由上列诸机关负其责任,倘人丁隐匿,或户口脱漏,则札萨克、管旗章京、副章京、参领、佐领、骁骑校皆论罚,领催什长共处鞭责。若佐领调查户口实状,本其所调查,上自札萨克,下迄什长,各就之而加以编制,造册盖印,由协理台吉会同管旗章京送达于理藩院,其送达期在十月内,以是为例焉。

〔1〕包衣旗　按包字为清语家室之意,衣为语助词之意,包衣旗即家之旗意也。《息楼谈余》云:“内务府各官,皆包衣旗人为之,包衣旗者,名虽满人,实汉军也。自太宗御宇之初,简先朝俘虏明人之骁健者,成汉军左右两翼,设都统统之,以备折冲之用(后以降人众,乃分为汉军八旗,官职俸饷,一如满洲八旗之制)。其留以给事宫廷(时未入关,尚无奄宦,中涓之职,皆此辈充之),与分配诸王府供奔走者,皆拨入满洲,而锡之名曰包衣旗,以示区别于汉军焉。雍正中,复定制汉军上三旗每旗设佐领四十人,下五旗每旗设佐领三十

人,其有畸零之数不能成一佐领者,皆拨入内务府隶包衣旗籍。是以内务府旗人,既有满姓,复有汉姓。如前户部尚书立山姓杨氏,前大学士崇礼姓蒋氏之类是也。盖其先世皆出自汉人也。至于王府包衣旗人,其卑弥甚,虽有入仕途荐擢至侍郎开府,而一入本王府邸,辄与台舆齿,躬亲贱务,如《左传》所谓隶子弟也。必官至尚书,乃能邀特恩升入满洲旗,谓之抬旗。故包衣旗人,视抬旗之典,为希世之殊荣也。"观此可知满蒙汉八旗外,尚有包衣一旗,所以容纳余丁,充当贱役,清代以旗统人之制。更可了然矣。

(六) 保甲与户籍

保甲之制,尝于前社会组织中述之,兹仅略言其与户口编审之关系。自丁银摊入地亩,赋役册之制定与户籍之编审,为之废弛,从此以还,言户口者,惟保甲之是赖,前既言之详矣。保甲者,所以稽往来,防窃盗,十户为牌,置牌头,十牌为甲,有甲长,十甲为保,设保正(顺治元年置牌头、甲头、保长以督理之,乾隆二十二年更定保甲法,名牌头、甲头俱为长,而实际牌头、甲长、保正之名,沿用者多。嘉庆以还,又或改保为里,称里长,而保甲之名犹存),其户籍曰保甲册。保甲册之基本,在于门牌。门牌记载一定之事项,揭于户端,便动静之勾稽。《嘉庆会典》(卷十一)谓:"凡编保甲,户给以门牌,书其家长之名,与其丁男之数,而岁更之。"即此谓也。至保甲编审户口之手续,清代典例,俱无规定,惟嘉庆十八年颁布湖南布政使司叶佩荪之《保甲事宜》,足资考鉴耳。大体保甲式分循环二册,交互循环对照,斯其特点,称循环法。其编审顺序,初由州县官交付循环册及门牌纸于里长(亦即保正),里长交与牌长,牌长散各户填注之,并作牌册呈于甲长,甲长合十牌之册,作循环二册报里长,里长据之而达于县。由县对照后,循册存县,门牌、环册皆发回,门牌悬各户门首,环册由甲长保存之,倘遇户口变易,据牌长之报告而添改,然后按期(三、六、九、十二月之朔),由里长送县,携还循册。再遇变易,亦如之。如是则两册循环改注,至数年后字体磨灭,难于变识,始重行编制云。又案《户部则例》(卷三):"各直省州县编查户口,每年造具各乡甲长、保长及各户姓名,每户若干口清册,呈送臬司稽核。如有外来雇工伙计杂项人等,亦将姓名籍贯于本户下注明,仍由臬司移行道府抽查,年终复核具奏。倘造册疏漏,该臬司禀请督抚指名参处。”据此,是州县官依前述手续调查户口时,须编制簿册,送呈于按察使司。该使司仍移行道府抽查,加以稽核,始达于部。保甲制与里坊厢制之名义不同,而旨趣亦差。里坊之甲,不过十户,保甲之甲,则十牌百户矣。戈涛《献县志·保甲序》云:“保甲与里甲相似而实不同,里甲主于役,保甲主于卫,比闾族党邻里酂鄙之制,主于教,轨里连乡之制主于军,故古属司徒,而今列武备。保甲莫详于宋,熙宁初专主盗贼、烟火之事,其后诸色杂役,莫不责之,是自食其法也。”然则是二者之制,其成立也,各有专指,而户口编审,俱为附带之事件,从可知已。兹姑将二者编审之法,斠其异同,摘举梗概,列举如下:

一、里厢坊制户籍以役为主,保甲制户籍以警防为主,故公簿名称亦不同,前者称赋役册,后者称保甲册。

二、里厢坊制户籍以家为主,保甲制户籍以人为主。盖前者所以明一家之田粮及丁数,后者所以察个人之出入及动静。

三、里厢坊制户籍以一户为一籍,家之构成及家族之身份关系,皆恃户籍而证明,保甲制户籍不然,数家合而为一户,一家分而为数户,均不妨。

四、里厢坊制凡家族之姓名年龄及身份关系,必明记之,而保制则不重视此也。

五、里厢坊制采本籍地主义,保甲制户籍采住所地主义。

五十二 资 产

(一)社会经济变迁之分期

欲观一国家一社会之生计变化,于土地、人口外,所当知者,尚有二事:一曰富力,即其国之总富与人民之所得;二曰产业,即其国土与人民之性质相适应。合而言之,即所谓资产是也。清代社会经济状况之变化,可分三期:

第一期 自明末叶至清中叶道光初,外洋交通未盛,且为闭关自给时代。

第二期　自道光鸦片战后，至光绪中叶（中日战前）外洋交通渐盛，然尚未完全开放也。

第三期　光绪末叶中日战争以后，直至近日，为完全开放时期。

夫未开港以前，政府之富与人民之富，相为对待，政府聚敛之时，即人民困乏之日。当时之治本理财家，莫不以藏富于民为念，而政府亦以节流与藏富并重，所谓"百姓足，君孰与不足"者也。或因国家多故，加赋加税，从事聚敛，于是民穷财匮之景象见焉。然所谓贫困者，非真贫困也，不过上下之易位而已。所有财货，未尝出国门一步。故或易新朝，或嗣位有贤君，用节流藏富之法，而人民又称富有矣。海通以后，则外资输入与正货输出，而财货问题，不惟有在上在下之分，亦且有内国外国之别。故于此时，论社会之经济，当先从全国上下所有之富而观之，次乃就内国人民之所得观之，而后生计之变迁，乃得而明。本篇所述，完全为海通以前之经济状况，即所谓第一期。国家之富，与社会人民，有莫大之关系，是故以财政居首，而次及于社会人民。资产者，社会生计状况之代表，然又非明了社会经济之本身，则又无由以说明，故本章先述土地，次人口，以资产殿之，而并论其原委如上。惟产业一事，与人民之经济有关，拟俟下章述之，本节即先就代表富力之财货钱币，依次说明于后。

（二）银之需要与供给

经济组织未完整以前，或取自给政策，或以实物相交易，初无所谓货币也。嗣进于货币交易时代，中经诸种变迁，而此问题乃益复杂。大抵自邃古以来，可分四期：（一）自然货币时代，自上古至周属之。（二）黄金铜钱兼用时代，自秦至西汉之末属之。（三）铜钱时代，自东汉至五代属之。（四）银钱钞兼用时代，至宋以后属之，直至今日，尚末之能易也。本篇所述，当钞法极弊之后，新钞未起以前，故虽属第四期，而银钱之用，为最广焉。兹先就银论之。商业上之以银为通货，盖自近数百年始，至十九世纪而益盛。有明之初，洪武发行大明宝钞，强迫民间使用，其后信用失坠，民间使用，多加折扣。幸而其时平定云南，云南银矿素丰，市面之银乃较前增加,民间乃渐以银为本位货币。万历六年,政府以钞币易云南银一万三千七百八十四两,谷物九百四十四石,贝物五千七百六十九串。是皆当时之通货也。先是英宗天顺四年,政府需银孔急,禁止人民自由掘发,有犯者处以严刑。官吏自行开采,呈报开采之情形于政府,天顺七年,以地震停止。武宗正德九年,复行开采。而是时适当美洲发现后十余年,美洲银两输入吾国沿海口岸,如广东、厦门等处,且由此转入中国内地。由是政府得停止纸钞及贝物之通用,而以银代之,银之需要,亦日益增加矣。顾吾国银矿虽富,而其产额则无可征录。惟《唐书》记顺宗元和元年,每岁产额一万二千两,至唐宣宗大中四年时,则增加至二万五千两,以此推之,一年平均产额,不过二万余两而已。明清以来,内地生产之银,以云南为最。在我国未开港以前,历朝国用之所需,家庭用具之取给,皆由于此(海禁开放以后,外国直接输入之银,华工劳力所得寄回之银,外人在中国使用之银,皆为供给之大宗)。故欲知内地之产额,不可不知云南之产额也。明代云南银矿,由官家开采,以镇守太监监督之,每年可得三万两,后世乃让人民自由采取。清代袭明之旧,然生产之额,不能详知,惟据嘉庆十八年户部档案察之,则政府在云南十六处银矿所采得之银,约二万六千五百五十两,后又增加马蹄银二万两,以四分之一送归北京。再加以矿业家所得之数,则其每年产额,当为十七万七千两有奇。而嘉庆十六年,至道光二十一年,中英战前,凡三十年间,其总额当有五百三十一万两有奇。而嘉庆十六年以前,上溯至顺治元年,凡一百六七十年间,以嘉庆初产之额较之,当亦不下四百万两。合前数计之,亦约有千万之谱矣。此外广西、四川、贵州等处亦产银,惟无从知其确数耳。银之需要,约有三端:一曰贮蓄。二曰造工艺品,各种装饰及用具皆包之。三曰货币。货币之需要,分三时期:(一)明以前虽亦用银,而尚未视为通货也。(二)明至清中叶,用银渐广。盖自明代贝壳布帛杂谷之税既停,凡人民之输纳,官吏之薪俸,皆用以银,而银之需要,乃日广矣。(三)五口通商以后,与世界各国相贸易,则银之需要与供给,亦在在受欧美之牵动。清代以银块为货币,其重量乃以分两计,并不加任何之形式,故银之价格,即货币之价格,盖经济观念之不发达然也。

(三) 铜钱之质量与品式

货币中通行最古最广,兼具有经济学上之价值者,盖莫如铜钱。其流用不因于实价,而因于名义上之规定,与近世货币之原理相符。吾国铜钱,起源周代,历世因革,各有不同。清自天命建国以来,即铸“天命通宝”,分满汉二品。其满文一品,钱质较大。天聪因之,铸钱如旧制。顺治元年,设宝泉局属户部,宝源局属工部(明直省铸局皆称宝泉、宝源,清代惟京局称之),铸“顺治通宝”。自是以后,各省以次开局鼓铸,皆依京局品式重量。历朝改元,沿为故事,惟高宗授位,尝令乾隆、嘉庆各半分铸,又改乾隆二成,六年始全铸嘉庆。顺治之钱,有数品,初为一钱,二年以部议尚轻,改每文重一钱二分。八年,又嫌其轻,改铸重一钱二分五厘。钱背初无文,十年增铸汉文一厘二字于其左,右旁户部铸户字,工部铸工字,各省铸开局地方一字。如江宁曰江,江西曰昌,湖广曰武。先是各省开局过多,民易盗铸,令各省只留省城一局,余俱停止。至是又复开密云、蓟、宣府、阳和、临清等铸局,以钱用日广,钱价渐昂故也。十四年,更定钱制,每文重一钱四分,并于钱幕铸满文局名,各省铸局,一概停止,令专归京局焉。十七年,各省始复开局,定钱幕兼铸地名满汉文,江宁曰宁,江西曰江,浙江曰浙,福建曰福,湖广曰昌,河南曰河,山东曰东,山西曰西,陕西曰陕,云南曰云,密云曰密,蓟曰蓟,宣府曰宣,临清曰临,大同曰同(是局先设阳和,文亦曰阳),以辨良楛,俾难伪作。康熙初年,增设各省局(其文湖南曰南,江苏曰苏,甘肃曰巩,时布政司驻巩昌,此局不久亦罢,四川曰川,广东曰广,广西曰桂,贵州曰贵,后又开福建台湾、漳州两局,文曰台,曰漳)。而九年以后,又以官钱既多,暂停各省鼓铸,以后旋停旋开,各处不同,难以悉记,盖视地方之需要,与钱价之涨落,以为衡也。二十三年,以民间毁钱作铜,钱少而贵,令铸轻钱,每文重一钱。又定铸钱之剂,为铜六铅四,盖铜性燥烈,必以铅济之,而后钱始光润。唐宋以来,既已用之,清初或听各关于铜额内兼办铅斤,或收用废钱旧器,分别生熟铜配铸,大率以铜七铅三为准,至是始定分数,为六与四之比云(云南以铅少准铜八铅二)。四十一年,复铸重钱,每文重一钱四分,故康熙钱有轻重二品。雍正钱亦二品,元年各省钱幕用满文铸局名二字,是为后此选行之定式。五年改钱剂为铜铅各半。七年各省开局鼓铸,更定钱幕文字,于地名一字上加宝字(直隶曰宝直,浙江曰宝浙,江西曰宝昌,湖北曰宝武,湖南曰宝南,河南曰宝河,山东曰宝济,山西曰宝晋,贵州曰宝黔,旋开江苏、安徽铸局,文曰宝苏、宝安〔按是时江苏铸局在苏州、安徽铸局在江宁,因安徽布政使驻扎江宁故也〕。四川曰宝川,云南、东川、广西府皆曰宝云)。十二年,改钱重为一钱二分。乾隆五年,浙江布政使张若震奏言:“钱价之贵,由于私毁,访之炉匠,咸云配合铜铅,加入点锡,即成青钱(唐谓之白钱),销毁无利,山薮之奸,不禁自止。”因令户部试铸,其剂百分,红铜五十,白铅四十一分半,黑铅六分半,点锡二分。所铸之钱,试镕为铜,锤击即碎,不能更造器具,廷议以可杜私销,照式颁行。历代黄钱之法,至是一变而为青钱,虽暂免销毁,然质杂而脆,易于消磨,铁砂之质,亦渐掺入矣。乾嘉以后,品式名义无改,惟重量则实际减轻,至分剂之配合,大概铜五十四分,白铅四十二又四分之三,黑铅三又四分之一云。兹再就京局成分,详表如下:

	铜	白铅	黑铅	银	锡	铁	砂
宝泉局	五六.一一	三六.五〇	四.四二	〇.〇四	一.〇九	一.六一	〇.二二
宝源局	五六.八八	三九.四〇	二.三八	〇.〇三	〇.五二	〇.六六	〇.一五
乾隆年间	五〇.一〇	三九.八八	五.六四	〇.〇四	三.一一	〇.九八	〇.二五

(四) 制钱铸造之额数

清初户部年铸三十卯(以千钱为一串,一万二千八百八十串为一卯,卯本为时之早意,故宋有画卯、点卯之名,相沿既久,遂以一期为一卯,后又以一期所铸之钱数,为一卯之定额云),遇闰加三,康熙、雍正两朝,各增十卯,乾隆六年加二十卯。次年增勤炉十座,年铸六十一卯,得钱六十九万余串。十六年以后,因余铜加铸,至三十八年定为七十五卯。岁得钱九十三万串有奇。末年裁勤炉复铜六铅四之制,仍为三十卯。嘉庆初年渐复。五年,设俸炉,铸搭京俸,后铜铅不敷,亦旋减旋复。又自清初以来,皆户局铸二,工局铸一,道光以后,二局之外,有勤炉、俸炉加铸,岁出钱约一百六十余万串,遇闰各加四万有奇。王庆云《石渠余纪》云:“按近日铸钱之数,多于往时,而公私均无朽贯之积,一由于生齿日繁,多一人即多一人之用。且昔之食时用礼者,今或踵事增华,流转之数愈多,则愈见少。一由银贵市票盛行,一两之银,可以易两串之票,市肆虽以票易银,不得不蓄钱以待用。而冒禁私销者,尚不在此数,此所以鼓铸日多,而流通日少也。”王氏所言,系道光末叶之现象,则当时需钱孔多,盖由于人口之增加可知。又其时纸币渐兴,银根价昂,亦为钱少本贵之一种原因,于是议者乃渐以大钱铸造请,而钱法又一变矣。以上数目,系就京局而言,各省时开时停,纷繁难以悉记,道光末叶,岁共出钱一百一十余万串云。今再就叶德厘所著《中国通货史》,表顺康雍三朝铸钱额数,以供参考:

顺治	铸造额	康熙	铸造额	雍正	铸造额
元年	七一六六三九〇〇	四年	二九五八七九八〇〇	元年	四九九二〇〇
二年	四四三七五一七六〇	一〇年	二九〇四七五八三〇	四年	六七五一六〇
三年	六二四八二三九六〇	一五年	二三一三六五三六〇	五年	七二三五二八〇〇〇
四年	一二三三二八四一九四	二〇年	二三一三九八六〇〇	六年	七四六三〇四〇〇〇
五年	一四四九四九四一九四	二五年	二八九九三六七〇〇	八年	七五七八六五〇〇〇
六年	一六八二四二四二〇〇	三〇年	二八九九二五四〇〇	九年	一〇四八七五九六六〇
七年	二〇九七六三二八五〇	三五年	二三七〇六三〇五〇		
八年	二五二一六六三八五〇	四〇年	二三八〇六五八〇〇		
九年	二四八八五四四四六〇	四五年	二三八〇七五八〇〇		
一二年	二四一三八七九〇八〇	五〇年	三七四九三三四〇〇		
一七年	二八〇三九四二八〇	五六年	三九九一六七三〇〇		
一八年	二九一五八四六〇〇	六〇年	四三七三二五八〇〇		

又道光十一年,户部制定各省铸造之额,为二百五十万串,下表则道光十一年以后,以至嘉庆初年,约三十年间所适用者也。

北京	八九九八五六串	直隶	六〇六六六串
江苏	一一一八〇四	江西	四一九二八
浙江	一二九六〇〇	湖北	八四〇〇〇
陕西	八七三六〇	陕西(附加)	四三二〇四
四川	一七九二五九	四川(附加)	一四八六八
广东	三四五六〇	广西	二四〇〇〇
云南	九四八六〇	云南(附加)	八四九二四
贵州	九四八六〇	山西	一七四七二
湖南	四七八八〇	伊犁	一一二二
合计	二〇五二二一九串		

〔附记〕 新疆、西藏钱。西藏叶尔羌市易,用普尔钱,红铜为之,重二钱,制小而厚,外有轮廓,中无方孔。每五十谓之腾格,旧以此输准噶尔之赋。策旺阿拉布坦时,钱面铸其名,用准字,余皆回字,噶尔丹策零亦如之。清平定回疆,仍以此输赋。乾隆二十四年以后,开叶尔羌阿克苏钱局,即其地征铜万斤,铸制钱(仍其俗用红板,枚重二钱,幕铸城名,左满文,右回文)。更定百普尔为一腾格,准银一两。四十年平伊犁,设宝伊局,面文皆如内地。伊犁铸钱,每十需铜料银三两八钱,顾皆赋粮折纳,不由采办。五十二年,折给七城兵丁盐菜百六十准银一两。嘉庆以后,仍兼铸乾隆钱,以准回诸部皆高宗所戡定也。自西藏隶清版图,以地不产铜,令宝藏局及商工铸银钱,面汉字,幕唐古忒字,边郭铸年份,重者一钱,轻者五分,其准银皆长十之一为工火费。

（五）银钱价格之比较

吾国历代货币，与钱并行者，有币有钞。宋元以来，黄金渐少，始以银为通行之币。清初国用不足，尝一造钞，不久停罢（顺治八年，造钞十二万八千一百七十二贯有奇，自后岁以为额，至十八年，即行停止）。自后与铜钱兼权而并行者，惟银而已。银之直以两计者，金时折钱二贯，明代自五六百文至千文，逮夫末年，一两直钱五六千，而钱法大坏。盖银不自为直，因钱之贵贱以为直。清顺治初元，铸钱重一钱，每七文准银一分，而钱价日增，民未称便。户部因议铸重钱一钱二分，亦七文准银一分，旧重一钱者，则十四文准银一分，是新钱以一当二矣。既又更定钱值，每十文准银一分，则千钱准银一两，永著为令。然民患钱轻，乃罢之，改铸钱重一钱四分，其准银之直，新钱以十，旧钱仍以十四。康熙十年，令民以从前小制钱交纳正赋，时奸民多毁重钱。二十三年，钱渐贵，银一两，直不过八九百文。侍郎陈廷敬言，欲除毁钱之弊，求制钱之多，莫若铸稍轻之钱，毁钱无利，其弊自绝。乃改铸仍为一钱。四十一年，又以钱小盗铸者多，复旧制一钱四分，千文准银一两，旧重一钱小制钱每千文准银七钱。雍正七年，以直奉等处，钱价过贱，因申定每银一两，只许换制钱千文。十二年，铜贵钱本多亏，乃酌轻重之中，定一钱二分之制。自是以后，铸制虽有不同，而轻重斠若画一，其有不齐，则局匠冒禁偷减，非功令有所改易。此清代钱法轻重之大略也。政府调剂平直，权以多寡，钱少而贵，则局有增炉，炉有增卯。多则贱，配其数而减之闭之，凡以剂银钱之直而使之平也。考康熙中，钱价过昂，有银一两不足一千之禁；及末年自八百数十文遽减至七百数十文（皆指重钱），于是发五城平粜米价以易银。或言康熙间铸钱最精，亦最少，不知固由于当时之银易得而价贱也。雍正元年，设官牙以平其直（乾隆三年革钱行经纪），九年，以户部卯钱及五城平粜钱二十四万串，设局兑换，定价银一两易钱九百五十文至一千文为率。禁市僧贱买贵卖之长短钱（奸民勾通经纪，预发本银于大小铺户，收买制钱，居奇囤积，俟钱贵始行发卖，名为长短钱）。乾隆二十六年，又以平粜钱易银，时一两二钱，仅易钱一千。三十六年，各省皆以价平，请减铸，谕督抚豫为筹画，务期钱直常平。案康熙以前，制钱准银之数，自七文增至十四文，已有日趋于贱之势。雍正立法维持,时贵时贱,惟乾隆一代,钱价平时少而贵时多。或以为由销毁古钱,或以为由私毁重钱,故钱少而贵,其实则由于当时上下银多之故。雍正十三年,令捐纳贡监,皆收铜,不足乃用银。乾隆九年,定官员领帑,除夫匠工价外;民间日用,除零星粟布外,概不许用钱,倘非上下银多,安能啬于用钱如此?清代铸钱之多,无如乾隆时者,而初年部库积银三千万,末年至七千万,轻重两币,皆充牣而流通,故昔之银钱,均无独能久贵之势。嘉庆初年,钱仍贵,民间以银易钱,亏欠逾倍,乃严饬各省毋减卯,毋虚报。王氏《石渠余纪》谓其时数岁军需,散部库七八千万于外,民间银易得,故钱见贵,未必尽由于停炉减卯也。自嘉庆末年,钱法日久而敝(十七年,有江苏铸钱,掺和沙子,钱质偷薄之谕。二十五年,御史王家相奏:江南以官铜偷铸小钱,每千不及四斤,民间号为私局,流通寖广,以致银价日贵),而银之需要渐多,由是银价一贵,钱价渐减。道光末叶,每两至易钱二千云。

(六)银钱与物价

物价以货币之价格而表示之,货币之价格,亦可以物品表示之,二者有相需之关系。盖物价高即货币之价低,物价低即货币之价高,此一定之理也。明洪武初年,米一石值银一两,钱千文,而当时物价可以推知者。略如下表:

米一石之价	麦一石	夏布一匹	麻布一匹	棉布一匹
银一两	八钱	六钱	四钱	六钱

洪武末,物价稍低,则银之量少而需要多故也。洎后米价日低,银价日增,正统中,至米四石值银一两,则较之初年,盖已减低四倍矣。清初米价,亦至不等,漕折有每石五钱至一二两者,是物价渐增,银价渐低。康熙初年,米一石值银一两。中叶以后,各省米价渐昂,政府发官粟平粜,然未见若何之效果,而米价仍日增无已。五十五年,热河之米,每石值银一两七钱,因设厂官卖,给官兵取值一两,热河如此,他处可知(康熙三十四

年，密云、顺义饥，乃每月发粜千石。又以近畿水，发仓贮十万，三分赈济，七分平粜。初高粱斗三百钱，至是减三之二，则仍当千钱一石也)。数百年间，米价愈贵，银之价格低落，亦于斯可见矣。至铜钱与物价之比，据《中国经济全书》引耶妥业氏之言曰："当十一世纪之时。宋人于湖北、安徽、河南、江西，与东西相通之枢要地设立关税，以征茶课，其时茶之分量及价格，有可考者，其价如下：

	河南省城	光　州	安徽寿州
茶一斤之价	六十七文	四十文	七十四文

又十四世纪(起元成宗大德五年，讫明惠帝建文二年)之末(在洪武末年)，盐二百斤值米百斤，而当时米一石，值银一两。故盐一斤为五文，米一斤为十文。"清初茶盐之价，茶每斤约数百文(王应奎《柳南随笔》记洞庭、东山、碧萝峰野茶，士人朱元正独精制法，每斤价值三两，康熙南巡，题名曰："碧萝春")，盐每斤自数文(乾隆二年，将广西通省盐价，照部定之数，每斤减价二厘，山西河东盐，五十年，每斤增加二厘)，至数十文(见前盐课表)，则物之腾贵，虽由于供给需要两方之不能相应，而银钱价格之低落，亦一重要原因矣。叶水心曰："物多则贱，贱则钱贵。今世钱至贱，钱贱由乎物少。"此就货物之数量言之。戴埴曰："钱多易得，则物价贵踊。"二氏处当宋时，已不啻为清人说法，盖物价涨落之理，固若是不易也。然则物贱伤农，钱贱伤贾，故通货数量之调节适宜，物价高低之得其平准，亦为政者之所务已。清代调节之政，时见官书，或因钱多而停炉，或因钱少而增卯，各省旋开旋辍，不一其时，盖欲剂其多寡之数，而再辅以敛散之令(顺康征纳钱粮，准用制钱，各有成数〔大概银七钱三〕。雍正以零星用银不便，定每分连耗羡收钱十文。乾隆以民赋多以钱作银，为数较重，令一钱以上，不必勒令交钱，此敛之者也。顺治令以制钱搭放俸饷，康熙配搭，随时增减，惟末年曾两次以钱贵令半银搭饷为最多之数，余或减于三成之内。乾隆间令各衙公费皆给钱。嘉庆六年，亦以钱贵令半银搭放，盖所以惠兵丁，非为节省用银之故也)。又或发官钱，设钱局，以平市

价(乾隆二年,发工部余钱,设官钱局十处,出易以平市价),亦所以伸缩通货,剂物价高低之平准也。

(七) 利息与外国资本之输入

利息之说,盛行于春秋之世,《管子》"称贷之家"一语,时见于篇,并"子息"、"券契"诸名称,亦尔时之惯语。至汉则利贷之事更炽,惟从来持反对利息论者殊多,盖以济人之急,是为恩惠,不劳而获,有类盘剥,故辄视为不道德之举。孟子所谓:"称贷以益之非也。"欧阳修所谓:"惟征本钱,不可加息。"是皆认贷金与谷于民而取利息为不当,对国家言之者也。其有认利息为可取者,如朱熹谓放借社仓之谷而征利息,无足为怪,此亦经济思想之一种进步。惟利息虽承认索取,而利率则当有制限,殆为一般之通论。《唐六典》:"凡质举之利,收子不得逾五分,出息债过其倍"。《大明律》:"凡私放钱债及典当财物,每月收利并不得过三分,年月虽多,不过一本一利。"是则利率月不得超过五分,或三分。若子母同额,则又不得再有所征取矣。清沿明例,以三分为法定利率,过此重利盘剥,律有治罪之条(《红楼梦》贾府查抄家产,寻出借券,以违例取利为罪。又一百四回贾芸不得进荣府,埋怨王熙凤在外放加一钱,是则贵族借息,已在法定利率三倍已上矣)。然民间玩法者多,取利或在三分以上,故《红楼梦》记倪二专放重利债(第二十四回),王熙凤在外放加一钱(见上小注),谅不虚也。当是时我国工商业皆不发达,内地依农为生,无资本专断之弊,所有富人之放债,亦不过贷人救一时之急,并无所谓投资事业也。惟有一现象足以注意者,则外国资本之输入。海禁以前,吾国与外人通商之口岸,除澳门外,以广东为惟一之地,惟时广东利息,普通不下五分,暂借者二三分,而用有价值之物品担保者,尚每月一分,由是英人之在印度者,常携巨资,以投送于广东商人之手。至乾隆四十七年,广东商人,所负外债之额,约达三百八十万一千零七十七先令(Shillings,英国钱币,约合银五钱余)。是额在近日固不为多,而当海禁未开之时,广东一隅之地,其数目已若此,不得不视为可惊之现象矣。

(八) 外国银圆之流入及其影响

清代货币,以银两为本位,以制钱为辅币,而银、钱之种类均甚夥,殊无一固定标准。因此对外贸易,极感不便。外国银圆,遂大量流入于中国,并以促成中国之币制改革焉。银两制度,就经济学之观点言,不能谓为一种货币,直系一种实物,况其形式、名称、成色、重量,政府不加规定,一任民间自由流通,故核算方面至为繁难。在形式上有元宝、中锭、小粿等。元宝形似马蹄,又称马蹄银。每锭重五十两,但亦有重五十三四两者,如山东龙口之"高宝银",及吉、黑两省之"大翅宝银"是也。中锭以类秤锤者为多,其形似马蹄者称小元宝。每锭重约十两。小粿形如馒头,重三两至五两。其余则碎银,又称"滴珠",或块或片,分量更不定矣。在名称上,官司所发,例用"纹银",商民行使,则十成至七成不等,遇有交易,概需以十足纹银相核算。纹银外,江浙有"元丝",湖广、江西有"盐撒",山西有"西镨"、"水丝",四川有"土镨"、"柳镨"、"茴香",陕甘有"元镨",广西有"北流",云贵有"石镨"、"茶花"。此外又有"青丝"、"白丝"、"单倾"、"双倾"、"方镨"、"长镨"等名色,数目多至百余种。在成色上,同一银锭,而成色高下不一,如北京之"十足宝",天津之"化宝",名为纯银,实则千分之九九二,故可称为"二六宝"(因纹银成色为千分之九四〇,百两应加申水六两,五十两加申水三两,此为九九二,百两应加申水八钱,五十两为四钱,以纹银为标准,二两与四钱之差,为二两六钱,故称二六也)。其余各省多用"二四宝"(即每百两加申水一两二钱,五十两加六钱),但亦有"二五宝"、"二七宝"、"二八宝"、"二九宝",申水折算同"二四宝"、"二六宝"。在重量上,有库平、关平、漕平、市平四种。库平为收税所用之平,而中央与各省不同,即同一省份又有藩库平、道库平、盐库平之不同。中央更收大而出小,直至清末,《马关条约》规定库平一两为五七五.八二格兰(Grain,即三七三.一二五六格兰姆 Gramme),始有一定之标准,然各省仍未能一律也。关平系海关征收进出口税之标准平,其重量较中央库平尤大,约重五八一.四七格兰,即三七六.八格兰姆。但各海关之关平成色仍不一致,故比率亦不尽相同也。漕平系漕粮改征漕银后所设,其后民间逐渐通用,遂为一般通行之平砝。大约每两合五六五.七格兰。实较库平为小。市平系各市场通用之平,各地各式,名目纷繁,不胜枚举。即一地之各帮各业,亦互有不同。惟在市平中最通用者,为公砝平、公估平、钱平及广东之司马平。由上可知银两制度本身之缺陷太多,自不能适应国际环境之需要。外国银圆则适与之反,形式划一,名称单纯,成色与重量准确,计算与授受便利,以故自明末以来,即不断流入。康熙初,漕运总督慕天颜《请开海禁疏》云:

犹记顺治六七年间,彼时禁令未设,见市井贸易,咸有外国货物,民间行使多以外国银钱,因而各省流行,所在皆有。自禁海之后,而此等银钱绝迹,不见一文。

又《皇朝文献通考·钱币考四》有云:

至于福建广东近海之地,又多行使洋钱。其银皆范为钱式,来自西南二洋,约有数等:大者曰马钱,为海马形,次曰花边钱,又次曰十字钱。花边钱有大中小三等,大者重七钱有奇,中者重三钱有奇,小者重一钱有奇。又有刻为人面或作全身,其背为宫室器皿禽兽花草之类,环以番字。亦有两面皆为人形者。闽粤之人称为番银,或称为花边银,凡荷兰、佛朗机诸国商船所载,每以数千万圆计。

又王庆云《石渠余纪》云:

闽广近海之地,多行洋钱,来自西南二洋。……质不及银而价视银为高下,始番舶捆载而来,岁数百万,与东南货币相流通。顾昔以洋钱易货而来,今以货易银而去,其流入内地,錾凿消耗,亦渐以难得矣。

就上可见银圆之流入中国,通行内地,由来已久,每岁辄数百万元。其初外人以银易货,后则以货易银。盖“夷商贿通洋行商人,借护回夷兵盘费为名,将内地银两偷运出洋,至百数十万之多。该夷商将内地足色银两私运出洋,复将低潮银洋运进,欺蒙商贾,致内地银两渐形短绌”(嘉庆十九年,苏楞额《奏请严禁海洋私运折》)。当时,政府虽禁止银货出口,而实未能禁也。外人以所购中国之银,加以鼓铸,而运回中国,从中牟利。中国商人亦往往私带制钱出海,与外人交易,以数十文易番银一圆,带回中国,获利最厚(见乾隆九年范廷楷奏疏)。是以在道光初年,外币银圆盛行各省,凡完纳钱粮及商贾交易,无一不用洋钱矣(见道光九年上谕)。银圆初入中国,以含银之重量为比例,每元值钱六七百文,约合纹银六七钱。其后,因方便而价格上升,超过银价,道光间,值钱一千二三百文,咸丰三年,以太平战乱,骤涨至一千九百文,几乎与银价相等矣(银每两约二千文)。至咸丰六年,始以新铸成色欠佳而渐减,几壅不行。据李慈铭《越缦堂日记》所载,咸丰七年七月,每元作钱九百余文,加以申水,多不过一千零四十七文。八月又长至一千二百余文。始终无低减之倾向,可知民间乐其便利,习用外国银圆,且视若通货矣。外币之流入中国者,最初为西班牙之“佛头银圆”,俗称“本洋”。其含银量为百分之九十。及“鹰洋”流入,而本洋始锐减。鹰洋为墨西哥银圆,因币面有鹰鸟花纹得名,误为“英洋”。其成色含银约百分之九十四。故流通最广亦最久,尝为商业上之标准货币。此外则英国之“双烛洋”(Pillar dollar),威尼斯之“杜加通银币”(Duccatoons),法国之“王冠银币”(Crown),德国北部及瑞典流行之Rix dollar,以及玻利维亚、智利、秘鲁诸国之各种银圆,均有输入,惟为数有限,流行之时间亦较短。其后英国香港银圆,法国安南银圆,美国贸易银圆,及日本银元,先后输入,而香洋最普遍持久。香洋俗称“站人”,因币面花纹有人持杖站立,且刻有华文“壹圆”二字,专使用于对华贸易,故又名“贸易银圆”(English Trade Dollar)。其成色含纯银百分之九十左右,虽不及鹰洋,但以英商与我贸易较多,故亦极通行。各种外币在中国流通既久,信用日高,“公私出入,非此不济”,乃使中国币制,益趋复杂而紊乱。当时人不知注意币制之改革,以适应此种新趋势,而惟注意于宝银外流问题。嘉庆十九年苏楞额奏折中已论及以低潮洋钱运进,而将内地足色银两运出之弊。道光二年御史黄模中奏请严禁海洋偷漏银两。于是五年重申“粤洋民人以纹银易货，洋人以洋银易货”之禁。九年御史章沅奏称：“洋人赋性狡黠，纯用机心，卖物必索官银制钱，买物则概用番银夷银，银低钱薄，仅当内地银钱之什七。或仍以番银给还，则断不收纳，是以番银之用日广，而官银之耗日多。”清帝谕云：“朕闻外夷洋钱有大髻、小髻、蓬头、蝙蝠、双柱、马剑诸名，在内地行使，不以买货，专以买银，暗中消耗，每元抵耗内地纹银，计耗二三分。自闽、广、江西、浙江、江苏渐至黄河以南各省，洋银盛行。……致内地银两日少，洋钱日多，近年银价日升，未必不由于此。”以银贵钱贱，影响国计民生，而日严宝银外流之禁，究竟能否生效，不免令人怀疑。盖道光以前，我国之贸易为出超，银货虽为外商所套购，其数目尚属有限。道光以来，鸦片之入口剧增，岁漏银不下千万两，故后乃注意于禁烟问题，因而有鸦片战争。洎战败求和，烟禁废弛，又开五口通商，而银货更源源流出矣。其时林则徐曾建议自铸银圆，借资抵制，实为改革币制之良法，而部议竟不允行。咸丰五年，周腾虎有《铸银钱说》云：

> 江浙行用佛头洋银，铸自大西洋之西班牙国，……乾嘉之际，其国在广东省贸易颇盛，故其银流入中国，因而习之。后其国衰微，且所铸洋银已换新式，佛头银已于道光初年停铸，所来中国洋银愈用愈少矣。闽广各省必椎烂用之，日渐其绌。江浙商民，乐其便易，市井贸易，惟此信行，各钱店认定式样，少有变更，则群起而叱为伪铸，巧立各种名目，以抑勒民伍，至每圆洋银竟贵纹银一两之多。出则呼为净光，入则苛为烂板，移转之间，银已八折，商贾愁叹，民客咨怨，莫究其由而坐受其困。即或夷人重铸新者，各钱店又呼为新板，坐以七折。……国家旧用银钱两种，以平百物，厥后钱日贱，而银日贵，子母不相权，而轻重殊绝，故洋银起而承其乏，流转于银之高下而适得其平，民间利而趋之。今洋银之贵无已，若不为之变通，则竞趋争用，其用愈急，其害愈深，病国病民，莫此为甚。……故为今之计，宜准洋银分两，铸造银钱（盛康《皇朝经世文续编》卷五八户政三〇钱币上）。

此说于洋银流入后对于中国所发生之影响，与夫民穷财困之由，颇能洞见其微，而欲图补救，又非自铸银钱不可矣。惜当时政府尚无此种眼光，仍取放任政策，听民间私铸（道光时，浙省铸一两银圆，民间阻滞不行。漳州有重七钱二分者。咸丰时，上海朱裕源亦铸有一两银圆，皆行用不广）。直至光绪初，由吉林机器官局，首铸各种银圆，广东继之，湖北又继之，各省亦次第推行，中国始用自铸银圆云。但清迄于亡，始终以银两为计算单位，银圆虽并行，尚不能取而代之也。

第九章　人民之经济(生计与生活状况)

五十三　总　论

(一) 引言(民生与社会国家之关系)

自来言郅治者,以民生与国计并提。盖社会之结合,政治之成立,民族之交通,邦国之宁固,其趋事赴功,日进不已者,财为之驱也。人与物相比附而生,世界有人类之区,无不有物以为养者,其道出于自然。智者引起而伸之,触类而长之,而其方百出。穷其地之产,殚其人之力,相与通有易无,酌盈剂虚,然后人事进化之端,有可得言也。故待农而食之,虞而出之,工而成之,商而通之,而使民不匮,而为政者又以其间裒多取盈,收什一以济国用,其荣悴盈绌之数,国势之存亡系焉。故《尚书》载《禹贡》,史公传《货殖》,岂特史识逴跞,抑亦人事进化之源,非此莫属矣。班固挟其拘墟之见,斥司马以崇势利,羞贫贱,《汉书·货殖》一传,徒袭《史记》之名,全删其精要,后有作者。乃更以为大戒,而人事生产,遂无有能征其进退者,岂非班氏之过欤?近世以来,社会主义(Socialism)勃兴于欧陆,马克思(Karl Marx,德国社会党人,一八一八年生,一八八三年卒,约当吾国嘉庆末年至同治初年。本犹太种,幼从 Hegel 习哲学,复改习社会经济学,主张社会主义之第一人。嗣因为德、法、比诸国所不容,遂移居伦敦三十年而卒。著有《资本论》〔*Das Kapital*〕一书,为今社会党人之金科玉律)在其《共产党宣言》中,发表"唯物史观"(Materialistische Geschichtsanffasung〔德〕, Economic Interpretation of History〔英〕)之原理,其大意谓:"物品之生产及其交易,所以系人类之生命。而为一切社会构造之基础。

自有史以来,所有社会上财富之分配,与夫等第阶级之区分,皆因所产物品之性质及其生产交易之情形而定。由此观之,社会之改革,政治之变迁,其根本原因,不能求之于人类脑海中,亦非因真理及公道之愈益彰明,而在于生产交易之情况有所更改。”换言之,即社会上一切事物,皆以经济为其基础,故凡思想、文化、宗教、道德、教育、政治、法律等罔不受其支配。自是以后,言史者虽不尽同情于其主张(参看上卷《叙例》),而向为人所不注意之经济问题,则已占据历史中重要之位置矣。吾国《九通》诸作,亦颇有助于此,特偏重国家方面,而非实际之人民生活,编著生计史者,殊不能无杞宋无征之慨!虽然,零简残篇,凡足供吾人参考者,自当条而述之,以示一斑耳。

(二) 中叶以前之生计沿革

清承明季丧乱之后,闾阎凋弊,城邑荒凉,然户口骤减,谋生反易。故顺治末年,物价低廉,财货充斥,渐复承平气象。如龚炜《巢林笔谈》所云:“清河与太原联姻,两家皆贵而赡,其记顺治三年婚费,会亲专席十六色,付庖银五钱七分。盖其时兑钱一千,只须银四钱一分耳。而猪羊鸡鸭甚贱,准以今之价钱,斤不过一二分有奇,他物称是,席之所以易办也。”以富厚会亲之席,其糜费不过如此,生活之易,可推知已。康熙六十余年,深仁厚泽,轸恤民生,蠲免之诏屡下,亦所以藏富丁民,故物阜财丰,号称盛世。惟末叶吏治稍偷,经济变动颇剧,物价渐昂,人民资生,顿感不易。故吕留良文集谓“今日之穷,为羲皇以来所仅见”。此虽过语,亦可知当时确有不安之现象,致影响于国民生计者也。所谓不安之现象者,则河患兵戎水旱之灾等是。不过此种现象,当清代兴盛之时,尚不足为生民患,况朝廷顾念黎元,出全力以补救之,亦未见若何之穷困耳。雍正锐意整顿,一切治术,皆较康熙时为愈,故不特财政充裕,国民生计,亦较优焉。乾隆之时,累洽重熙,民物丰阜,小民生活之安乐,盖以斯时为极盛矣。顾无平不陂,物极必反。极盛之时,即伏衰微之渐,天下之事,大抵然也。乾隆累次南巡,供亿繁奢,民生凋敝,此一原因也。又加和珅当国,贿赂公行,影响所及,吏治败坏。因此民间财赋,尽充私囊,而人民处此情况之下,乃不得不流为盗寇,川楚教匪,遂以猖獗。教匪之平,固借乡勇之力,然乡勇衣无布履,食无兼粮,时或啖敌肉以为生,人皆呼曰丐兵,则民穷财匮之景象,于斯盖可睹矣。嘉庆承其余流,社会之现象,愈觉不安,盖人民连年困苦于刀兵之下,不能从事耕殖,而生产之力大减。又加河道屡决,饥馑洊臻,政府至此,亦无力以救济之,于是贫弱顿露。道光之时,西洋贸易渐盛,人民之所以颠连无告者,又不仅属于国内问题,洋货之输入,鸦片之供给,皆足敲骨吸髓,使吾民之形存神销而不自觉,故终归引起战争,然一败之后,更不堪问矣。总之,鸦片战争以前,外国之影响尚小,鸦片战争而后,经济之变动始剧。本章但述前期之状况,余待后论。惟前期在乾隆中叶以前者,则可谓之"安定时期"。在末叶以后者,可谓之"衰敝时期"。过此以还,则时处于恐慌困顿之境,无复有太平景象矣!洪亮吉《意言·治平篇》云:"人未有不乐为治平之民者,然言其户口,视三十年以前增五倍,视六十年以前增十倍,视百数十年以前,不啻增二十倍。试以一家计之,高曾之时,有屋十间,有田一顷,夫妇二人,宽然有余。以一人生三计之,至子之世,父子四人各娶妇,则有八人,子又生孙,孙又娶妇,已不下二十余人。又自此而曾焉玄焉,视高曾时已不下五六十倍,不分至十户不止。隙地闲廛增六倍五倍而止矣。田与屋之数,常处其不足,而户口之数常处其有余。又况有兼并之家。一人据百人之屋,一户占百户之田,何怪乎遭风雨霜露饥寒颠踣而死之者比比乎?"又《生计篇》云:"今日之亩,约凶荒计之,岁不过出一石,今时之民,约老弱计之,日不过食一升,率计一岁一人之食,约得四亩,十口之家即须四十亩,其宽广即古之百亩也。工商贾所入,至少者人可余百钱,士佣书授徒所入,日亦可得百钱,是士工商一岁之所入,不下四十千。闻五十年以前,吾祖吾父之时,米升钱不过六七,布丈钱不过三四十,一人岁得布五丈,为钱二百,得米四石,为钱二千八百,是一人食力可以养十人。今则不然,农十倍于前而田不加增,贾商十倍于前而货不加增。士十倍于前而佣书授徒不加增,且升米钱须三四十,丈布钱须一二百,所入愈微,所出益广,于是士农工贾,各减其值以求售,布帛粟米,各昂其价以出市,此即终岁勤勤,毕生皇皇,而自好者居然有沟壑之忧,不肖者遂至生攘夺之患矣。何况户口既十倍于前,游手好闲者更数十倍于前,遇有水旱疾疫,其不能束手以待毙也明矣。”洪氏所谓人口增加之律,虽非确实,但人口增加之影响人民生计,固为显著之事实。乾隆初叶以前,一人食力可养十人,至嘉庆时,物价人口增加,民生困难,故教匪之乱,皆言官逼民反,是清代经济之状况,当以乾嘉之际为鸿沟也。若以物价而论,清初叶米石银一两,中叶米石银二两,晚叶米石银四两,后二期各加一倍。人口增加之比率,亦约略近之。是一人之食力所得,仅足养一人,而游手寄食者众,殆为贫困之最大原因欤?

(三) 国富与民生之推定

复次则一国总富,与人民生计之关系,当具述之。清初计臣之计国富也,有曰:“查地方一里,有田五顷四十亩;地方十里,为方一里者百,有田五百四十顷;地方百里,为方十里者百,有田五万四千顷;地方千里,为方百里者百,有田五百四十万顷。依《王制》所载,山陵林麓川泽沟洫城郭宫室涂巷,三分去一计之,凡方千里之地,实有田三百六十万顷。或其间有种棉花蔬果菱荷药饵之类,以其非系五谷,始再除去四分之一,计地九十万顷外,亦实有田二百七十万顷。什一取民,古之常制也,每田一亩,合夏麦秋禾计之,至瘠之土,亦可收粮一石,以什一之制科之,每亩征粮一斗,每田一顷,应征赋粮十石,二百七十万顷,应征赋粮二千七百万石。内以一分征本色。岁可征粮二百七十万石,以九分征折色,每石率科折银四钱,而布帛鱼盐之利不与焉。十五省之地,不下方五六千里,然以步弓径直量,不过方四千里。今姑止作方三千里科算,为方千里者九,每岁额赋,亦应有粮二千四百三十万石,银八千七百四十八万两。此酌古准今,宁从自少科算,乃不易之理,必得之额,而非无稽之臆说也。……约而计之,岁有银二千万两,足以饷兵而有余,……即使多加数倍,并一切等项,不过再费银二千万两,亦云至矣。……然各直省见征额赋前科之数,不及三分之一。……则水利不修之弊也。……古来天下之利,全在西北,其江南之苏、松、常、镇,浙江之嘉湖等府,汉唐以前,不过一泽国耳。自钱镠窃据,南宋偏安,民聚而地僻,遂为财赋之薮。故明初年,见东南之赋足以供用,于是惟知尽东南之利,而不谋及西北,是以西北之赋日少,而民日穷。迨及季世,盗贼丛生矣。"观此,则吾国富力之如何,与南北生计之消长,可以明悉矣。清末,总税务司赫德氏著有《清国地租税法改革意见书》,其意谓:"今假以清国土地为纵横各四千里(新疆、蒙古、西藏、东三省不在其内),则其面积合计为一千六百万方哩。每方哩之地,假定有田五百亩,则合计所有之田,为八十万万亩,若每亩地租,酌抽铜钱二百文,而以钱二千值银一两,则每十亩得银一两,八十万万亩。即八万万两矣。纵令年有丰歉,土有肥硗,地有山林水地之分,不能一律计算,即以半数计之,亦不下四万万两。"今按以上两说,列表比较如下:

	前　说	后　说
面积假定	以方三〇〇〇里科算 约为　九〇〇〇〇〇〇〇方哩	一六〇〇〇〇〇〇〇方哩
每方里亩数	五顷四〇亩	五〇〇亩
共计地亩	四八六〇〇〇〇〇顷除山川杂占 实有　二四三〇〇〇〇〇顷	八〇〇〇〇〇〇〇〇〇〇亩 即八〇〇〇〇〇〇〇〇顷
科　则	一斗合银四分	二〇〇文合银一钱
税　额	九七二〇〇〇〇〇两	八〇〇〇〇〇〇〇〇两

两说推算,大略相同,惟取则杂除之间,略有盈缩,然按之吾国实际地亩调查报告之数,则相差悬远,殊可惊异也。此可知吾国官吏不尽不实之处,而吾国富力与夫吾民负担之数固不减于此。国家收入乃不及三分之一,又无怪财政之陷于穷境已。今折衷二说,推定吾国人民之富力与生计:十八省以方四千里计,面积约一千六百万方哩,道光以前,吾国人口已四万万,则每二十五人约占一方哩之地,除山泽城郭房屋等项而外,每人应得田地,约有十五亩,亩收粮一石,亦可十五石。吾人食量,每年不过三四石耳,生产之额,直超过需要四五倍以上,苟垦殖得方,水利兴修,亦何至患贫耶?

五十四　生产与分配

(一)农产之大略

吾国地兼三带,人口繁盛,农产众多。且与外族之接触较少,则通商惠工之事,自不能与服力田亩之业并重,数千年来,相沿成风,故宗教、学术、政治、生计问题,无不与农业有关。举国上下,皆以为立国大计,在于农业;此吾国之所以有农业国之称也。然实而按之,所谓重农者不过一种理论而已。且因农本主义太盛之故,而重本抑末之说大昌,衣食丰足,安居乐业,是为政者所最祈向之社会,其不愿工商业之发达,固宜。货物之交换,因之不能畅行,需要供给之量,因之狭小。全国人民,从事于农者遂占十之七八。而农民又为中国最苦之民,故一国之中,贫困者亦占十之七八。又即工商而论,大都限于农产品物,无精制工业品,于是商人所转运者,亦以农品为多,农民终岁穷困,仅足生活,工商复于其中攫其未尽之利,其所得者几何?故吾国虽以重农贱商,崇本抑末为政教之源,然其所得乃适与相反。今就农家之所得观之:吾国农产,以米麦为大宗,次则杂粮大豆,次则谷黍,又次燕麦、荞麦,而棉麻蚕桑之资于衣服者,亦农产之大宗也。今先就产稻区域,著其可考之额如下:

产稻区域表

省份	长江流域	省份	珠江流域	省份	黄河流域
江苏	苏州　昆山　常熟 松江　太仓　江宁	广东	潮州　嘉应　惠州 韶州　广州	河南	开封西郑州一带
浙江	嘉兴　杭州　绍兴 湖州	广西	桂林(桂米为中国之冠惟产额不多)	山东	济南青州一带
安徽	庐州　宁国	福建	福州　建州　延州 邵州(四府沿闽江一带)漳州　龙岩	直隶	天津一带
江西	南昌　建昌				
湖北	襄阳　荆州				
湖南	洞庭一带　长沙　永州 岳州　衡州　常德				
四川	成都				

产额比较表

江苏	九〇〇〇〇〇〇〇〇石
浙江	二五〇〇〇〇〇〇〇石
安徽	七〇〇〇〇〇〇〇〇石
江西	六〇〇〇〇〇〇〇〇石

吾国产米区域,扬子江一带最盛。珠江一带次之,黄河一带又次之。以上表其大略而已。其产额以江、浙、皖、赣最富,两湖、川、闽、粤诸省,约产二万七千万石,鲁、豫两省约产八千万石,黔、滇两省,约产三千七百余万石。兹再表长江下游一带每亩收产之额如下:

	上 田	中 田	下 田	平均数
苏州一带	三石	二石	一石	二石
镇江一带	二石	一石五	一石	一石五
南京一带	一石五	一石二	一石	一石二三有奇
杭州一带	二石	二石五	二石	二石五
嘉兴一带	二石	一石五	一石二	一石五六有奇
绍兴一带	二石	一石五	一石	一石五
汉口一带	三石	二石五	二石二	二石五六有奇

次于米者为小麦。亦为国人重要食品,而北人食者尤多。故为北方重要农产品。其产额亦颇不少,惟无精确之统计耳。每年平均估计,当在三万万石以上,每亩产额,至瘠之土,亦可得粮一石。米麦外,则豆类亦为出产大宗,杂粮黍稷,在黄河流域及关外东三省等处,产额亦巨,因其价值低廉,为一般平民之重要食品云。棉多产于江北,丝最富于江南,桑麻之资,衣食是赖。海禁以前,无论何种农产品,吾国皆可自给,并得以其余额贩至外国,海禁以后,则形势渐绌矣。

(二) 各处之土贡

夏禹任土作贡,则壤成赋,虽年代邈远,而所记差详。史公传《货殖》,览社会风土之情状,详其利弊,纤悉靡遗。余则《尔雅·释地》、《周官·职方》,亦略记之,然莫能详焉。后有诸作,难得条贯,使从斯二说而求之,虽居今之世,犹足为助也。今再就各处之土贡表之如下:

盛京　东珠(设珠轩置长每珠轩得珠十六颗为率)　貂皮　人参(户部委员携信票出口招商给票入山开采每票以纳人参十二两为则每岁所采以给票之多寡为盈缩)

直隶　榛栗　黄栌木　芝麻　长芦白盐　砖盐　五色土　宝砂

江苏　银朱　桐油　红铜　明矾　黄熟铜　棉布　乌梅　灯草　白蜡　高锡　织造纱缎　绸绫

桅木　杉木　架木　桐皮槁　正金砖　副金砖　魁藤　棕丝

浙江　黄茶　芽茶　黄蜡　黄熟铜　桐油　白棉　白丝　架木　桐皮槁　黄花竹　并织造纱绫绸绫

江西　银朱　桐油　五倍子　紫草　抬连纸　苎布　桅木　杉木　架木　桐皮槁

福建　红铜　黑铅　黄熟铜　扛连纸　锡

湖北　黄蜡　白蜡　黑铅

湖南　黄蜡　白蜡　黑铅　桅木　杉木　架木　桐皮槁

山东　阔白棉布　牛箸　黄蜡　黄丹

山西　毛头纸　高锡　生素绢　农桑绢　呈文纸　大潞绸　小潞绸

河南　本色棉布　牛箸　黄蜡

四川　本色米　本色马(金川)　藏香　芸香　黎椒　菖蒲　茯苓

广东　降香　紫榆　花梨木　高锡　靛花　白蜡　广胶　臜黄　沉速香　点锡

云南　天大青　天二青　石磺　松花　石碌

贵州　黄蜡

外藩　牛　羊　驼马　毯　罽　藏香　延寿果　青木香　氆氇

以上清代土贡,多系用物,各处土产,略可觇之已。蔬果之类,北方颇丰:如白菜、萝卜、黄瓜、茄子、冬瓜、甜瓜、西瓜、桃、杏、梨、栗、枣、柿子、石榴、樱桃,到处皆是,山西多葡萄,可以酿酒。长江以南,水果更富,宋时南果以子名者百二十,范成大《桂海果志》所列五十五种。荔枝、龙眼、柑子、金橘、香蕉、橄榄之类,盖南方之所独具,故《禹贡》扬州,厥包橘柚锡贡。《史记》谓蜀汉江陵千树橘,则自古已然矣。

(三) 盐茶矿产之大利

吾国富源,自农桑产品外,尚有大利者三:曰盐、曰茶、曰矿,其二关于人民日用之必需,其一则地中之蕴藏,皆生产要素中之自然条件也。今但述其种别与出产之区域于后:

一、盐　煮盐始自夙沙,故青州厥贡盐絺,而齐地负海,以此称雄。然盐利非独海有也,中国沿辽海以南,迄于闽广,是曰海盐。黄河自青海至甘肃,绕蒙境以入内地,一曲一产盐,而花马(甘肃宁夏府灵州东南,有花马盐池)、解池(山西解州安邑有盐池)为著,是曰池盐。蜀滇万里山谷之民,相地凿泉,深百数十丈,机抽绠汲,是曰井盐。太行以东,黄河以北,唐宋之际,有所谓卤地者,往往随地出盐。而永康(宋置,清属四川成都府灌县)之盐,独出于崖,则山宝产之。盐类大别有四:曰散盐(亦曰末盐),煮海水以成之;曰盬盐(亦曰颗盐),引池以化之;曰形盐(盐之似虎形者),掘地以出之;曰饴盐(盐之甘者),于戎以取之。今形饴两种,不尽可考,大要散盐多出于煎,盬盐多出于晒。井产待煎而成者也(按四川井盐,亦有散颗二种,散曰花盐,颗曰巴盐),海则有煎有晒者也。惟池盐非煎非晒,而以种列地治畦,决池水灌其间,得东南风,此盐遂成,否则败。故解池之盐,全资乎天然,而人力不与,此盐产之大略也。

二、茶　六经无茶字,茶即荼也。《尔雅·释木》曰:槚。注云:"树小如栀子,冬生叶,可煮作羹饮。"今呼早采者为荼,晚取者为茗,一名荈,蜀人名之苦荼。顾亭林谓自秦人取蜀而后,始有茗饮之事。而荼字减一画为茶,实始自唐。《唐书·陆羽传》:羽嗜茶,著经三篇,言茶之原之法之具尤备,天下益知饮茶矣。有常伯熊者,因羽论复广著茶之功,其后尚茶成风。时回纥入朝,始驱马市茶云(《日知录》卷七)。时德宗贞元末年,唐世榷茶,即起于此。其后以为大利,与盐酒并征,海通以还,又为出口大宗矣。《宋史·食货志》称茶有二类:曰片,曰散。片茶蒸造,实卷模中串之,惟剑建(南剑、建州俱福建)则既蒸而研,编竹为格,置焙室中,最为精洁,他处不能造,有龙凤、石乳、白乳之类十二等,以充岁贡及邦国之用。其出虔、袁、饶、池、光、歙、岳、辰、沣州、江陵府,兴国,临江军有仙芝、玉律、先春、绿芽之类二十六等。两浙及宣江鼎州又以上中下或第一至第五为号。散茶出淮南、归州、江南、荆、湖，有龙溪、雨前、雨后之类十一等。然依其性质与颜色分，则有绿茶，有红茶。此茶产之大略也（碧萝春茶始自康熙，参看五十二节五目小注）。

三、矿　山海天地之藏，莫大于坑冶，故《周官》丱人掌金玉锡石之地，而为之厉禁以守之，若以时取之，则物其地图而授之，巡其禁令。《管子》又言出铜之山四百六十七，出铁之山三千六百九，中国矿产饶富，于此可见矣。洎汉武任桑宏羊、孔仅之徒，绾斡盐铁，悬厉禁，民私铸铁者，刖左趾，博士使郡国矫诏令民铸农器者罪至死。置铁官凡四十郡。昭帝立，贤良文学争之，卒罢铁官，后之论者，往往以桑、孔网利为罪。下逮明季，权在奄寺，矿使四出，海内劳扰，卒至亡国。清惩明之弊，一切禁止开采，臣工有以是为言者，辄谓为贪。然利源所在，其势难遏耳。康熙中，户部议各省铜铅矿产，准人民开采，委官监管。十八年，定十分纳二之税。而当时矿区可考者大致如下：

广西云南贵州　黄金　银　铜　锡　铅　铁　水银　丹砂　雄黄

山西四川广东　铜　锡　铅　铁

湖南　铜　锡　铅　铁　水银　丹砂　雄黑（以上据《会典》）

分据《通考》，别其属类与开采之区如下：

金矿　（广西）梧州芋荚山　（湖南）会同县宜章县　（甘肃）沙洲

银矿　（浙江）温州处州　（福建）尤溪浦城　（云南）大理等处（湖南）郴桂二州

铜矿　云南　（江西）广信铜塘山　（广西）桂林涝江　（四川）建昌之迤北沙沟紫古哵川　东之云阳奉节　（湖南）郴州桂州绥宁　（广东）黎地

铁矿　（湖南）邵阳武冈慈利安化永定芷江　（浙江）处州之云和松阳遂昌青田温州之永嘉平阳及泰顺　（四川）屏山之李村石堰凤村利店茨藜荣丁江油之木通溪和合硐及宜宾县

铅矿　（贵州）清平　（湖南）常宁之龙旺山及沅陵辰谿永顺桑植郴州桂州　（云南）卑浙块泽通海弥勒及东川者海　（四川）永

宁之茶山沟及云阳界连奉节之处 (广西)融县四顶山 (湖北)施南兴国竹山 安南

锡矿 广东

杂矿 (广西)罗成冷峒山(〔煤〕融县之铅即运此炼煎) (甘肃)骚狐泉(磺) (广东)黎地(石碌)

我国科学不发达,采矿挖取,全凭人力,成效极鲜。又或茫无计画,而矿苗有废兴;官为诛求,而征课无已时。此人事之穷,而货之所以坐弃于地也。

(四) 劳力之类别与佣资

吾国社会上人物之分类,普通称为四民;士、农、工、商是也。自政治上言之,则可分为治者与被治者二类。自法制上言之,则历代各有不同,其因革损益之间,影响于生计者至夥。如有明之户,凡分三等:曰民,曰军,曰匠。而民则有儒,有医,有阴阳;军则有校尉,有力士,有弓铺兵;匠则有厨役,有裁缝,有马船,其在沿海者则有盐炉。清别户籍,等类尤多,略已见前,兹不更赘。至出世无户籍者,则寺有僧,观有道士,而僧道之中,亦有种种之区别。又就年龄与职役之关系编之,则有成丁未成丁之分,始生至十六曰未成丁,十六以至六十曰成丁。其在社会上之地位,则有良家,有奴婢。良家者,齐民也,奴婢不列于编氓,而别为籍,尤不许滥厕士类。故不许应试为士子,入仕途。有奴籍者,世人皆视为卑贱之流,而奴婢亦不敢与士人抗衡也。清功令且有"发与披甲人为奴"之条。奴婢服役于其主,以其身为货品,虽终日劳作,无工资也。以上皆社会上普通之区分,若就劳力之类别而晰述之,则大要如下:

一、士类

官吏 教师

二、农类

自耕 佃户 庄头 长工 短工

三、工类

1. 技艺劳动者：

木匠　泥水匠　裱糊匠　铁匠　皮匠　花匠　裁缝　藤匠　锡匠　油漆匠　木器匠　染匠　织匠　箍桶的　车匠　船匠　帽匠　锁匠　铜匠　鞋匠　绣花匠　银器匠　剃头匠 修脚的　厨役

2. 无技艺劳动者：

管家　跟班的(或云底下人)　打杂的　老妈　丫头　看门的　轿夫　赶车的　挑水的　推小车的

四、商类

店主　伙计　学徒　杂役　账房　跑外

五、兵类

将士　兵丁　乡勇　站丁　卫丁　旗丁

六、杂类

医　卜　星　相　阴阳　打拳卖艺的　优伶

以上第一类官吏之薪俸,与第五类兵丁之糈饷,前已述之。教师束脩,官有定额,民间聘请者,大概每年不过一二十两(《儒林外史》第二回,薛家集公请周进为塾师,每年馆金十二两银子。学生贽见,富者不过一钱余,贫者只三四分或十几文而已)。第二类之可注意者,为佃户一项,佃户赁人之田。纳租地主,终岁胼胝,所获无多。次则赁力于人者,长期则有长工,短期则有短工,皆服劳田亩者也。其佣资或以年计,或以日计,大概皆不足以赡养妻子。第三类以技艺劳动者,工资多寡,随业随时皆无一定,即以木瓦匠而论:顺治中,每工二十八文,道光中,则八十四文云。无技艺者,多执贱役之人,其工资则更难言矣。第四类中,店主本非劳动者,然以吾国工业之不发达,小本企业家恒自兼劳动之事,则虽店主,非资本家坐享利润可比也。伙计薪资,每年不过一二十千文。学徒杂役无薪资之可言,账房则亦伙计之类也。第六类之无一定标准者,更无论矣。今节录康熙中靳辅《生财第一疏》,以见当时社会上人口分配之状况焉：

(上略)古者民之类有四,曰士农工商而已。四民之中,力农者居十之七,而士工商与庶人在官者居十之三。乃三代而下,四民之外,更有僧道之流,与夫游民乞丐,悉皆不耕而食,不织而衣。……近世僧道,求其所谓实在焚修,恪守其教者百不一二,至于乞丐一途,言之似属可悯,……必先鳏寡孤独,以其无力自食,穷而无告者也。近来乞丐,手赍秽毒之物,以窘良民。……更有丐头……与蠹役分肥……是以富广地方之丐头,类皆坐拥厚赀,优游望坐,其饱暖反胜于士农工商之家。他如说书、唱曲、打把势、搬戏法、卖假药、请仙乩、炼丹祷禳、偷鸡、剪绺之徒,不可悉数。……古十人之中,科农民七而士工贾三,……今七人之中,驱一人为僧道,加以乞丐游惰之民,悉皆徒手求食,又去半人,而农民七人者,存五人有奇。(下略)

五十五 汉人之生计

(一) 富人之生计

我国人民,资产贫富之差,不及外国之甚,其原由于我国政教上之均平主义,与夫社会上惩富济贫之观念。又况地大物博,国人以务农为生计,苟肯劳动,力田服穑,收获所获,自足糊口。富连阡陌者,必须役力于人,食租分利,所有之田,不啻与佃户共之。其资产不能集中,无大工商业之可言,故非若外国之拥资千万,贫无立锥者也。不过贫富之差,虽不甚远,而生活程度之悬殊,则较之外国特甚。富者日用千金。极其豪奢,锦绣裹体,高楼奠居,食前方丈,侍女数十,观下所记,盖可知矣。

《觚剩》云:"江南泰兴季氏,与山西平阳亢氏,俱以富闻于天下。季自沧苇以御史回藉后,尤称豪侈。其居绕墙数里,中有复道周巡,健儿执铃柝者共六十人。月粮以外,每夕犒高邮酒十瓮,烧肉三十盘。康熙九年,霖雨连旬,恐霉气侵浣,命典衣者曝裘于庭,张而击之,紫貂、青狐、银鼠、金豹、猞猁狲之属,脱毛积地,厚三寸许。家有女乐三部,悉称音姿妙选。阁宴宾筵,更番佐酒,珠冠象笏,绣袍锦靴，一妓之饰，千金具焉。及笄之后，散配僮仆与民家子，而娇憨之态，未能尽除，日至高舂，晨睡方起，即索饮人参龙眼等汤，梳盥甫毕，已向午矣。制食必依精庖为之，乃始下箸。食后辄按牙歌曲，或吹洞箫一阕，又复理晚妆，寻夜宴。故凡娶季氏家姬者，绝无声色之娱，但有伺候之烦，经营之瘁也。"

《啸亭杂录》云："近日某阁臣历任封圻，奢汰异常，舆夫皆着毳衣，姬妾买花，日费数万钱。尝操演士卒，有司某适馈银五万，某挥散军士，略无吝色。"又《续录》云："本朝轻薄傜税，休养生息，百有余年，故海内殷富素封之家，比户相望。京师如米贾祝氏，自明代起家。富逾王侯，屋宇至千余间，园亭环丽，游十日未竟。宛平查氏、盛氏，富亦相仿，然二族喜交结士大夫为干进之阶，故屡为言官弹劾，不及祝氏退藏也。怀柔郝氏，膏腴万顷，喜施济，贫乏人呼为郝善人。纯庙尝驻跸其家，进奉上方水陆珍错至百余品，王公近侍及舆台奴隶皆供食馔，一日之餐，费至十余万云。"

观于此，富人之豪侈如何，可以想见。若《红楼梦》专以描写贵族之家庭生活，其情状当不虚已。兹录一节，与前文参证可耳。

第四十一回云："凤姐听说，依言夹些茄鲞，送入刘老老口中。……"刘老老细嚼了半日，笑道："虽有一点茄子香，只是还不像是茄子，告诉我是个什么法子弄的，我也去弄着吃去。"凤姐儿笑道："这也不难；你把才折下来的茄子，把皮刨了，只要净肉，切成碎钉子，用鸡油炸了；再用鸡肉脯子合香菌、新笋、麻菰、五香豆腐干子，各色干果子，都切成钉儿，拿鸡汤煨干，将香油一收，外加糟油一拌，盛在磁罐里封藏。要吃时，拿出来用炒的鸡爪子一拌，就是了。"刘老老听了，摇头吐舌说："我的佛祖！倒得十来只鸡配他，怪得这个味儿！"

总之，富人豪奢之状况，大抵如此，其与贫人较，一饭之值，可抵中产数年之费,此种人大半属于官吏,因官吏皆聚敛朘削,中饱自肥者也。谚云:“三年清知府,十万雪花银。”殆为实录。日本人谓吾国一知县、知府,即极荣华富贵之态,日本大臣,尚不及之。于以知此辈最薄之俸薪,实不足以养其生活,贪黩是务,乃惯常耳(清初大臣之安于澹泊,敝服粗粝者,颇不乏人,如于成龙之屑糠青菜。盖能立身以正,却谢苞苴,但以俸薪所得,则中人犹不济也)。然一旦罢官,坐吃山空,生生乏术,贫窭渐至。嘉庆初,富勒浑以斥职行乞,至于鼠窃。然当其盛时,固亦僮仆姬侍,服饰饮食玩好之物,穷极奢丽者也。官吏而外,素封之家,不外商贾、地主二种,资财出于贸易,服食求之佃租,其豪侈者,则亦不减于官吏,惟通常似较官吏为差等耳。

(二) 贫人之生计

普通人之生活,每饭不过一二十文,虽由物价之低廉,亦生活程度之简陋已。惟关于此事之记载绝少,兹录其可考者,分记于后:

> 《儒林外史》:“夏总甲果然替周先生说了,每年馆金十二两,每日二分银子,在和尚家代饭。……俺前日听见说:‘荀家炒了些面筯,豆府干,送在庵里,又送了几回馒头火烧。’”(第二回)又:“范进立着,直望见门铨影子,抹过前山,看不见了,方才回到下处,谢了房主人。他家离城还有四十五里路,连夜回来,拜见母亲,家里住着一间草屋,一厦披子,门外是个茅草棚。正屋母亲住着,妻子住在披房里。正待烧锅做饭,只见他丈人胡屠户,手里拿着一副大肠和一瓶酒,走了进来。……胡屠户又道:‘老人家(范进之母)每日小菜饭,想也难过。我女孩儿(范进之妻)也吃些。自从进了你家门,这十几年,不知猪油可曾吃过两三回哩。可怜!可怜!’”(第三回)又:“两公子过得桥来,看见杨家两扇板门关着。……叩了半日,里面走出一个老妪来,身上衣服,甚是破烂。”(第九回)又:“马二先生望着湖沿上接连着几个酒店,挂着透味的羊肉,柜台上盘子里盛着滚热的蹄子、海参、糟鸭、鲜鱼;锅里煮着馄饨;蒸笼上蒸着极大的馒头。马二

先生没有钱买了吃,喉咙里咽唾沫,只得走进一个面店,十六个钱吃了一碗面。肚里不饱,又走到间壁一个茶室吃了一碗茶,买了两个钱的'处片'嚼嚼,到觉有些滋味。……马二先生大喜,买了几十文饼和牛肉,就在茶桌子上尽兴一吃。"(第十四回)又:"当时就把余下十几两银子馆金,又借了明年的十几两银子的馆金,合起来就娶了亲。夫妇两个,仍旧住在祁家。……又做了两年,积攒了二三十两银子的馆金,在祁家傍边寻了四间屋,搬进去住,只雇了一个小小厮。虞博士到馆去了,这小小厮每早到三里路外镇市上买些柴米油盐小菜之类,回家与娘子度日,娘子生儿育女,身子又多病:馆钱不能买医药,每日只吃三顿白粥;后来身子也渐渐结实起来。"(第三十六回)

综上所引,虽大半士人之生活,而贫苦之程度,可以窥察者:

一、衣　布服褴褛。

二、食　三餐白饭、小菜、豆腐之类。

三、住　草屋茅棚三间两间而已。

其程度,素食而不茹荤者,每餐不过十文,若以肉类为下饭物,则非数十文不办也。以与富人之珠冠绣袍,食具千珍,居连广厦者较,相隔何啻霄壤?《红楼梦》:"刘老老道:'这样螃蟹,今年就值五分一斤,十斤五钱,五五二两五,三五一十五,再搭上酒菜,一共倒有二十多两银子!阿弥陀佛!这一顿的钱,够我们庄家人过一年的了!'"(第三十九回)诚慨乎言之矣!然此仍就社会上一般人而言,若特别瘠苦,掘草而食,或失业困于草野,至一钱莫名者,则并此而不如矣!

(三) 生活之状况(衣食住)

人生四事:衣、食、住、行而已。然社会上因地位身份资产俭奢之不同,千差万别,难以悉记。今只能就一般之状况,次述其大略焉:

(甲)衣　自清人入主,挟其政治之力,以改变社会,汉人之最受影响者,厥惟服饰。峨冠博带;一变而为金钱鼠尾,士民之守旧者严禁之,乃一举革吾数千年之古制，易为辫发胡服矣。故时人为之语曰："孔雀翎，马蹄袖，衣冠中，真禽兽。"兹别为冠服履三种，而并述其沿革如下：

1. 冠　帽子有官帽，即官吏所冠者；有便帽，即人民所用者。官帽又有两种：冬曰暖帽，夏曰凉帽。暖帽以黑色氆氇所制，其形圆，其缘用紫貂，或海龙之大毛。毛稍小者，则用于春初秋末之候。平时居屋及接见来宾，用罗纱所制之冠，通四季不易。此种官帽，绅民于礼节仪式亦得用之。但高等官吏，用薰貂之冠，非一般人所能假借也。凉帽形似圆锥，以青绒或秸草为之，从顶下垂紫色之缨，长与沿齐。便帽无定式，大概圆形圆顶者居多，以黑缎或绵布为之，服以红里。六瓣合缝，缀以檐，如筒，取六合一统之意，初创于明太祖，俗名瓜皮小帽。又有以纱或马尾编造者，谓之纱帽，春夏间所用也。至于毡帽、斗笠、草帽，则需费甚廉，下级之人，多服用之。

附着于帽子顶上者，谓之顶子，其质其色，皆有分别，要视戴帽人之阶级身份而不同。清制：一品官用红色之宝石，二品用花红色之珊瑚，三品用亮蓝之宝石，四品用暗蓝之宝石，五品用亮白色之水晶，六品用暗白之砗磲，七品、八品、九品皆用金，然亦有等差，有用纯金者，有少空其中者，有用包金者。士子有功名者银顶：此官帽之经制也。民人所用之顶，多用绢丝编结为之，时亦有用假石模造者，其色平常用赤，丧服以白（亦有用蓝顶、黑顶者）。又大臣中有于冠后垂孔雀翎者，除满人定制外（有蓝翎侍卫，皆六品以下官。六品以上者戴花翎，普通皆一眼，公冠双眼，贝子则戴三眼花翎），康熙时，特赐施琅，遂开酬庸之例。外任文臣之邀特赏者，自乾隆中方观承为直抚始。其后满洲五品以上官及汉员有军功者皆可赏戴。再后则援例捐纳，品斯滥矣。

2. 服　衣服大别为袍褂裤袄裙五种：袍者，四季所着之长衣，前后开叉，礼服也（或曰套）。左右开叉，便服也。有绵者，有夹者，有以毛皮为里者。大挂即套于袍之外面，亦礼服也。应于时节而异其制。有官衔者，用青色之贡缎，前后腹背，着有大花纹之黼黻（亲郡王用圆形，其余皆四方形），其纹文官绣鸟，武官绣兽，又各以等级而不同，其制如下：

	一品	二品	三品	四品	五品	六品	七品	八品	九品
文官	仙鹤	锦鸡	孔雀	云雀	白鹏	鹭鸶	㶉鶒	鹌鹑	练鸟
武官	麒麟	狮子	豹	虎	熊	彪	犀	牛	海马

又有马褂,短仅至腰,本以为乘马之便利,后渐习为外袭之常服,其色大半尚黑。至黄马褂,初为领侍卫内大臣等巡幸扈从銮舆,以壮观瞻。既凡大臣宣劳中外,著有功绩者,朝廷特赐之,以示宠异。裤者,穿于腰下及腿部,末端系带而束之。袄,短袍也,长可覆臀,一般人及妇女多服用之。裙,系于腰间,长或至足,多褶,妇女服之。此外有所谓汗巾、小衫、套裤、背心等,亦皆普通人所服用者也(背心多奴婢服之)。清代农人许着绸纱绢布,商人只许着绢布。然一般皆以有"功名"(生员以上及官员通称)之人许如式制绸衫,平民则着布衣。南人尚华(康熙时《吴下谣》云:"男儿着条红围领,女儿倒要包绸巾,贫儿打扮富儿形,爹娘冻饿,岂不寒心?"可见吴俗之重衣饰矣),北人尚朴。顺治四年定官民服制,采金元之遗,削发垂辫,箭衣小袖,深鞋紧袜。较之明代衣宽四尺,袖宽二尺,袜皆大统,鞋必浅面,迥不同矣。惟妇女、幼童、释道、优伶则仍旧耳。

3. 履　有二种:一为鞋,一为靴。鞋有云头双脸之制,(《日知录》:"万历初,庶民穿腤靸,儒生穿双脸鞋,非乡先生首戴忠靖冠者,不得穿边云头履〔俗云朝鞋〕。至今日而门快舆皂,无非云履;医卜星相,莫不方巾。")靴有厚底、薄底之分。其质则绸缎绒布等类,底则毡、毛、皮、布层叠而成。又有麻鞋,草鞋,穷人所用。着于足上者,又有袜。妇女缠足,鞋尖。朱竹垞词云:"湖菱鸟角,渚莲红瓣,不比帮儿还瘦,拈来直是小觥船。"颇能形容尽致。香奁艳词,咏之者多矣。旗女天足,鞋底作U形,似马蹄。首饰则有簪、有钗、有环、有镯、有戒指。文武大臣自五品以上,准挂朝珠,如项圈。悬于胸前。靴为套足之履,亦有长统、短统与皮、布之分。

4. 服饰沿革　《啸亭续录》云:"国初尚延明制,套褂有用红绿组绣者,先良亲王有月白绣花褂,先恭王少时,犹及见之。今吉服用绀,素服用青,无他色矣。康熙朝花样,有‘富贵不断’、‘江山万代’、‘历元五福’诸名目。又有暗纹蟒服,如宫制蟒袍而却组绣者,余少时犹服之。袍褂皆用密线缝纫,行列如绘,谓之‘实行’。袖间皆用熨折如线,满名‘赫特赫’,今惟蟒袍尚用之,他服则无矣。又燕居无着行衣者,自傅文忠公征金川归,喜其便捷,名‘得胜褂’,今无论男女燕服,皆着之矣。色料初尚天蓝,乾隆中尚玫瑰紫。末年,福文襄王好着深绛色,人争效之,谓之‘福色’。(李斗《扬州画舫录》云:“扬郡着衣尚新样,近用高粱红、樱桃红,谓之福色,以福大将军征台匪时,过扬着此色也。”)近年尚泥金色,又尚浅灰色。夏日纱服,皆尚棕色,无贵贱皆服之。衬服初尚白色,近日尚玉色。又有油绿色,国初皆衣之,尚沿前代绿袍之义。纯庙恶其黯然近青色,禁之,近世无知者矣。近日优伶辈皆用青色,倭缎漳绒等缘衣边间,如古深衣然,以为美饰。奴隶辈皆以红白鹿革为背子,士大夫尚无服者。余少时见士大夫燕居皆冠便帽,其制如暖帽,而窄其檐,上用红庄锦或石青色,缘以卧云,如葵花式,顶用红绒结顶,后垂红缦尺余,无老少贵贱皆冠之。惟老翁夏日畏早凉,用青缎缝纫,衬凉帽下,如今帽头状,初不以为燕服也。至于毡帽,尚沿明式,皆农夫市贩之服,人皆贱之。近十余年,盛行帽头。蟠金线组绣其上,至有用明珠宝石嵌者,如古弁制,惟顶用红绒结顶稍异耳。士大夫皆冠之。春秋间徜徉市衢,欲求一红缨缀冠者,未易见。至毡帽则以细毯为之,檐用紫黑色,或有缀金线蟠龙为饰者,非复往日朴素,为士大夫冬日之燕服。往日便帽之制,不复睹矣。”服饰之沿革,观此可以知其大略矣。总之,虽有百年不变之礼,断无十年不易之俗,尤以服饰随心意时尚之所好者,其沿革尤难究诘。

然察其能变者,而执其所不能变者,则大概之情状可睹矣。

(乙)食 可分四项述之:

(1) 食之品类 大别之,有饭、粥、面、饼、馒头、汤、菜等类。饭、粥以米为之,面、饼、馒头,多麦粉作成,亦间有用杂粮者。汤之名色甚多,其制法亦不一。至菜则有蔬果肉鱼珍馐数类,纷繁难以殚记,兹择其常食用者,表其大略如下:

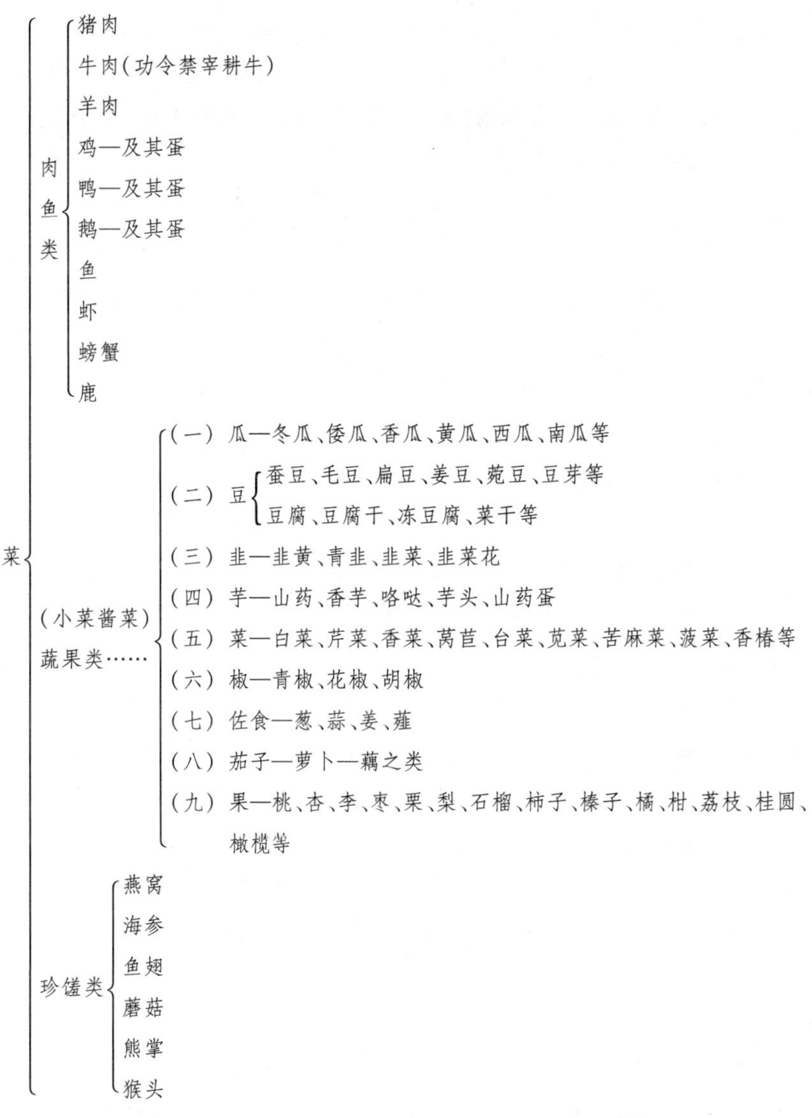

上述各种食品外,又有点心一类,如平常所食之饽饽(面饼也,或作餑餑,大概系满洲方言,后流入京师,明以前固未见于书传也。《觚剩》载姜宸英戏赠李蟠诗云:"一般难学处,三十六餑餑。"饽饽亦有若干种,《竹叶亭杂记》吉林进贡方物,有"和的水餢饽饽","搓条饽饽","豆面剪子股饽饽”,“打糕夹搓条饽饽”“炸饺子饽饽”,“豆面饽饽”“豆鞞糕饽饽”,“蜂糕悖饽”“叶子饽饽”,“水饳子饽饽”,“鱼儿饽饽”,皆视物料而异其名)。火烧、烧饼、油条、芝麻糖、馄饨、粽子、饺子、糖糕、枣糕、散子、包子等及作坊所制之各种茶食,皆是。

(2) 食之调制　吾国烹调之法素精,《居常饮馔录》(曹寅刻)所收诸书,皆专讲食品之制法者也。大概调和之物,不外油盐酱醋糖诸种。又喜食热熟之物,而憎嫌生冷,如日本之半煮刺肉,则视为鲜食未开化之人所为,若海兰察之好食生蛇者,则又当别论矣(《秦中风土志》:“乡人嗜食蛇,大者曰‘时鳗’,取而剥其皮,生食之,言味极甘。”则嗜蛇成俗,不只海氏一人矣)。张英《饭有十二合说》云:“礼曰:‘居山不以鱼鳖为礼,居泽不以麋鹿为礼。’食地之所产,则滋味鲜而物力省,近人每以珍錯为奇,不知鸡豚鱼虾,本自有味,《内则》所载,养老八珍,皆寻常羊豕,特烹炮异耳。腥荤杂进,既为伤生侈费,亦乖颐养之道,所当深戒者也。”中国食品之见于食单者,有八百余种,欧美尚不及半,各地口味不同,烹调之法亦异。变化万千,难悉载也。

(3) 食之时次　古云:“一日三餐”,然清人实际上只有两餐:即午餐晚餐是也。早晨及晚间所食者,为非正式之馔食,名曰“吃点心”。午餐大半在十二点钟左右,晚餐在六点钟左右,无一定之时间,视本人之身份及习惯而异。亦有早晨不吃点心即吃饭者,农人及中央之官吏为多。(《履园丛话》云:“玉峰徐大司寇〔乾学〕善饮啖,每早入朝,食实心馒头五十,黄雀五十,鸡子五十,酒十壶,可以竟日不饥。同朝京江张相国〔玉书〕,古貌清臞,每一朝,止食山药两片,清水一盂,亦竟日不饥。二公之不类如此。”)

(4) 饮料　茶酒烟三种:茶为一班之饮料,普通视之如饭食等,盖初仅视为消遣之品,渐而至于日用必需。昔人言品茗,今人言喝茶,即可知其事之殊异矣。清初犹存古风,故嗜茶不必牛饮,讲求水之好坏,更或过于问茶。《红楼梦》:“只见妙玉亲自捧了一个海棠花式雕漆填金云龙献寿的小茶盘,里面放一个成窑五彩小盖钟,捧与贾母。贾母道:‘我不吃六安茶。’妙玉笑道:‘知道,这是老君眉。’贾母接了,又问:‘是什么水。’

妙玉道:‘是旧年蠲的雨水。’……黛玉因问:‘这也是旧年的雨水?’妙玉冷笑道:‘你这么个人,竟是大俗人。连水也尝不出来!这是五年前,我在玄墓蟠香寺住着收的梅花上的雪,统共得了那一鬼脸青的花瓮一瓮,总舍不得吃,埋在地下,今年夏天才开了。我只吃过一回,这是第二回了。你怎么尝不出来?隔年蠲的雨水,那有这样清淳?如何吃得?’”柳如是赠钱牧斋诗:“一室茶香开澹黯,千行墨妙破冥濛。”王渔洋《悼亡诗》:“小阁垂帘日扫除,鲈薰茶具宛精庐,红囊拣得钗头茗,手沦清泉伴著书。”然此仅当时之贵族士人阶级,知以品茗消遣为事,故煮茶有法,如冯岕之《茶笺》,种茶有等,如武夷茶有花香、小种、名种、奇种四等,品茶有格,如清、香、甘、活四类。若下级社会之人民,或竟不得饮茶(嘉道以前,茶价已贵,大概平民所饮者,不过茶末或他种替代品而已),否则皆宝玉驴饮之类矣(见《红楼梦》四十一回)。酒之种类甚多,制法亦极精醇,大约以米酿或高粱酿者为多。如绍兴酒、女儿红、大曲酒、茅台酒属于前类。太白酒、汾酒、兰陵酒、麻姑酒、高粱烧、莲花白属于后类。此为应酬上所必需,故筵席称为酒席。黄星周《酒社刍言》曰:“古云‘酒以成礼’,又云‘酒以合欢’。既以礼为名,则必无伧野之礼;以欢为主,则必无愁苦之叹矣。若角斗纷争,攘臂欢呶,可谓礼乎?虐令苛娆,兢兢求过,可谓欢乎?”可见清初已有贪杯中物而捋拳叫号者。“酒令”之行,更为普遍,然皆学士雅人所为,一般社会惟猜拳行令而已。若“钟鼓馔玉不足贵,但愿长醉不愿醒”之名士,则袭前贤之遗风,以高雅自命者,又当别论矣。烟自清人入关,嗜“淡芭菰”(即关东大烟叶)之风大炽。自海通以后,英国之鸦片亦渐输入,此蛊毒之甚者,吾国受害不浅也。旧时吸烟,旱烟用长杆,达数尺,水烟用铜烟袋,皆有消减尼古丁之作用,其法甚可取。

(丙)住　房屋之构造,随贫富而异;有瓦屋、有草屋、有土屋。瓦屋又分二种:有四壁支木材,以瓦葺其屋顶者,其构造须先树木架而后砌墙。有叠砖石或泥土为墙,而覆梁瓦于上者,则不先树木为支持之具矣。草屋建造与瓦屋同,维覆顶易瓦为草,此其异耳。土屋则概以泥土筑成,甚简陋。此外穴居舟居者,亦颇不乏,盖凿崖叠石,犹上古之遗风,亦生计穷苦之所致也。舟居以舟为家,惟广东有之,所谓“蜒户”是已。吾国之建筑房屋,南有天井,北有院落,多“四合式”,即南房北房东西厢房相对。若屋多则另僻一院,故院庭有至十余进者。客屋多在外院,寝室率居内庭,士人则有书房,农家则有仓屋,皆以各人之情境,自为配置。大半以北屋为上房或正房,又称堂屋,长辈居之。门常南向,取向阳之意,门前有影壁(或称照壁),所以防窥伺,壮观瞻也。其有官阶者,则石狮巍蹲门侧,旗杆高插云表,若普通之家,则并影壁而无矣。房屋之整齐者,多在城内,若乡间,则除田舍富家翁外,泥土湫溢,不堪入目!至若求壮丽之高堂大厦,又非省垣大都,盖莫由睹矣!

房屋建造,平常人不得用兽头(置于屋顶两端之物),无官职者,用兽头亦不得用开嘴兽(须用闭嘴),开嘴兽惟官家用之。正房与大门,不得成一直线,须稍偏斜,影壁不得成八字形(官四品以上者始得如此),此一般人之禁例也。盖阶级之制未除,无论衣住形式之事,皆不得不受官府之干涉,所以别等差辨贵贱者耳。吾国言房屋者,称楼、台、殿、阁;备游息者,则有亭有榭,惟皆非住房也。清代社会中,惟北京之宫殿坛庙,规模宏伟,在建筑学上,巍为特观。一般住房,似较古代稍简,所谓楼台殿阁已不多觏,而花园之中,亦多有亭无榭。钱牧斋哭其子寿耈诗:“月台平筑子城隈,一日娇儿上几回,思子不堪频怅望,伤心无复倚崔嵬!”则明末台制犹存,而清人载集中,固已不数见之矣。

(丁)行　古语云:“南人行船,北人使马。”盖以南方多湖沼河流,北方多平原广漠,因地制宜,不得不然。南方之街道逼窄,北方之道路宽广,亦以驰骋之便也。但旅行上之困难,则南北一致。交通工具,十分简陋,数千年甚少进步。自京师达于各处,分四路:东北至盛京吉黑,东路至鲁宁皖赣粤及苏浙闽;中路至河南,一达两湖广西,一达云贵;西路至山西以达陕甘川。沿途设有驿站,司邮递,由州县及驿丞掌之。有驿夫、驿马、驿车、驿船。原为驿递重要公文而设,后来“擅行轻动,即无关紧要,往往插羽飞驿,转形纷扰”。铁路建筑后始裁撤。交通工具有车轿两种,京官之轿,舆夫四人,俗谓四轿,饰以蓝呢。结婚迎娶,改用花缎,谓之花轿。外官督抚学政有乘八轿者,围以绿呢。司道以下,多乘四轿。民间则用二人轿。车有骡马牛驴驭使之不同,乾隆以后,刘统勋始乘马车,纪昀始乘骡车,杜诏始乘驴车,牛车惟农家用之。亦有制为马舆骡轿者,快而且稳,可以坐卧。秦朝釪诗云"一枕软舆蝴蝶梦",即咏此。若用人力推挽之车,大多单轮。晋习凿齿谓诸葛亮制木牛流马,即单轮车也。可以行于崎岖之山地,今四川之鸡公车,亦由象形而得名,似其遗制耳。水路之船,仅双桅单桅之帆船,古之艨艟巨舰,或楼船之属。皆不多见。自曾国藩练水师,始设造船所,后始仿西法制轮船。中国在衣食住行四事上,惟行路最难,交通不便,则文化之沟通与进步,皆受阻碍。且旅舍无不标"仕宦行台,安寓客商"八字,实则亦有图财害命之"黑店"。至于山林剪径之暴客,专收买路钱者,小说之所描述,未必全属虚构,故游侠之士,保骠之客,皆应时而兴焉。

(四)南北生活之不同

我国幅员广袤,南北风气,各自不同,故生活方面,亦不能不有所差异。"南人食米,北人食麦",此普通人所习知者也。我国古代,精华率在西北,自唐宋以来,移于东南,故清代东南文物之盛,甲于全国焉。盖江南气候温和,土地肥美,物产丰饶,居民资生较易,因是浮靡之习,亦较他省为著。清初,盐商富豪,竞为奢侈,声伎服饰,园林池馆,斗富矜奇,一时风尚所被,生活提高。富者衣必文绣,食必珍馐,甲第连云,歌舞妩婉,呼拥仆役,服用拟于王侯。贫者赖天然之利,鱼虾蔬菜,随时取给,插稻分秧,亦略无冻馁之忧。虽茅舍竹篱,贫困不减,而山歌野籁,意态优游,固不若北方之苍凉瘠苦,服用简陋者也。北方气候较冷,人重盖藏,虽富若山积,而身如窭子者,往往有之。盖一粟一缕,当思来处不易,抑或天性然也。衣必粗布,不假外来,机括自操,家有余帛。至贫者茅舍草棚,终年胼胝,家无担石之积,室有儿女之累。风刀霜剑,无复生人之趣,亦可慨矣!乾隆元年谕:

厚生之道,在于务本而节用。朕闻晋豫民俗,多从俭朴,而户有盖藏。惟江苏两浙之地,俗尚侈靡,往往家无斗储,而被服必极华鲜,饭食靡甘澹泊。兼之井里之间,茶坊酒肆,星列棋置,少年无知,游荡

> 失业。彼处地狭民稠,方以衣食难充为虑,何堪习俗如此,民生安得不愈艰难!朕轸念黎元,期其富庶,已将历年各项积欠,尽数蠲除,小民乘此手足宽然之时,正当各勤职业,尚朴去奢,以防匮乏,岂可习于侈靡,转相仿效,日甚一日,积为风俗之忧也?

又十六年谕:

> (上略)大江南北,土沃人稠,重以百年休养,户口益增,习向所趋,盖藏未裕,纷华靡丽之意多,而朴茂之风转有未逮。夫去奢崇实,固闾阎生计之常经,而因时训俗,以宜宣风而布化,则官兹土者之责也。其尚励乃实心,以行实政,无忝教养斯民之任!凡兹士庶,更宜各敦本业,力屏浮华,以节俭留其有余,以勤劳补其不足,时时思物力之维艰,事事惟侈靡之是戒。

南北生活之异,大率若此,惟所谓南北者,非必有一定之地域,大概淮河以南,长江流域一带,皆可谓之南人,淮河以北黄河流域一带,皆可谓之北人。南人衣绸缎者颇多,皮衣非所需,狐貂轻裘,皆富贵人饰外表之用。北人衣棉布,皆土产,虽豪富者且然,惟皮衣转为必需,天气不同之故也。南方盖屋多用瓦,涂墍稍简略,北方屋多土砖,墙垣率坚厚,若一般茅棚草舍,仅避风雨而已。晋陕一带,尚有穴居者,犹滇、黔、桂、湘之未开化苗民也。鲁豫以北,居皆火坑,无床,叠砖土而成,中空可以生火,饮食坐卧,皆在其上。章炳麟曰:"北方文化,日就鄙野,原因非一,有一事最可厌恶者,则火坑是已。男女父兄子弟妻妾姊妹同宿而无别,亟于聚会,无所避忌,则德育无可言。终日炀火,脑识昏愦,故思虑不通敏,则智育无可言。燥热既甚,筋络弛缓。地气本寒,而女子发育反早,未及衰老,形色已枯,则体育无可言。故欲化导北方,以屏去火坑为亟。"火坑之弊,关系既如此其重,顾不知起于何时。《日知录》云:"北人以土为床,而室其下以发火,谓之坑,古书不载。《旧唐书·东夷高丽传》'冬月皆作长坑,下然熅火',即今之土坑。"据此,则火坑盖夷俗之陋,迄犹相沿而不能革,亦可怪矣!

五十六 满人之生计

(一) 八旗生计之渐穷

自清人入主,满族在中国社会,有特殊之权力,无论政治上、法律上皆占优越之地位。顾经济之情形,绝不足以与汉人抗衡,甚或每况愈下,日困一日,斯虽限制生产,养尊处优之所致,抑亦人口增加,风习不良之结果已。赫泰疏云:

> 我朝创业东土,以八旗为根本,以四海为室家:四海之众,民也;八旗之众,兵也。国家布列八旗,分编参佐领,为之管辖,犹天下之省郡县为之阶梯,八旗之谓参佐领,亦隐然以一旗为一省,一参领为一府,一佐领为一县矣。每一佐领下所辖不过十家,每家约计自数口以至数十口,人丁不等,因徒有人丁而无可耕之土,是以一马甲每月给银三两,护军每月给银四两,皆每年给米四十八斛。……且于京城内外按其旗分地,赏给房屋,又于近京五百里内,拨给地亩。

盖清人自领有北京,即圈占近畿房地,拨为旗产。(详上卷第十六章中)。又给口粮以赡养之。七岁以上,即食全俸,六岁以下,为半口,减半给粮,因是不劳而食,坐享厚利,如待哺之鸟。其生计之根本依此,固无所谓资生之术,贫富之差也(除非官阶不同,俸薪有差,大概口粮皆相埒也)。乃悖而入者亦悖而出,顺治十二年,陈之遴上满洲兵民生计疏,即云:"窃惟满洲兵民,年来穷困日甚,……赈济恩施,久远难持。"不十年间。而至于穷困日甚,何至如是其速耶?康熙间,旗人负债累累,政府发帑金一千余万以赏给之。雍正年间,旗人不习耕作,典卖田地与民,动帑赎回者,为数甚巨,仍令原主取赎,否则拍卖他人(见上卷第十六章中)。然乾隆初年,二次赎回旗地又二万余顷,以后陆续赎者,亦不下二万余顷(三十六年赎一万四千余顷)。八旗生计之穷,于此可见矣。顾其所以至此者,究有何因乎?请于下文述之。

(二) 生计贫困之原因

八旗贫困之原因,说者不一,然最要者,不过安富尊荣,虚縻无度而已。犹之依赖他人,不事生产,坐吃山空,终必荡败,其理无二致也。雍正五年谕管理旗务王大臣曰:

近来满洲等不善谋生,惟恃钱粮度日,不知节俭,妄事奢靡,朕屡曾降旨,谆谆训谕,但兵丁等相染成风,仍未改其糜费之习。……从前皇考轸念兵丁,效力行间,致有负债,曾发帑金五百四十一万五千余两,一家获赏,俱至数百,一二年间,荡然无余。后又发帑金六百五十五万四千余两,赏赐兵丁人等,亦如从前,立时费尽。朕自即位以来,除特行赏赐外,赏给兵丁一月钱粮者数次,每次所赏,需银三十五六万两,此银一及兵丁之手,亦不过妄用于饮食,不及十日,悉为乌有。亦何裨益?若不将恶习改除,朕即有施恩之意,亦不可举行。王大臣等亦宜各从俭约,以为下人之表率,行之既久,自可挽此恶习!

乾隆元年谕:

八旗为国家根本,从前敦崇俭朴,俗最近古,迨承平日久,渐即侈靡。且生齿日繁,不务本计,但知坐耗财米,罔知节俭。如服官外省,奉差收税,即不守本分,恣意花消,亏竭国帑。及至干犯法纪,身罹罪戾,又复贻累亲戚,波及朋侪,牵连困顿。而兵丁闲散人等,惟知鲜衣美食,荡费赀财,相习成风,全不知悔,旗人贫乏,率由于此。朕即位以来,轸念伊等生计艰难,频颁赏赉,优恤备至。其亏空钱粮,已令该部查奏,宽免入官之坟茔地亩,已令查明给还;因获罪革退之世职,亦令查明请旨。似此沛恩施者,无非欲令其家给人足,返朴还淳,共享升平之福也。惟是旷典不可数邀,亦不可常恃,而旗人等蒙国家教养之厚泽,不可不深思猛省,自为室家之谋!即如喜丧之事,原有恩赏银两,自应称家有无。酌量经理;乃无知之人,只图粉饰虚文,过为糜费,或遇父母大故,其意以为父母之事,过费亦所不惜。不知荡尽家

> 产，子孙无以存活，伊等父母之心，岂能安乎？否乎？他如此等陋习，不可悉数！在己不知节省，但希冀朝廷格外赏赉，以供其挥霍，济其穷困，有是理乎？嗣后务期恪遵典制，谨身节用，勿事浮华，勿耽游惰，交相戒勉，惟俭惟勤，庶几人人得所，永远充裕，可免窘乏之虞！

观此二谕，可知八旗贫困之根本原因，即在于"不务本计，但知坐耗财米，罔知节俭"，"妄事奢靡，相习成风"。然一事之发生，决不只一种单纯之原因，矧生计所关之大者！故尚有旁因焉。即生齿日繁不营生计等是也。

(三) 营业之禁止与人口之增殖

御史范咸论八旗之生计有曰："民生有四，各执厥业，士农工商，皆得以自食其力。而旗人所借以生计者：上则服官，下则披甲，二者皆取给于大官之钱粮。……经费有定，孳生无已，……尚欲博施济众，难矣！"而赫泰之疏亦云："但考从前八旗至京之始，以及今日，百有余年(疏上于乾隆十年)，或六七倍，彼时所给之房屋，养现今之人口，是一分之产，而养数倍之人矣。"是皆发明前者之旨也。然王庆云《熙朝纪政》论之云：

> 今之扼腕八旗生计者，辄曰："国有四民，功令独旗人不得经商逐利，故贫困至此！"是亦未闻故事耳。方世祖入关，市肆壶浆以徯，凡前朝召买粮料诸弊，尽蠲除之，以安商旅；而各处庄头，入市强买，恃强鞭挞，诏所在捕送京师。五年，禁商人及旗员家人外省贸易。初禁东来之人，借卖参为名，扰害地方，犹许于南京、济宁、临清贸易，至是并禁之。止令在京市易，违者重罪。……十七年内大臣伯索尼奏："商民捆载至京者，满洲大臣家人出城迎截强买，商人畏缩不前。"又以诸大臣私占边外商人采木山场，请并禁之。……康熙五年谕："内外奸棍妄称显要名色，于各处贸易，霸占船只关津，着严拿送部。"十八年廷臣遵旨议定包衣下人王公大臣家人领赀本霸占关津生理，依势欺陵者立斩。至六十一年犹有王公家人，争买草炭，居积牟利之

禁。盖旗人不善谋生,又悍仆豪奴,衺民驵侩导之纵暴以为利,故屡烦朝廷之禁约。……大抵旗人狃於挥霍,炫于鲜衣美食,经商逐利,不待禁而不能。夫借之帑金曰“俾资营运”,(按乾隆元年谕:“朕因旗兵寒苦者多,借给库银营运,自应仰体朕心,撙节以为久远之计。乃闻领银到手,不知爱惜,而市肆将绸缎衣物,增长价值,以巧取之。”)犹谓终禁其经商逐利也,亦徒资惰窳之口实而已。

盖王氏以为禁止旗人经商。其始也势也,强夺霸占,不禁而民不安,其继也,狃于挥霍,不待禁而不能,且功令亦未尝终禁之也。斯言最知旗人生计之症结所在矣。至孳生日繁,论者亦谓为贫困之一因,据嘉庆十七年户档所稽,当时旗丁之额如下:

京师八旗及各省驻防满洲兵丁人数	二二二九六八名
八旗蒙古兵丁人数	五五六三九名
汉军并内务府及五旗包衣	一四三五五四名
满洲蒙古家人	五〇一六三名
内务并下五旗包衣内监尼堪	二九八九三名

《圣武记》魏氏所计京师及驻防之兵,不过二十万有奇,据上所稽,则已五十万余矣。清初入关之兵数不可知,而魏氏所记,又不知其所指何时,故无由推算旗丁增加之律。日人稻叶君山谓:“合妇女老幼,当在百五十万口内外,比之国初,殆增七八倍无疑。”此言殊可信,证以前举范咸之疏,知旗丁增加之律,乾隆初年已六七倍,而嘉庆中叶以后,则已八九倍矣。此亦旗人生计累困之一种原因也。

(四) 政府之救济

旗人为清室根本,休戚相关,生计艰难,朝廷不能漠视,故救济之术,时见于诏令中,然大概不外三端:

一、赈济　顺治二年定八旗涝地,每六亩给米二石,蒙古按口折给,准其沿边粜米,毋许进口。游牧地每口月给米一斗。六年,定八旗遇灾,王以下食俸官以上俸米倍给。十年,赈八旗贫人,满蒙每佐领下布六十匹,棉六百斤,米百石。汉军半之。十一年,增米二百石,汉军百石。十三年,至三百石,而汉军仍百石。十四年又发内帑赈八旗穷兵(先是十二年,已赈一次,约二万两)。康熙元年,定八旗被水灾地六亩给二斛,如旧例。蝗雹之灾减半。三年八旗庄田灾,赈米粟二百余万斛。十年,赈八旗屯地米百六十余万石。

二、偿借　康熙间,度支较为充实,于八旗兵丁,时加恩养,初动公帑,代清积逋,两次约有一千二百万。又各旗设立官库,八旗兵丁债负,以后许以官银借贷,资济匮绌,特派大臣管理之。四十二年,贷给帑金六百五十五万余两。四十五年冬计未完者尚三百九十余万,诏豁除之。至五十六年,又豁府官库未经扣完银一百九十万余两。冬至后,敕赏八旗兵丁一月钱粮,久以为例。又赏八旗兵丁租银三十九万五千余两,新满洲六千余两。雍正间,屡赏八旗兵丁一月钱粮,约百余万。乾隆间,因旗兵寒苦,借给库银,俾资营运。又赏借官兵俸一年,或借半年。

三、给地　旗人典卖田产,雍正以来,屡次赎回。初则任赎任领,继以未领赎之地,岁征租银,仍以赏给旗下。乾隆间,因八旗赎回之地多,令户部会同内务府定议,以三四千顷安设庄头(即征赋之地,同于宫庄),余俱赏给八旗,作为恒产。

以上三端,虽足救济一时,顾旗人侈靡性成,所得虽巨,立时荡尽,因是赏赐愈多,惰性愈深,适足以长其奢靡之习而已。一赏至于数百金,不可谓不多矣,而一二年间,即已无余,甚且以所给之米,贱价行粜,以饱其口腹之欲,故终非长策也。于是廷臣议者,思谋永久之道,非移垦莫属。雍正帝已颇留意于此,终未能行。乾隆初,舒赫德乃重提斯议,略谓八旗兵数越十万,成丁闲散不得职之预备兵,又数万,老弱妇女,尚不计焉。若分居黑龙江、盛京、宁古塔等处,不惟京师劲旅,不虞单弱,且于根本之地,更添强兵,事自两便。至乾隆六年,户部侍郎梁诗正,再上屯种之疏,大意如下:

> 每岁于春秋二期,计户部收入,多者银七八百万两,少亦不过四五百万两,而京中各项支销,合计一千二百万,所入不敷所出,比岁皆然。盖八旗兵饷浩繁,故所出常多;绿营兵饷日增,故所入渐少。惟兵饷一项,实居国用十分之六七,万一临时需费,不免左支右绌。臣请斟酌变通。查八旗人除驻防各省及屯田兵畿五百里者外,悉群聚京师,国家统治方隅,虽属必要,然百年休养,户口增加,不营工商之业,惟仰食朝廷。朝廷待之,不为不厚,何以如此之穷乏?臣以为此实不讲治生之方,恃官府给养之故,终不可不改者也。世宗常虑及此,决移住过剩户口于东省,未至施行。乾隆以来,廷臣亦不无提此议者,然有一难,即旗人久长辇下,一旦迁移,心感不便,而大臣因事体大,亦不轻言,故扞格而不能行也。伏愿顾虑将来,毅然施行。

弘历准其奏,先以八旗余丁三千,发遣吉林、拉林、阿勒楚喀二地,每户给以车马牛种,约百余金。然往者无意屯居,仍习故态,放荡为生,至以得地典与移住之汉人,而仍回北京,故此议终未能奏效。汉军八旗,本系汉人,有从顺治入关者,有定鼎后投诚者,有缘罪入旗者,有三藩户下归入者,有内务府王公包衣拨出者,以及召募之炮手,过继之异姓,并随母因亲等,久亦染于满习,与他旗同一体矣。乾隆十年,御史柴潮生上给饷遣散之议,不行,而当时朝廷因欲广其谋生之路,已稍与变通。如有情愿改归原籍者,准其编入该处保甲。此亦所以减政府之负担耳。

(五) 满人之生活状况(附通古斯人之生活状况)

满人之生活状况,可分两部,大概八旗人丁,无论驻防外省或居京师者,皆略染华风;其仍住满洲,从事耕牧者,则犹存古道。虽满人固皆在旗,而旗人(指在内地之满人)之生活,则不必尽同于满洲(指关外之满人)。内地旗人,住房由官府拨给,与汉人分别而居,然有地不能耕,一味仰赖口粮,极意挥霍,其情形之见于官牍者,如康熙四十九年谕:"八旗治生苟且,糜费极多,官兵所给之米,辄行变卖,而银两耗去,米价又增,于是后悔无及。朕每日进膳二次,此外不食别物。烟酒槟榔等物,皆属无用,众人于此,辄日费几文。甚者贫而效富,用必求盈,中人之产,不久即罄矣。”至其所以卖米,或至变卖产业者,则雍正五年谕中有云:“多有以口腹之故,而鬻房卖产者,即如每饭必欲食肉,将一月所得钱粮,不过多食肉数次,即罄尽矣。又将每季米石,不思存贮备用,违背禁令,以贱价尽行粜卖,沽酒市肉,恣用无余,以致阖家匮乏,冻馁交迫,尚自夸张,谓我从前曾食美物,服鲜衣,并不悔悟所以致此困穷者,乃以美食鲜衣之故也。”观此,则知旗人日用之豪侈,鲜衣美食,酒肉是务,烟草槟榔,所费日多。雍正中曾有赌博,赴园馆、斗鸡、斗鹌鹑、斗蟋蟀,雇人当差,放印子银两,典钱粮米石,用黄铜器皿等之禁。可见旗人游手好闲,不惟日用之侈靡,而又以玩好为所务也。旗人好美饰,服装不同于汉人,衣男女皆长袍,男则发辫长拖,女则头髻高耸。今世所谓旗装者是已。至满洲旗人,多良而醇,率不轻与汉人交,故虽流人迁客,充斥东北,而各自为俗,绝不相类。旗人多居近城,居村屯者亦不少。其地率以晌计,每晌六亩,或计以绳,绳四十二亩。晌收谷约一二石,谷之类凡十:曰稗子、曰铃铛麦、曰大麦、曰粟(小米也)、曰秫(黏谷也,可以造酒)、曰黍(大黄米也,作饧)、曰稷(糜子米也,宜酒,亦可为食)、曰高粱(蜀秫也)、曰荞麦、曰小麦,初时无有,后渐种之。而以稗子为最贵,富者食之,贫贱者粟黍而已。瓜、茄、菜、豆随所种而获。果有松子、榛子、小菱、酸梨、瓯子李、山楂子,而莲子素不识,后亦渐撷之入市矣。人小家人皆做黄虀汤,每饭用差非(调羹也,又曰匙子),吃菜乃用箸。棉花惟盛京有之,服多以布,毛蓝足青,贩自京师,抽机来自江南。至以褡裢茧绸制袍者,十不得一二。有乌拉之鞋(略见卷上第六节。草色深碧,其细如发,长者有四尺余,溪谷岩石中蒙丛下垂,入冬不枯。性温暖,能御寒避湿。满人常取以铺卧榻,或以荐履。履用方尺牛皮,屈曲成之,不加缘缀,覆及足背,农工等人,冬夏着以操作,故名乌拉履,俗又书作靰鞡),有哈尔玛尔之皮(麀鹿等皮之毛落而鞟存者也。服之作苦,最耐磨涅),吉、黑特产也。房有草屋有土屋,土屋谓之平房,须岁岁报墁,列肆者多。家多草屋,一苫可二十年。至以瓦者,佛殿官署而已。墙有土筑者、垡甓者、泥堆者,垡甓最耐久,以野甸泥块土草结成,坚如砖。屋内筑土坑,可容十人,尊卑老少,长幼男女,一坑共寝处,虽外来之亲友,假宿之旅客,亦无上下床之别。卧必裸体,故习惯不燃灯。吉、黑一带,当赤夏炎炎之时,亦升火,谓以祛湿,然席焦背赤,炮烙横施,不少顾也。否则背脊酸痛,不能安寝,可怜亦复可叹!大概满人以牧猎为生,从事农业者甚少,所有旗地,多典于汉人,虽其风俗素朴,饮馔菲薄,然性颛愚,不知计算,又习于游惰,稍近劳力之役,辄避不前,每三五成群,酣饮市肆,一日未终,罄诸所有而后已。不知积蓄,与内地旗人,具有同一之情况焉。

〔附记〕 通古斯人之生活状况:

通古斯人,满洲之近族也,与满人杂处东北,种类颇繁(详卷上第七节),而以鄂伦春、索伦、呼尔喀等为最著,兹分别述其生活状况如后:

(一) 鄂伦春

族人以射猎为业,所射者为野鸡、飞龙、沙鸡、树鸡、麅、鹿、野猪、熊、狐、狼、虎、水獭、豹、灰鼠等;而常猎之兽,则麅、鹿、狐、灰鼠四种也。

(1) 衣服 以麅皮为衣服,有大毛、青毛、红毛之分,冬着大毛皮袄,春秋着青毛皮袄,夏着红毛皮袄。鞋则夏穿布筒皮底(用麅腿皮制成),冬春秋三季则穿皮筒皮底(皆麅腿皮制成)。帽以麅头之皮制成,夏则白布缠头,不用帽。

(2) 饮食 以麅肉为主食品,米面副之。米、面、酒、油、盐、布、枪弹等物,由谙达供给。鄂伦春人则以其猎得之麅皮及肉、灰鼠皮、鹿茸、狐皮等物品,以偿谙达之值。

(3) 居住 鄂伦春之住屋曰“撮罗子”。斜搭木为架,上尖狭,下圆阔,夏季富人外围以布,贫人外围以苇或草;冬季富人表里皆用皮围,贫人在苇或草之外面敷以雪;春秋富人围小毛或麅腿皮,贫人与夏季同。顶上开直径尺余之孔,里面掘地设圆形或长方形之火坑。长方形者长约三尺左右,宽二十尺左右,内烧以柴,三面铺草,上面铺皮褥为卧处。北方卧处上方,挂皮袋数个,袋中盛八拉罕(神之意)

二三个不等。必待有高贵之客来,方让于此处坐卧也。住所迁移无定,逐鸟兽而居,大都在有山有河之处,此处鸟兽猎尽,即移他处。冬季多住于山之阳,夏季多住于河之滨也。

(4) 器具　放置食物之器具,概用皮制成,有方者,有圆者。放置衣物,亦以鞋皮制成之箱子圆盒子等盛之。上面或有刻以花纹者,颇精致,概出于妇人之手。

(二) 索伦(达呼尔同)　索伦、达呼尔以麅头为帽,双耳挺然披麅服,黄毳蒙茸,然亦贫苦者装饰如此。富者或在清室充役之兵,固不若是也。余颇类鄂伦春人。

(三) 呼尔喀(费雅喀等同)　费雅喀黑哲奇勒尔人,在今吉林省东北边,自依兰以东,如桦富临绥等属,皆有其踪迹。但血统多已混和,以职业为区分而已(参看卷上第七节)。混同江下游东北海口,有大鱼,长一二丈,大数围,头有孔,行如江豚之涉波,孔中喷水高一二丈,訇然有声,闻数里,黑斤济勒尔等人,通呼为"麻特哈"。传谓此鱼奉海神之命,送鱼入江,以裕我民食者。是间人皆不知岁月,每于江岸花蛾变白时(约五月),麻特哈送"乌互路鱼"入江。及青蛾初起(六月至七月望前),送"西里性鱼"入江。至江面小青蛾再飞起时(八月),送"答抹哈鱼"入江:皆至特林河口而返。其驱鱼进口也,每三四为群,各去里许,逆流而上,掀波喷浪,势甚汹涌,而乌互路等鱼,则率群前行,不敢稍止,日可行三四百里。黑哲等人,则于江边水深数尺处,多置木桩,长二三丈,或四五丈,亦有作罫形,独虚沿江一面者,名曰"闷杠"。于水面下系以袋网,日乘小舟取之,每一闷杠可得鱼数千斤。又或以围网,或以撒网,一举可得数百斤、数十斤不等。载回小舟,举家各持小刀,临流割之,鱼分四片,穿以柳条枝,架藏之,作御冬之旨蓄。至麻特哈巨鱼,初奇勒尔等人以海神之使者,故不敢捕,后见俄人设法竟取,亦从而效之。每江中风浪大作,辄扬帆持叉遥掷之,叉尾系长绳,俟鱼力既惫,乃牵至江岸,或售或食,仍不敢携入室中,恐其为祟也。若乘威呼持叉取鱼,以薙发黑哲为最,当波浪平静之时,江面认取鱼行水纹,抛叉取之,百无一失。威呼者,小舟也。不用木而用桦树皮制成，长丈余，宽约二尺，首尾皆窄，才容一人，其快如风。至江中鱼类，如鲂鳇鰋鲤，土人多生食之，不假烹调也。

答抹哈鱼产于江中，长成于海，复回江河而死，其寿命只一年。每当暮春江河冰解，小鱼即乘流冰入海，得咸淡混水，长大甚速，立秋后，辄又不食，逆流而上，母鱼追啮雄鱼之尾，俗称“咬巡”。昼夜追接，惟值江中滩石，则泳游不去，俗称“巡场”。渔者于此，恒多获焉，黑哲人专以斯鱼为衣食。鱼肉充饥，鱼皮染绘作衣，故又名曰“鱼皮鞑子’，不知岁月，以鱼来一次为一年焉。

五十七　蒙人之生计

(一) 蒙人资生之事业

蒙人生计，清代无大变化，盖犹太古遗风，以射猎牧畜为职业者也。大漠南北，地广人稀，民无奢望，衣食概称足裕，生计比之内地，颇形易易。春夏秋日，或则游牧，或则狩猎，逐日游走于山林原隰之间。一届冬寒，则闭包(蒙古帐房)门，闲居叙天伦乐事。生活极简单，Roy Chapman Andrews(美国博物馆考察队队长，著有《库伦游记》)所谓“与无教之自然的儿童相似，犹在未成熟时代”者是已。兹述蒙人生计，当先叙其资生之事业，如后：

一、狩猎　蒙人体力强健，以骑射为常事，弋飞逐走，性命以之。每于丛林灌莽之中，迹禽兽之所在，虽冒至险，历艰劳，所不计也。故见兽辄喜，击鲜指动，为蒙人之特性，或以规模大小，区分其类：

(1) 个人狩猎　蒙男最好出猎，或只身而行，或结邻家三五同志，骑走马、驱猎犬、执沙枪、带药兜，同走山中觅鸟兽，所得以狼狐兔为多。狐狼之肉，不适于食，每取其肝胆以献喇嘛作药剂，取其皮以易米布。兔则或食其肉，而用其皮制帽以御寒。蒙人毅力颇强，往往有逐一狡兔而死一走马者，亦可谓不经济之甚矣！

(2) 部落狩猎　由佐领或台吉等，集合一村落或数村落之兵勇举行之,每年至少有二三次,多则五六次云。

(3) 旗内狩猎　由扎萨克集合旗内之兵丁举行之,每年一次。

(4) 盟内狩猎　由盟长集合盟内各旗兵举行之,或联合一二旗举行之。

(5) 钦临狩猎　清中叶以前,皇帝秋狝木兰,召内蒙王公兵丁,比较大射,与野兽搏胜负,实寓整军经武之意焉。

二、牧畜　蒙疆沃衍千里,故蒙人因天然之便利,以牧畜为生涯。牲畜有牛、羊、马、驼四种,羊最多,牛马次之,骆驼又次之。产额多寡,因地而异。当黄沙无垠,水咸草稀,蒙境不毛之地,牧畜事业,稍逊色焉。兹再分二项述之:

甲、家畜之种类　家畜因地而异,种类繁杂,兹谨就普通者言之:

(1) 马　高原适于产马,故蒙古以马为通常之饲养物,产额以内蒙乌珠穆沁为多,优美强健,发育匀称,素有良骥之誉。库伦、郑家屯为两大马市,中国内地之马,即由是传来者也。马以四至八月为交尾期,牡一头能配牝十余,生产率百分之三十至五十不等。牡者可供七年之用(由第四年至第十年),牝则九年(由第四年至十二年)。驾车骑乘,均适宜云。

(2) 牛　各地均有,产数无大差异。惟内蒙乌珠穆沁所产体格稍巨,约重四五百斤云。四至六月交尾,牡一头配牝十五。生产率至百分之四十至七十。牡者可用六年(由三年至八年)。牝者可用八年(由三年至十年)。比马之速率为迟,而稳重过之,可无覂驾之虞,边城附近,牛车颇多云。

(3) 羊　有山羊、绵羊两种;绵羊毛甚丰,可作毡幕,亦为蒙人之主食品,故蓄养之数为最多。交尾至四月以后,一牡可配廿牝,生产如牛率。惟六年即衰老,衰老后宰杀者,不特肉味不美,即皮毛不佳矣。

(4) 驼　蒙古交通不便,转输概用骆驼,惟发育较迟,三岁以下,不堪负载,七八年后,方能胜任。沙漠之地,水草不便,一度饮食,三五日内,任重致远而不疲,负担力比普通之马胜二三倍。长途搬运,以四百斤为度。商人载运货物,每结队而行,夏季常昼息夜行,因骆驼畏暑故也。能供役五十余年,为他畜所不及。

(5) 犬 犬有猎犬、家犬两种;猎犬体轻敏,足矫捷,主人出猎时,用以搜索兽迹,追逐狐兔者也。家犬体格肥大,性狞猛,见未识之人即吠噬,亦常自相食云,至骡、驴、猪、鸡等类,则非蒙古之所产也。

乙、家畜之饲养 家畜中以马之饲养较为简易,自春初草荣,以至秋后草凋之期,均放诸山野,任其饱啖,不必另给食料;严冬积雪,则与以少许干草。每一人可看护二百余头,成群牧放,谓之马群。倘欲拣选一二,必由牧者以捕马竿套之,方能领出,否则不自离群而独处。牧者于马之臀部或前足之左右侧,必施以烙印,以为识别。印方二寸,以卐卍卍卍○○○▽▽▽等式为多。又有剪尾剪耳与烙印并用者。他畜则必日居于宇下,盖恐猛兽之袭取,且便于取乳也。去势之法,极简单,羊于生后五个月行之,牛马则二岁至三岁行之,用尖刀切断其肾囊,而取其睾丸,约二十日前后即愈矣。

蒙人生活,虽处于游牧时代,然受汉人熏陶,亦颇有种殖之事,近边之地,固无论矣。乾隆《蒙古风土》诗二十四首,序有云:"蒙人不讲耕作,既播种,四出游牧,及秋乃归,听其自生自长",曰荒田。故漠南之地,渐为王公台吉所占领,虽荒芜如故,亦稍稍知有土地之观念矣。

(二) 蒙古人之生活状况(附记沙蓬米及《塞外竹枝词》)

蒙人以茹毛饮血之遗风,无宫室衣服观念,面目黧黑,有终身不知沐浴者。胸怀木碗,腰系刀箸,食毕以舌舐之,衣袖拭之,污垢褴褛,真不知卫生为何事!常以牛粪烤肉(无薪炭,燃料皆粪粕,以羊粪为上,马粪为下),半生不熟,含血吞食,又不精细咀嚼,故不易消化。且粪尿易混入井,屋内放置乳缸、乳盆,夏日多发臊气。地炕概铺毛毡。蝇类尤繁。包之中央,安置锅灶,煮饭熬汤,烟气腾腾。宅前积粪如小丘,以供燃料,每至伏日,臭气逼人。人民穴居于腥膻之中,服秽多虱,即王公亦有之。说者谓蒙人虽习惯于不洁,然亦饮水缺乏,北风凛冽之所致也(见美人《库伦游记》)。殆或然欤?兹述其衣食住之大略情形如下:

一、衣服 内蒙人民之居边城北带者,衣服多仿汉式,渐北则渐粗野矣。大概王公着官服,补挂袍套,完全清制。一般人服用棉布,领袖宽大,腰束条带,而系以火石、烟袋、铁箸、食刀、木碗等物;冬着老羊皮袄,不制面。暑天多赤足,间有不着裤,仅系腰裙一袭者。喇嘛之高级者,黄衣黄帽,小喇嘛则紫衣布靴而已。诵经时,以黄或紫色之布,斜披肩上,两端下垂,名曰偏衫。女子服宽袖阔,裙辄拖地,环佩粗笨,有类苗瑶。处女编发,嫁而束髻。好装饰,《汉书》浑邪王既降,祁连、焉支二山入于汉,匈奴因作歌曰:"亡我祁连山,使我六畜不蕃息;夺我焉支山,使我妇女无颜色!"盖焉支产红蓝染料,匈奴妇女辄抹之。是则好美之心,自古已然。惟终年不知沐浴,故《塞外竹枝词》有云:"毕世何曾见沐汤!"(全诗见附记二)靴套大而重,冬可任增数袜,夏不穿袜,则零星什物,如烟管、叶烟、茶包、木碗等,可以装入携带。底厚而坚,与荷包等制,皆为妇女巧工云。

二、饮食　蒙人之饮食料,以兽肉、乳类为大宗,有奶茶、奶酒、酸奶子等以供饮料;奶油、奶豆腐、奶果子等以供食品;此在富贵之家为然,若中下之家,则专以羊肉充饥,羊汁解渴而已。至牛驼则定日月而择杀,鹿尾、驼峰、山兔、野雉,则视为珍品,非宴会不用也。蒙古地域广大,物产不一,故食料亦因地而殊;边城一带,逐渐开垦,食料以谷类为多;大岭附近,群山纠纷,食料以乳品为主;沙漠南北,间有水草,牧畜繁盛,故人民多食兽肉矣。全羊之席,一昼夜可尽一头,则其食量之大,即直鲁饕餮,恐亦难及。奶茶之制,和奶盐茶砖而共饮,亦犹西人醮乳糖于咖啡中也(奶茶满人亦多食之)。惟鱼乌之类,蒙人视为不洁,绝不食之。面粉,富贵者食之,炒米则近世始有云。

三、居住　蒙古榛狉未化,起居极为简陋,加以地域广泛,人烟稀少,故楼阁宫殿,未入蒙人之目。其间砖瓦椽梁,有略如清制者,则钟鸣鼎食之家,喇嘛沙蒙(蒙语庙之意,普通则称曰召)之构而已。雍正中超勇亲王策凌以平准部功,城塔密尔河,易庐帐为宫室,外蒙之有壮丽王府,盖自此始(盟长札萨克等之住舍,俗皆称为王爷府)。其陋者则多穴居土窑,犹上古遗风焉。常人之居,毡房帐幕,俗所谓"蒙古包"者是也。包有两种:有固定者,有可以转移者,构造皆略同。形圆,周围立十余木柱,再以木棍纵横穿组,成一围墙;柱顶架木为梁,其盖如伞,全部包裹毛毡数层,以马尾绳束之。顶上凿孔通风,以绳系毡,可以启闭,宛若天窗。烟筒中出,包门南开,门高约三尺五,宽二尺余,垂毡帘以蔽风雨。至包之径长,通常约在十尺与十五尺之间。亦有特别大者,盖荒鄙处王公富人之居也。包内富者设炕,贫者铺毡,左居男子,右居妇人,间设佛龛法器,龛前家长住焉。

蒙人日出而作,从事牧畜,若遇天变,女子亦同力驱逐,晚则聚眠包内,全家大小,可以同榻。女子缉包屋,治内馈,榨乳缝纫,为其专责,工作固亦不减于男子云。

〔附记一〕 蒙古所产有"沙蓬米"者,又名曰"楚拉启勒",遇旱年亦产,可为备荒之用。乾隆五十六年,察哈尔都统乌尔图纳逊奏:"苏尼特二旗,连年荒旱,幸野外滋生楚拉启勒甚丰,比户俱收存御冬,臣所管戈壁十余站,亦广生此物,谨囊封进呈。"高宗因制诗纪之,叙曰:"恭阅皇祖《几暇格物篇》,内载沙蓬米枝叶丛生,其米似胡麻而小,可为饼饵之需,沙漠地皆产之,鄂尔多斯尤多。今询之蒙人,东西苏尼特地连鄂尔多斯,则楚拉启勒即沙蓬米无疑。是米尝之,鲜有滋味,而荒年赖以全活者甚众,览奏为之心恻、因成是诗云:'东西苏尼特,前岁遭洊饥,由冬至夏秋,雨雪总未滋。所赖沙蓬米,沙地自生斯;然亦竟因旱,粒食逊往时。闻之心恻然,急赈银米施,天恩幸转旋,膏澍沛自兹。嗟嗟蒙古众,乃得免流离,蓬米亦稔熟,户户饘粥炊。呈来一试尝,例草根树皮,北堂心虽慰,调燮愧自知!'"观此知内蒙之人,已有粒食者矣。惟不事稼穑,故终不能脱游牧而进于农业时代。乾隆以后,近边逐渐垦殖,然皆汉人为之也。

〔附记二〕 卢抱经《出塞集》有《竹枝词》十三首,基城主人续成十五首,其一云:"到此宁不教心灰?非风即雪更尘埃,毡帷几处山坳里,一似生人在夜台。"其二云:"席地铺将几片毡,羊羔牛犊系当前,中央不是寻常火,冬夏无分马粪燃。"其三云:"鲜品何由到大荒,夕餐一碗米稀汤(注谓富厚者只粟米稀汤一餐)。频年酥迭差(读钗,茶也。酥迭差即奶茶)生活,虽具人身实可伤。"其五云:"家家来牧叱牛羊,几处山头下夕阳,鄂博遥看知远近,如飞一骑马蹄忙。"其十一云:"毕世何曾见沐汤,肌肤垢污齿牙黄,焉支枉自夸颜色,那得消魂别有香?"其十二云:"装饰珊瑚辫发垂,羊裘狐帽赛男儿,弓鞋笑说金莲步,手制新靴嵌绿皮。"蒙人生活,略尽是矣。

(三) 额鲁特蒙古之生活(附准噶尔之生活状况)

蒙古之区分有四,而族类则大别为二:曰内外蒙古,曰额鲁特蒙古。内外蒙古自清初先后归降,历世列于藩卫,惟额鲁特则常为敌国。自世宗定青海,高宗荡准部,而毡裘湩酪之族,始完全归中国之统制矣。前节所述,大半内外蒙古之生计,额鲁特人与之大同而小异。《新疆礼俗志》云:"额鲁特(见上一百七节)、察哈尔(察哈尔营自乾隆二十九年自张家口外移驻)、土尔扈特、和硕特者,蒙古种人也。游牧伊犁天山南北,及塔尔巴哈台阿尔泰山诸境,逐水草迁徙靡定所。冬窝曰'玉木种',夏窝曰'锡林'(牧所谓之窝)。毡房曰'色格勒'。即今谚所云'蒙古包'也。房式如覆釜,大周十余丈,小或三四丈(当门为上,右偏供佛,下置箱柜,再下为宾客坐卧处,再下则系牛犊羊羔之所。左偏为主人卧榻,以幔蔽之,下为厨室,中设灶,冬燃夏熄)。其墙谓之'特勒木'(用柳条围寸余以皮或绳贯串成斜方格,长七八尺,立而为墙,高四五尺)。其门谓之'乌迪音'(墙三面合围,一面留门出入)。其盖谓之'噶拉此'(顶有一圆圈,周凿小孔,团插木杆,杆长八九尺,上系绳索二三尺,均排结木墙之上,上下皆覆白毡),覆毡谓之'德',屋窗谓之'鄂尔库'(顶为方孔,以方毡掩盖其上,昼启夜闭,犹今之天窗),帘谓之'玉敦'(以毡为之),壁襜谓之'库什克'(蒙古包内壁,春冬皆用毡围,上罩花布,富家有用绒毯者,夏秋多用布围,或芨芨草编帘衬之,取其透风生凉也),床谓之'鄂伦'。人马牛羊,杂栖一室(富有之家,马牛羊别置一区,厨灶别为一室,媳女亦不同房)。妇女晨起启毡窗,汲水燂汤,提壶灌头面搅出白布(蒙人晨起汲水渠中,注之甑内,温热灌壶中,浇头面,不用盘匜),呼家人同起沃盥。烹茶和以盐濡,以牛湩,献佛而后食之(其法蒸水煎茶,入盐少许,俟茶色浓厚,以漏卮盏去渣滓,调以牛乳,先挹一杯供佛,而后人各挹一碗,杂食饽饽炒面,或食酸奶,此为早餐)。食毕男女内外,各趋其事,执其业,午餐亦如之。

日晏,牧者归,取牛羊乳以备宿餐,而后食(日落牲畜自牧所归,妇女持壶取乳,羔犊驹分系他所,取毕而后合为一处)。其食湛面肉于汤而瀹之,即古礼所谓焗也。食毕就寝,不然烛,灶尽而眠。凡食以茶乳为大宗,酥油奶酒,均以乳酿之(每日食余之乳,盛皮袋中,以木杵捣之,酥油浮于面,取油后,倾乳于釜,釜上安无底盖木桶一具,上覆一釜,满盛凉水,水稍温则易之,桶腰一小孔,插以溜管,热气蒸腾,气水滴下,溜出成酒,是为奶子酒),酿余之乳,饙糁为饼,名曰奶饼(亦有为酸奶格荅者)。酿酒值客至,必延坐尽饮而后已。其礼服同于满人,喜着青色裲裆,冬袭素质羊裘(无表者),谓之'勒楷得',摆周缘绒边,副以青紃(缘边或以青绒,或以青布,阔四五寸)。男女冬夏单袴,出门或贯以羊皮之裈。女子布袍无缘,绸缪绲佩,发辫繁跃;耳环、腕钏、指约,多以金、银、珊瑚、珠宝为之,矜尚珥丽。妇人冠金纯毡帽,顶结红绒,或红丝,长穗小帻,长袍瘦袂,接下长披(妇人长袍如两截衫,窄袖对矜,下截如围裙拖地,郭注《方言》'裙俗人呼接下',即此意也),外罩长袖,裲裆直衿钩边周以编绪,此妇人礼服,有事必服之。童子冠式不一,制与满汉同。其貂皮冠,谓之'窝尔图'(其式如官帽,顶缀红绒球,后檐开缝,缀绸带四)。汉人多仿效之者。"此额鲁特人之生活概略也。衣饰之间,虽与喀尔喀诸部略有差异,而食湩卧毡,又几尽相同。苟参而较之,蒙人生活之状况,无难察知矣。

〔附记〕 准噶尔之生活状况:

准噶尔本额鲁特四部之一,当其盛时,天山南北,皆隶版图,侵蒙古,扰西藏,树敌于清国。自康熙以来,屡烦用兵,乾隆间始一举而荡平之。因其人背叛靡常,搜杀殆尽,遗族存者,盖亦仅矣!其生活与蒙古额鲁特略同。不习耕作,以畜牧为业,饥食其肉,渴饮其酪,寒衣其皮,驰驱资其用,无一不取给于牲。欲粒食则因粮于回部,回人苦其抄掠,岁赋以粟,然供酋豪馇粥。达官贵人,夏食酪浆酸乳,冬食牛羊肉,贫人则但食乳茶度日。畜牧之外,岁以熬茶为要务。其酒缝皮为带,中盛牲乳,束其口,久而酿成,味微酢,谓之"桐酒"。每岁四月,马湩新得,时置筵酬神,斩马为庆,谓之"玉醴斯"。蒙古亦然,但不如其盛耳。庐帐方位,以东为南,南为西,西为北,北为东,户必东面,犹内地之南向也。饮食用碗用匕,而不用箸,其匕大小不同,以木与皮为之。其地有树如桦,取其油以为灯火。冠无冬夏之别,但以毛质厚薄为差,白毡为里,外饰以皮,贵者饰以毡,或染紫绿色。其顶高,其檐平,谓之"哈尔邦",略如内地暖帽。而缀缨只及其帽之半。妇人冠与男子同,带以丝为之,端垂流苏,其长委地。妇人辫发双垂,约发用红帛,在辫之腰。帛间缀以好珠琴瑟之属,望若繁星。呼袍为"拉布锡克",台吉以锦缎为之,饰以绣;宰桑则丝绣氆氇为之,贱者多用绿色。御冬无棉,以驼毛为絮,名"库棚"。亦有只衣羊皮者。皆右衽平袖,四围连纽。男子衣不镶边,妇人衣用锦绣,两肩两袖及交襟续衽处,镶以金花。其民妇则以染色皮镶之。台吉靴以红香牛皮为之,中嵌鹿皮,刺以文绣;宰桑用红香牛皮,不刺不绣;民人曳衣屦,或黑或黄,无敢用红者。妇人靴贵贱视其夫。

五十八　回人之生计

(一) 南疆回人之生计

回疆春夏多风,但不至扬沙拔木,杨柳桃杏梨李苹婆诸树,率验之以风,风则开花鲜艳,结实茂密,每风一次,枝叶繁盛一次,渐次浓荫铺地矣。风后绿雾净澄,如久雨初霁。切不可雨,雨固不多;倘花叶正放时,点雨着瓣,花辄枯萎,雨微成阵,则满树花似油烹,一年之硕果无存矣。地肥暖,秋麦多,农功既毕,放水入池,谓之"浇冬水",来春水阔,可早布种。百谷皆可种殖,而以小麦为细粮,粳棉次之,大麦糜用以烧酒及充牲畜栈豆而已。余如豆、粟、芝麻、蔬菜之类,无不可以成熟,回民不知食用,故不多种。荒草湖滩,每于春融冰解时,引水入池,微干则耕犁播种,苗生数寸,又放水灌溉之,嘉禾与恶莠同生,不加耘锄。且云"草生茂盛,禾苗得以乘凉",其可笑如此。最忌春寒,寒则雪水来迟,播谷失时,自下种以迄刈获,皆资山泉水润,以秀以实。但不宜雨,雨少不过减收,雨多则起咸卤,告登无望矣。新疆之回,安土乐业,家多小康,自河湟诸族(甘回)来居南北两疆,立道堂,逞异说,分门植党,肆其仇煽,而回疆始多事矣！衣皆大领窄袖,男左衽,女敞前襟,内衬衫袄及膝。妇女平居戴小帽,顶有红花数穗,锦裹经符,并有青鹤飘翎三四根,出门则以花彩帕或白布蒙头,名“他里吉”。男帽冬用皮,夏用绸绫,猩毡为顶,倭缎为翅,高五六寸,前后尖,翅亦长五六寸,男翅两平,女帽后翅少垂;顶上皆起金线为花。牛羊之革,为靴为履,朱色,其履木根二寸,女履有前无后,夏日跣足趿之。益西有高五六寸者。寺中礼拜,戴六棱冠,上锐下圆,五色皆备,而白者为多,以羊鹿皮及布褐为之(有六缝、十二缝至二十八缝、四十缝、五十一缝不等,盖即古皮弁之制,《周礼》“天子皮弁,以临大祀”,《六经图考》皆绘其形,注云:“上锐下圆,鹿皮为之,用十二缝。”此古时通制也)。回民禁忌猪肉最严,教外者皆妄加推测,不知《天方经》固有“豕污不可食”之教条,久乃失其真谛,而回民亦不自知,甚至以彘肉触其忌者,辄视为不共戴天之仇,报复相寻,诚可叹焉！居处多平房,粉垣四周,上出天窗,以纳日影。富贵之家,彩梁画栋,亦有燕子营巢,并于房檐养鸽。大概回民居处衣冠,皆从华制(内地回民,几全与汉人相同),其不侔者,多出宗教之仪式。《新疆礼俗志》论之云:“薄饮食,节嗜欲,劳力耕作,废居远行,贾善居积财货,耻游手仰食于人,甘回有焉。”此亦可以知其生计之大概矣。

(二) 缠回之生活

新疆缠回者,汉西域城郭国诸种人也。与甘回族类异而教同(甘回突厥种人,缠则畏兀儿与土著氐羌混合者),故亦称回民焉。天山之南,种族蕃庶,而分居北疆者,亦所在皆是。自昔聚族而处,闾闬房舍,皆与汉同,而门多北向(屋顶平衍,人于其上行走坐卧,并可堆积薪粮瓜果诸物)。富室高构重楼(如蒙古包形,墙厚七八尺),砌土为榻(高尺余以木缘边,中实不用火),穴墙为炉,圆上而方下,其高三尺,突出屋顶,谓之“务恰克”。然之则一室曛暖而温。墙中皆穿洞为阁,庋藏食物,谓之“务油克”。屋顶开天窗,洞达阳气,谓之“通溜克”。四壁垩獿,饰以人物花草,竞为洁丽,富家巨室,屋旁多筑园林,沟以渠水,为销夏燕游之所,谓之

“博斯坦”。市居者门左右筑土为台旅,陈估货,谓之“巴札尔”。器用衣服饮食,多同哈族。衣曰“袷袢”,圆袑而窄袿,男右衽擐带,女有领无衽,橐首而下。生子则当膺开襟,便乳哺也。内衬长襦,下及膝。男子华冠镂金刻绣,冬以貂獭皮为沿,夏以绒绕。女子冬夏皆用皮,前后插孔雀文翚毛尾为饰。其障纱谓之“春木班”,络发谓之“恰齐把什”(富者结红丝成穗,上缀细珠宝石珊瑚诸物),靴之高柢者,谓之“玉代克”,平柢者谓之“排巴克”,履谓之“克西”,皆牛马革为之。缠回好种瓜,与稼穑等,著名之哈密瓜,即缠民特产也。(《新疆小正》:“纪昀云:‘哈密瓜充贡品,只熟至五六分,途间封闭包束,瓜气蒸郁,至京可熟至八分,运熟者霉烂矣。京师园户,种至三年,形味俱变。哈密王苏赉言:此地土暖泉甘,而无雨,故瓜味浓厚,种于内地,固应少减,然亦种养不得法。如以今年瓜子,明年种之,虽此地味亦不美,得气薄也。其法当以灰培瓜子,置于不湿不燥之空仓,年愈久愈佳,有培至十四五年者。’哈密瓜为缠民特产,形似蚕茧,皮绿色外缠白丝纹为蛛网,味甘而脆。种法不仅灰培,必用苦豆然,不则不甘美。他处种者,只具其形而已,凡瓜甜而美者,皆自哈密来也。”)缠民在新疆居十之七,盖本地土著之人也。惟其居吐鲁番者,则刁顽与他处之缠回异趣云。缠以头缠白布故名,自称曰维吾尔,亦突厥异种耳。

(三) 哈萨克人之生活

哈萨克者,汉康居种人也,亦酷信穆罕默德,与缠民异位而一体,风俗习惯,大略相同。故回民言:“厥初一人,生二男子:一子强狠好盗窃,不事耕作,其父逐之,是为哈族之祖;一子巽懦畏事,是为缠族之祖。”其说皆好事者为之,虽不足信,然亦可见二族关系之深切矣。散处阿尔泰山塔尔巴哈台伊犁地境,无城郭庐室,逐水草,事游牧,故生活同于准部,而衣冠类于缠头。魏默深所谓“非准非回”者是已。四时结穹庐,毾㲪重叠,褚以驼氅,枕则着以天鹅之䎃(其地籍以诸色绒毯毛毡,铁床木榻,各异其式。茵褥重叠,厚至数尺,枕方圆各一,眠时用薄被覆之,其头人间有建筑土屋以御冬者),入门赢三尺,设火炉,炉旁置铜铁水罐,烹茶炊饭,以粪代薪,羊粪为上,驼粪次之,牛粪又次之,马粪为下(以其一然即尽也,然作引火甚利)。其俗喜食薰燔诸肉,而马腊肠为款客上品(杀马驹三四岁者,切细脍以五味和之,实诸马肠,长三尺余,而以箸束其两端,名曰马腊肠,烤干煮食,以待贵客)。其男女所服之衣,贵贱不分,名曰"袷袢"。圆襋窄弃,不结纽,长施于膝。男敞前襟,以左衽掩腋,束之皮带,带刻金银,嵌含珊瑚珍宝诸石。左悬皮囊,右佩小刀。妇女较长,当胸纯以金丝编绪,缀以环钮,衣之前后,繁系小囊(盛零碎什物,便于取用),缤缤如也。男女衣皆以黑色为上,白为次。虽盛夏裨襦袗複,以蔽日光;春冬则外袭皮裘,厥名曰"恫"。富者以貂獭猞猁诸皮,贫者羊裘。泽身衬白布,及五彩禅襦,有袖而无衿。女之褊衣,下围如绕领,其长曳地。男子着皮帔高帽。内衬幧头,女子皮帽方顶阔檐,嫁后则以花巾斜蒸头上,逾一二载,其姑为换戴白布面衣,名曰"雀洛什"。其制以白布一方,斜纫如袋,幪首至于颏,而露其目,上覆白布圈,后帔襜襜然下垂肩背(长二尺余),见者知为妇装也。皮靴谓之"玉底克",皮袜谓之"黑斯",皮鞋谓之"克必斯",皆以牛革为之,妇女较窄小。踵底之木高二三寸,连鞔铁钉,踏地铮然作响,斯为美耳。其入室也,脱之门外,室中人数,视履而知。妇女出门,必乘骑,以花巾为帹,此古礼之仅存者。富女发辫,金宝缤纷,面不施脂粉,喜着臂钏(左右各具一式,不必成双)。女子耳贯珠环,妇人有面衣,去之不复着,多以宝石珍珠,嵌为约指(有一指四五枚者)。其头人约指,镌回文名字其上,书立约券,多以此抚之为证,犹今人之戒指图章也。

(四) 布鲁特人之生活(附言芨芨草)

布鲁特者,汉乌孙、休循、捐毒诸种人也(东布鲁特为乌孙西鄙,西布特鲁为休循、捐毒二国地)。散处于喀什噶尔、英吉沙尔、蒲犁、叶城、乌什诸边境,其俗好利喜争,尚牧畜,事耕种,与缠回同教,而颇畏法度。问其家之富,则数畜以对。其牛羊重雪水饮,不雪则延"毛拉"咒经,以绳系龟壳一,活虾蟆一,悬净水上,咒之。龟背浸浸见水珠点,顷刻即雪,谓之"下札答"。其穹庐曰"那哈阿"。依木架毡,墩圆如覆磬。其壁衣之珇丽者,以五色花毡彩丝缔之。富家一幕有费千金者。壁上用芨芨草扎五色丝线或羊毛织成花帘衬之,外障以方格木架,房顶饰以五色花毡,光彩炫目。氍毹荐地,无床榻,倚桌值门置烓灶,驾三足铁炉,谓之“格尔加克”。家长居其下右处,宾客稚幼居门之左,仆役居门之右。爨则粪以代薪。汲水以羊皮袋,谓之“通拉”;亦有以葫芦者,谓之“脑盖”。铜壶谓之“沙玛”(铜壶高尺余,上有盖下有足,中置火筒,烹水用之)。铁釜谓之“喀章”(釜重数十觔,或十数觔,上有四耳,烹饪用)。席地以布,承食以盘(有铜铁木三者,方圆异形,即古之所谓棜禁,通名曰案,今则通名曰盘),切肉以刀,摣饭以手(即抓饭),澡浴以绳佻大腹细颈沙玛,灌顶至踵,谓“密什雀可”。其服饰多与缠回同,身披襌襦,冬冠“他玛克”,夏冠“斗破”。女则摺叠白布络头,垂背尺许。阿浑之帽,上锐而高,檐以白布统之,厚二三寸。脱帽为敬,入门必解屦。妇女出以“羃䍦”(障面,或以白布,或以花巾,边垂丝穗),皆古制也。哈、布两族,在清为藩属国,其处于准回近边者,贸易相通,声气相应,自中俄画界,两国各有分民。为官吏者,往往犬羊虫介其人,鄙为异类,相与剥朘而重困之,至今为我所有者,盖甚鲜矣。

〔附言〕　蒙古哈、布、回诸人,往往以芨芨草,编帘衬室壁。按《汉书·西域传》颜师古注:“白草似莠而细,无芒,干熟时正白色,牛马所嗜也。”徐松云:“白草春发新苗,与诸草无异,冬枯而不萎,高三四尺,惟至坚韧,以之织物,其硬如竹。惟哈喇沙尔城东特伯勒古地产者最坚实,心可为箸。”《新疆小正》曰:“白草即席萁草,俗呼芨芨草,又曰集吉草,西域处处有之。”按李贺《塞下曲》云:“秋尽见旄头,沙远席萁愁。”《酉阳杂俎》云:席萁一名塞芦,引古诗千里席萁草为证。元缜《代书诗自注》云:“余以席萁草常在书囊,以佐饮酒。”岑参诗“北风卷地白草折”,即谓此也。《乌鲁木齐杂记》云:“芨芨草即《汉书》息鸡草,土音讹也。”席萁、息鸡,音同而字异,皆白草也,亦可知芨芨之名,自古已著矣。

五十九 藏人之生计

(一) 藏人之生活与职业

西藏男子怠惰,女子强健,普通男子所操之业,在藏中大抵为妇女之职务。或耕作田野,或登山采樵,或负重致远,或修缮墙壁,建造房屋,凡普通男子所为概为之。贸易亦多属妇人,且在家自庖厨、纺绩、裁缝,及老幼之梳发等亦为之,并不以为劳,殆习惯使然。男子间亦耕作,不过为妇女之辅助,使牛马负载货物,亦非得女子之助不能。不宁惟是,即政治社会上,其权力亦操诸女子,虽有男子为行政长官者,亦徒拥虚名而已。乃克谷米希佛夫人(Mrs. Naik Komisheva,西藏女子赴美游历之第一人,以不堪藏俗,挈夫偕亡,著有《西藏之女权》,译载《东方》)谓:"西藏乃一妇女专制世界,直可称为女国。以女权过盛之结果,遂有一妻多夫之陋俗。"盖藏民笃信喇嘛教,以焚修为常业,生产之事,一委于妇女,久而久之,妇女遂操有社会上之全权,其故仍不得不谓为基于经济之原因也。藏民职业,因种族而异,有耕稼者,然大半为游牧之生活,逐水草转徙靡定所,衣食物用,皆取给焉。其从事于工业者,陶器、造像、土工、石工,皆极精巧。毛织物有氆氇、茧丝、栽绒、细毯、球子花、细花布等,其中以羊毛制成之种类尤多。又有以诸种香木制成之绵香,名曰"藏香",多输入于内地。拉萨有自克什米尔移住之回民,专从事于布帛及银之贸易。有自不丹、尼泊尔等处移住之人民,专业金银铜锡玉石及妇女首饰等细工。

(二) 藏民之衣食住(附金川夷人之生活)

藏民日常所食之物,为糌粑(系用青稞磨末,黄油及茶调伴者也)、牛羊肉、奶子、奶渣等。茶为普通所嗜好,不拘尊卑贵贱,饮食皆以茶为主(烹茶俟其沸后变红色,投以黄油及盐,搅而饮之)。肉多生食,不用刀箸。饮食以手掬之,或用木碗,食毕以舌舔之,藏于怀中,略如蒙人。酒以青稞酿造,味淡而微酸,名之曰"呛",男女多嗜之。住屋不一:有碉房,屋壁皆以石砌之,屋顶扁平,覆以土石,有二层以至六七层不等,各依贫富而异。家畜亦占屋中间(如牛羊圈及鸡埘),人居其上部,以寒气过甚,故窗户不多,仅于屋上穿小空,兼备烟突之用而已。室内极污秽,富者饰以彩画,外壁绘寿星图,至山庄僻村,皆石居,傍山而筑,以便樵采,然亦有用草盖者。游牧之民,以兽皮蔽遮,天幕为家,所谓“黑帐房”是也,大半为六角形。惟拉萨境内,高楼大厦,巍峨错立,皆喇嘛之居,制同于华印矣。服饰甚繁复,兹分述之:

一、男子服装　西藏衣冠之制,各因人民等级而异,达赖及班禅之冬帽,以氆氇羊绒制之,上尖下大,色尚黄。夏帽如竹笠形,以金色皮为之。衣服则有内衣,有外衣,内衣制以氆氇,如坎肩;外衣为紫洋绒之单衣,以帛交缚其上。足穿锦靴,或皮履。腰部以帛束之,其余喇嘛皆相似,惟有精粗之别。噶布伦、戴琫、第巴等官,不绾头发,垂于背后,缀以短缨,戴平顶之帽,顶上或覆以獭皮。手持佛珠,腰束皮带,如遇公事或令节,则噶布伦两分其发,于顶之左右,各绾一髻,身着蟒衣,上着细缎之“褚巴”(大领无衩之袖衣)。第巴亦绾发成一髻,戴无翅之白纱帽,身着大领窄袖之绿锦短衣,下着黑褐之百褶裙,足着皮靴,束以红色之红缎,佩刀一。自噶布伦下至士民,皆手佩骨玦,盖风尚然也。平民着大领无衩之褚巴,服质则氆氇细绒等,依贫富为差,其帽亦然。腰部以皮或毛褐束之,置小刀、顺刀、皮袋、火镰、木碗等物,与蒙人无异。

二、女子服装　西藏妇女之妆饰,两分其发,束之如绳,垂于脑后,以细为佳。女子未嫁时,辫后别分一辫,辫上戴宝石、珍珠、珊瑚之类(受聘者戴夫家所聘之物),已嫁则不复打辫,以示区别。家居戴红绿尖顶之小帽,脚着布靴,或皮靴。衣服上着小袖之短衣,与腮相齐,其质以绫缎细布毛褐为之,短衣之上,披一小方之绒,恰如袈裟,下着卐字黑红褐之裙,所戴耳环、约指、手钏等,以金钱及宝石制之(其戴右手者,谓之“砗磲圈”)。无贵贱尊卑,皆挂佛珠一串于项,制以珊瑚、青金、砗磲、真珠等为之,各以贫富而异。耳环之后,有小钩,串缀珍珠、珊瑚等而挂于发;又垂于两肩。胸部必挂银镶之珠石环,长约三寸,实寸许。身上带有银盒,装贮护身佛及药。富者戴珍珠帽,以木为胎,式如笠而较厚,里以朱红漆之,外镶以金,绿松石为顶,周围密缀珍珠,有价值千金者。老妇则额上戴金镶之绿松石一片,其形如镜,谓之“白玉”。戴时亲友必往贺焉。

〔附记〕 金川夷人之生活:

金川在四川西部,乾隆之时,清兵屡次用兵,每征辄数年而后定,其强悍可知。种人或言来自西藏(见王昶《蜀徼记闻》),虽不可尽信,然其俗固与藏人颇相同也。夷俗称土司署所为官寨,民居曰寨子。每一户中,必有一二碉房,为守望之所。头人土目家,并有经楼转经楼,俱华赡精致。碉楼如小城,下临大山巅,有高至三四十丈者,有数十层,每层四面,各有方孔,可施枪炮,家家有之,惟高低不一,清兵远剿,即困于此。造屋尽用土盖,先砌石作墙,架木为梁栋,以土覆之,亦颇坚固。平居男卧碉上,女卧碉下,分类杂处,殊无定所。无床枕衾褥,惟毛毡贴地而已。食无谷米,日以青稞磨粉(或大小麦、豌豆为之),渍水钉之,少入牛乳酥,名曰“糌粑”。亦竟有啖罗葡掘大黄根为食者。头人始得和豆粉,土司则切牛肉加饼上,烙半熟卷而食之,内地甘脆,不得尝也。俗喜畜牛羊,春夏日暖,剪毛织毯,男女衣服,率取给焉。男子穿袍袴,女子短衫长裙无袴,裙带阔尺许,亦用牛羊毛织成,下垂五色流苏,重可压风。衣服之外,横披大幅长毯,若释氏袈裟,日以蔽风雨,夜以代衾褥,寒暑不改服。好徒跣,男女皆同,间用革靴,形制诡异。耳饰累坠,大于腕臂,盖幼时穿耳,即用桦皮卷塞,日渐增添,后遂可贯拇指。发梳数十小辫,挽结作髻,梳时极难,非半月不办,每月只梳一次,其解发垂髻,即入月洗裙日也。

六十 苗人之生计

(一) 苗人之生活

苗人,散处于川、广、湖、粤、黔、滇诸省山地,种类复杂,如曰瑶、曰僮、曰獠、曰犵、曰猓猓、曰番、曰夷、曰蛮,其名不一,要之均是族也。兹取普通所称苗、瑶、僮而述之,大概情况,不外是矣。苗人又有白、青、红、黑、花、东、西、夭、罗汉,诸类别:白苗服饰尚白,男耕女织,转徙无常。为人佃,负租即逃。女子不缠足,衣短不及膝。喜食鼠雀之属,但不知熟,一概去毛,饮其血而生食之。青苗多袭青衣,竹笠草履。红苗首裹红布,衣用斑丝,掊牲畜,火其毛,带血而食。黑苗有女官,黑裙而戴大环,男子黑如厉鬼,处深穴,披铠挽弩,名曰"偏架"。性横蛮而好斗,足下皆日擦以热油,足皮厚如鼓革,故终身不袜不履,飞步于荆棘之间,毫无损伤。花苗衣花衣,其衣无衿,窍而纳诸首,青布裹头。少年缚楮皮于额,婚乃去之。妇人敛马鬃杂人发为发,大如斗,笼以木梳。其人有名无姓,魋结侏儒,陟冈躐枣,捷如猨猱,散居山谷,架木为巢,寝处与牲畜俱,无卧具,炊爨爇柴以炙,虽赤子,率裸而进火。食以麦稗,杂野蔬,终身不稻食,以待正供,或享客也。东苗、西苗男髻短衣鬘,色浅蓝花布,束发。妇花裳,衣无袖,遮覆前后而已,细折裙仅蔽其膝。俗同花苗。夭苗缉木叶为上服,衣短裙。女年十五六,构竹楼野处。罗汉苗遍体黧黑,而面独黄,故名。男耕女织,妇能桑蚕,短衫双带,胸前方绣以银钱饰之。平伐司苗男草衣短裙,女长裙绾髻。短裙苗则但以花布一幅,掩覆及骭而已。苗蛮种类,散处六省,虽部落各异,而习俗大概相同。其名称亦由汉人睹其形,因其性而横加之,初非有一定者也。其上者则有姓名,有文字,堡寨环居,耕织自给,与汉人相往来,除特别之风俗外,固与汉人无所分别也。下焉者,则穴壁山巅,行如野兽,杀人而食,掬泉而饮,直原人时代之遗风。至普通之苗人,亦耕亦猎,布服草履,木叶蔽体,食不厌腥,居处于山岩穴壁之中,与汉人时一贸易云。

(二) 瑶僮人之生活(附驳中国先有苗族说)

瑶古八蛮之种,相传以有功免其徭,故曰莫徭,后讹为瑶。衣五彩服,腰系巨绳,性暴甚,出进皆佩长刀,以杀人为乐。平居食毒蛇及野兽,剥而生饮其血,蛇肉烹以作肴,供饔餐焉。妇女梳高髻,赤足系短裙而无裤,男女相遇,合者即可相私。虽有居室,然移徙不常,如鸟兽然。遇大山人迹罕到处,有可耕种者,遂茅栖止,树艺黍粟。伐大树为独木盘盎坛盒之类甚巧,携出市易米菜。能捕虎豹犀兕,善识草药,取以疗人疾辄效。有蓝、胡、槃、侯四姓。女子髻鬟,有"美芙蓉"、"望仙怀人"、"双蛇"、"孤峰"、

"浓春散夏"诸名称。其下者椎髻垂辫,盘蛇鹿角。豪家髻鬟不称,群笑之,目为丁妆。锦之美者:曰鹅头,曰花蕊,曰蛇濡(以蛇膏泽之,辟毒雾,入水不濡),曰蝶簇(以熟金为之)。布之异者曰勾芒,曰红蕉,曰弱锡,曰火浣(有三种:毕方麻者,一端数金,祝融木者百金,金火鼠毛者千金),曰桐花,曰琼枝,曰婆罗,曰吉贝(又名白斑布),曰桃花(千叶桃花,穗长尺许,织穗而成纹,胜于火浣)。其织乌毳而成者,精曰锁袱,粗曰鹅罽。其装饰之美,织工之巧,可以想见矣。四姓,瑶之贵者,下姓则生丁、白丁、黑丁,其妇谓之丁妇。峒丁椎结斑衣,儿时烧石烙跟跖,沁以蛇油,重研若鞟,穿菁走棘,若履坦途。丁妇绣回,嫁则荷伞悬履以戒途。僮人性质粗悍,露顶跣足,花衣短裙,鸟语鹄面,自耕而食,谓之山人。其聚而成村者为峒,推其长曰峒官,峒官之家,豪侈相胜。性极耐饥,啖盐数颗,凡草木皆可啖食。其余种类虽杂,俗皆大同小异。凡苗瑶人负物,皆缚置顶上,或系脊膂间,并不肩挑手持,彼以为便,人以为劳。《孟子》曰"斑白者不负戴于道路矣",此岂负戴之遗制欤?

〔附言〕 苗族为中国之土人,从前几成定论,章太炎《排满平议》、朱逷先《驳中国先有苗种后有汉种说》(载《北京大学月刊》第一期),皆以记载的历史为证,谓中国先有汉族,证据广博。而朱先生又有《文字学上中国人种观察》(载《北京大学社会科学季刊》第二期)一文,以文字为证,尤称精诣。大要皆谓古之三苗,系国名,非种族名,今南方之苗,即古代之蛮,与三苗不相涉。案我国上中古时代,对于南方山地人种,概称为黎蛮,近世始称苗,不知何所据而云然?大概名称之定,皆由汉人任意揣造,偶有相合之音,即不惜牵强附会,务增益其说,故辗转之间,亦不自知其谬矣!